Brouillons d'écrivains

ISBN : 2-7177-2136-3

Brouillons d'écrivains

Sous la direction de Marie Odile Germain
et de Danièle Thibault

Bibliothèque nationale de France

Cet ouvrage est publié à l'occasion
de l'exposition « Brouillons d'écrivains »,
présentée par la Bibliothèque nationale
de France sur le site François-Mitterrand
du 27 février au 24 juin 2001.

Exposition

Commissariat :
Marie Odile Germain, Danièle Thibault

Coordination générale
Service des expositions de la Bibliothèque
nationale de France, sous la direction de
Viviane Cabannes

Chargée d'exposition
Anne-Hélène Rigogne

Régie
Serge Derouault

Scénographie
Massimo Quendolo

Graphisme
Hiroshi Maeda

Aménagement
Arscenic, Scanachrome

Préparation des documents
Services de la conservation de la BNF

Prêteurs

Bibliothèque littéraire Jacques Doucet
(Paris)
Bibliothèque municipale de Grenoble
Bibliothèque municipale de Rouen
Centre historique des archives nationales
(Paris)
Fonds privé Georges Perec
(déposé à la bibliothèque de l'Arsenal)
Florence Delay
Édouard Glissant
Jean-Paul Goux
Julien Gracq
Gérard Macé
Jacques Roubaud
Claude Simon

Édition

Direction éditoriale
Pierrette Crouzet

Suivi éditorial et secrétariat de rédaction
Jacqueline Michelet, avec la collaboration
de Marie Michelet

Iconographie
Khadiga Aglan et Laurence Thivolle

Conception graphique et mise en pages
Ursula Held, atelier h

Remerciements

Nous tenons à exprimer notre plus vive reconnaissance à tous ceux et celles sans qui cet ouvrage et cette exposition n'auraient pu voir le jour : aux auteurs de ce catalogue ; aux prêteurs qui nous ont généreusement confié leurs manuscrits ; à nos collègues de la Bibliothèque nationale de France, à commencer par ceux du département des Manuscrits, qui nous ont soutenues de leur constante amitié et de leur compétence avisée ; aux responsables des services de l'action pédagogique, des éditions, de l'édition multimédia, des expositions, de la reproduction et à leurs équipes ; aux chercheurs de l'ITEM (Institut des textes et manuscrits modernes), si proches géographiquement et intellectuellement de la BNF, dont les travaux et les conseils nous ont été précieux, et tout particulièrement à Pierre-Marc de Biasi, Daniel Ferrer et Jacques Neefs ; à tous ceux qui nous ont fait bénéficier de leur aide : Ela Bienenfeld, Maryline Chesnot, Antoine Coron, Paul Fièvre, Denis Foucambert (Association française pour la lecture), Thierry Grillet, Odile de Guidis, Julie Ladant, Jérôme Le Bourhis, Paulette Perec, Antoine Provansal, Marie-Françoise Quignard, Sylvie Richard (Institut national de l'audiovisuel), Jean-Didier Wagneur, Anne Zali. Sans omettre bien évidemment ceux qui ont donné à cette entreprise son sens véritable, à savoir les écrivains eux-mêmes, qu'ils aient participé au catalogue ou à l'exposition par le prêt de leurs manuscrits ou leurs témoignages : François Bon, Michel Butor, Emmanuel Carrère, Michel Chaillou, Hélène Cixous, Jean Echenoz, Édouard Glissant, Jean-Paul Goux, Julien Gracq, Julia Kristeva, Linda Lê, Pierre Michon, Jacques Roubaud et Claude Simon.

Sommaire

Avertissement
Dans les notes bibliographiques,
le lieu d'édition par défaut est Paris.

Préface

« Quand mon roman sera fini, dans un an, je t'apporterai mon manuscrit complet, par curiosité. Tu verras par quelle mécanique compliquée j'arrive à faire une phrase. » Ce que Flaubert promettait ainsi dans une lettre à Louise Colet, lui qui ne cessait d'écrire, de corriger, de réécrire en quête d'une perfection toujours à venir, ce livre et l'exposition qu'il accompagne vont-ils l'offrir à leur tour à la curiosité d'un plus large public ? Approcher les mystères de la création littéraire, non par le spectacle d'un seul manuscrit, fût-il de Flaubert, mais par des dizaines d'exemples empruntés aux plus grands écrivains, de Charles d'Orléans à Jean-Paul Sartre en passant par Pascal, Diderot, Chateaubriand, Hugo, Flaubert bien sûr, mais aussi Proust, Apollinaire, Valéry et combien d'autres…

L'ambition est peut-être excessive ; aussi se cache-t-elle derrière ce que le titre suggère du désordre presque enfantin de l'écriture : *Brouillons d'écrivains*. Mais ces brouillons, s'ils voisinent avec quelques superbes manuscrits enluminés ou mises au net calligraphiées, constituent bien la plus grande part des pièces présentées ici. C'est en effet à travers eux que se découvrent les incertitudes, repentirs, impasses, trouvailles de la création en train de se faire. C'est dans l'élan suspendu de leur travail que survit le plus intensément la présence de l'écrivain.

Tant d'auteurs, tant de siècles, tant de pages de provenances et d'apparences diverses, certaines spectaculaires, d'autres ne le devenant que pour qui les regarde avec attention, ont rendu les choix difficiles. Et paradoxalement aussi la richesse de nos collections, dont provient l'essentiel de ces manuscrits. Car depuis le fameux legs de Victor Hugo à la Bibliothèque nationale, un immense patrimoine littéraire est venu rejoindre les trésors du passé — fruit de la générosité des écrivains, de leurs héritiers ou d'une politique d'acquisition qui, pour avoir attendu longtemps avant de s'ouvrir à la modernité, s'y est résolument engagée. Ces *Brouillons* ne sauraient donc prétendre épuiser le sujet, ils ne font qu'esquisser en trois temps une réflexion, nourrie déjà par de nombreux travaux scientifiques : un premier temps, historique, retrace du Moyen Âge à l'époque moderne l'émergence du manuscrit d'auteur, jusqu'à la consécration qu'il connaît depuis le XIXe siècle ; un deuxième temps, intimiste, invite à pénétrer dans l'« atelier » de quelques grands auteurs ; un troisième, appelons-le méthodologique, suit les étapes de la « fabrique du texte » pour mieux comparer diverses pratiques d'écriture — cette incursion dans l'univers des manuscrits s'achevant sans se conclure du côté de la littérature d'aujourd'hui, avec une double interrogation sur le processus d'écriture et le sort du brouillon à l'heure de la « révolution électronique ».

Que soient ici remerciés tous ceux qui ont participé à cet ouvrage, à commencer par les écrivains eux-mêmes ; c'est grâce à leur confiance que la Bibliothèque pourra rester fidèle à l'une de ses missions essentielles : être non seulement le conservatoire d'inestimables trésors, mais un lieu vivant de recherche ouvert à la création.

Jean-Pierre Angremy,
de l'Académie française,
président de la Bibliothèque nationale de France.

4

1. P.

C'est une entreprise ~~delicate~~ hardie que d'aller dire aux hommes qu'ils sont peu de choses; chacun est jaloux de ~~tout~~ ce qu'il est et ~~on~~ on aime mieux estre aveugle que de connoistre son foible. Sur tout les grandes fortunes veulent estre traitées delicatement ~~et~~ elles ne prennent pas plaisir qu'on remarque leur defaut: elles veulent que si on le voit du moins on le cache. Et toutefois graces a la mort nous en pouvons parler avec liberté. Il n'est ~~si rien~~ rien de si grand dans le monde qui ne ~~confesse tellement~~ reconnoisse en soi mesme beaucoup de bassesse ~~qu'il n'est rien~~. A le considerer par cet endroit la.

Mais c'est encore trop de vanité de distinguer en nous ~~quelque~~ la partie foible comme si ~~y~~ nous avions quelque chose de considerable. Vive l'eternel ô grandeur humaine de quelque costé que je t'envisage, si non en tant que tu viens de dieu et que tu dois estre rapportée a dieu. Car en cette sorte je decouvre en toy un rayon de la divinité qui attire justement mes respects mais en tant que tu es purement humaine je le dis encore une fois de quelque costé que je t'envisage je ne vois rien en toy que je considere parceque de quelque endroit que je te tourne, je trouve toujours la mort en face qui repand tant d'ombres de toutes parts sur ce que l'eclat du monde vouloit colorer que je ne sais plus sur quoy appuyer ce nom auguste de grandeur, ni a quoy je puis appliquer un si beau titre.

J'allai m'approchant du biblique des livres, qui sont d'abord des objets magiques, des pâtes composées de peaux, de membranes d'arbre, de pellicules de roseaux d'Égypte, de peaux d'agneau de Pergame, de la peau des doigts humains. Les livres qui sont toujours encore finement tremblants de ces mémoires espérantes.

Hélène Cixous

Histoire(s) de manuscrits

L'appellation de « manuscrit » – qu'il soit caractérisé comme « moderne », « d'auteur » ou « de travail » – recouvre ici tous les documents autographes précédant le livre imprimé. Mais avant de devenir reliques convoitées par les collectionneurs, objets d'étude pour les chercheurs, et même sujets d'exposition, ces manuscrits n'ont trouvé leur place au cours des siècles que dans la mesure où s'est peu à peu affirmé le statut de l'auteur. L'histoire de leur conservation depuis le Moyen Âge est donc aussi celle de la reconnaissance de l'écrivain, culminant à l'époque romantique avec la consécration de tout ce qui désormais porte la marque de sa main.

1
Jacques Bénigne Bossuet
Sermon sur la mort
BNF, Manuscrits, Fr. 12822, f. 360 v°

Naissance

XIVe-XVIIe siècle

Rares sont au Moyen Âge les manuscrits d'auteurs – jusqu'au XIVe siècle en tout cas – et plus encore leurs brouillons de travail. Car le livre manuscrit, précieux et unique moyen de diffusion de la culture écrite, est établi par des copistes professionnels, l'auteur se satisfaisant de tablettes de cire pour tout brouillon. Puis l'invention de l'imprimerie semble rendre inutile la sauvegarde des états préparatoires d'une œuvre. Et pendant plus de deux siècles, à quelques exceptions près, les seuls manuscrits autographes à être conservés seront ceux des textes non publiés, comme les fragments des *Pensées* de Pascal, interrompues par la mort, tandis que ne subsiste aucune ligne de Molière ou de Corneille, et fort peu de Racine.

2
Guillaume de Machaut, *Poésies*, 1362-1365
504 f., 32 × 23 cm. BNF, Manuscrits, Fr. 1584, f. 91 v°-92

Des frontières de sa Champagne natale jusque dans la lointaine Pologne, à travers l'Europe qu'il a parcourue en compagnie de Jean de Luxembourg, roi de Bohème, dont il est aumônier, puis secrétaire, Guillaume de Machaut, musicien et surtout poète, a été salué de ce nom jusque-là réservé aux auteurs latins classiques alors qu'il écrit en langue vulgaire.
La composition, la fabrication, la diffusion de ses livres, le préoccupent ; il se soucie de regrouper ses textes – dits, lais, rondeaux et balades – en un corpus d'œuvres complètes selon une logique qu'il décide ; et surtout il conçoit l'écriture comme un métier. Trois manuscrits exécutés suivant ses vœux ont été conservés, dont celui qui est ici présenté, où l'auteur explique au début de la table des matières : « Veici l'ordenance que G. de Machaut wet quil ait en son livre. »
M. B.

3

Christine de Pisan, *La Cité des Dames*, 1404-1405

159 f., 32 × 23,5 cm
BNF, Manuscrits, Fr. 1178, f. 3

Fille du médecin et astrologue italien de Charles V, veuve à vingt-cinq ans et sans ressources pour élever ses enfants, Christine de Pisan fit de sa passion du savoir sa raison de vivre et bientôt son métier. Première femme écrivain à vivre de sa plume, elle copiait ou préparait elle-même ses livres avec l'aide de copistes et d'enlumineuses et les offrait aux rois et princes mécènes. Des poèmes courtois aux compositions didactiques ou allégoriques et aux considérations sur l'époque, son œuvre, avec ses recoupements autobiographiques, est à l'aune de sa personnalité, originale, engagée.
Réponse implicite à la *Cité de Dieu* de saint Augustin, récemment traduite en français, *La Cité des Dames* offre le plus bel exemple de son humanisme lucide. Le livre, inspiré par les œuvres de Boccace, est conçu comme un dialogue entre maître et élève. Raison, Justice et Droiture invitent Christine à bâtir une ville destinée à abriter les femmes illustres du passé et les dames vertueuses de tout temps dans un monde fait pour les hommes. Symboliquement, les livres des prédécesseurs sont les pierres, le matériau préparatoire de la cité nouvelle.

A. A.

4

Charles d'Orléans
Album poétique, milieu xve siècle

Manuscrit en partie autographe et copié de diverses mains
Parchemin, 271 f., 16,5 × 11 cm
BNF, Manuscrits, Fr. 25458, p. 365

Charles d'Orléans, le prince poète, est lancé très jeune dans le tourbillon des guerres et des deuils. Vingt-cinq années de captivité en Angleterre forgent une œuvre mélancolique. Ballades, complaintes, caroles et chansons trouvent ici une résonance amère en une chronique du temps de l'exil. Le retour en France, en 1441, ranime pour un temps ses ambitions politiques. Retiré dans son château de Blois, où l'entourent artistes et poètes, il concourt avec eux en des joutes littéraires sur des thèmes à la mode.
Célébrant les rites de la vie mondaine, égrenant le calendrier des saisons, ou cédant à la « Mérencolie », lui-même trouve alors dans le rondeau la forme idéale de son expression poétique. En autant de petites enluminures, il cisèle autour du refrain de fugitives trouvailles, de menues allégories dans une langue admirable, accomplissement d'une poésie courtoise devenue miroir du temps qui passe.
Il a souhaité rassembler ses œuvres, ordonnées par genre, dans ce petit recueil, devenu au fil des années, une sorte d'*album amicorum*. Au gré des espaces encore libres, se mêlent sur les pages ballades et rondeaux de ses visiteurs, dont le plus illustre reste sans nul doute François Villon.

A. A.

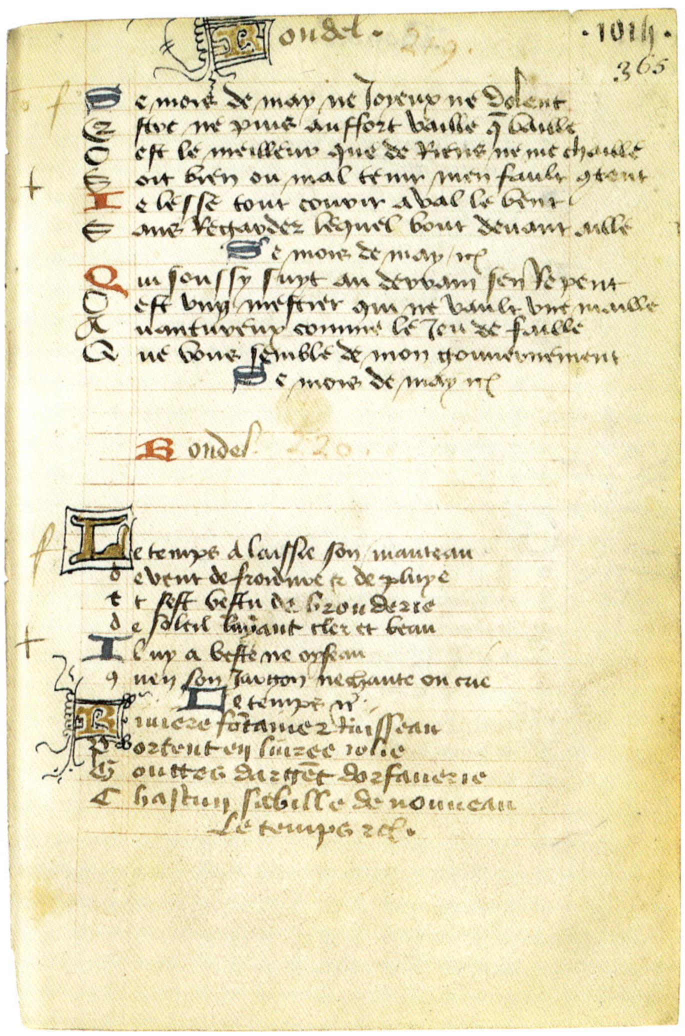

L'auteur entre le manuscrit médiéval et le texte électronique

Entretien avec Roger Chartier

L'étude des manuscrits d'auteur nous renseigne non seulement sur les pratiques individuelles des écrivains, mais aussi sur la façon dont la littérature se perçoit elle-même à travers l'existence et la conservation de ces manuscrits. Or, dans cette histoire, la rareté des documents qui subsistent jusqu'au milieu du XVIIIe siècle contraste avec la richesse des deux derniers siècles.

Ce qui est frappant, en effet, c'est que l'avènement, puis le sacre du manuscrit au XVIIIe siècle et plus encore au XIXe siècle renvoie à une conscience d'auteur soucieux de garder les traces et les moments de la création, à ce sacre de l'écrivain dont parlait Paul Bénichou, mais aussi à une conception de l'écriture comme se déployant à travers une série d'esquisses, de corrections, d'étapes, qui aboutit au livre imprimé… Mais quelque quatre siècles plus tôt, à la fin du Moyen Âge, l'histoire des manuscrits autographes a connu un autre temps fort, avec comme modèle la figure de Pétrarque (analysée entre autres par Armando Petrucci) : la volonté de contrôler la forme même des textes, considérés à tort ou à raison comme corrompus par les copistes, et de lier le plus fortement possible l'écriture au double sens du terme — création de l'œuvre et matérialité graphique — a fait du manuscrit autographe le seul texte authentique. Cette importance, qui lui est accordée aux XIVe et XVe siècles, à travers l'exemple de Pétrarque, mais aussi de Christine de Pisan ou Charles d'Orléans, traduit l'émergence de l'auteur comme autorité donnant unité à des œuvres qui doivent être assemblées dans un même objet, le livre manuscrit.

Puis il y a ce grand vide qui correspond plus ou moins aux premiers siècles de l'imprimerie, du milieu du XVe au XVIIIe siècle, et qu'il n'est pas facile d'expliquer, sinon par la nature de la transmission textuelle à l'âge de l'imprimé. Les multiples copies dérivées du manuscrit autographe et utilisées pour la composition typographique n'étaient visiblement investies d'aucune valeur particulière et furent détruites à quelques rares exceptions près : on n'en a aucune pour des auteurs comme Molière, Shakespeare, Cervantès, etc.

Quant aux manuscrits autographes, ils ont eux aussi généralement disparu, ce qui est plus curieux, dans la mesure où on peut supposer qu'il y avait déjà une dignité littéraire attachée à certains auteurs qui aurait pu valoriser cette écriture. Tout se passe comme si les étapes de la composition ou la matérialité graphique de l'œuvre n'avaient pas une importance décisive et comme si c'était la « performance » de l'œuvre qui importait : la représentation de théâtre, le sermon religieux, le discours politique, pour tous les genres liés à l'oralité, ou bien cette autre forme de « performance » qu'est l'édition imprimée.

Les récents travaux de génétique textuelle se sont donc développés pour une période où la conscience des auteurs, et peut-être des lecteurs, fournissait des matériaux possibles, c'est-à-dire pour les auteurs des XIXe et XXe siècles. Son objet premier étant le processus d'élaboration de l'écriture, cette discipline situe l'œuvre dans l'acte créateur plus que dans les interventions multiples qui font que cette création esthétique devient un objet possible à lire et qui exigent des savoir-faire, des machines, un atelier et une division du travail.

Cette forme d'analyse des textes littéraires porte toute son attention sur les états et les repentirs successifs tels qu'ils se donnent à lire dans les manuscrits, et ce à l'âge triomphant de l'imprimerie industrielle.

Les travaux qui s'attachent aux problèmes d'édition de l'âge moderne, entre l'invention de Gutenberg et le XVIIIe siècle — c'est le cas, par exemple, de la critique shakespearienne —, ne peuvent se fonder, pour leur part, que sur l'analyse et la description des états imprimés successifs ou contemporains d'une même œuvre : ils tentent de reconstruire la copie d'atelier déformée par les ouvriers compositeurs et correcteurs, qui multiplient erreurs et trahisons, et au-delà de cette copie d'atelier, d'imaginer le manuscrit perdu, l'« ideal copy text », comme dit la tradition bibliographique, qui n'a peut-être jamais existé. Et l'on a ce paradoxe qui fait que la discipline la plus matérielle recherche un texte idéal et parfait, alors que la génétique textuelle, qui se situe tout entière du côté de l'acte esthétique, s'intéresse aux différents états matériels du texte, mais en les rapportant toujours à l'invention auctoriale. Ce qui définit bien la dépendance des disciplines de savoir par rapport aux sources disponibles : ces dernières ne sont pas seulement dues au hasard de la conservation, mais au fait que leur conservation dépend des représentations que l'on a eues successivement de ce qu'est un auteur, de ce qui importe le plus dans une œuvre et dans son processus d'élaboration et d'édition.

Selon la définition du dictionnaire de Furetière distinguant l'écrivain et l'auteur, l'auteur est celui qui publie une œuvre imprimée, l'écrivain celui qui a écrit un texte qui peut rester manuscrit. Finalement n'ont été conservés sous forme manuscrite que les textes de ceux qui, à cause de l'inachèvement de leur travail ou par crainte de la censure, sont demeurés par force des écrivains.

C'est vrai qu'à la fin du XVIIe siècle on voit se mettre en place cette opposition entre l'auteur, celui qui, comme on le dit en espagnol, a donné le texte à la lumière, c'est-à-dire publié par l'imprimé, et l'écrivain, celui qui simplement a écrit. Mais il y a un deuxième partage : lorsqu'on parle de manuscrits entre le XVe et le XVIIIe siècle, on peut l'entendre au sens de manuscrits antérieurs à la publication imprimée, et ce sont ces manuscrits-là qui ont disparu. Mais lorsqu'on pense au manuscrit comme à une forme particulière de publication, on s'aperçoit que la situation est différente puisque la publication de textes destinés à n'être que manuscrits peut répondre à une logique propre, à un choix préférentiel. Les travaux français ont surtout fait porter l'accent sur le lien entre la circulation des manuscrits et les textes prohibés, car les manuscrits clandestins sont plus aisés à diffuser que des éditions imprimées, qui, publiées en France, supposent un acte de censure préalable et, publiées hors de France, peuvent toujours être saisies. Mais ce serait une vision trop particulière que de réduire la publication manuscrite aux textes qu'il est prudent de ne pas imprimer.
Celle-ci renvoie en fait à l'idéal d'un Pétrarque, à cette espérance d'un contrôle plus étroit de l'auteur sur la transmission de son œuvre, à distance des détériorations par les erreurs, coquilles, fautes typographiques. Elle est aussi une manière de soustraire l'écriture au commerce, à l'exigence de profit, et donc à une autre perversion, qui n'est pas la corruption du texte, mais la perversion morale introduite par les contrefaçons, la piraterie, l'avidité, la cupidité des libraires éditeurs. En outre, avec la circulation manuscrite, le public des lecteurs est plus proche des auteurs, les deux pouvant s'identifier

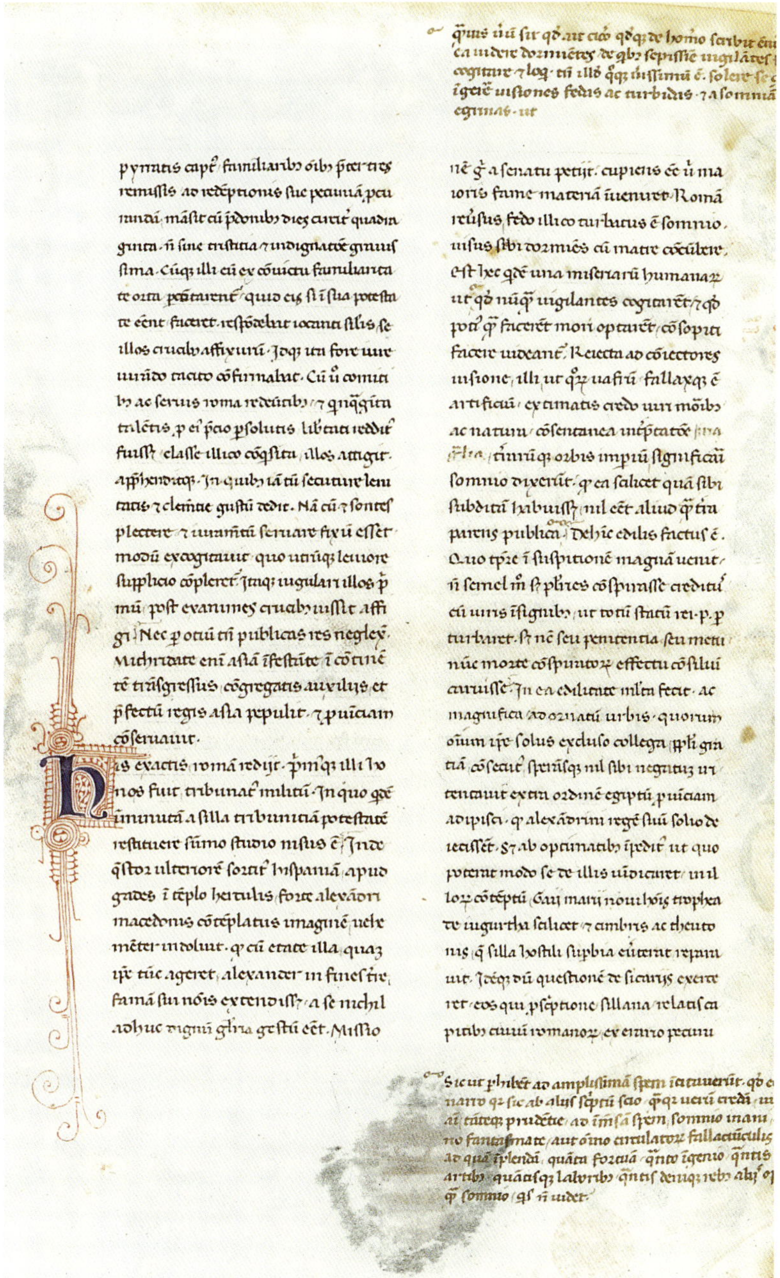

5
Pétrarque, *De gestis Caesaris*
Copie autographe avec corrections de l'auteur, 1374
50 f., 33 × 22 cm
BNF, Manuscrits, Lat. 5784, f. 1 v°

finalement ; autant de raisons objectives et profondes pour rechercher une publication par le manuscrit, exclusive de la diffusion imprimée. C'est le cas pour certains genres, comme l'ont montré nos collègues anglais (Harold Love et H. R. Woudhuyson) : ainsi pour les recueils poétiques, recueils ouverts où chaque lecteur peut ajouter ses propres productions, ou pour toute une littérature politique liée à des circonstances d'oralité. C'est le cas aussi de l'échange des manuscrits dans le monde des érudits et des savants.

Il y aurait ainsi deux grands modèles de la publication manuscrite, l'un de type aristocratique, qui est celui du « gentleman writer », du « gentleman amateur », dans l'Angleterre de la fin du XVIIe et du début du XVIIIe siècle, c'est-à-dire une activité d'écriture désintéressée, destinée à un public de pairs, aux deux sens du terme ; l'autre, peut-être antérieur, celui de la république des lettres, où correspondances, mémoires, copies de textes anciens, ouvrages manuscrits circulent d'un érudit à l'autre, alimentant le travail ou la discussion savants. S'y ajoute une véritable publication manuscrite à finalité commerciale qui est produite dans des ateliers de scribes, assez proches de ce qu'est un atelier typographique, et qui alimente au XVIIIe siècle la publication des nouvelles ou gazettes à la main.

Parler du manuscrit entre le XVIe et le XVIIIe siècle, c'est donc à la fois parler des manuscrits qui normalement conduisent à une publication imprimée, mais aussi

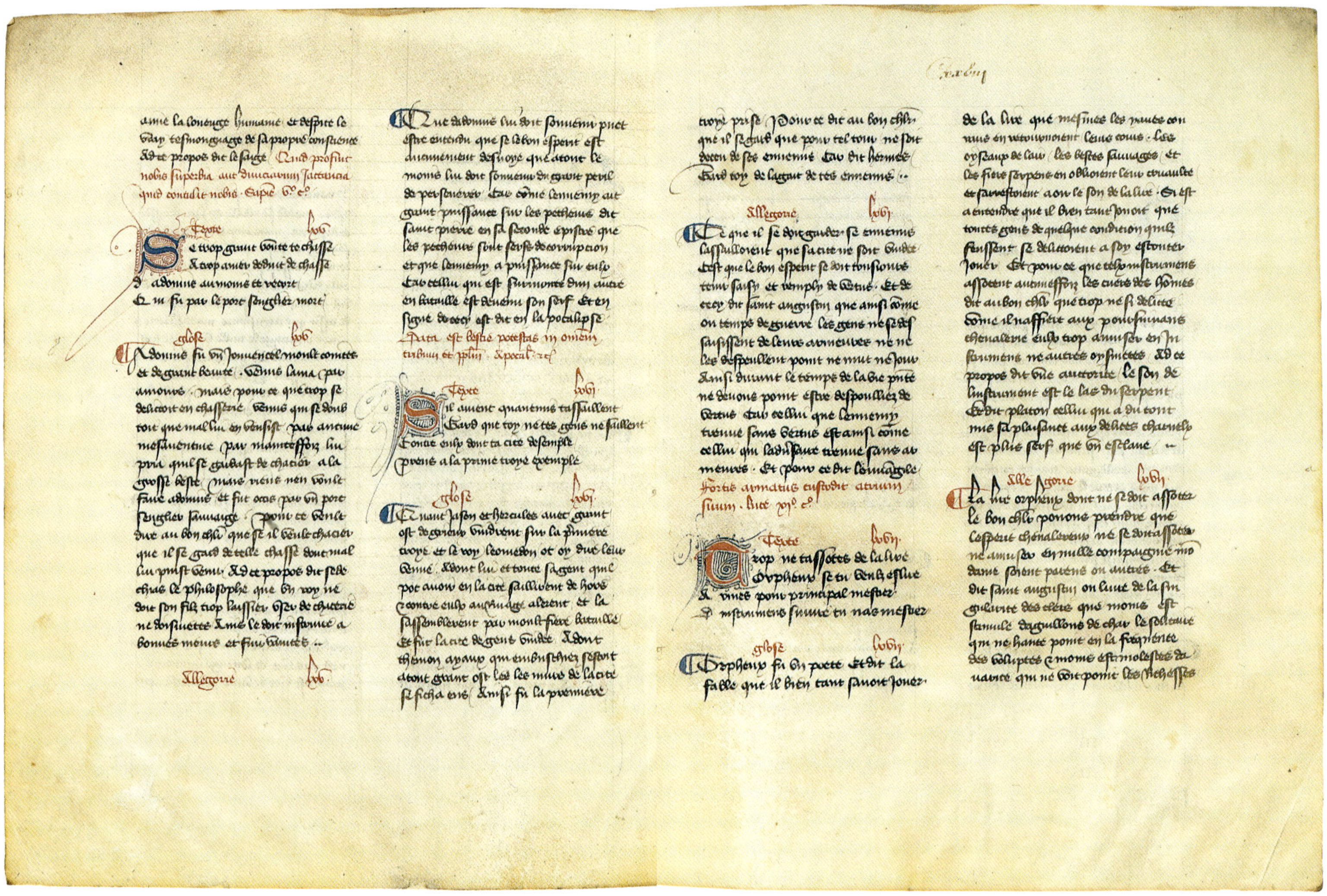

6
Christine de Pisan, *Poésies*
Copie autographe, vers 1400
174 f., 34 × 27 cm
BNF, Manuscrits, Fr. 12779, f. 127 v°-128

de cette circulation manuscrite qui accompagne ou concurrence la publication imprimée et répond à des exigences qui lui sont propres. Les textes de cette seconde catégorie ont plus de chance d'être accessibles à l'heure actuelle, puisqu'ils ont circulé dans un certain nombre de copies et ont donc été conservés. Mais il ne s'agit pas de brouillons d'écrivains, il s'agit d'œuvres achevées, conçues pour avoir une existence propre.

Si, par contraste avec la période que vous venez de décrire, les deux ou trois derniers siècles ont constitué une sorte d'âge d'or du manuscrit d'auteur, que lui réserve l'avenir ? La « révolution » du texte électronique, comme vous l'avez montré ailleurs, établit un rapport beaucoup plus distancié entre l'écrivain et l'écriture. Elle aura des conséquences sur l'existence même du manuscrit. En aura-t-elle sur le processus de l'écriture, et sur le statut de l'auteur ?

Question difficile et ouverte : il y a d'abord une première indécision quant à la possibilité que la composition électronique des textes, éloignée des matérialités contraignantes qui étaient les siennes, conduise à l'effacement de ces états successifs, les corrections n'étant jamais enregistrées. Certains, comme Pierre-Marc de Biasi, pensent, au contraire, que le développement de nouveaux types de logiciels, qui enregistreront les différents moments de l'écriture, permettra des études plus détaillées encore que celles qu'autorisent les brouillons de Flaubert ou de Zola. Mais cela dépend beaucoup des possibilités techniques de cet enregistrement, dont beaucoup d'auteurs se détourneront si elles sont trop lourdes et interrompent le mouvement même de la création.

La deuxième question porte sur la manière de penser le texte lui-même. Beaucoup d'écrivains ont eu le désir, limité par la publication imprimée, d'établir une relation avec le lecteur qui projette celui-ci dans le texte et le fasse participer à l'acte créateur. Cela peut se traduire par la présence fictive du lecteur dans l'œuvre, comme chez Cervantès ; ou, sous une forme plus matérielle, à la manière de Richardson, qui faisait circuler dans un cercle d'amis ou de parents des exemplaires imprimés de *Pamela* avec des feuillets en blanc pour enregistrer leurs réactions de lecteurs ; ou plus simplement à travers la correspondance adressée au grand écrivain… Avec le texte électronique, cette participation du lecteur pourrait être encore plus immédiate et plus profonde. Mais si l'œuvre est pensée comme étant l'expression d'une identité qui renvoie à une invention esthétique et à une singularité subjective, il est sûr que les critères qui fixent cette création sont des conditions nécessaires, non seulement pour fonder la propriété littéraire, mais aussi pour rendre visibles la cohérence, la complétude et la singularité de l'œuvre. Il me semble que le monde du texte électronique est traversé par cette tension : d'un côté, l'exploitation des possibilités de dialogue ou de jeu avec le lecteur, pour retrouver cette figure idéale, à la Foucault, de nappes de discours dans lesquelles chacun inscrirait ses énoncés et où finalement il n'y aurait plus ni propriété ni identité propre — rappelez-vous les premiers mots de sa leçon inaugurale au Collège de France : « J'aurais aimé inscrire ma parole dans une parole déjà là » ; et, de l'autre, la défense de ce qui subsiste de la figure d'auteur telle qu'elle s'est construite à travers différentes étapes historiques.

Nous avons évoqué la fin du Moyen Âge, lorsqu'émerge, autour d'auteurs comme Pétrarque en Italie ou Christine de Pisan en France, l'identité fondamentale d'une œuvre référée à un nom propre et placée dans un livre manuscrit qui ne comporte plus qu'elle. Jusqu'alors le manuscrit médiéval en langue vulgaire était un « livre recueil », dans lequel des textes, de dates, de genres et même de langues différents, étaient rassemblés par la volonté de son propriétaire. Il n'y avait pas de « fonction-auteur » pour parler comme Foucault, mais une « fonction-lecteur », ou une « fonction-copiste », mais c'est à la fin du Moyen Âge que pour certains auteurs se met en place une unité indissociable entre un objet matériel, le livre, l'œuvre définie comme singulière ou comme un ensemble de textes formant œuvre, et le nom propre garant du texte.

Cette première étape de la construction de la figure et de la fonction de l'auteur, marquée par la volonté d'un contrôle sur la chaîne des copies, se traduit de manière « codicologique » par l'existence du « livre unitaire », comme on dit en italien, qui rassemble œuvre et nom propre dans un même objet.

Une seconde étape intervient au début de l'âge moderne, lorsque l'auteur est pour ainsi dire produit par les censures, et son nom propre utilisé dans les index des différentes universités, de l'Inquisition ou des polices d'État comme instrument de repérage des textes prohibés. C'est une construction qui intéressait beaucoup Foucault, puisqu'elle se fait à partir de l'appropriation pénale d'un discours jugé transgressif : le nom d'auteur fonde une identité fondamentale, car c'est lui qui permet le plus aisément la répression.

Le XVIIIe siècle constitue un troisième moment, avec la reconnaissance de la propriété littéraire : l'œuvre est désormais considérée comme la propriété de son auteur parce qu'elle transmet son style, son sentiment,

son langage ; si les idées appartiennent, et doivent appartenir à tout le monde, surtout lorsqu'elles sont éclairées, en revanche tout ce qui relève de la projection dans l'œuvre de la singularité individuelle traduite par une manière de dire, de sentir, d'écrire, fonde la propriété littéraire. Celle-ci peut évidemment être transmise à ceux qui éditent, les libraires et imprimeurs, mais sa réalité première est liée à l'auteur. Ce sont ces trois temps sédimentés (fin du Moyen Âge, début de l'âge moderne, XVIIIe siècle) qui forment encore la conscience d'auteur aujourd'hui, identifiant l'œuvre dans sa différence et la rapportant au sujet qui l'a créée.
La façon dont dans le monde électronique vont se rencontrer ces deux éléments, le rêve idéal d'une textualité sans appropriation et la présence affirmée de la figure d'identité qui est celle de l'auteur, est une des grandes incertitudes du futur. On la voit parfois maniée par des écrivains qui dissocient le site électronique par lequel ils donnent un accès libre, c'est-à-dire gratuit et ouvert, à certains de leurs textes et l'édition électronique à laquelle ils confient d'autres œuvres.
L'édition électronique suppose des critères de fixité et de stabilité des œuvres, garanties de la rémunération de l'éditeur et de l'auteur, puisque le droit de l'auteur sur son œuvre se traduit dans le monde moderne en « droits d'auteur ». Cette indécision, tout à fait fondamentale, pourra avoir des traductions techniques que prévoient déjà certains éditeurs électroniques : les ordinateurs tels qu'on les connaît, sur lesquels se déploie une textualité électronique gratuite, liée au réseau, coexisteront avec des objets électroniques dans lesquels les possibilités de transmission seraient inexistantes — tel le « e-book », qui n'est pas un livre, mais plutôt une bibliothèque, et qui peut donner à lire des « livres », c'est-à-dire des œuvres perceptibles dans leur singularité et renvoyant au nom d'auteur. Les écrivains se trouveront ainsi confrontés à des choix qui ne sont pas forcément contradictoires, mais qui les conduiront à distribuer leurs textes entre l'une et l'autre de ces textualités, à être des acteurs de la communication électronique libre en même temps que les auteurs d'un éditeur numérique.
Tout ce que l'on peut faire aujourd'hui, c'est repérer des possibles, en sachant que notre imagination est sûrement plus bornée que l'inventivité des techniques. L'alternative que nous venons d'évoquer ne définit pas à tout jamais les modes de support et de transmission du texte électronique. Les recherches en cours sur l'encre et le papier électronique, qui permettraient à n'importe quelle surface (livre, tissu...) de recevoir des textes téléchargés à partir d'un microprocesseur ou du réseau, ouvriront peut-être à la diffusion des textes des modalités que nous n'imaginons pas. Il est risqué de faire des projections à partir de l'état actuel de la technique, en pensant qu'il définit de manière stable ce qui sera l'avenir de la textualité électronique. Qui aurait pu imaginer dans les derniers siècles avant Jésus-Christ que le support de l'écrit prendrait un jour la forme du codex, si différente de celle du rouleau ?

Propos recueillis par Marie Odile Germain

7
Pierre de Bourdeille, seigneur de Brantôme, *Livre des dames*
Manuscrit en partie autographe, 1580-1614
188 f., 28 × 22 cm
BNF, Manuscrits, N. a. fr. 20474, f. 38

Retiré à quarante ans dans son château périgourdin, déçu dans ses ambitions et réduit à l'inactivité par une chute de cheval, Brantôme dicte à un secrétaire, ajoutant de sa main corrections et longues digressions, ses souvenirs de guerrier, de courtisan et d'amant, bientôt ordonnés en deux séries de discours, l'une consacrée aux dames illustres et l'autre aux grands capitaines. Soutenue par un style étincelant, la narration serpente au gré des souvenances de l'écrivain conteur, émaillée de portraits baroques et d'anecdotes gaillardes. Brantôme laisse à ses héritiers sept gros cahiers, à charge pour eux de les publier. Le livre connaîtra un succès durable, dû en partie au titre aguicheur de *Dames galantes* inventé par l'éditeur en 1665.
M. S.

Mays quelle court estoit ce : telle
que je croys que jamays empereur
de Romme de l'advenir a tenu pour
dames une pareille d'ordinayre
ny roy ny roys de france. Bien est il vray
que ce grand empereur Charlemaigne
et roy de france print grand plaisir
de son vivant fayre et dresser des courtz
grandes et plenieres tant des pays
Des Contes ~~de france~~ de paladins barons et chevaliers
de france que de dames leurs fammes
et damoyselles leurs filles et plusieurs
autres de toutes contrees pour tenir
compagnie et court ainsi que disent
les vieux romans de ce temps a leur
imperatrice et reyne pour voyr les
belles joustes tournoys magnificences
qui se fesoyent tres superbes par une
grand troupe de chevaliers errans
venans de toutes partz. Mays quoy ces
belles et grandes assemblees et bragueries
ne se fesoyent en ce voyage que troys
ou quatre foys de l'an et apres un
partir de la feste et de s'en alloyent
chascun s'en retournoyent en leur terres et maysons
... a un autre foys ces courts

[illegible]

A

8

Jean Racine, « Iphigénie en Tauride »

Manuscrit autographe, 1673 (?)
4 f., 27,5 × 19,5 cm
BNF, Manuscrits, Fr. 12887, f. 95

Parmi les papiers de Racine déposés par ses fils à la Bibliothèque royale, peu de pages concernent son théâtre. Ce plan d'un premier acte d'une « Iphigénie en Tauride » reste très mystérieux. Dans ses *Mémoires,* Louis Racine en parle comme d'un projet de pièce postérieur à *Phèdre* et dont l'inachèvement serait dû à la nomination de son père comme historiographe du roi, en 1677 : affirmation peu vraisemblable du fait des contradictions entre les faits évoqués dans ce texte et ceux retracés dans *Phèdre*. En revanche, on sait que Racine hésita entre plusieurs versions du sacrifice d'Iphigénie données par les poètes antiques – ce qui daterait ce plan de l'année 1673, avant l'*Iphigénie en Aulide*. Louis Racine rapporte également que son père avait l'habitude de préparer ainsi chaque acte en prose : « Quand il avait lié toutes les scènes entre elles, il disait : "Ma tragédie est faite", comptant le reste pour rien. » Mais aucun plan des pièces composées n'a été retrouvé, et la lecture du seul exemple conservé ne laisse guère entrevoir la matière d'une tragédie.

D. T.

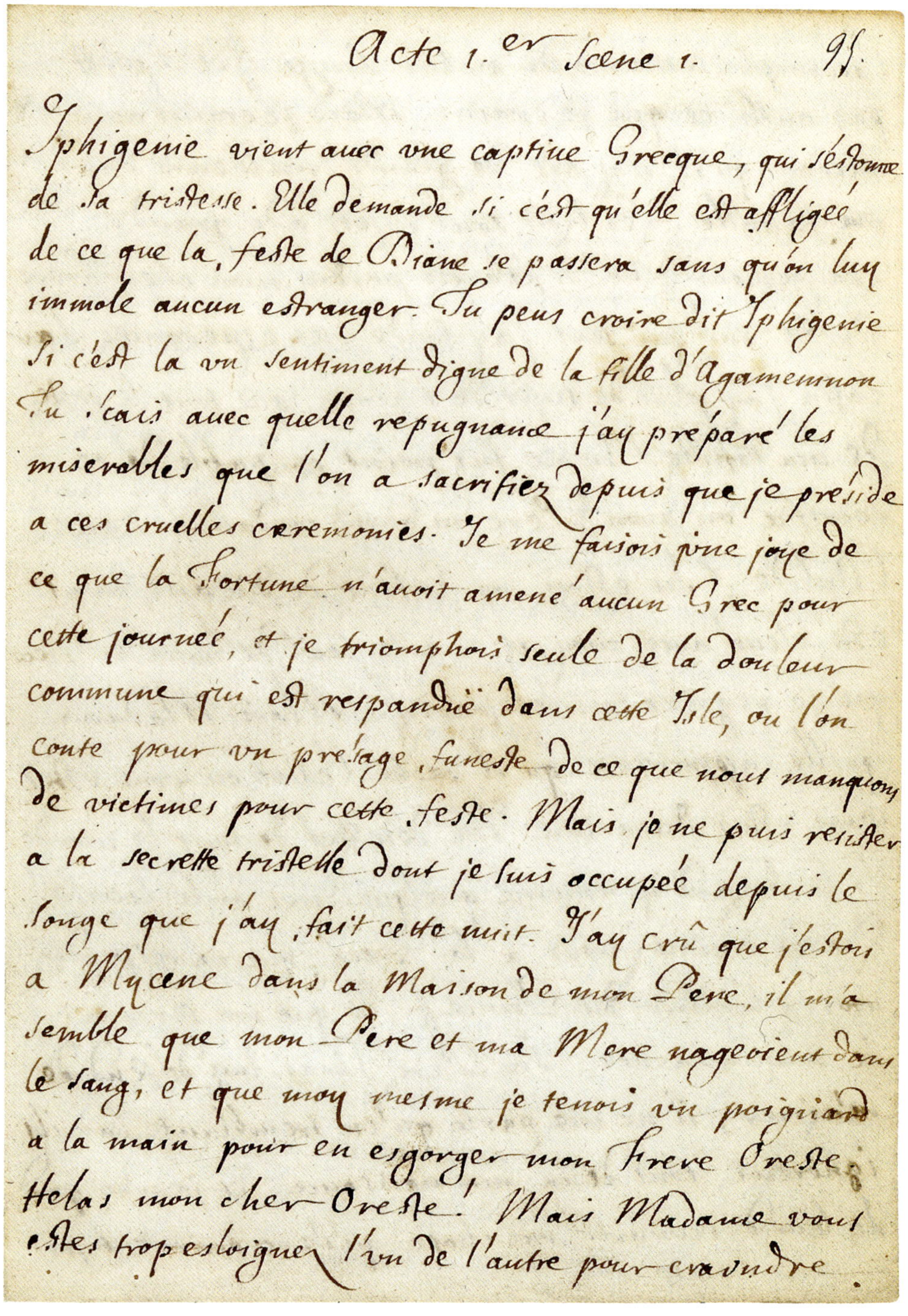

Acte 1.er Scene 1. 95.

Iphigenie vient avec une captive Grecque, qui s'estonne de sa tristesse. Elle demande si c'est qu'elle est affligée de ce que la feste de Diane se passera sans qu'on luy immole aucun estranger. Tu peux croire dit Iphigenie si c'est la un sentiment digne de la fille d'Agamemnon. Tu sçais avec quelle repugnance j'ay preparé les miserables que l'on a sacrifiez depuis que je preside a ces cruelles ceremonies. Je me faisois une joye de ce que la Fortune n'avoit amené aucun Grec pour cette journée, et je triomphois seule de la douleur commune qui est respandüe dans cette Isle, ou l'on conte pour un presage funeste de ce que nous manquons de victimes pour cette feste. Mais je ne puis resister a la secrette tristesse dont je suis occupée depuis le songe que j'ay fait cette nuit. J'ay crû que j'estois a Mycene dans la Maison de mon Pere, il m'a semblé que mon Pere et ma Mere nageoient dans le sang, et que moy mesme je tenois un poignard a la main pour en esgorger mon frere Oreste. Helas mon cher Oreste ! Mais Madame vous estes trop esloignez l'un de l'autre pour craindre.

Jean Racine. Dessin de son fils. BNF, Estampes

9
François de Salignac de La Mothe Fénelon
Les Aventures de Télémaque
Manuscrit autographe, 1692-1694
505 f., 24 × 18 cm
BNF, Manuscrits, Fr. 14944, f. 1

Le *Télémaque* est un traité pédagogique rédigé pour le petit-fils de Louis XIV dont Fénelon était précepteur. Attendu comme une allégorie satirique du règne du Roi-Soleil et connu dès avant parution par plusieurs copies, il fut publié anonymement en 1699 après la disgrâce et l'exil à Cambrai, pour cause de sympathies quiétistes, de son auteur. Ce manuscrit de travail porte, sur les pages de droite laissées en blanc, de nombreuses corrections et additions. Il fut précieusement conservé par la famille de Fénelon, qui l'utilisa pour l'édition de 1717, puis déposé à la Bibliothèque royale au XVIIIe siècle. Le *Télémaque* jouissait alors d'une immense popularité, les hommes des Lumières y lisant, à tort, une glorification pré-rousseauiste de l'état de nature et une critique progressiste de l'absolutisme.

M. S.

Les mots diversement rangés font un divers sens,
et les sens diversement rangés font divers effets.
Pensées [1]

Les *Pensées* de Pascal : des manuscrits en quête d'une œuvre

Beaucoup ont voulu voir, dans la préface de la première édition des *Pensées*, dite « de Port-Royal » (1669-1670), le texte fondateur des études génétiques, pascaliennes et autres : « Comme l'on savait le dessein qu'avait M. Pascal de travailler sur la religion, y écrit Étienne Périer, l'on eut un très grand soin après sa mort de recueillir tous les écrits qu'il avait faits sur cette matière. On les trouva tous ensemble enfilés en diverses liasses, mais sans aucun ordre et sans aucune suite, parce que, comme je l'ai déjà remarqué, ce n'étaient que les premières expressions de ses pensées qu'il écrivait sur de petits morceaux de papier à mesure qu'elles lui venaient dans l'esprit. Et tout cela était si imparfait et si mal écrit qu'on eut toutes les peines du monde à le déchiffrer [...]. »
De ces reliques manuscrites, le « comité de Port-Royal » fit faire deux transcriptions qui servirent à une publication aussi cruciale que périlleuse dans le contexte politique et théologique de l'époque. Les éditeurs jansénistes adoptèrent une méthode intermédiaire entre la fidélité absolue aux originaux et une réécriture sélective, pour plus de lisibilité, dont le souci hagiographique ne serait pas absent. Sous l'appellation de première et seconde copies, les transcriptions sont aujourd'hui conservées à la Bibliothèque nationale de France (Manuscrits, Fr. 9203 et Fr 12449), tout comme les manuscrits originaux. Ces derniers, rognés et collés sur de grandes feuilles sous la direction de Louis Périer, suivant un ordre tout différent du « désordre » initial, furent déposés par lui en 1711 à la bibliothèque de Saint-Germain-des-Prés, où ils furent reliés et baptisés « Recueil original », pour entrer finalement à la Bibliothèque nationale à l'occasion des confiscations révolutionnaires (Manuscrits, Fr. 9202). Le chercheur se trouve donc confronté au paradoxe suivant : les copies sont – plus ou moins – fidèles à l'ordre pascalien alors que ce qu'on devrait appeler, en toute rigueur, « recueil des originaux » ne l'est pas. Et, depuis plus de trois siècles, éditeurs, érudits et universitaires font la navette entre ces documents à la recherche d'un « dessein » pascalien dont la connaissance est nécessaire à la compréhension d'une pensée – ou d'un discours – inachevée qui saisit immanquablement les lecteurs de tous temps et de toutes sensibilités, philosophes ou pas, chrétiens ou non.
Les copies, c'est-à-dire l'ordre pascalien supposé conservé par Port-Royal, dominèrent le paysage éditorial jusqu'au célèbre rapport lu par Victor Cousin devant l'Académie française en 1842, qui renvoya tout le monde aux manuscrits originaux, à leur classement infidèle et à leurs difficultés de déchiffrement augmentées par les variantes et les ajouts : les paléographes donnèrent le meilleur d'eux-mêmes et, en 1938, ce fut l'un d'eux, Zacharie Tourneur, relayé aussitôt par Louis Lafuma et Paul Couchoud, qui ouvrit la voie aux généticiens contemporains et aux travaux patients de Pol Ernst [2] en cherchant dans le support papier, et en particulier dans les filigranes, de précieuses informations.
Le difficile équilibre entre « le sens et le papier », pour reprendre les termes d'un débat récent [3], imposait cependant un va-et-vient nécessaire de la copie avec sa division en chapitres aux manuscrits autographes avec leur authenticité textuelle : Louis Lafuma, Philippe Sellier, Jean Mesnard et quelques autres, parmi lesquels le philosophe Henri Gouhier, subtil lecteur de Pascal, dont la précision codicologique force l'admiration, s'y livrèrent avec succès [4].
En ce qui concerne l'écriture pascalienne, dont tout a été dit sans aboutir jamais à une absolue élucidation, il semble qu'on puisse aujourd'hui arriver aux conclusions suivantes : Pascal prenait des notes sur de grandes feuilles de papier, plaçant une petite croix devant chacune des « pensées » et les séparant d'un trait de plume qui lui permettait ensuite de découper les fragments et de les rassembler en liasses, méthode assez commune au demeurant en son temps. Quelque

Blaise Pascal. Gravure de J. Bein d'après Flandrin
BNF, Estampes

deux cents trous d'enfilure témoignent encore de ces « colliers de pensées », selon le mot de Jean Guitton. Cependant une partie des autographes du « Recueil original » n'a pas été découpée par Pascal et tous n'appartiennent pas à son projet apologétique. Ainsi que l'a justement écrit Michel Le Guern, « nous n'avons pas l'œuvre mais nous avons l'atelier », un atelier que les méthodes scientifiques les plus récentes, limitées malheureusement par des impératifs de conservation des manuscrits, pourraient permettre d'éclairer encore. Le dessein pascalien demeure objet d'interrogations : apologie de la religion chrétienne construite par un laïc converti et retiré d'un monde qu'il n'a cependant pas quitté, à destination des lecteurs d'Épictète et de Montaigne comme des sectateurs de Molina, certes, mais sous quel mode ? La défense du christianisme préparée par Pascal devait-elle prendre la forme de lettres, d'un traité théologique ou, plus modestement, d'une conférence comme celle de 1658 à Port-Royal et, en ce cas, ce terme désigne-t-il un exposé ou un entretien ? Quelle que soit la puissance des textes, la question n'est pas secondaire car définir le projet de Pascal, en s'appuyant sur les témoignages contemporains, conditionne le déchiffrement génétique des originaux, déchiffrement qui, en retour, permet de dessiner le contour de ce projet. Dans la mesure où il est plus facile de montrer ce que les « pensées » ne sont pas que ce qu'elles sont, ou devaient être, faut-il, pour les étudier, aller jusqu'à envisager d'inventer, sur le modèle de la théologie négative, une génétique négative ?

Michèle Sacquin

1 Blaise Pascal, *Œuvres complètes*, Gallimard, coll. « Bibliothèque de la Pléiade », 1954, p. 1101 (66 [225]).
2 Pol Ernst, *Les Pensées de Pascal, géographie et stratigraphie*, Paris/Oxford, Universitas/Voltaire fondation, 1996. **3** « Pascal : Pensées ou Discours ? Autour d'une nouvelle édition procurée par E. Martineau [...] », *Genesis*, n° 3, 1993, p. 135-142.
4 Afin d'éviter une énumération fastidieuse, nous renvoyons, pour un bilan des études pascaliennes de 1662 à nos jours, à Jean Mesnard, « L'original des pensées de Pascal avant et après Victor Cousin », dans *Le Manuscrit littéraire, son statut, du Moyen Âge à nos jours* (« Travaux de littérature publiés par l'ADIREL », n° XI), Klincksieck, 1998, p. 120-149.

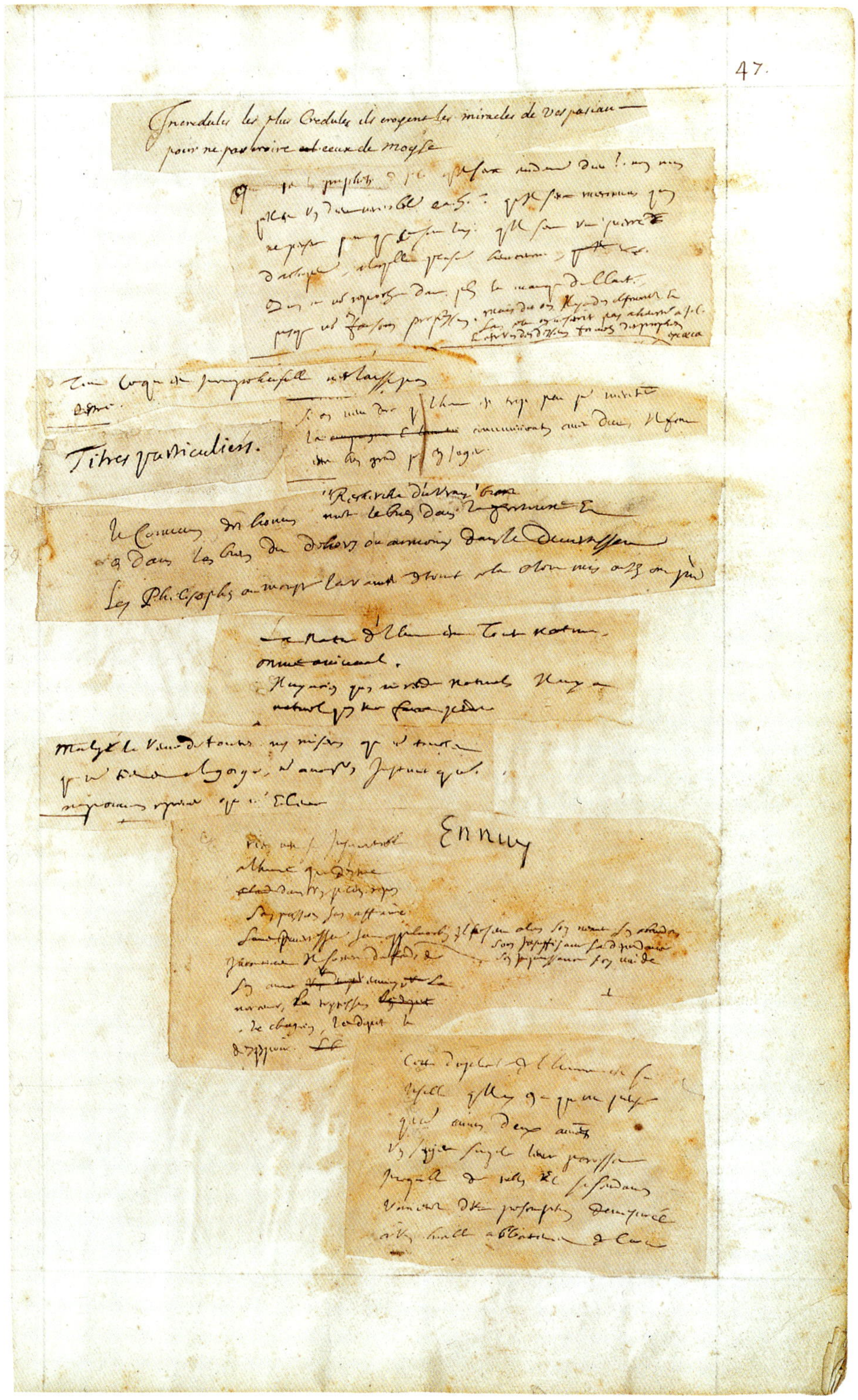

10
Blaise Pascal, *Pensées*
Manuscrit autographe, 1656-1662
498 p. précédées des f. A-E, 43 × 28 cm
BNF, Manuscrits, Fr. 9202, f. 47

Reconnaissance

XVIIIe et XIXe siècles

Jusqu'au milieu du XVIIIe siècle, ce sont surtout des textes non destinés à l'impression qui circulent encore sous forme manuscrite, alors que le manuscrit d'auteur lui-même continue à être négligé. Mais avec le temps des Lumières et la reconnaissance progressive des droits de l'écrivain, les manuscrits littéraires entrent dans une ère nouvelle : même si Voltaire se soucie peu des siens et que ceux de Diderot concernent des œuvres vouées à la clandestinité, la plupart des écrivains, à commencer par Rousseau, préservent désormais leurs archives. Pourtant, comme le montre au siècle suivant l'exemple de Chateaubriand ou de Stendhal – l'un détruisant ses brouillons, l'autre ne conservant que ses textes inédits – la relation à son travail reste pour chaque auteur une expérience singulière.

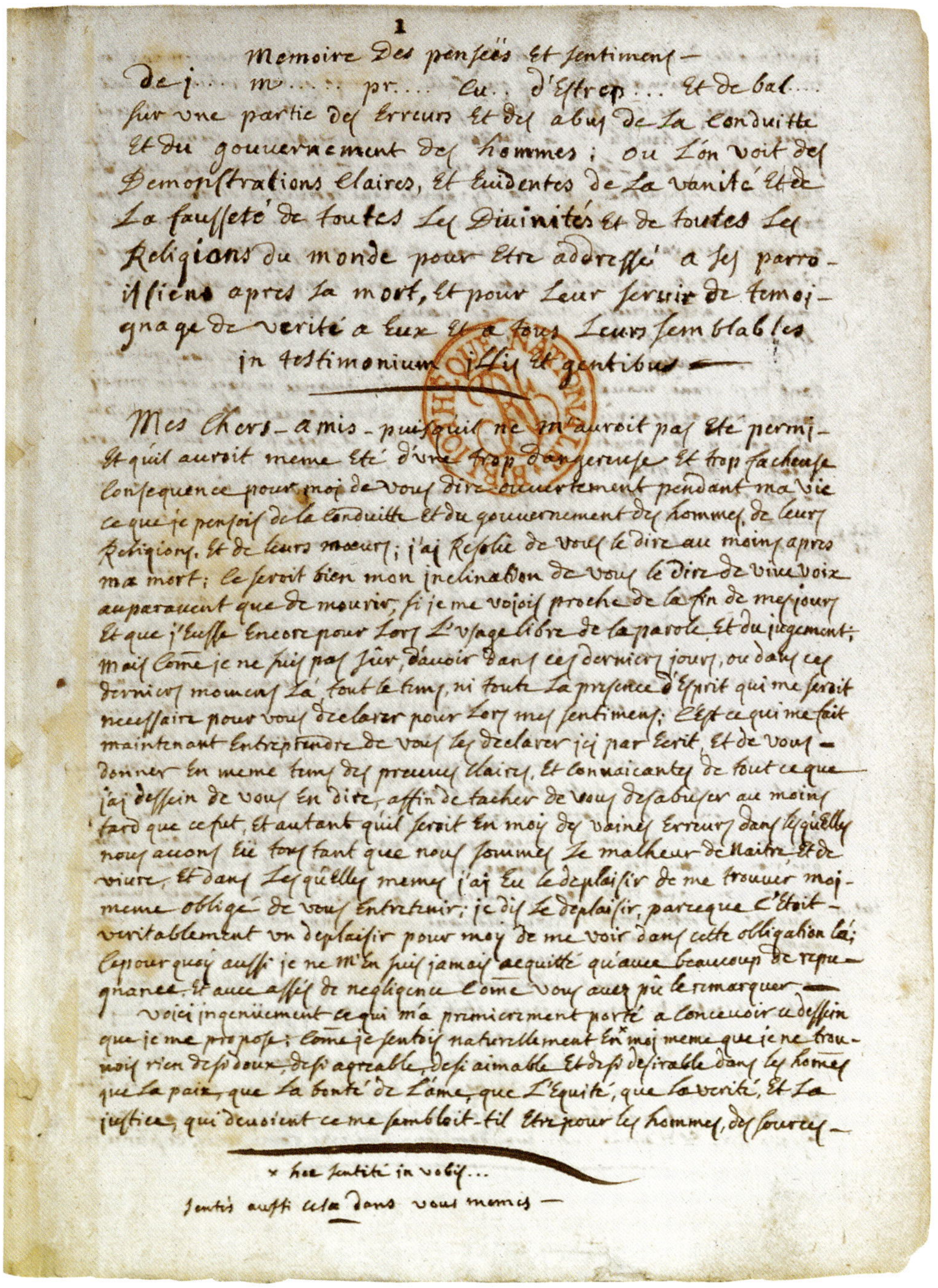
1

Memoire des pensées et sentiment—
de j... m... pr... cu.. d'Estrep... et de bal...
sur une partie des erreurs et des abus de la conduitte
et du gouvernement des hommes ; ou l'on voit des
demonstrations claires, et evidentes de la vanité et de
la fausseté de toutes les divinités et de toutes les
religions du monde pour etre addressé a ses parro-
issiens apres sa mort, et pour leur servir de temoi-
gnage de verité a eux et a tous leurs semblables
in testimonium illis et gentibus —

Mes chers amis puisqu'il ne m'auroit pas été permi-
s qu'il auroit meme été d'une trop dangereuse et trop facheuse
consequence pour moi de vous dire ouvertement pendant ma vie
ce que je pensois de la conduitte et du gouvernement des hommes, de leurs
religions, et de leurs moeurs ; j'ai resolu de vous le dire au moins apres
ma mort ; ce seroit bien mon inclination de vous le dire de vive voix
auparavant que de mourir, si je me voiois proche de la fin de mes jours
et que j'eusse encore pour lors l'usage libre de la parole, et du jugement ;
mais come je ne suis pas sûr, d'avoir dans ces derniers jours, ou dans ces
derniers momens là, tout le tems, ni toute la presence d'esprit qui me seroit
necessaire pour vous declarer pour lors mes sentimens ; c'est ce qui me fait
maintenant entreprendre de vous les declarer ici par ecrit, et de vous
donner en meme tems des preuves claires, et convaincantes de tout ce que
j'ai dessein de vous en dire, affin de tacher de vous desabuser au moins
tard que ce fut, et autant qu'il seroit en moi des vaines erreurs dans lesquelles
nous avons été tous tant que nous sommes le malheur de naitre, et de
vivre, et dans lesquelles meme j'ai eu le deplaisir de me trouver moi-
meme obligé de vous entretenir ; je dis le deplaisir, parceque c'étoit
veritablement un deplaisir pour moy de me voir dans cette obligation là ;
c'est pourquoy aussi je ne m'en suis jamais acquitté qu'avec beaucoup de repugnance, et avec assés de negligence come vous avez pu le remarquer —
Voici ingenuement ce qui m'a primierement porté a concevoir ce dessein
que je me propose ; come je sentois naturellement en moi meme que je ne trou-
vois rien de si doux, de si agreable, de si aimable et de si desirable dans les hommes
que la paix, que la bonté de l'ame, que l'equité, que la verité, et la
justice, qui devoient ce me sembloit-il etre pour les hommes, des sources —

× hec sentite in vobis...
sentés aussi cela dans vous memes —

11

« Testament du curé Meslier »

« Mémoire des Pensées et Sentiments de J[ean] M[eslier], Pr[être] Cu[ré] d'Estrep[igny] et de Bal[aives] sur une partie des erreurs et des abus de la conduite et du gouvernement des hommes où l'on voit des démonstrations claires et évidentes de la vanité et de la fausseté de toutes les Divinités et de toutes les Religions du monde pour être adressé à ses paroissiens après sa mort et pour leur servir de témoignage de vérité à eux et à tous leurs semblables »
Manuscrit autographe, vers 1719-1729
II-311 f., 18 × 13,5 cm
BNF, Manuscrits, Fr. 19458, f. 1

Quand l'humble curé d'Étrépigny meurt, en 1729, il a recopié en trois exemplaires le message destiné à ses paroissiens, somme philosophique distribuée en neuf « Preuves de la vanité et de la fausseté des Religions », nourrie par un athéisme et un matérialisme fédérateurs qui débouchent sur une virulente critique sociale et politique. C'est le vécu, l'insertion trente ans durant dans un petit village de Champagne, qui portent la réflexion de Jean Meslier (1664-1729), donnent à son œuvre profondeur et originalité, font de cet homme isolé un précurseur. Mais son message restera longtemps occulté. De ces trois volumineux manuscrits et des douze copies retrouvées dans des bibliothèques privées, seuls des extraits seront connus, centrés sur la critique exégétique, bientôt truffés de commentaires adventices, voire même de passages d'œuvres du baron d'Holbach. Plus de cent exemplaires manuscrits circulaient lorsque Voltaire lui-même, alerté dès 1735 sur ce « curé de village [...] aussi philosophe que Locke », allait participer à cette campagne réductrice en publiant en 1762, dans sa croisade contre « l'infâme », un *Extrait des sentiments de Jean Meslier*, bientôt appelé « Testament du curé Meslier ». Une première édition complète, à Amsterdam en 1864, passa totalement inaperçue. Les extraits furent republiés plusieurs fois avant la magistrale publication de Jean Deprun, Roland Desné et Albert Soboul en 1970.

A. A.

Copie/brouillon/édition : le manuscrit d'auteur existe-t-il au XVIIIe siècle ?

Annie Angremy

Le Moyen Âge a été l'âge d'or des copies, les XVIe, XVIIe et XVIIIe siècles semblent celui de l'imprimé triomphant. Objet superflu et transitoire, dont la conservation n'est apparemment pas plus envisagée, le manuscrit autographe de l'œuvre publiée reste tout aussi inexistant que dans les siècles précédents ; les notes et les brouillons préliminaires sont rarissimes jusqu'au milieu du XVIIIe siècle. Seuls quelques grands seigneurs et ecclésiastiques ont les moyens de conserver leurs archives. Aussi bien les tout-puissants libraires-imprimeurs sont-ils les seuls détenteurs des droits de l'ouvrage et prennent-ils le relais des copistes et des ateliers de copistes, laïques ou religieux, avec parfois autant d'incertitudes et d'aléas dans la fiabilité du texte offert. La recherche de l'archétype se base donc pendant plus de trois cents ans sur des éditions, souvent données sans l'aval de l'auteur, sans bon à tirer, dirait-on aujourd'hui *.

Toutefois, la multitude des copies ou des autographes non identifiés qui circulent en France et à l'étranger et dont, en fin de compte, l'infime partie sauvegardée meuble bien des rayons de bibliothèques, rend combien plus complexe ce schéma auquel on s'est longtemps rallié, négligeant tout ce qui n'est pas autographe.

Reste d'abord l'impressionnante masse des textes qui n'étaient pas destinés à la publication : journaux intimes, mémoires, récits de voyage, gazettes et nouvelles à la main — souvent composés, comme les innombrables cahiers de cours des étudiants, dans des ateliers de copistes dûment rétribués —, littérature dévote, œuvres subversives et bien sûr œuvres inachevées. De ces manuscrits, certains sont le jardin secret de leurs auteurs, même s'ils comptent, comme Saint-Simon, sur la postérité pour les divulguer, et ceux-là, souvent autographes, bénéficient longtemps d'un huis clos percé au gré des circonstances : saisie officielle, succession, obstination d'un éditeur ou d'un chercheur. Pour beaucoup d'autres, la communication manuscrite constitue encore un réseau naturel, différent de celui de l'imprimé, qui reste très vivace jusqu'à la fin du XVIIIe siècle, tant pour des raisons de censure que pour les facilités qu'elle procure. Gazettes et nouvelles à la main, revues manuscrites permettent la divulgation de courts textes, bulletins politiques, poèmes, essais ou critiques. Certaines sont du reste soumises à l'autorisation du lieutenant de Police. Phénomène de sociabilité, les pièces de théâtre, tant celles jouées sur les scènes privées et inlassablement recopiées pour les acteurs d'un jour que celles du répertoire du Théâtre-Français, dont les copies portent souvent des annotations des auteurs et la griffe des censeurs, sont conservées en très grand nombre, ont attiré l'attention des collectionneurs dès le XVIIIe siècle (collections du duc de La Vallière et de Pont-de-Vesle) et au XIXe siècle (collection Soleinne). Épigrammes et chansons continuent de susciter un engouement passionné dans tous les milieux, simples feuillets ou recueils de pièces collectées par des amateurs. Certains de ces chansonniers sont de véritables corpus de l'esprit du temps, tels le chansonnier dit « de Clairambault » et la superbe copie calligraphiée en quarante-quatre volumes qu'en fit exécuter un noble frondeur, le comte de Maurepas. À la lisière incertaine du permis, la circulation des textes considérés comme subversifs nécessite une organisation clandestine, partant une prolifération de copies, dont l'une ou l'autre passe parfois dans les circuits de l'impression présumée ou non hors frontières.

Le coût et les aléas de l'impression, *intra* et *extra muros*, comme les risques pris par l'auteur qui lit son œuvre à des familiers ou dans des salons avant de se résoudre à la publier, si ce n'est parfois sous une forme atténuée, peuvent générer deux filiations de copies, avant et après édition. Toutes éditions, et à plus forte raison les éditions pirates et posthumes, seraient à reconsidérer en fonction des copies retrouvées. Seule œuvre publiée du vivant d'Antoine Hamilton, en 1718, les célèbres *Mémoires du comte de Gramont* ont donné lieu à des éditions récentes, dites critiques, livrant la moindre variante des éditions contemporaines de ce roman à succès sans tenir compte d'une des copies de la bibliothèque Mazarine et d'une copie conservée dans une collection privée, qui permettent de restituer deux passages jusqu'alors tronqués, incompréhensibles.

Enfin, à l'autre bout de la chaîne, aux côtés des copies modestes, moins onéreuses que l'imprimé jusque vers

* Ce texte reprend certains éléments d'une communication à un colloque franco-russe organisé par l'ITEM à Léningrad en 1993 et publié en français sous le titre *Les Manuscrits littéraires à travers les siècles*, Du Lérot, 1995, p. 61-73.

1760, l'usage de manuscrits que l'on pourrait qualifier de manuscrits de présentation, comme au Moyen Âge, dus à des calligraphes de renom et destinés à de hauts personnages, n'a pas totalement disparu. Citons à ce titre la production du pseudo-chevalier de Berny. Dans les dernières décennies, le département des Manuscrits a ainsi acquis plusieurs charmants manuscrits de petits romans, richement reliés — l'un orné de dessins originaux — sans qu'il soit possible de discerner si les textes ont été publiés sous un titre différent.

La genèse d'un texte littéraire et philosophique du XVIIIe siècle relève donc souvent de la gageure. Avoir « tout lu » pour repérer sous l'anonymat, sous un nom d'auteur apocryphe et/ou sous un titre différent les copies, voire même les éditions existantes ? Grâce aux correspondances, aux journaux et mémoires, aux documents officiels du pouvoir, souvent répressifs, on peut entrevoir l'émergence de l'œuvre, le long et tortueux parcours infligé à l'auteur une fois le manuscrit achevé, et les métamorphoses du texte sous l'effet de la censure et de la prolifération des copies. Sans entrer dans le dédale du circuit du texte remis à l'impression, rappelons l'énorme intérêt des archives de la toute-puissante Chambre syndicale des libraires-imprimeurs de Paris, du Bureau de la librairie et du lieutenant de Police, toutes archives conservées au département des Manuscrits. Privilèges, permissions

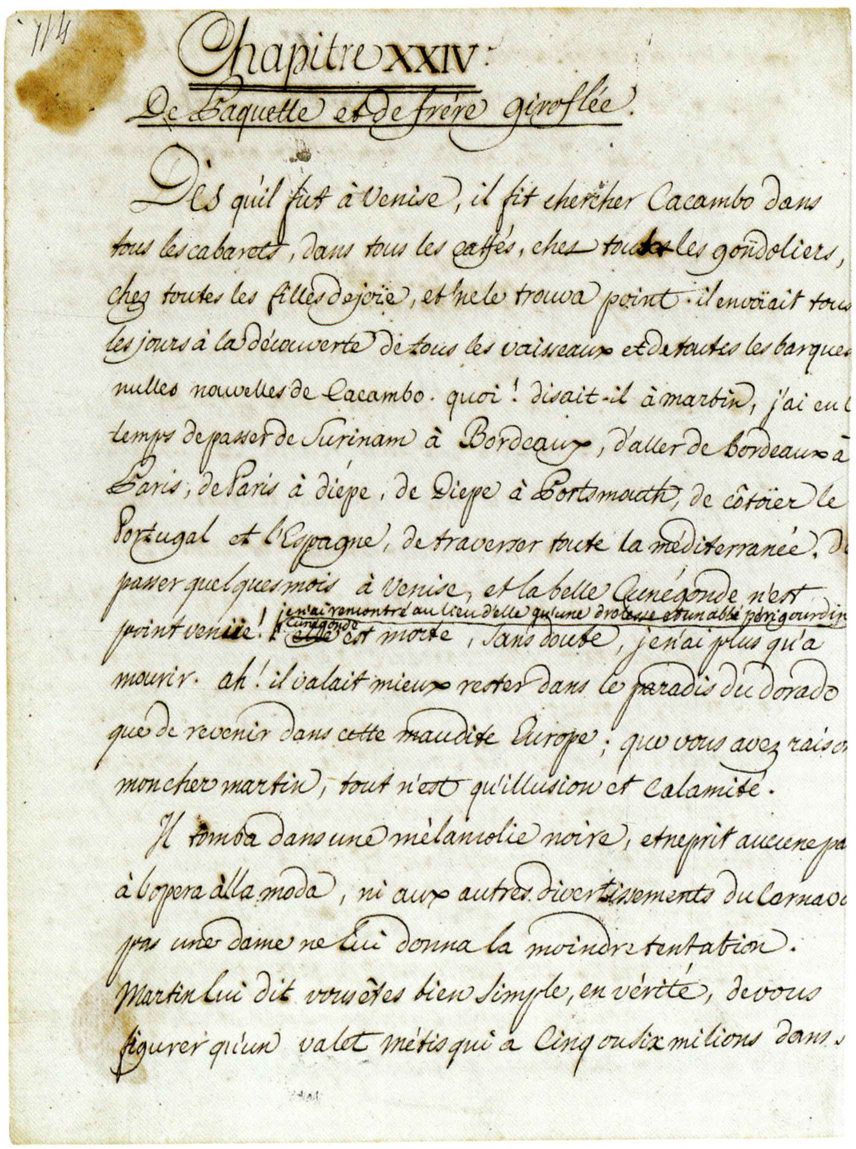
114
Chapitre XXIV.
De Paquette et de frère giroflée.
Dès qu'il fut à Venise, il fit chercher Cacambo dans tous les cabarets, dans tous les caffés, chez tous les gondoliers, chez toutes les filles de joie, et ne le trouva point. il envoiait tous les jours à la découverte de tous les vaisseaux et de toutes les barques nulles nouvelles de Cacambo. quoi ! disait-il à martin, j'ai eu le temps de passer de Surinam à Bordeaux, d'aller de Bordeaux à Paris, de Paris à diepe, de Diepe à Portsmouth, de côtoier le Portugal et l'Espagne, de traverser toute la mediterranée, de passer quelques mois à Venise, et la belle Cunégonde n'est point venüe ! je n'ai rencontré au lieu d'elle qu'une drolesse et un abbé périgourdin Cunégonde est morte, sans doute, je n'ai plus qu'à mourir. ah ! il valait mieux rester dans le paradis du dorado que de revenir dans cette maudite Europe ; que vous avez raison mon cher martin, tout n'est qu'illusion et calamité.
Il tomba dans une mélancolie noire, et ne prit aucune part à l'opera alla moda, ni aux autres divertissements du Carnaval ; pas une dame ne lui donna la moindre tentation. Martin lui dit vous êtes bien simple, en vérité, de vous figurer qu'un valet métis qui a cinq ou six milions dans

12
Voltaire, *Candide ou l'Optimisme*, traduit de l'allemand de M. le Docteur Ralph
Copie de Wagnière portant des corrections autographes, 1758
154 f., 20,5 × 16 cm
BNF, Arsenal, ms. 3160, p. 114

C'est pour distraire des hôtes illustres que Voltaire, à cinquante ans passés, se lance dans le conte philosophique, genre si prisé au XVIIIe siècle. Auteur dramatique et poète épique, il ne voit là d'abord qu'un agréable dérivatif à ses nobles compositions, dont le succès le déroute lui-même : « Queste coglionerie se vendent mieux qu'un bon ouvrage. »
Publié anonymement à Genève – ce qui ne trompa personne – après une saisie des bonnes feuilles chez un imprimeur parisien, condamné en France comme en Suisse, *Candide* connut en effet un succès fulgurant. Le roman d'apprentissage du jeune homme à la poursuite de sa chère Cunégonde, à travers une Europe dévastée et un univers de fantaisie, permet à Voltaire de donner libre cours à sa verve satirique, aux anachronismes voulus, en une langue élégante, limpide, alerte. Sous l'apparence badine de l'utopie, le philosophe poursuit sa mission : lutter contre les abus de toute sorte, les superstitions cruelles et absurdes, l'arbitraire, le fanatisme, les horreurs de la guerre. Au « meilleur des mondes possibles » proclamé par Pangloss, disciple de Leibniz, il oppose la sage conclusion de Candide, au terme de sa tumultueuse initiation, pour sauvegarder un semblant d'harmonie : « Il faut cultiver notre jardin. »
Le seul manuscrit connu à porter des corrections de Voltaire est une copie de la main du secrétaire des vingt dernières années, Nicolas Wagnière. Il offre plusieurs versions du chapitre parisien, « le seul qui soit trouvé faible », selon le duc de La Vallière, à qui Voltaire l'offrit avant même la publication de *Candide* en février 1759.
A. A.

tacites ou permissions clandestines (accordées à certains livres hétérodoxes), il faudrait pouvoir établir la liste des trop rares copies portant la griffe et les corrections des censeurs commis par le pouvoir et les identifier sous les avatars des titres portés sur les registres de ce fonds qu'a décrit Robert Estivals en 1967 dans la *Statistique bibliographique de la France sous la Monarchie au XVIIIe siècle*. La Bibliothèque nationale a, par exemple, acheté en 1979 les deux premiers volumes manuscrits d'un roman portant pour titre « Mars et l'amour ou les aventures galantes et martiales du chevalier de XXX…, à Ennuy, chez Pierre le Désœuvré (1726) », abondamment censuré et portant l'initiale *R* en bas de chaque page. J'en ai retrouvé la trace dans le premier registre conservé des privilèges et permissions de la Librairie, inscrit le 21 décembre 1722 sous le numéro 1522, avec la seule mention « distribué à Mr l'abbé Rocquemorel », sans aucune indication d'approbation ou de refus de publication. A-t-il été édité sous un autre titre ? Les larges passages biffés en auraient en tout cas modifié le récit initial…
L'exceptionnelle collection de manuscrits de pièces de théâtre de la bibliothèque-musée de la Comédie-Française (trois cent soixante-dix de 1700 à 1800) comporte des copies censurées. Le recoupement de celles du *Barbier de Séville* et du *Mariage de Figaro* avec les manuscrits, également censurés, que possédait Beaumarchais et la copie truffée d'ajouts autographes du *Mariage* offerte à la Bibliothèque nationale par les descendants du souffleur Laporte montrent assez les profonds bouleversements que deux, puis six censures successives imposèrent à Beaumarchais avant les fracassantes représentations de 1774 et de 1784.
Avec l'épanouissement des Lumières, le statut des gens de lettres, la notion de propriété littéraire se sont certes affirmés. En 1777, Beaumarchais fonde la Société des auteurs dramatiques pour combattre les droits exorbitants que se réservaient les Comédiens-Français sur les recettes. Mais l'étroit réseau de surveillance qui entoure le moindre écrivaillon, la subtilité des rapports noués entre les écrivains, souvent traqués mais dans une certaine mesure protégés, et les grands serviteurs de l'État — tel Malesherbes, directeur de la Librairie, l'ami des encyclopédistes — entraînent tout au plus la confiscation ou la mise à l'abri du manuscrit explosif dont il faut éviter la publication. Au mieux, le manuscrit a droit de cité comme preuve de la bonne foi de l'auteur : Voltaire comme Beaumarchais présenteront des copies certifiées conformes à la mouture initiale de l'œuvre contestée par les autorités.
Nul, dans les sphères du pouvoir, n'envisage l'intérêt du manuscrit d'auteur. Le prestige grandissant du manuscrit médiéval ne s'étend pas au manuscrit littéraire contemporain. Les écrivains eux-mêmes, s'ils offrent parfois à des protecteurs illustres des copies de leurs textes (et non pas les autographes, à l'exception de Rousseau), trouvent pour les plus grands hors des frontières du royaume appui et considération.
Les correspondances diplomatiques du ministère des Affaires étrangères témoignent de la surveillance tatillonne des produits manufacturés, mais les bibliothèques de Voltaire et de Diderot, avec leurs lots de manuscrits, pourront rejoindre les collections de Catherine II en 1778 et 1785 sans aucune entrave administrative. Et les grandes collectes de la période révolutionnaire ne prendront guère en compte parmi les « monuments de la Nation » les manuscrits littéraires et philosophiques, réservant tous leurs soins aux mémoires et journaux, même si l'afflux massif de bibliothèques des couvents et des cabinets d'amateurs offrent leur part de copies.
Censure, réseau de sociabilité, pratique de la lecture la plume à la main entraînent immanquablement un flou dans la notion de « manuscrit d'auteur ».
La terminologie génétique actuelle bute devant les précisions improbables données dans les catalogues des bibliothèques publiques et privées, les listes établies par les écrivains ou leurs proches et celles des inventaires après décès : manuscrit, manuscrit corrigé (par qui ?), minute, brouillon, copie, beau manuscrit, original…

La nébuleuse se clarifie cependant au fil des années avec l'intérêt que suscitent désormais certaines catégories de manuscrits dont le recensement a été entrepris ; au premier chef les manuscrits de la littérature clandestine et ceux des grands écrivains, mais aussi les nouvelles à la main, les journaux de voyage ont bénéficié des travaux d'équipes de chercheurs. Ils permettent de mettre à plat le relatif imbroglio de ces avant-textes et « après-textes », dont la génétique est souvent à mi-chemin entre celle des copies du Moyen Âge (la recherche d'un archétype, l'identification des copistes) et celle des œuvres contemporaines, lorsque dans la seconde moitié du XVIIIe siècle les archives personnelles des écrivains sont conservées.
Depuis les études de Gustave Lanson (1912) et d'Ira Wade (1938) jusqu'à celles d'Antony McKenna et de Miguel Benítez, la traque des manuscrits à travers les bibliothèques du monde entier est au centre

des recherches sur la littérature clandestine à tendance philosophique. Près de deux mille copies portant sur environ deux cent cinquante textes circulent entre 1690 et 1760, époque où les hommes des Lumières assimilent définitivement cette pensée souterraine dans leurs propres œuvres. Mais copier, c'est déjà pour beaucoup d'amateurs de ce genre d'ouvrages, faire soi-même son propre catéchisme, le communiquer à d'autres et interférer ainsi avec les strates des copies de professionnels sans que l'on puisse attribuer à chacun des passeurs anonymes sa part dans la métamorphose du texte primitif, gonflé, réduit à quelques extraits, censuré, détourné parfois de son but initial. Attribution apocryphe, politique commerciale d'éditeurs (par souci de lisibilité du texte ou d'effet de scandale), l'écheveau est souvent dénoué pour les œuvres majeures

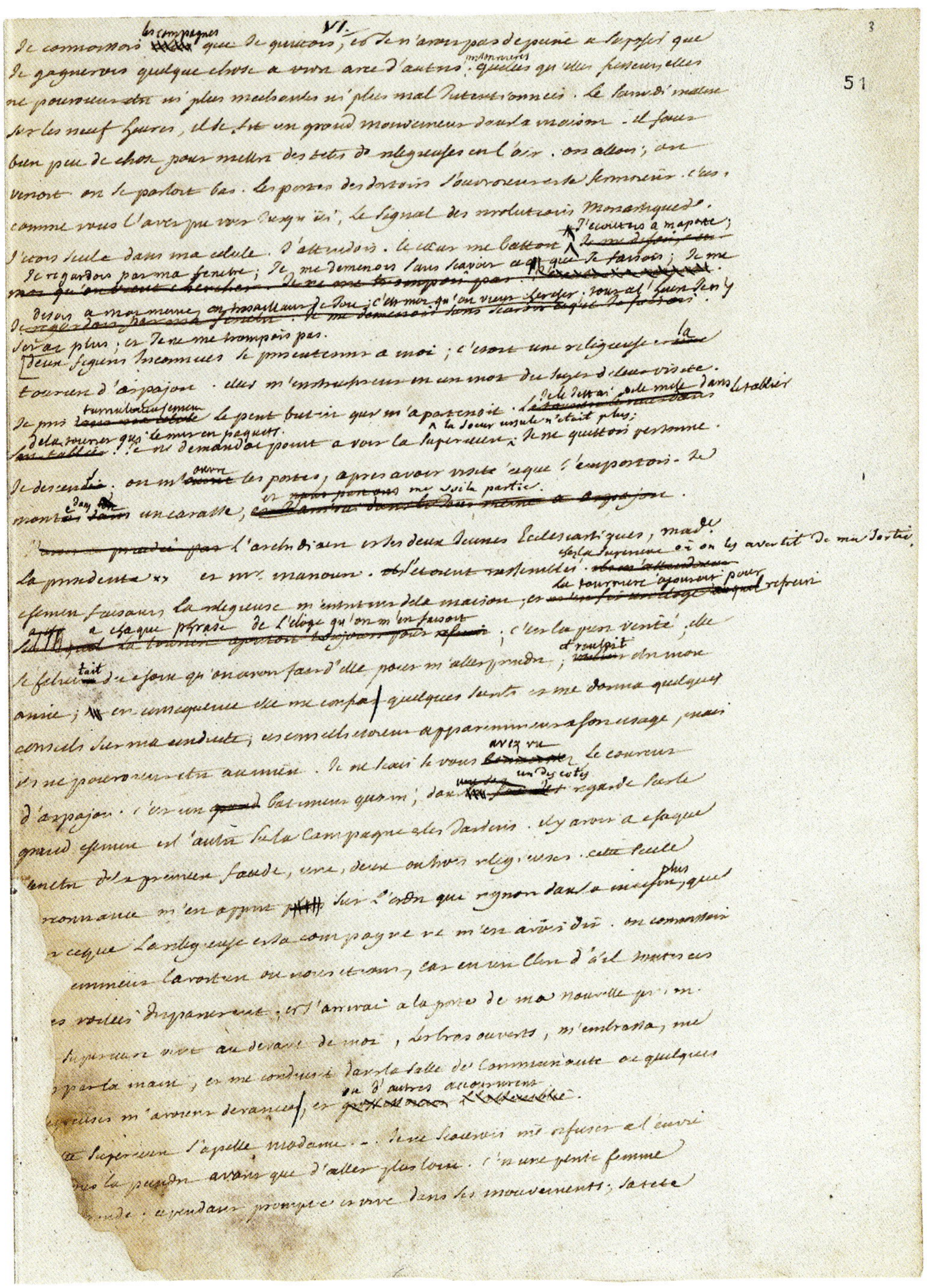

13
Denis Diderot, *La Religieuse*
Manuscrit autographe corrigé, 1760 et vers 1780
90 f., 26 × 21,5 cm
BNF, Manuscrits, N. a. fr. 13726, f. 51

Le premier roman de Diderot est né d'une mystification, faire revenir de sa province un homme des Lumières, le marquis de Croismare, pour voler au secours d'une jeune religieuse enfermée au couvent sans vocation. Diderot prend la plume et ne la quitte pas lorsque la plaisanterie tourne court en 1760. « Je vais à tire-d'aile, ce n'est plus une lettre, c'est un livre. Il y aura là-dedans des choses vraies, de pathétiques, et il ne tiendrait qu'à moi qu'il y en eût de fortes, mais je ne m'en donne pas le temps. Je laisse aller ma tête. » Écrire tout de go les mémoires de sœur Suzanne Simonin, et en faire un des romans les plus marquants du XVIIIe siècle, seul le philosophe au cœur tendre, tout vibrant encore de la lecture de Richardson, le pouvait. « Je ne crois pas qu'on ait jamais écrit une satire plus effrayante des couvents », confiait-il vingt ans plus tard à Meister en proposant le roman qu'il venait de reprendre à l'intention des abonnés de la *Correspondance littéraire*. Mais sœur Suzanne a la foi, elle trouve là réconfort aux embûches de la vie recluse entre femmes, décrite sobrement, en des tableaux puissants, clair-obscur admirablement rendu par l'auteur des *Salons*, qui aurait souhaité pour épigraphe « Son pittor anch'io ».
Publié en 1796, chez Buisson, comme *Jacques le Fataliste, La Religieuse* a été connue longtemps par les sept copies de la *Correspondance littéraire* et celle du copiste Girbal de la collection de Catherine II. L'entrée du fonds Vandeul à la Bibliothèque nationale en 1951 a révélé l'existence du seul manuscrit autographe corrigé de Diderot, témoin du travail en deux périodes, sur lequel Meister a porté ses propres corrections d'éditeur et celles que Diderot avait rajoutées sur une autre copie de Girbal, état intermédiaire entre l'état original et la révision du manuscrit autographe.
A. A.

récemment éditées, l'*Étude de la religion* de Du Marsais, le «testament» du curé Meslier ou le *Traité des trois imposteurs*. Une constante toutefois, sous les scories accumulées par la kyrielle de copies, l'archétype du texte primitif subsiste.

Le brouillage des pistes est d'un autre ordre dans le cas de la *Correspondance littéraire*, tenue par Grimm de 1753 à 1773, avec l'appui de Diderot et de Madame d'Épinay dans les premières années, et poursuivie par Jacob Henri Meister jusqu'en 1813. Ces livraisons manuscrites régulières destinées uniquement à des souverains ou des princes éclairés de l'Europe du Nord ont permis la diffusion hors du royaume de productions que la censure ou la bienséance n'aurait pas autorisées, mais aussi de petites pièces fugitives, poèmes, essais, contes, comptes rendus. Plus de trois mille six cents textes importants, dont près de six cents encore anonymes; une quinzaine de collections plus ou moins complètes de copies qui s'échangent dans les cours et se multiplient, des traductions en allemand, retraduites en français, des textes mis sous le boisseau par des princes offusqués et qui resurgissent deux cents ans plus tard : les copies de la *Correspondance littéraire* n'ont pas révélé tous leurs secrets. Quelles que soient les interventions de Grimm, concepteur rigoureux et directif, les fautes de ses copistes, les distinguos subtils dans les envois, selon qu'ils concernent la duchesse de Saxe-Gotha, la plus fidèle des abonnés, le prince Henri de Prusse, frère de Frédéric II, ou Catherine II, abonnée depuis 1762, reste que ces livraisons ont le bénéfice de l'antériorité sur les éditions souvent tardives des œuvres d'un Boufflers ou d'un Saint-Lambert comme sur celle des romans et essais de Diderot.

La tradition manuscrite des œuvres posthumes de Diderot est au cœur de toutes ces problématiques. Rebuté par les persécutions que ses œuvres philosophiques lui ont fait endurer, absorbé par l'immense entreprise de l'*Encyclopédie*, Diderot ne publie rien de 1754 à 1779. La *Correspondance littéraire* est pour lui l'exutoire idéal. Brefs essais, poèmes, critique littéraire et surtout artistique avec la série des *Salons*, *Jacques le fataliste*, *La Religieuse*, *Le Rêve de d'Alembert*, *Le Supplément au Voyage de Bougainville*, ou *La Réfutation de l'ouvrage d'Helvétius intitulé l'Homme*, se retrouvent ainsi dans plusieurs des collections du recueil de Grimm et de Meister. Chaque œuvre est un cas d'espèce, se présente à un état génétique différent. Grâce aux manuscrits autographes retrouvés, à la correspondance de Grimm et de Diderot, aux lettres de celui-ci à Sophie Volland, la genèse des *Salons* et de *La Religieuse* est bien connue et l'on sait que Grimm a eu entre les mains les manuscrits autographes des premiers *Salons*, qu'il a recopiés lui-même et «arrangés», réduits parfois, comme Diderot lui-même le lui préconisait. À cette première série de copies connues seulement, du vivant de Diderot, de l'élite intellectuelle des cours du Nord s'ajoutent celles qu'il fait établir par son ami le philosophe Naigeon, puis systématiquement à partir de 1780, en au moins deux exemplaires, par un véritable atelier de copistes sous la houlette d'un ancien copiste de la *Correspondance littéraire* à l'impeccable calligraphie, Girbal : désir de «rassembler ses guenilles», projet d'une édition de ses œuvres, mais aussi souci de préparer une collection pour Catherine II, qui lui avait acheté dès 1765 sa bibliothèque et ses manuscrits en lui en laissant l'usufruit.

À la mort de Diderot, ses héritiers, les Vandeul, poursuivent l'entreprise, même après l'envoi à l'impératrice en 1785 de copies, reliées au XIXe siècle en trente-deux cahiers conservés maintenant à la Bibliothèque nationale de Russie, à Saint-Pétersbourg. Dès lors, et pendant plus de cent soixante-dix ans, les œuvres de Diderot sont publiées au coup par coup au gré des copies resurgies, des traductions en allemand de Schiller pour un épisode de *Jacques le fataliste*, de Goethe pour *Le Neveu de Rameau*, retraduites en français... ce qui incite Madame de Vandeul à livrer enfin une copie du roman avant que le manuscrit autographe, belle mise au net, ne soit découvert en 1902 sur les quais dans une collection de recueils provenant d'Allemagne. Il faudra attendre 1951 et l'acquisition par la Fondation Singer-Polignac pour la Bibliothèque nationale de la collection Vandeul, retrouvée à l'abandon dans un château familial par Herbert Dieckmann, pour établir partiellement la filiation entre tous les états de l'œuvre. Éditer Diderot? — selon le titre du gros recueil publié sous la direction de Georges Dulac en 1988 dans les *Studies on Voltaire* — c'est à chaque fois comparer des éditions de la fin du XVIIIe et du XIXe siècle, faites souvent sur des copies disparues, avec les copies des trois fonds, les manuscrits autographes de la collection Vandeul et ceux retrouvés en Russie ou ailleurs, tenter de discerner la participation du philosophe aux grandes œuvres de ses amis, l'abbé Galiani et l'abbé Raynal, découvrir l'intérêt des articles de l'*Encyclopédie* conservés dans la seule collection envoyée à Catherine II (longtemps considérés comme un «bourrage» des Vandeul et qui contiennent des annotations de Girbal), saisir toujours l'importance de la censure, chez Grimm, chez Naigeon, chez les Vandeul mais aussi chez Diderot, et, en fin de compte, voir Diderot au travail dans son atelier avec les superbes manuscrits corrigés du *Salon de 1767* et de *La Religieuse* ou celui de ses dialogues avec l'impératrice. Éditer Diderot, c'est aussi s'attendre à voir réapparaître de nouvelles copies, de nouveaux manuscrits remettant en cause l'établissement de textes qui ne seront jamais *ne varietur*.

Dans les cas de Meslier ou de Diderot, il s'agit d'œuvres vouées dès l'origine à la clandestinité. Le cas de Voltaire est exemplaire entre tous de la relation équivoque manuscrit/imprimé. Au contraire de Diderot, Voltaire n'a jamais envisagé de ne pas divulguer une partie de son œuvre et n'a, de ce fait, pas gardé ou reconstitué d'archives importantes, d'où l'éparpillement de ses rares manuscrits et copies recensés par Andrew Brown en 1971 dans les *Studies on Voltaire*... Chacune de ces publications est précédée et suivie d'une masse de copies dues, pour les premières, à son irrésistible besoin de lire ou de communiquer à des amis, des protecteurs et finalement des imprimeurs, les œuvres qu'il prétend par ailleurs entourer d'un halo de mystère et ne pas publier sans l'autorisation royale. On connaît l'histoire des manuscrits du temps de Cirey, le poème *Le Mondain* trouvé dans les papiers de l'évêque de Luçon, Monseigneur de Bussy, et copié en trois cents exemplaires par les soins du président Dupuy, ou celle des premiers chants de *La Pucelle d'Orléans* dont la romancière Madame de Graffigny, hôte de Voltaire et de Madame Du Châtelet durant l'hiver 1739, aurait dérobé une copie à l'intention de ses amis lorrains... Bientôt la France entière fut inondée de ces copies d'un ouvrage dont Voltaire ne désavouait les éditions pirates que pour en donner d'autres amplifiées. En 1760, près de quatre cents exemplaires manuscrits du poème étaient en circulation (on en connaît aujourd'hui une vingtaine). L'aventure éditoriale de l'*Essai sur les mœurs* montre comment d'une édition à l'autre, du manuscrit adressé à l'électeur palatin jusqu'à celui destiné à la duchesse de Saxe-Gotha et à la « copie la plus ample » que Madame Denis envoya de Paris à Colmar pour la confronter à l'édition hollandaise de Néaulme, faite en 1753 d'après un manuscrit volé par un secrétaire, l'*Abrégé de l'histoire universelle* se modifie, s'étoffe, jusqu'à devenir l'*Essai sur les mœurs* en autant d'états d'une œuvre en devenir à laquelle Voltaire ne cessera de travailler, portant ses additions et ses corrections sur les éditions successives. Ce sera l'édition « encadrée », faite par les Cramer en 1775 et sur laquelle Voltaire portera ses ultimes corrections, qui servira de base à Henri Duranton dans l'édition des *Œuvres complètes*. C'est dire le statut ambigu de la « copie livrée pour l'impression » et des éditions et contrefaçons, celui, tout aussi flou, du manuscrit communiqué à des « happy few » et les problèmes spécifiques que pose la critique génétique au XVIIIe siècle.

Périlleuse reconstitution certes, dans bien des cas, mais un tournant irréversible s'est amorcé et c'est bien là la grande nouveauté de la seconde moitié du XVIIIe siècle : la conservation ou tout au moins le stockage de leurs archives par nombre d'écrivains sensibilisés à leurs droits et à la postérité de leur œuvre. Montesquieu, dont la bibliothèque est restée intacte au château de La Brède jusqu'en 1939, Rousseau, copiste dans l'âme et scrupuleux à l'excès dans la mise à l'abri des différents états de ses manuscrits, Beaumarchais, homme d'affaires avisé, Laclos, Bernardin de Saint-Pierre, Sébastien Mercier, Sade même, pour la partie de ses papiers qui a échappé aux destructions et autodafés, ont laissé des archives importantes. Ils n'ont pas été préservés des contraintes de la censure, leur écriture est parfois née de cette survie à la merci du régime mais les avant-textes de leurs œuvres, publiés, inédits ou inachevés, ressortent en général de la critique génétique contemporaine, sans interpolation de copies anonymes et d'éditions tronquées.
À cette génération appartiennent les manuscrits mythiques de notre époque : l'état intermédiaire de *L'Esprit des Lois*, où l'écriture de Montesquieu devenu presque aveugle alterne avec celle de ses copistes et qui sera publié intégralement dans la nouvelle édition des *Œuvres complètes*; la copie autographe des *Dialogues* de Jean-Jacques Rousseau, ce « dépôt remis à la Providence » qu'il tenta de placer dans le chœur de Notre-Dame; le manuscrit tourmenté des *Liaisons dangereuses* de Laclos et surtout le rouleau de douze mètres dix de long — succession de petits feuillets collés de douze centimètres chacun, sur lesquels Sade recopia d'une écriture microscopique les *Cent Vingt Journées de Sodome* — retrouvé sans doute entre deux pierres de sa cellule à la Bastille, publié d'abord en France d'après une traduction allemande, en 1904, propriété un temps du vicomte Charles de Noailles, qui le fit éditer en 1935 par Maurice Heine.

14
Jean-Jacques Rousseau, *Les Dialogues ou Rousseau juge de Jean-Jacques*
Manuscrit autographe. Première mise au net, février 1776
VI-226 p., 22 × 17 cm
BNF, Manuscrits, N. a. fr. 25700, f. 1

Condamné de tous côtés depuis la publication de *L'Émile* et du *Contrat social*, obsessionnellement persécuté, Rousseau n'écrit plus désormais que pour conforter sa position d'accusateur accusé, en un retour au « moi », au vécu de l'existence, le meilleur garant de la solidité du raisonnement philosophique, du « système » qui a régi toute sa vie.
Après l'insuccès de ses lectures des *Confessions* auprès de ses amis, Rousseau s'enfonce dans la spirale de l'angoisse. Il tente d'exorciser le « complot » ourdi contre lui en écrivant, de 1772 à 1776, ses trois *Dialogues* entre « le Français », porte-parole de la nation mensongère qui a condamné sans appel « le monstre », et Rousseau, l'avocat lucide de Jean-Jacques, le « je » omniprésent derrière « le mur des ténèbres » et que la postérité saura enfin reconnaître.

Mais à qui confier un témoignage porteur de tant de délirants espoirs ? Rousseau décide d'en déposer la mise au net à peine achevée dans le chœur de Notre-Dame, glissée dans une enveloppe portant une longue suscription, « Dépôt remis à la Providence ». Trouvant les grilles fermées, il croit d'abord « voir concourir le Ciel même à l'œuvre d'iniquité des hommes », puis il y voit un « bienfait du Ciel », une incitation à remettre son œuvre à un homme de lettres « vertueux », Condillac, à charge pour lui de la transmettre à un homme plus jeune qui puisse la publier un jour « sans offenser personne ».
À la mort de Condillac, en 1780, le manuscrit fut déposé à l'hospice de Beaugency, où il resta jusqu'en 1879. Passé dans de prestigieuses collections privées, le manuscrit mythique est entré à la Bibliothèque nationale de France par voie de dation en 1996. Mais les *Dialogues* furent publiés, avec d'infimes variantes, dès 1782 grâce aux trois autres copies autographes rédigées en 1776 par le philosophe et augmentées de la très éclairante « Histoire du précédent écrit ».
A. A.

Jean-Jacques Rousseau. Eau-forte de J. B. Michel, 1765. BNF, Estampes

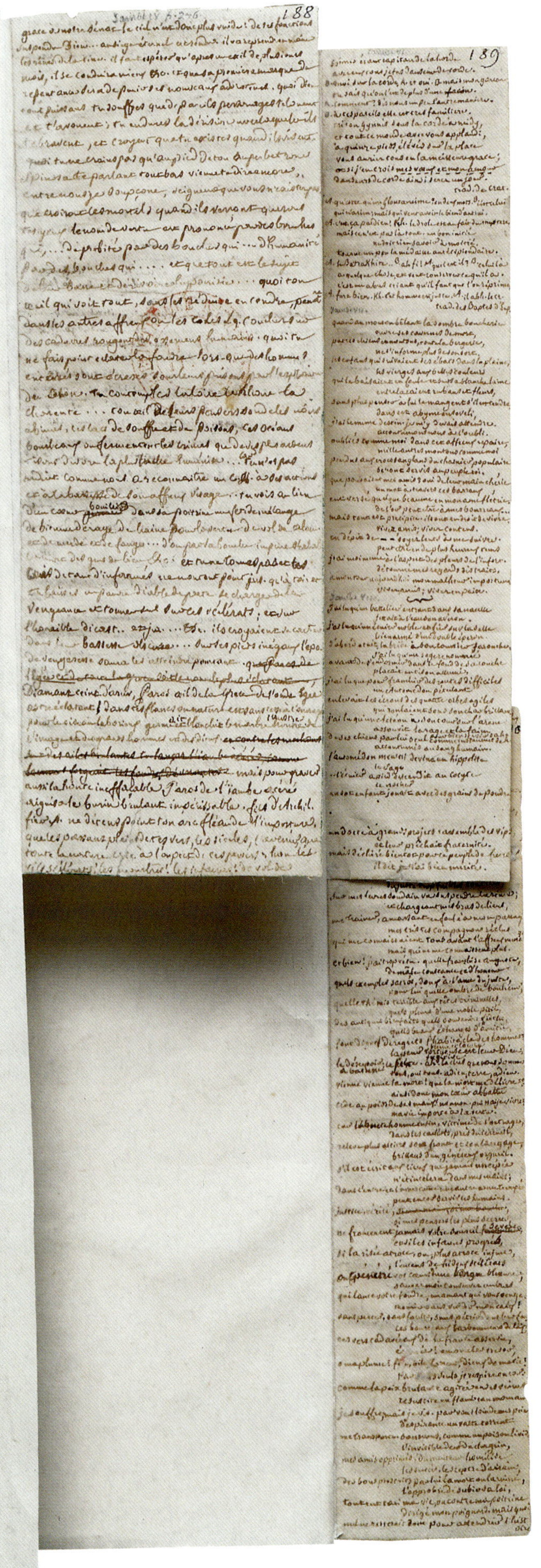

Au seuil du troisième millénaire, d'autres copies, d'autres manuscrits autographes attendus, inconnus, réapparaîtront sans doute — l'ouverture des archives russes en témoigne tous les jours —, l'aventure n'est pas terminée. Mais le XXe siècle a su donner ses lettres de noblesse à des textes mis sous le boisseau, tronqués, trafiqués encore tout au long du XIXe siècle. « Nous n'avons indiqué que les changements un peu curieux. Il n'est pas nécessaire de traiter un texte du marquis de Sade comme un texte de Pascal », proclamait Anatole France en 1881 dans la préface de l'édition du brouillon de *Dorci ou la Bizarrerie du sort…* Vous avez dit « bizarre » ? Désormais le même sort est réservé à l'auteur des *Pensées*, au divin marquis, ou à l'humble curé d'Étrépigny, l'abbé Meslier.

15
André Chénier, *Iambes*
Manuscrit autographe, mi-juillet 1794
3 f., 15 × 6 cm et 15,5 × 4,1 cm
BNF, Manuscrits, N. a. fr. 6850, f. 187 à 189

Le seul poète du XVIIIe siècle meurt sur l'échafaud à trente-quatre ans le 27 juillet 1794, inconnu de ses contemporains, si ce n'est par deux pamphlets antijacobins. Sensible et excessif, il fait des vers depuis sa seizième année sans jamais songer à les publier, à les achever même, à l'exception de quelques *Bucoliques* et *Églogues*. Chénier est l'homme des pièces courtes, des inspirations fulgurantes et des grandes épopées philosophiques interrompues.
Sa poésie baigne dans la sensualité, la culture antique : « Sur des pensers nouveaux, faisons des vers antiques ». Elle atteint sa plénitude dans les années tourmentées de la Révolution avec des *Élégies*, des *Odes* et des *Iambes*, brûlant déferlement d'un génie créateur enfin libéré de son carcan : « L'art ne fait que des vers ; le cœur seul est poète. » Les trois derniers *Iambes*, dit-on, sortirent de la prison, petites bandes de papier dissimulées dans un panier de linge sale, quelques jours avant son exécution.
La légende du poète assassiné aida à la découverte d'une œuvre restée embryonnaire, inachevée. Une édition « complète » fut faite en 1819. L'éditeur, Latouche, ne restitua à la famille qu'une partie des papiers, qui furent légués à la Bibliothèque nationale : poèmes, ébauches et notes dans un désordre inextricable.

A. A.

16
Pierre-Ambroise Choderlos de Laclos, *Les Liaisons dangereuses*
Manuscrit autographe, état intermédiaire corrigé, vers 1779-1781
93 f., 25,5 × 20 cm
BNF, Manuscrits, Fr. 12845, f. 40

Avec un roman épistolaire « scandaleux », signé de ses seules initiales, « Ch. de L. », Laclos s'inscrit bien dans la tradition du XVIIIe siècle où la fiction des lettres et mémoires retrouvés fait florès, où libertinage et anonymat vont de pair. Il en bouleverse les fondements. Sous le double jeu de la Merteuil et de Valmont, Tartuffe et Don Juan de leur siècle, derniers rejets de cette société trop policée de la fin de l'Ancien Régime, s'ourdit le piège infernal dans lequel eux-mêmes tomberont. En une construction dramatique inéluctable, la correspondance croisée crée la troublante ambiguïté du roman, apologie du libertinage ou peinture d'un sentimentalisme à la Rousseau. Les contemporains ne s'y trompèrent pas. Le succès prodigieux des *Liaisons dangereuses* dès sa publication en 1782 n'avait eu d'égal que celui de *La Nouvelle Héloïse*, vingt ans plus tôt. L'écriture tendue de Laclos semble refléter la tension du récit. Ce n'est pourtant que la copie d'un premier jet inconnu, travaillée en deux temps et sur laquelle Laclos remanie encore l'ordre des lettres, dont certaines portent des dates précises entre 1778 et 1781. En poste à cette époque à l'île d'Aix, le capitaine d'artillerie Laclos bâtissait son chef-d'œuvre.

A. A.

410 1.

1.

De Cécile Volanges à Sophie Carnai aux ursulines de ....

Paris ce 3. aout 17..

tu vois, ma bonne amie, que je te tiens parole, et que les bonnets et les pompons ne prennent pas tout mon temps; il m'en restera toujours pour toi. j'ai pourtant vû plus de parures, dans cette seule journée, que dans les 4 ans que nous avons passé ensemble; et je crois que la superbe Tanville[1] aura plus de chagrin à ma pre visite, où je compte bien la demander, qu'elle n'a crû nous en faire toutes les fois qu'elle est venue nous voir dans son in fiochi. Maman m'a consulté sur tout, et elle me traite beaucoup moins en pensionnaire que par le passé. j'ai une femme de chambre à moi. j'ai une chambre et un cabinet dont je dispose, et je t'écris à un secrétaire très joli dont on m'a remis la clef, et où je peux renfermer tout ce que je veux. Maman m'a dit que je la verrois tous les jours à son lever, qu'il suffiroit que je fusse coiffée pour diner, parce que nous serons toujours seules, et qu'alors elle me diroit, chaque jour, l'heure où je devrois l'aller joindre l'après midi. le reste du temps est à ma disposition, et j'ai ma harpe, mon dessein et des livres, comme au couvent: si ce n'est que la mere perpétue n'est pas là pour me gronder, et qu'il ne tiendroit qu'à moi d'être toujours sans rien faire. mais comme je n'ai pas ma sophie pour causer ou pour rire, j'aime autant m'occuper. il n'est pas encor 5. heures et je ne dois aller retrouver maman qu'à 7. voila bien du temps si j'avois quelque chose à te dire: mais on ne m'a encor parlé de rien; et sans les apprets que je vois faire et la quantité d'ouvrieres qui viennent toutes pour moi, je croirois qu'on ne songe pas à me marier, et que c'est un radotage de plus de la bonne joséphine[1]. cependant maman m'a dit si souvent qu'une demoiselle devoit rester au couvent jusqu'à ce qu'elle se mariât, que puisqu'elle m'en fait sortir, il faut bien que joséphine ait raison.

il vient d'arreter un carosse à la porte, et maman me fait dire de passer chez elle, tout de suite. si c'étoit le Monsieur? je ne suis pas habillée. la main me tremble et le coeur me bat. j'ai demandé à ma femme de chambre si elle savoit qui étoit chez ma mere: vraiment, m'a-t-elle dit, c'est Mr C*** et elle rioit. oh! je crois que c'est lui. je reviendrai surement te raconter ce qui se sera passé. voila toujours son nom. il ne faut pas se faire attendre. adieu jusqu'à un petit moment.

comme tu vas te moquer de la pauvre Cécile! oh! j'ai été bien honteuse: mais tu y aurois été attrapée

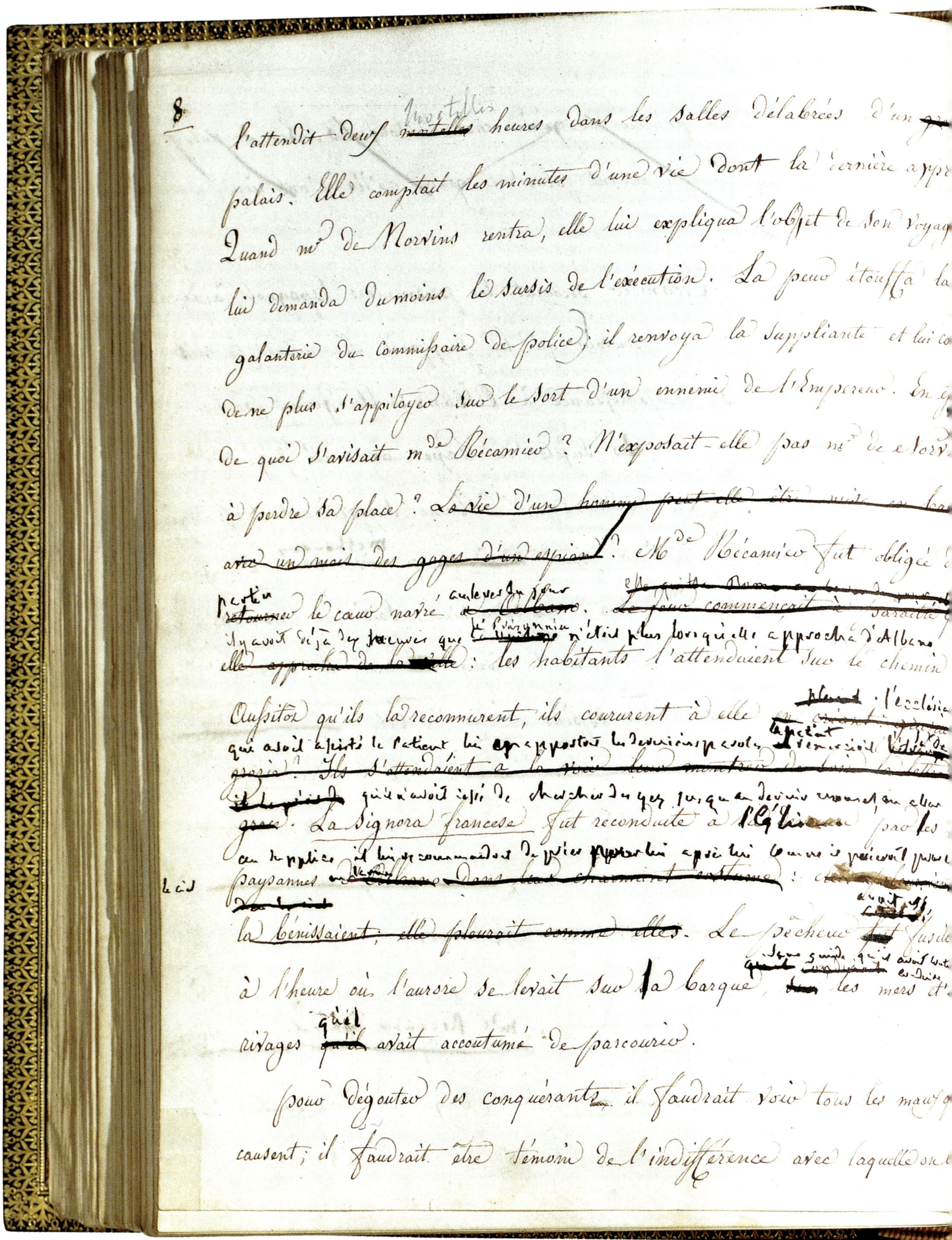
8
l'attendit deux mortelles heures dans les salles délabrées d'un p[illegible]
palais. Elle comptait les minutes d'une vie dont la dernière appr[illegible]
Quand m^r de Norvins rentra, elle lui expliqua l'objet de son voyag[e]
lui demanda du moins le sursis de l'exécution. La peur étouffa la
galanterie du commissaire de police; il renvoya la suppliante et lui co[illegible]
de ne plus s'appitoyer sur le sort d'un ennemi de l'Empereur. En e[illegible]
de quoi s'avisait m^de Récamier? N'exposait-elle pas m^r de Norv[ins]
à perdre sa place? La vie d'un homme peut-elle être mise en ba[illegible]
avec un mois des gages d'un espion? M^de Récamier fut obligée d[e]
repartir le cœur navré au lever du jour [illegible]
il y avoit déjà des heures que le tyrannicide n'étoit plus lorsqu'elle approcha d'Albano
[illegible]: les habitants l'attendaient sur le chemin
Aussitôt qu'ils la reconnurent, ils coururent à elle [illegible] l'ecclésia[stique]
qui avoit assisté le patient lui apportoit les dernières paroles [illegible] remercioit [illegible]
[illegible] qui n'avoit cessé de chercher des yeux jusqu'au dernier moment sa libér[atrice]
[illegible]. La Signora francese fut reconduite à l'Église par les
[illegible] supplicié, il lui recommandoit de prier pour lui après lui [illegible]
paysannes [illegible]: [illegible]
la bénissaient, elle pleuroit comme elles. Le pêcheur fut fusil[lé]
à l'heure où l'aurore se levait sur la barque, [illegible] les mers et
rivages qu'il avait accoutumé de parcourir.
Pour dégoûter des conquérants, il faudrait voir tous les maux q[illegible]
causent; il faudrait être témoin de l'indifférence avec laquelle on l[illegible]

Mme Récamier secourt les prisonniers Espagnols à Lyon.

Une autre victime de ce pouvoir qui la frappait ~~elle même~~ la mit à même d'exercer
sa compâtissance à Albano. Un jeune pêcheur, accusé d'intelligence avec
les sujets du Pape, avait été jugé et condamné à mort. Les habitans d'Albano
supplièrent l'étrangère refugiée chez eux d'intercéder pour ce malheureux.
On la conduisit à la Geôle ; elle y vit le prisonnier. Saisi de l'épouvante de
frappée du désespoir de cet homme, elle fondit en larmes, le
la mort, ~~ses genoux flageollants, le visage décolé, la prunelle des yeux~~ élargie,
malheureux la supplie de venir à son secours d'intercéder pour lui,
~~il poussait des espèces de cris de bête. Mme Récamier prononça quelques~~
de le sauver ; elle sentoit trop l'impossibilité d'arracher l'infortuné à la
~~paroles d'espérance. A cette voix, le condamné se réveillant d'un songe, fondit en~~
mort. il faisait déjà nuit et il devait être fusillé au lever du jour
~~larmes.~~ Cependant Madame Récamier bien qu'elle fut persuadée de
l'inutilité de ses démarches n'hésite pas à les faire, pour adoucir en le trompant
~~Il devait être tué le lendemain ; pas un~~ moment n'était à perdre.
les dernières heures d'une agonie ~~mortelle~~ si douloureuse. On lui amène une voiture.
~~On amène une carratella ; Mme Récamier~~ elle y monta sans l'espérance qu'elle
laissait au condamné
~~laissait à l'infortuné~~. Elle traversa pendant la nuit la campagne infestée de
le directeur de la police impériale
brigands, arriva à Rome et ne trouva point chez ~~lui Mr de Norvins~~; Elle
l'attendit deux mortelles heures dans les salles ~~de l'hôtel du préfet. Elle comptait~~
qu'elle habitait - elle comptait
les minutes d'une vie dont la dernière approchait. Quand Mr de Norvins ~~rentra~~ arriva,
pleine de trouble et d'émotion il dit que l'arrêt était prononcé
elle lui expliqua l'objet de son voyage ~~et lui demanda, au moment, le sursis de~~
et qu'il n'avait pas les pouvoirs nécessaires pour le faire suspendre.
~~l'exécution. La peur étouffa la galanterie du commissaire de police. Il renvoya~~
~~la suppliante et lui conseilla de ne plus s'apitoyer sur le sort d'un ennemi de~~
~~l'Empereur. En effet, de quoi s'avisait Mme Récamier ? n'exposait-elle pas~~
~~Mr de Norvins à perdre sa place ?~~

Mme Récamier fut obligée de repartir le cœur navré ~~au lever du~~
~~jour. Il y avait déjà deux heures que~~ le prisonnier n'était plus lorsqu'elle approcha
d'Albano. Les habitants l'attendaient sur le chemin. Aussitôt qu'ils la reconnurent,
ils coururent à elle. ~~L'ermite~~ Le Frater qui avait assisté le patient lui en apportait les
dernières paroles : Le patient remerciait la Dame qu'il n'avait cessé de chercher des yeux

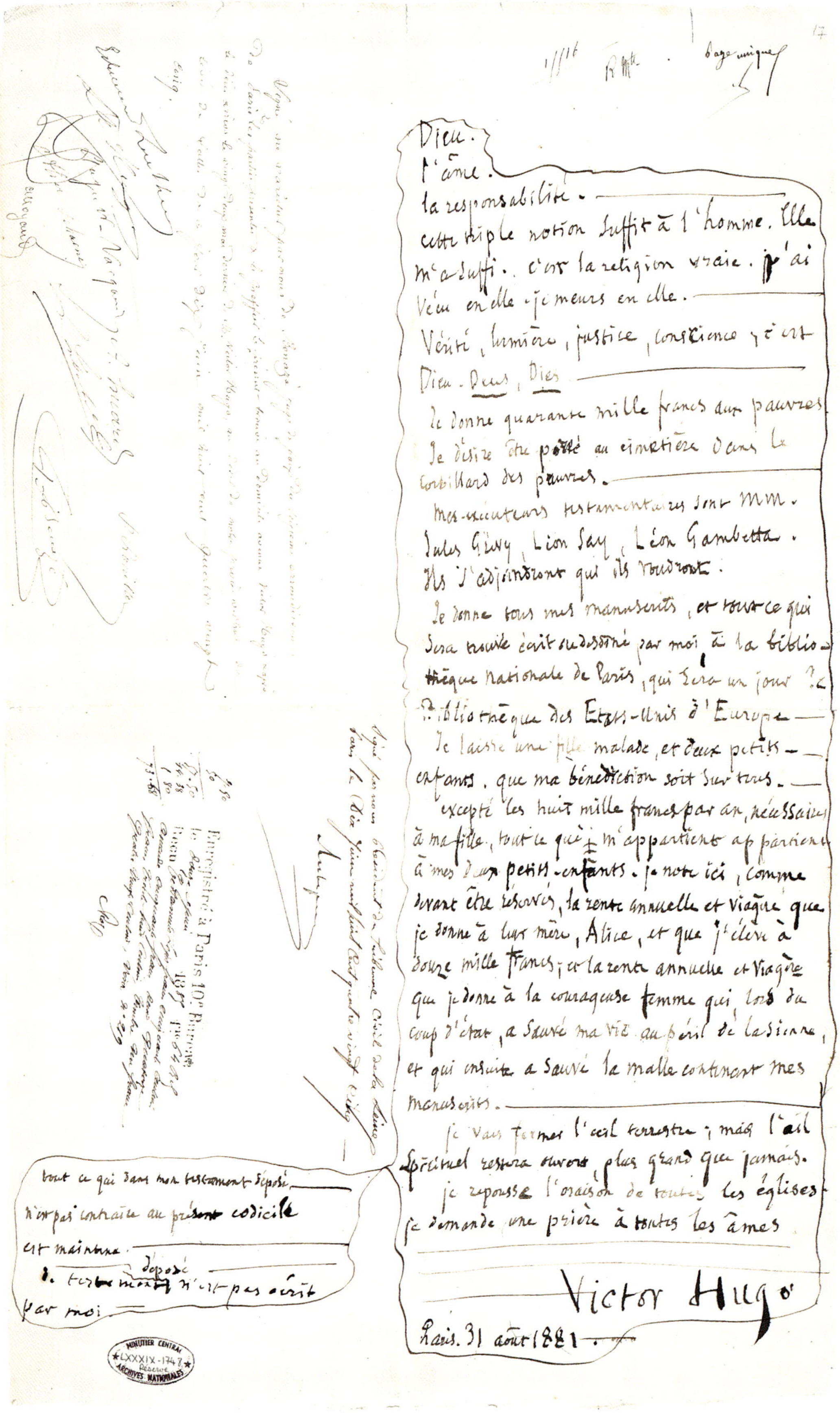
Dieu.
l'âme.
la responsabilité.
cette triple notion suffit à l'homme. Elle m'a suffi. C'est la religion vraie. J'ai vécu en elle, je meurs en elle.
Vérité, lumière, justice, conscience, c'est Dieu. Deus, Dies.
Je donne quarante mille francs aux pauvres.
Je désire être porté au cimetière dans le corbillard des pauvres.
Mes exécuteurs testamentaires sont MM. Jules Grévy, Léon Say, Léon Gambetta. Ils s'adjoindront qui ils voudront.
Je donne tous mes manuscrits, et tout ce qui sera trouvé écrit ou dessiné par moi à la bibliothèque nationale de Paris, qui sera un jour la Bibliothèque des Etats-Unis d'Europe.
Je laisse une fille malade, et deux petits-enfants. que ma bénédiction soit sur tous.
excepté les huit mille francs par an, nécessaires à ma fille, tout ce qui m'appartient appartient à mes deux petits-enfants. je note ici, comme devant être réservés, la rente annuelle et viagère que je donne à leur mère, Alice, et que j'élève à douze mille francs; et la rente annuelle et viagère que je donne à la courageuse femme qui, lors du coup d'état, a sauvé ma vie au péril de la sienne, et qui ensuite a sauvé la malle contenant mes manuscrits.
Je vais fermer l'œil terrestre; mais l'œil spirituel restera ouvert, plus grand que jamais.
Je repousse l'oraison de toutes les églises; je demande une prière à toutes les âmes.
Victor Hugo
Paris. 31 août 1881.

tout ce qui dans mon testament déposé n'est pas contraire au présent codicile est maintenu.
Le testament déposé n'est pas écrit par moi.

19
Victor Hugo
Testament olographe
Codicille du 31 août 1881
44 × 29 cm.
Archives nationales, MC, ET LXXXIX/1748

C'est par ce fameux codicille de 1881 que Victor Hugo légua à la Bibliothèque nationale l'ensemble de ses manuscrits : « Je donne tous mes manuscrits, et tout ce qui sera trouvé écrit et dessiné par moi, à la bibliothèque nationale de Paris, qui sera un jour la Bibliothèque des États-Unis d'Europe. » Après sa mort, en 1885, et l'établissement par les soins du notaire Me Gâtine d'un scrupuleux inventaire, ces manuscrits furent confiés aux exécuteurs testamentaires chargés de l'édition des œuvres de l'écrivain, y compris donc de l'édition posthume de ses textes inachevés : seuls dix-sept manuscrits reliés par l'auteur parvinrent sur les rayons dès 1886 ; le legs fut accepté en 1892 par décret du Président de la République, et l'énorme fonds n'entra à la Bibliothèque qu'au fur et à mesure de la publication des *Œuvres complètes*.

M. O. G.

préformé, le manuscrit permet au projet de s'élaborer, d'explorer des virtualités que l'écrivain découvre en écrivant et qu'il évalue à mesure : « L'important est de savoir si j'enfermerai le roman dans le monde des filles. Ou si j'aurais [*sic*] un autre monde à côté. Ce monde à côté pourrait servir à dramatiser un peu l'action. Je crois que ce bout d'intrigue est nécessaire. »
Les incertitudes se développent autour du personnage de « l'homme mûr », amant de Nana : « Elle torture l'homme mûr et trouble profondément ce ménage. C'est là que je n'ai pas très clairement le drame. Qu'est-ce que je pourrai trouver ? » Après plusieurs hypothèses, Zola choisit de donner au comte Muffat une femme avec des amants : « Je me décide à donner une femme légitime à Muffat, et une femme légère qui aura des amants. » La temporalité du projet se redéfinit tout au long de l'ébauche. Elle participe d'une forme d'oralité dans l'écrit, où la rature s'exprime par une nouvelle formulation, un nouveau départ. Le dialogue surgit par moments : « Un chapitre de folies. Voir si la campagne ne serait pas bien là. Oui certainement. »
La virtualité de l'œuvre à écrire se tisse d'une relation complexe à la mémoire : mémoire, immédiate, du texte de l'ébauche, et mémoire intertextuelle renvoyant aux romans des Rougon-Macquart, comme à d'autres modèles. « Ne pas en faire une Renée », écrit Zola pensant à *La Curée*. Auparavant, il évoque Balzac : « J'hésite beaucoup à garder l'intrigue que j'ai trouvée. Elle me semble rappeler un peu trop la situation principale de la *Cousine Bette* ».
À distance de Zola, Proust partage cependant avec lui la relation à la virtualité du projet et à la mémoire de l'écrit. Continuant à composer et à récrire la *Recherche* au fur et à mesure que les précédents volumes paraissent, Proust pratique les « ajoutages », cette « surnourriture » de son œuvre. *Le Temps retrouvé* est ainsi rédigé en plusieurs couches d'écriture : le cahier 57[8] propose un état du texte de 1911, annoté dans ses marges et ses versos en vue de la future rédaction. La particularité énonciative de ces manuscrits par rapport aux précédents, est que le « je » qui rédige est en continuité avec le « je » narrateur de la *Recherche* : il s'établit une spirale entre l'écrivain, l'instance énonçante des manuscrits et l'énonciation complexe de l'œuvre. « Ne pas oublier », c'est d'abord une consigne à soi-même vis-à-vis de la matérialité des paperoles : « Faire extrême attention que par extraordinaire il y a là trois étages de papiers, celui qui est collé en double volet est la fin de ce qui est au-dessus et n'a pas de rapport avec ce sur quoi il se rabat ». La mémoire et le projet s'entremêlent. Les ajouts visent une virtualité de l'œuvre : « Dire quand je parle de l'hostilité des jeunes gens pour Bergotte », « Mettre qq part je ne sais pas où », « Dire à un de ces endroits (à propos du petit sillon par exemple) toute impression causée à tout moment de notre vie signifie quelque chose qu'elle ne définit pas. » Ajouter, c'est compléter la démonstration, fédérer la *Recherche* par anticipation et retour : « Si je parle de la neige pour Bergotte ne pas oublier l'impression de la neige aux Tuileries » ; « Ce morceau est capital mais peut-être au lieu de figurer dans le dernier chapitre il pourrait figurer par exemple quand je commence à oublier Albertine, ou à Doncières, ou à Balbec. » Mais c'est aussi garantir, par le jugement hyperbolique, une réserve de mémoire pour l'œuvre vive : « Capitalissime, issime, issime de peut-être le plus de tte l'œuvre : quand je parle du plaisir éternel de la cuiller, tasse de thé etc. = art : *Était-ce cela ce bonheur proposé par la petite phrase de la sonate à Swann qui s'était* trompé en l'assimilant au plaisir de l'amour et n'avait pas su où le trouver (dans l'art). »

8 Publié par H. Bonnet et B. Brun dans *Matinée chez la Princesse de Guermantes*, Gallimard, 1982. Je cite d'après cette édition.

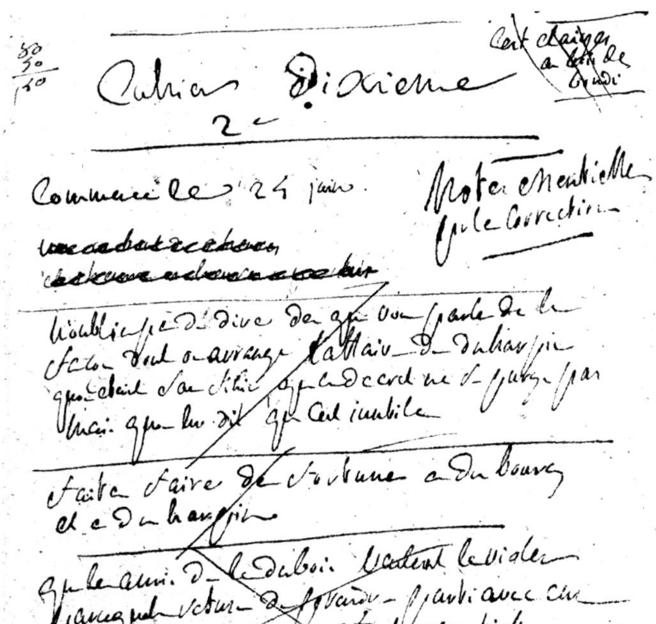

20
Marquis de Sade, *Les Infortunes de la vertu*
Manuscrit autographe
21,5 × 16,5 cm. BNF, Manuscrits, N. a. fr 4010, f. 176
Dixième cahier, portant des indications de régie en forme de dialogue.

Manuscrits en gloire ?

Marie Odile Germain

En 1971, Francis Ponge publie *La Fabrique du Pré* dans la collection « Les sentiers de la création » chez Albert Skira : il y dévoile, en fac-similé, l'ensemble des états préparatoires de son poème *Le Pré*, multipliant à l'usage des lecteurs ce que le brouillon ne réserve en principe qu'à son seul auteur, incertitudes et corrections mêlées.
Pendant près de trente ans, de 1948 à 1978, un autre poète, René Char, confie aux plus grands artistes de son temps (Picasso, Miró, Giacometti, Vieira da Silva...) l'enluminure de ses propres poèmes manuscrits : œuvre exemplaire qui semble privilégier dans le dialogue avec la peinture le caractère unique et déjà « pictural » de l'écriture « à la main ».
En 1998, trois feuillets de mauvais papier, raturés et tachés, font s'envoler les enchères au cours d'une des dernières grandes ventes du siècle : ce sont les brouillons les plus célèbres de la littérature française, vestiges uniques d'*Une saison en enfer*, qui sont finalement préemptés par la Bibliothèque nationale de France.
Quel rapport entre une édition en fac-similé, des poèmes enluminés et l'achat d'un brouillon de Rimbaud ? Rien d'autre que le manuscrit d'auteur et l'étrange fascination qu'il suscite de nos jours — sous toutes ses formes, même les plus extrêmes...
Et d'abord comme lieu de dévoilement des étapes de la création, dans lequel le processus de l'écriture compterait autant que le résultat — *La Fabrique* autant que *Le Pré* —, ou deviendrait du moins partie prenante de l'existence du texte. Mais aussi comme espace graphique ayant sa beauté propre, l'entreprise de René Char ne faisant que magnifier et redoubler la valeur plastique du manuscrit, telle qu'elle s'impose déjà dans la majesté des pages de Hugo ou le spectacle étonnant des ratures de Flaubert et des interminables « paperoles » de Proust. Comme objet magique enfin, chargé d'émotion parce que lié non seulement à l'univers de l'écriture, mais à la présence de l'écrivain, qui se survit — geste et souffle — dans ces traces aussi fragiles que précieuses.

Pareille consécration est de date relativement récente : tout au plus remonte-t-elle au XIXe siècle romantique. Et elle ne concerne pas le seul manuscrit achevé, impeccablement mis au net pour l'impression, mais le brouillon lui-même, avec ses ébauches griffonnées et ses débordements de ratures, soudain investi d'une valeur sans commune mesure avec sa modeste apparence : comme touché par le génie. Le fameux sacre de l'écrivain — et tout ce qui y a mené : reconnaissance sociale, juridique, financière de l'auteur, valorisation de l'individu, prix accordé à l'innovation esthétique et au travail de l'écriture — aurait-elle entraîné la sacralisation de son manuscrit ?
En s'intéressant, de manière plus ou moins consciente ou active, au sort de leurs brouillons, les écrivains sont les initiateurs du mouvement. Mais chaque cas, on le sait, est un cas d'espèce. Face à Chateaubriand qui brûle ses brouillons, à Stendhal qui garde ses seuls manuscrits inédits, à Baudelaire dont il ne reste pour les *Fleurs du mal* que les épreuves corrigées conservées par son éditeur, Balzac, Flaubert, Hugo confèrent aux manuscrits leurs lettres de noblesse... Le premier, surchargeant de corrections ses innombrables jeux d'épreuves, en fait don à ses amis en témoignage de son dur labeur d'artiste et d'artisan ; le deuxième garde précieusement l'énorme masse de feuillets raturés, recopiés, recorrigés qui constitue la préparation de chacun de ses livres, sachant trop bien ce qu'elle recèle du travail auquel il a voué son existence ; le troisième enfin, qui tout au long de sa vie mouvementée, exil compris, emporte avec lui ses « malles aux manuscrits » et veille jalousement dessus, choisit d'offrir à la postérité, par un legs à la Bibliothèque nationale, l'ensemble monumental de son œuvre écrite et dessinée — exemple fondateur que beaucoup d'autres auteurs suivront pour la plus grande chance des collections patrimoniales.
Les romantiques ont vu dans leurs manuscrits la marque du génie, les naturalistes la preuve du travail (comme en témoigne le soin attentif apporté par Zola au classement de ses dossiers préparatoires, dont le sérieux scientifique doit étayer la vérité artistique de sa création), et les surréalistes la possibilité de la « merveille ». Mais c'est le plus souvent sa propre personnalité que chaque écrivain trahit par l'attitude ou les dispositions qu'il prend à leur égard[1]. Il y a ceux,

1 Almuth Grésillon, *Éléments de critique génétique*, PUF, 1994, p. 77-94.

sans doute les plus nombreux (ces pages le prouvent !), qui conservent, et ceux qui détruisent, comme Michaux et sa « moulinette » à brouillons. Ceux qui professent, comme Sartre, leur indifférence, et donnent ou vendent. Ceux qui gardent sans vouloir montrer comme Proust, ceux qui prétendent vouloir détruire sans le faire comme Mallarmé… Il y a aussi, et les catégories peuvent se recouper, ceux qui ne pensent pas à l'avenir et laissent le soin de décider au hasard ou à leurs héritiers, ceux qui lèguent à des bibliothèques, soucieux d'entrer dans la mémoire de la postérité, ou donnent de leur vivant, conscients que l'élaboration de leur œuvre n'est pas sans intérêt pour leurs contemporains… Dédoublement critique, dont Valéry avait été dans les années vingt une sorte de précurseur, « Ego scriptor » qui se regardant écrire faisait

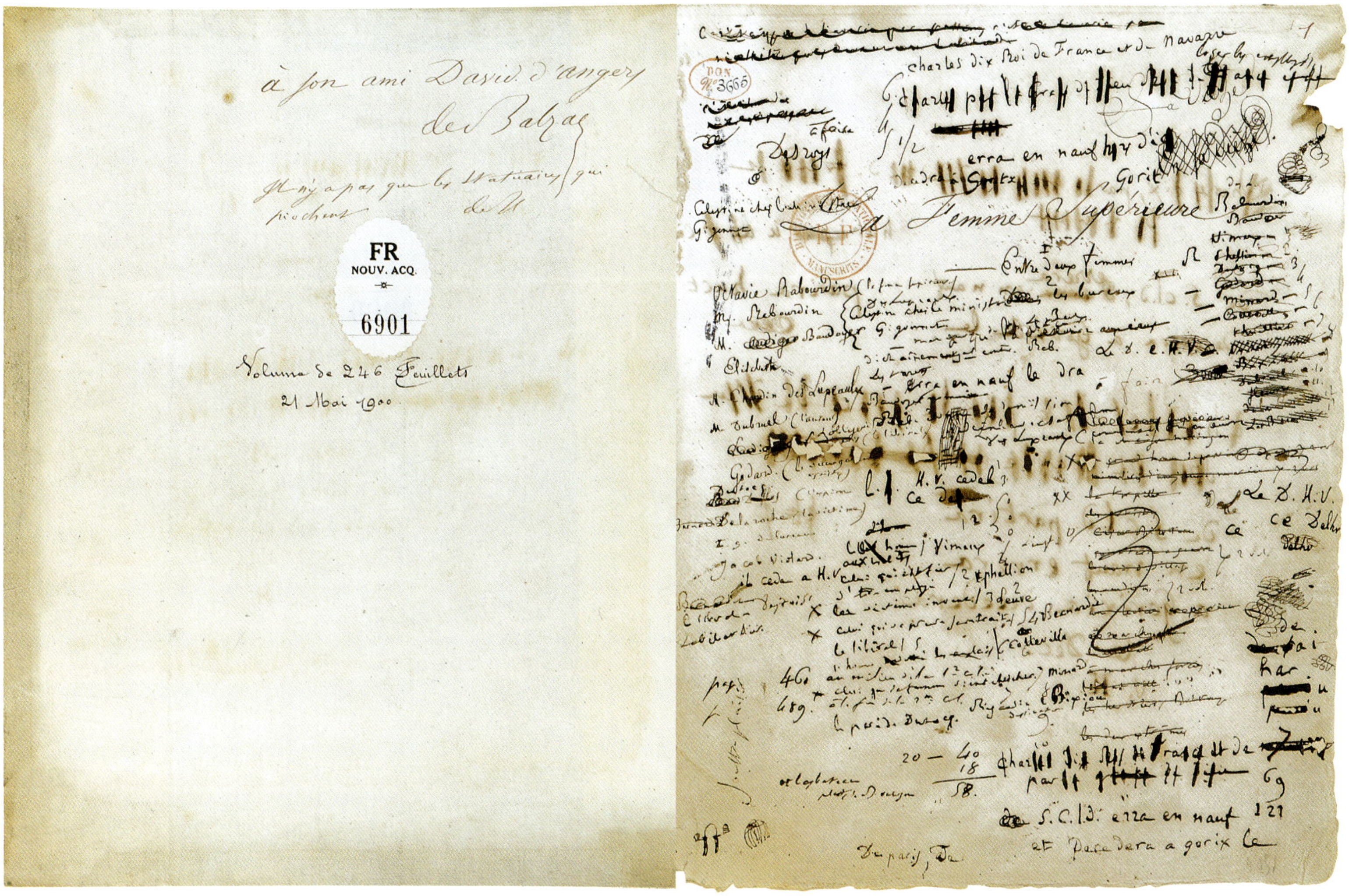

21
Honoré de Balzac, *La Femme supérieure*
Manuscrit autographe et épreuves corrigées, 1837
246 f., 31 × 25,5 cm
BNF, Manuscrits, N. a. fr. 6901, f. 1

Le troisième volume des manuscrits et épreuves de *La Femme supérieure* a été, comme les deux précédents, relié par Balzac et offert à son ami le sculpteur David d'Angers. À une époque où l'on privilégie les mises au net définitives – documents de référence pour l'édition ou objets de collection – Balzac exhibe avec orgueil la progression de sa rédaction au fil des épreuves corrigées. L'essentiel de son travail s'effectue à ce moment-là, chaque nouveau jeu d'épreuves se transformant, sous sa plume, en brouillon. L'écrivain manifeste sa fierté dans les dédicaces : sur le premier volume, il inscrivait : « J'ai tâché que l'autographe soit digne de votre désir », et sur celui-ci : « Il n'y a pas que les statuaires qui piochent. » Par son geste, Balzac élève le manuscrit de travail au rang de monument.
D. T.

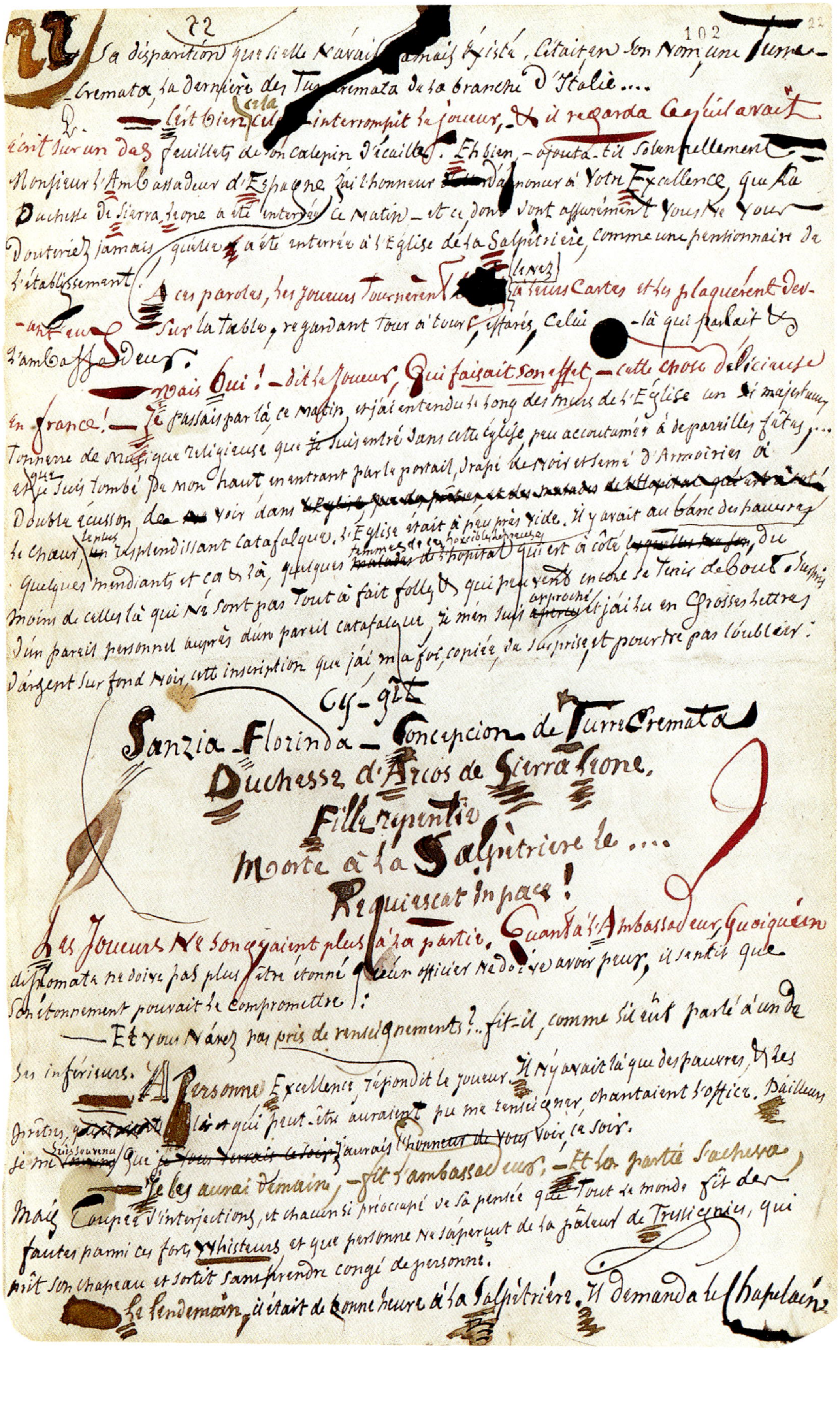

22
Jules-Amédée Barbey d'Aurevilly
Les Diaboliques
Manuscrit autographe de 4 des 6 nouvelles, 1866-1874
139 f., 32 × 23 cm
BNF, Manuscrits, N. a. fr. 17372, f. 102

Des feuillets calligraphiés, aux encres multicolores, rehaussés d'or et de quelques éléments décoratifs à la manière des enluminures médiévales : ce sont les mises au net préparées pour l'impression, mais riches encore de corrections intéressantes, des textes de Barbey d'Aurevilly. Flamboyants comme la personnalité et l'écriture de l'écrivain, qui était lui-même amateur et collectionneur de manuscrits. Un peu de la violence « diabolique » de l'œuvre, du mélange d'excès et de stylisation qui en caractérise le style, s'affiche dans ces pages où se côtoient les indications nécessaires à la typographie et les notations de pure fantaisie. Manuscrit qui se donne en spectacle, et pas seulement en lecture…

M. O. G.

23
André Malraux, *La Condition humaine*
Manuscrit autographe, 1931-1933
420 f., 31 × 23 cm
BNF, Manuscrits, N. a. fr. 16587, f. 409

Roman métaphysique plus encore que d'aventure, *La Condition humaine* connut un large succès, couronné par le prix Goncourt. La rédaction du livre avait commencée par un voyage de repérage de Malraux à Canton et à Shanghai ; elle se poursuivit pendant près de deux ans, le texte primitif évoluant considérablement jusqu'au moment des épreuves et par-delà la prépublication dans la NRF. Même s'il mêle, de manière quelque peu composite, feuillets et fragments

appartenant à des états parfois différents de la rédaction, le manuscrit est prestigieux : c'est, comme le précise Malraux dans une note datée et signée jointe au volume, « le seul manuscrit de *La Condition humaine*, il a été écrit en Chine, au Japon, aux États-Unis, à Paris [...]. La C. H. est à l'heure actuelle celui de mes ouvrages auquel je tiens le plus ». Cédé à Gaston Gallimard, puis vendu au grand collectionneur René Gaffé, qui le fit couvrir par les soins de Paul Bonnet d'une somptueuse reliure de box noir, portant en estampage l'emblème communiste chinois et dessinés au fil d'or la faucille et le marteau..., il appartint au général de Gaulle, qui le donna en 1969 à la Bibliothèque.
M. O. G

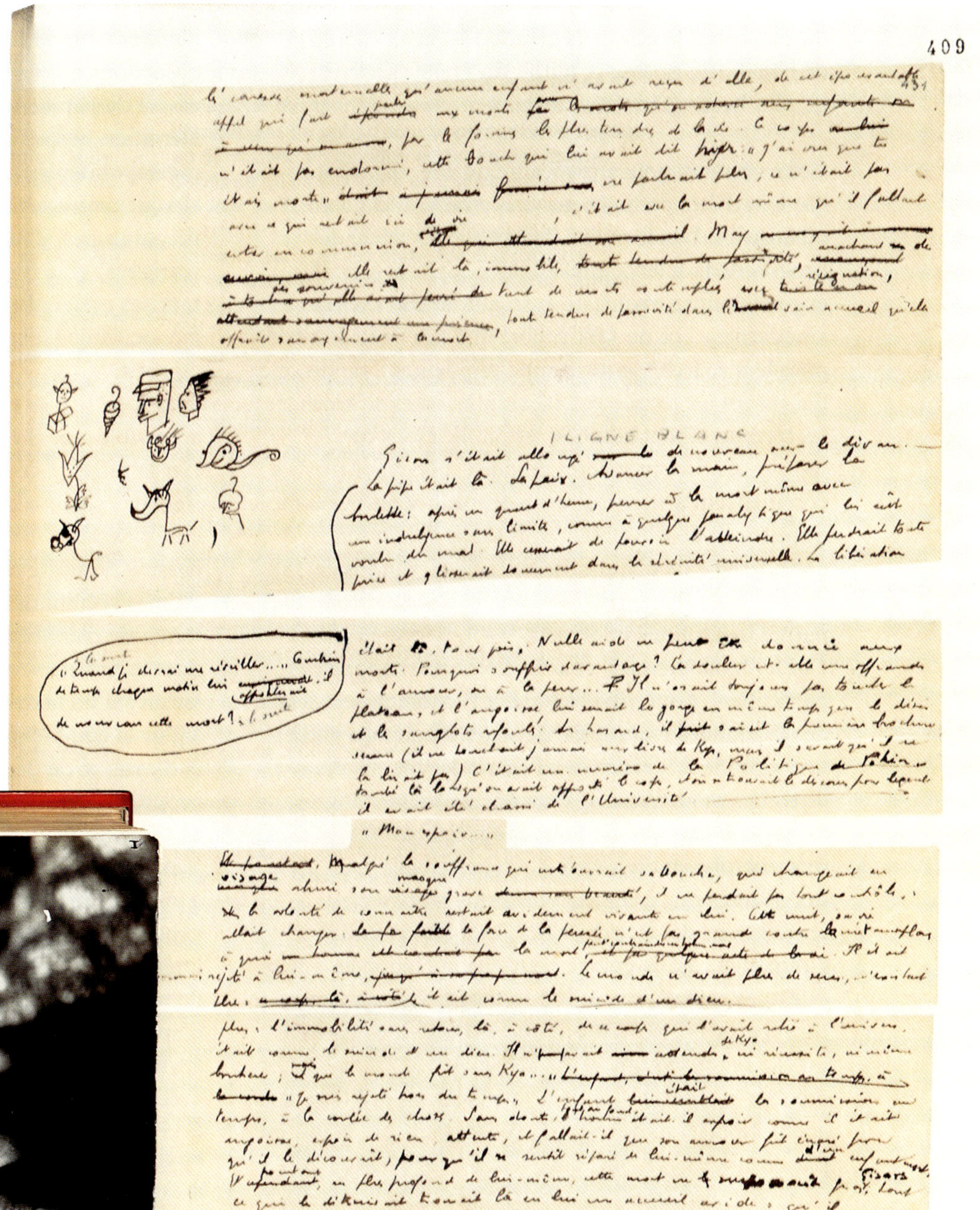

monde où règne un ego « superlatif », celui que l'adage de Monsieur Teste, repris dans *La Jeune Parque* (« Je me voyais me voir ») avait annoncé. Il n'est plus seulement question de la division des mondes extérieur et intérieur, mais, au sein même du sujet, Valéry distingue « mon monde », « mon corps » (ici « ma main ») et « mon esprit » : « Mon esprit pense à mon esprit », va-t-il jusqu'à écrire dans *Alphabet*. Seul subsiste de cette opération de distanciation le « regard », lequel surplombe tout. Mais il n'y a plus alors de sujet, il n'y a plus de moi. Parvenu à ce point ultime, on pénètre dans un espace où l'air est singulièrement raréfié. La mystique du néant chez Valéry fait rage alors, culminant dans les imprécations du « Solitaire ».

Une fusion extatique du regard avec ce qu'il voit, tel est le sujet traité dans la lettre « C » d'*Alphabet* (« [...] par un acte vif de nageur, je pénètre dans l'extase de

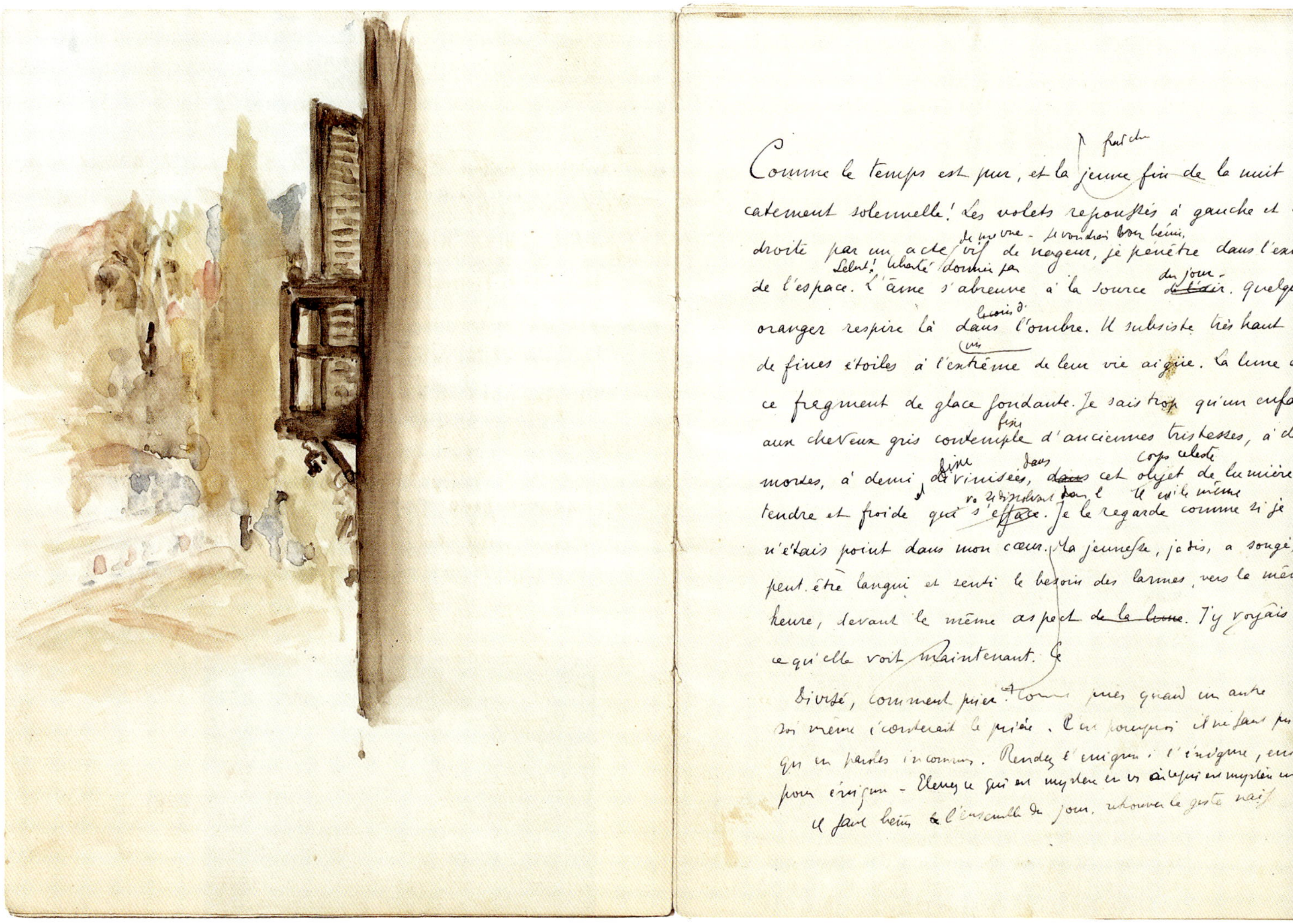

24

Paul Valéry, *Alphabet*, cahier « ABC »

Manuscrit autographe accompagné d'aquarelles de l'auteur, 1924-1928

26 f., 22 × 17 cm

BNF, Manuscrits, fonds P. Valéry

Valéry raconta quelque dix années plus tard la genèse de ce recueil de poèmes en prose qui aurait dû aboutir à un livre : « [...] il me fut demandé [il s'agit du libraire René Hilsum] d'écrire vingt-quatre pièces de prose (ou de vers variés) dont le premier mot dût, en chacune, commencer par l'une des lettres de l'alphabet. Alphabet incomplet ? Oui. C'est qu'il s'agissait d'employer vingt-quatre lettres ornées gravées sur bois que l'on souhaitait de publier avec le concours de quelque littérature – prétexte et cause apparente de l'album conçu. [...] le graveur avait omis deux lettres, les plus embarrassantes et d'ailleurs les plus rares en français : le *K* et le *W*. Restent XXIV caractères. L'idée me vint d'ajuster ces vingt-quatre pièces à faire au XXIV heures de la journée ; à chacune desquelles on peut assez aisément faire correspondre un état et une occupation ou une disposition de l'âme différente ; parti pris fort simple. »

F. de L.

l'espace »). À l'opposé – et ce renversement violent est l'acte fondateur de ce grand négateur que fut Valéry – la lettre « F » évoque une « proie » qui ne doit naître que de soi-même : « J'illumine mes déserts semblables à des miroirs de sécheresse [...]. »
Le spectacle glorieux d'un paysage inondé de soleil est révoqué. « Ego scriptor » triomphe quand il énonce la tâche du « regard » et sa « propriété absolue » : « Rendre purement visible tout ce qui existe ; réduire au purement visible ce qui se voit. »
Mais congédier le monde suppose que l'on s'en soit d'abord imprégné. Le poète Valéry sait cela mieux que personne. Cette capacité d'imprégnation passive et amoureuse qu'il possédait au plus haut degré donne au recueil une admirable respiration sensuelle. « Ego scriptor » savait parfois faire taire le versant tyrannique de son esprit.

Florence de Lussy

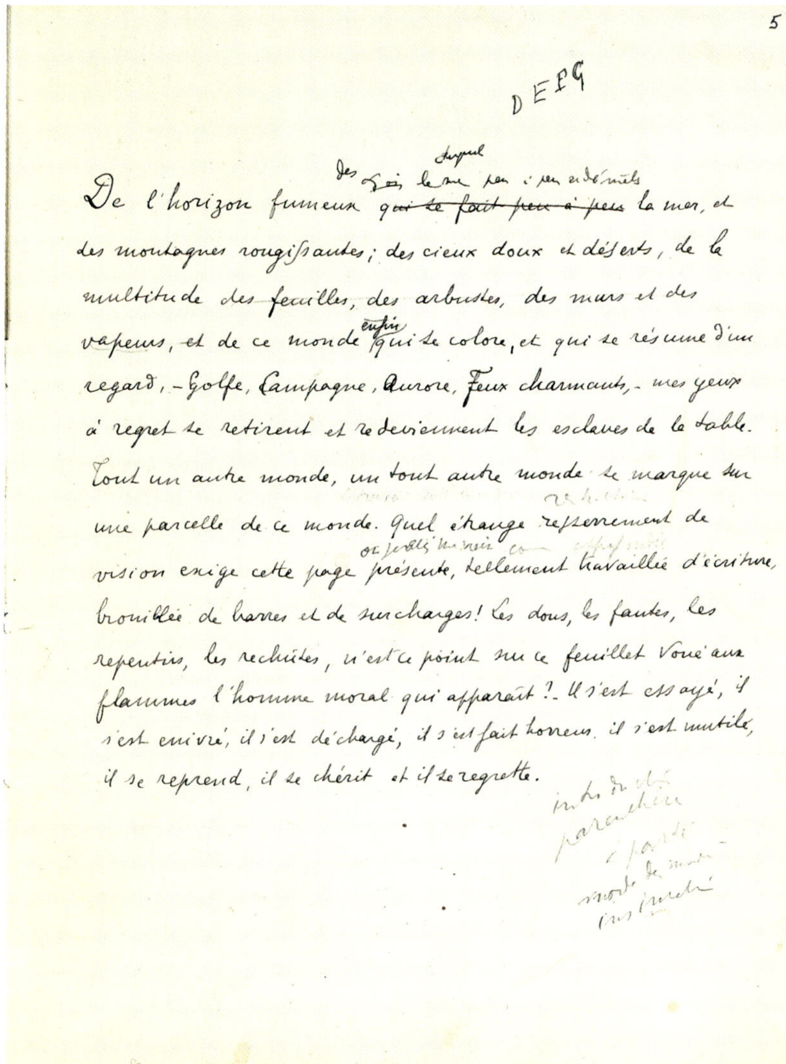
5

D E F G

De l'horizon fumeux ~~qui se fait peu à peu~~ la mer, et des montagnes rougissantes ; des cieux doux et déserts, de la multitude des feuilles, des arbustes, des murs et des vapeurs, et de ce monde qui se colore, et qui se résume d'un regard, – Golfe, Campagne, Aurore, Feux charmants, – mes yeux à regret se retirent et redeviennent les esclaves de la table. Tout un autre monde, un tout autre monde se marque sur une parcelle de ce monde. Quel changement de vision exige cette page présente, tellement travaillée d'écriture, brouillée de barres et de surcharges ! Les dons, les fautes, les repentirs, les rechutes, n'est-ce point sur ce feuillet voué aux flammes l'homme moral qui apparaît ? – Il s'est essayé, il s'est enivré, il s'est déchargé, il s'est fait horreur, il s'est mutilé, il se reprend, il se chérit et il se regrette.

25
Paul Valéry, *Alphabet*, cahier « ABC »
Fac-similé du cahier original destiné aux 30 premiers exemplaires de l'édition due aux soins d'Agathe Rouart-Valéry, librairie Auguste Blaizot, imprimerie d'art Daniel Jacomet, 1976
BNF, Manuscrits, fonds P. Valéry

Dans les années 1920, la reproduction de manuscrits de maîtres en fac-similé connaît une vogue sans précédent, les techniques de reproduction étant parvenues, il est vrai, à un haut degré d'excellence. Devenu alors une sorte d'idole des lettres, Valéry est l'un des premiers à bénéficier de cette vogue. En 1924, les libraires parisiens Ronald Davis et Édouard Champion font appel à Daniel Jacomet pour reproduire deux manuscrits de l'écrivain : *La Soirée avec Monsieur Teste* et le cahier *B. 1910*. Avec *Alphabet*, le projet de publication est plus ambitieux, puisqu'il est prévu que l'auteur accompagne chaque pièce du recueil d'une composition aquarellée. Nous avons affaire à ce que Pierre Lecuire appelle un « livre de poète » pour l'opposer à l'expression galvaudée de « livre de peintre », lequel porte trop fort l'accent sur l'artiste et menace le délicat équilibre à quoi l'on reconnaît le livre abouti. Ici le peintre est le poète et il y a fusion intime des deux processus.
Ce recueil de poèmes qu'est *Alphabet* prit très vite une tonalité personnelle. L'auteur s'y impliqua, l'écriture se fit secrète, et il ne fut plus question de livrer au public cet ouvrage, même à ces « happy few » que constitue la caste des bibliophiles. Le projet plongea dans l'ombre, au grand dam du libraire-éditeur René Hilsum et de ses souscripteurs... Et, faisant fi de tout engagement, Valéry sembla se livrer sans remords au travail infini des ratures et variantes.

F. de L.

Le dialogue d'un poète et d'un peintre : René Char et Vieira da Silva

Cette réalisation conjointe forme le neuvième album (sur vingt-huit) de la collection de manuscrits de René Char enluminés par des artistes contemporains, inaugurée en 1948 avec Joan Miró. Une amitié forte unissait René Char et Yvonne Zervos, cette grande amie des peintres qui est à l'origine de l'entreprise et à qui chaque volume est dédié. Le poète lui faisait entièrement confiance pour le choix des artistes, qu'elle avait, pour la plupart, exposés dans la galerie des *Cahiers d'art*. Elle préparait un manuscrit vierge et le confiait à Char, qui disposait par conséquent, le premier, de l'espace de la page. Il y calligraphiait, de son écriture à la fois délicate et forte, les poèmes de son choix. Mais plutôt que de calligraphie, il vaudrait mieux parler ici de l'inscription d'un tracé visant à une architecture parfaite de l'espace blanc de la page.
Bien qu'appartenant très exactement à la même génération (Char est né le 14 juin 1907, et Vieira le 15 juin de l'année suivante), et déjà internationalement reconnue, Vieira da Silva n'avait pas atteint la notoriété du poète de L'Isle-sur-la-Sorgue. Découverte et lancée par la galeriste Jeanne Bucher, l'artiste possédait, certes, depuis les années de guerre, la maîtrise de son immense talent. Mais quel défi pour cette femme à qui l'on soumet un papier déjà apprêté et qui doit se confronter – en direct, pourrait-on dire – avec la personnalité considérable, sinon écrasante, d'un René Char réputé pour n'être pas facile. Entrer en dialogue avec ce géant ne laissait pas d'être impressionnant. De plus, pour cette artiste qui avait besoin de maturation lente, l'improvisation requise, cette « chance cruelle » dont parle le poète, représentait un exercice redoutable ; il lui fallait tout à la fois préserver la liberté que requiert l'inspiration et se soumettre à la contrainte qu'engendrait ce face-à-face.
De toute évidence, le dialogue s'instaura. Volontaire et précise, Vieira da Silva était habitée de songes, et toute son œuvre proclame les victoires successives de ces moments inconciliables en tout art où entrent en lutte « l'œuvre qui se fait pouvoir » et la « démesure de l'œuvre qui veut l'impossibilité », selon le mot de Blanchot.
Ici, la différence des moyens et des langages est éclatante. La cohérence de l'ouvrage n'en est pas moins indubitable. Elle se fonde sur une connivence des personnes, elle-même assise sur des dispositions jumelles qui allient « le compas de l'esprit et les longues épées du cœur ». En 1961, et grâce à l'impulsion novatrice de l'éditeur Pierre Berès, cette alliance fondée en poésie se renouvela, Vieira da Silva accompagnant, par les moyens de la gravure, les pièces de *L'Inclémence lointaine*. Char avait alors définitivement adopté l'artiste (« loup, qu'on dit à tort funèbre, pétri des secrets de mon arrière-pays »). Ils se voyaient souvent, Char plaçant très haut l'artiste, et cette dernière, « chère voisine, multiple et une... », s'attachant au poète jusqu'à inventer *Sept portraits*, réalisation admirable gravée à l'aquatinte en 1975.
Le manuscrit dédié à Yvonne Zervos est une œuvre qui vibre des échos d'un dialogue noué pour la vie et toujours recommencé. Elle rapprocha deux esprits nourris d'exigences similaires et porteurs de cette poésie diffuse qui est antérieure à la parole et aux figurations. Avec eux, comme il arrive chez tous les artistes de premier ordre, l'intime rejoint l'universel. Parlant de la retraite de son atelier dans l'un de ses « neuf mercis pour Vieira da Silva » (« La fauvette des roseaux »), René Char a tout noté de ce mystère, en un éclair de parole :

> *C'est ici qu'elle chante. Le monde entier le sait.*

Florence de Lussy

René Char. Photographie de J.-P. Stercq

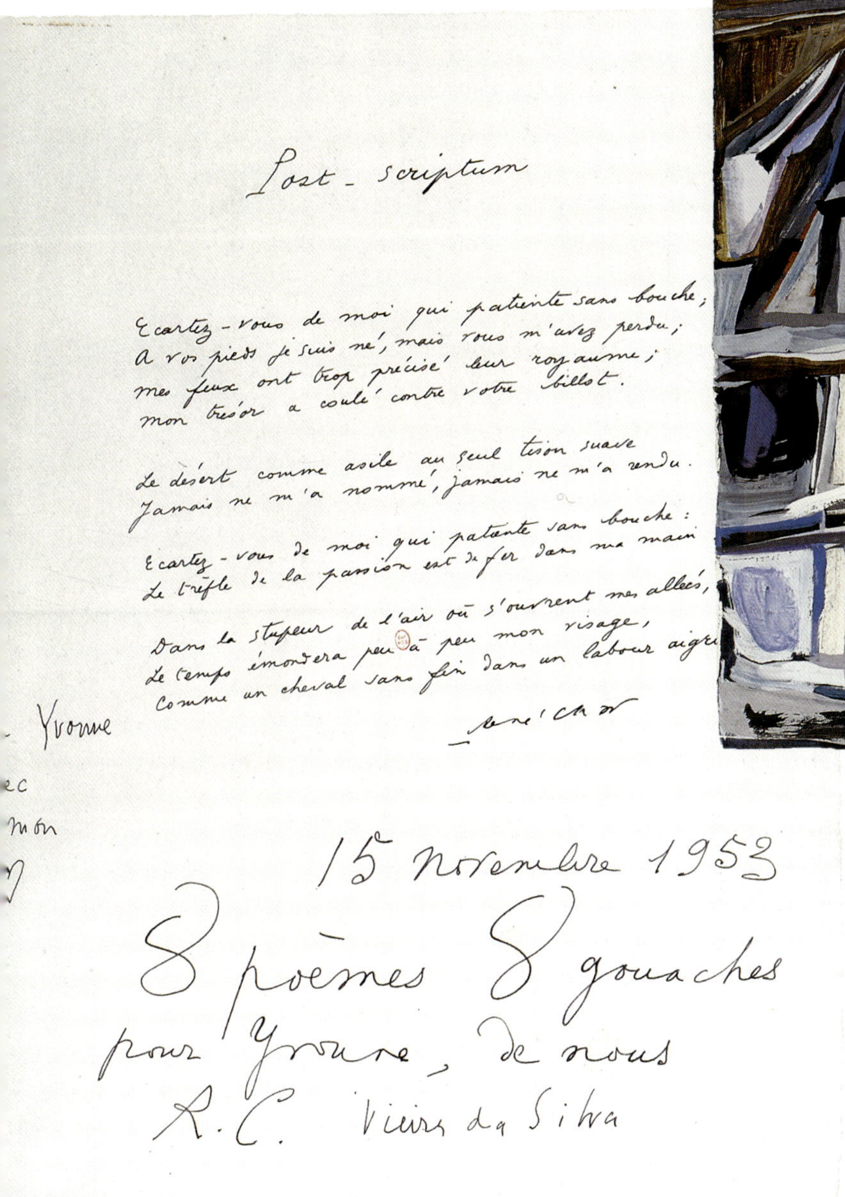
Post-scriptum

Écartez-vous de moi qui patiente sans bouche ;
À vos pieds je suis né, mais vous m'avez perdu ;
Mes feux ont trop précisé leur royaume ;
Mon trésor a coulé contre votre billot.

Le désert comme asile au seul tison suave
Jamais ne m'a nommé, jamais ne m'a rendu.

Écartez-vous de moi qui patiente sans bouche :
Le trèfle de la passion est de fer dans ma main.

Dans la stupeur de l'air où s'ouvrent mes allées,
Le temps émondera peu à peu mon visage,
Comme un cheval sans fin dans un labour aigre.

René Char

15 novembre 1953
8 poèmes 8 gouaches
pour Yvonne, de nous
R.C. Vieira da Silva

26
René Char, « 8 poèmes », accompagnés de 9 gouaches de Vieira da Silva

Manuscrit autographe, 1953-1954
8 f. libres de vélin d'Arches, dans une feuille double de fort vélin d'Arches formant couverture (sur celle-ci figurent les titres des 8 poèmes choisis, provenant tous du recueil *Fureur et mystère*)
40 × 31,5 cm
BNF, Manuscrits, N. a. fr. 25706, f. 7 v°-8

Au dernier feuillet, le colophon, qui fait suite au poème « Post-scriptum », porte un double envoi à Yvonne Zervos, daté du 15 novembre 1953, et la double signature du poète (ses initiales) et de l'artiste.

F. de L.

Francis Ponge

« Pourquoi donc ai-je le *vainement* quand le *victorieusement* ralentit ? » (« Ébauche d'un poisson ») : l'originalité de Ponge a été de donner à lire ses recherches à l'intérieur même de ses textes. Intégrant au poème ses tâtonnements et ses divagations, il semble tantôt prendre le lecteur à témoin de sa réussite, tantôt le laisser juge du travail accompli (« Je préfère parfois donner la relation de mon échec… »). Il poussera cette démarche jusqu'à publier dans *La Fabrique du Pré*, en 1971, une grande partie de ses brouillons et des états antérieurs du poème *Le Pré*.

Francis Ponge a eu pour ambition de restituer « l'ordre et la force » à la langue française. Pour y parvenir, il a pris comme sujets d'observation les objets les plus familiers (la valise, l'assiette, la cruche, l'abricot, la pomme de terre…), les plus insignifiants, voire les plus dévalorisés (le cageot), et il les a décrits sous tous leurs aspects à l'aide de comparaisons, d'analogies, de métaphores, explorant et maniant avec humour les multiples sens des mots. *Le Parti pris des choses* (1942), véritable profession de foi, traduit sa volonté de rendre compte de l'autonomie existentielle des choses. Sa méthode s'apparente à celle d'un chercheur. Il se voulait d'ailleurs « moins poète que savant » et préférait au qualificatif de poète celui de « proète » – les *Proèmes* sont publiés en 1948.

Danièle Thibault

Francis Ponge. Photographie de Marion Kalter

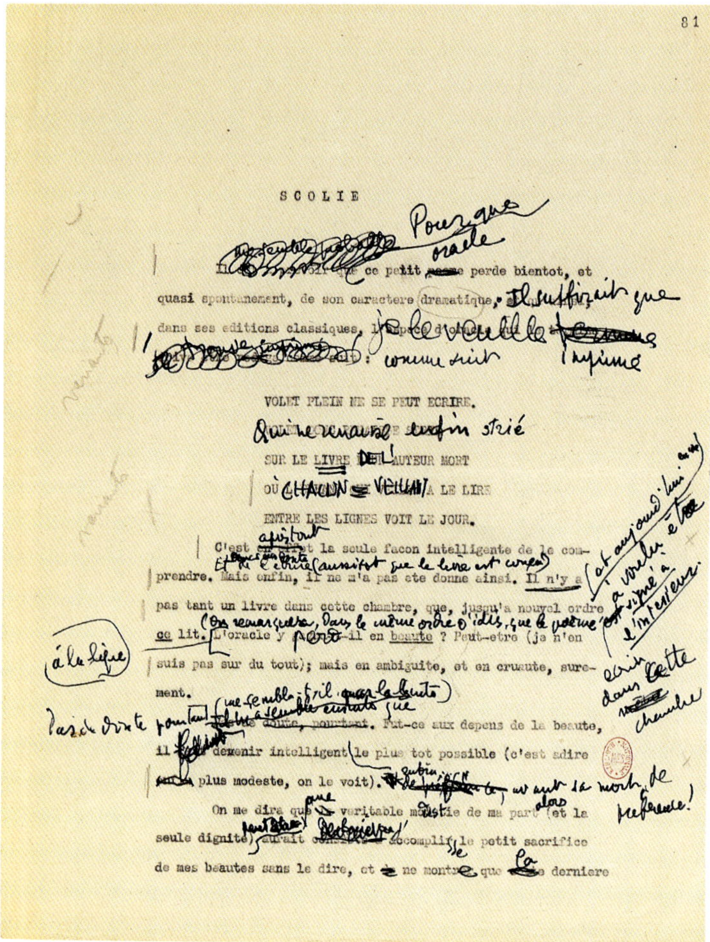

81

SCOLIE

[illegible] ce petit [illegible] perde bientot, et quasi spontanement, de son caractere dramatique, [illegible] dans ses editions classiques, [illegible] :

VOLET PLEIN NE SE PEUT ECRIRE.
[illegible]
SUR LE LIVRE [illegible] AUTEUR MORT
OÙ [illegible] A LE LIRE
ENTRE LES LIGNES VOIT LE JOUR.

C'est [illegible] la seule facon intelligente de le comprendre. Mais enfin, il ne m'a pas ete donne ainsi. Il n'y a pas tant un livre dans cette chambre, que, jusqu'a nouvel ordre ce lit. L'oracle y [illegible]-il en beaute ? Peut-etre (je n'en suis pas sur du tout); mais en ambiguite, et en cruaute, surement.

[illegible] doute, pourtant. Fut-ce aux depens de la beaute, il [illegible] devenir intelligent le plus tot possible (c'est adire [illegible] plus modeste, on le voit). [illegible]

On me dira que [illegible] veritable modestie de ma part (et la seule dignite) aurait [illegible] accomplir le petit sacrifice de mes beautes sans le dire, et [illegible] ne montre que [illegible] derniere

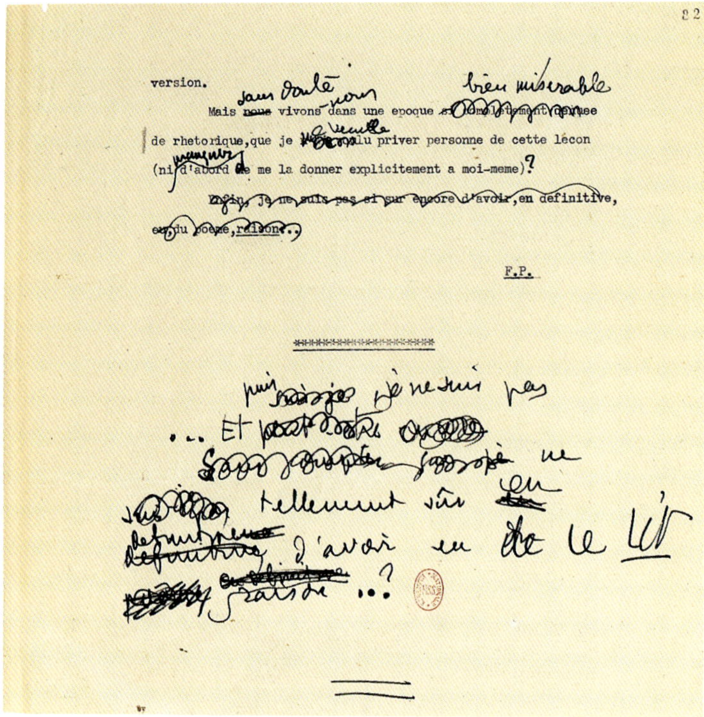

82

version.

Mais nous vivons dans une epoque [illegible] de rhetorique, que je [illegible] priver personne de cette leçon (ni d'abord de me la donner explicitement a moi-meme)?

Enfin, je ne suis pas si sur encore d'avoir, en definitive, eu du poeme, raison...

F.P.

****

... Et [illegible] je ne suis pas [illegible] tellement sûr [illegible] d'avoir eu le [illegible] ...?

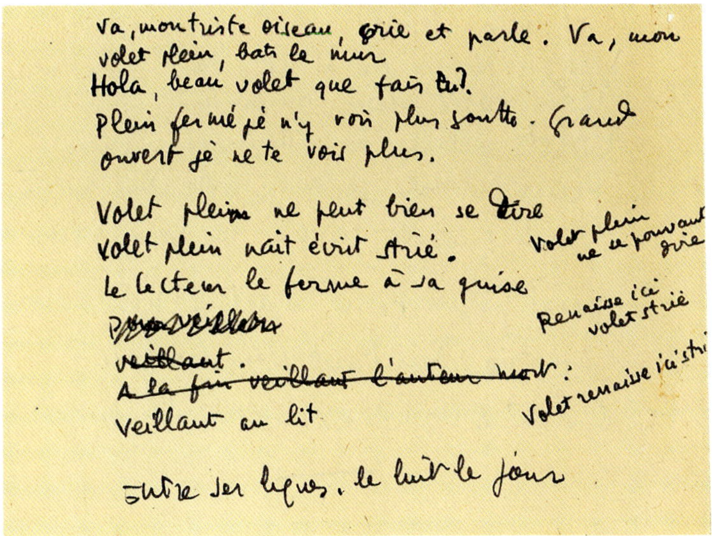
Va, mon triste oiseau, crie et parle. Va, mon volet plein, bats le mur
Hola, beau volet que fais-tu ?
Plein fermé je n'y vois plus goutte. Grand ouvert je ne te vois plus.
Volet plein ne peut bien se dire
Volet plein naît écrit strié.
Le lecteur le ferme à sa guise
veillant.
~~A la fin veillant l'auteur mort~~ :
veillant au lit
Entre ses lignes, le luit le jour
Volet plein ne se pouvant dire
Renaisse ici volet strié
Volet renaisse ici strié

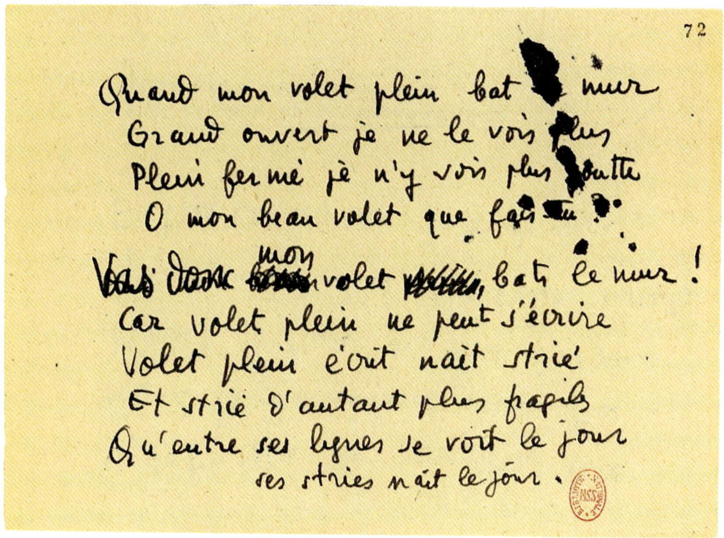
72
Quand mon volet plein bat le mur
Grand ouvert je ne le vois plus
Plein fermé je n'y vois plus goutte
O mon beau volet que fais-tu ?
mon volet, bats le mur !
Car volet plein ne peut s'écrire
Volet plein écrit naît strié
Et strié d'autant plus fragile
Qu'entre ses lignes se voit le jour
ses stries naît le jour.

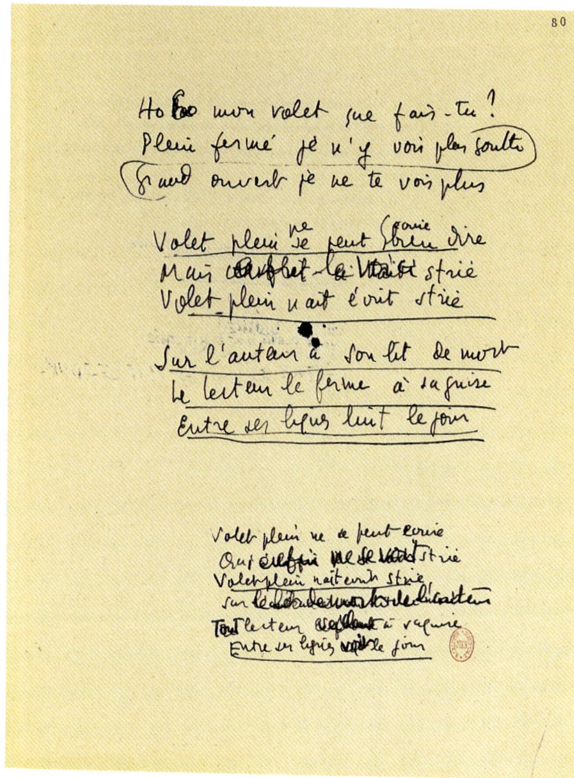
80
Holà mon volet que fais-tu ?
Plein fermé je n'y vois plus goutte
Grand ouvert je ne te vois plus
Volet plein ne peut bien dire
Mais strié
Volet plein naît écrit strié
Sur l'auteur à son lit de mort
Le lecteur le ferme à sa guise
Entre ses lignes luit le jour
Volet plein ne se peut écrire
strié
Volet plein naît écrit strié
Tout lecteur à sa guise
Entre ses lignes le jour

27
Francis Ponge, *Cinq Sapates*, « Le volet »
27 × 21 cm
BNF, Manuscrits, N. a. fr. 17628, f. 81 et 82

Au poème « Le volet », Ponge ajoute une sorte de post-scriptum qu'il intitule « Scolie » ou « Scholie ». Cette ultime partie a été très remaniée : plus de vingt réécritures (f. 68 à 82) comportant elles-mêmes de nombreuses variantes*. Ponge procède beaucoup par réécritures, mais également – on le voit ici – par relectures, raturant et corrigeant dans l'interligne et en marge. Une dernière réflexion, raturée elle aussi, arrive en bas de page, un peu comme une excuse : « … Et puis je ne suis pas tellement sûr en définitive d'avoir eu de ce *Lit* raison… ? » Ce tapuscrit corrigé est le dernier état avant la mise au net ; il porte déjà des consignes de mise en page et même de typographie (emploi des capitales pour le « petit oracle »).

D. T.

* Voir l'étude de C. Viollet « De la lecture de soi à la réécriture », *Le Français aujourd'hui*, n° 108, 1995.

28, 29 et 30
Francis Ponge, *Cinq Sapates*, « Le volet »
Brouillons autographes
BNF, Manuscrits, N. a. fr. 17628, f. 70 v°, 72 et 80

Le « petit oracle » en cinq vers qui termine le poème « Le volet » a fait l'objet de multiples réécritures. Sur ces trois feuillets apparaissent quatre des vingt-sept variantes du premier vers*. Ponge joue avec les mots, les sonorités, les triturant dans tous les sens. Il reprend ce « petit oracle » dans la scholie avec une légère modification de mots qui lui donne une portée tout autre.

Textes définitifs
Fin du « Volet » :

VOLET PLEIN NE SE PEUT ÉCRIRE
VOLET PLEIN NAÎT ÉCRIT STRIÉ
SUR LE LIT DE SON AUTEUR MORT
OÙ CHACUN VEILLANT À LE LIRE
ENTRE SES LIGNES VOIT LE JOUR.

Dans la scholie :

VOLET PLEIN NE SE PEUT ÉCRIRE
VOLET PLEIN NAÎT ÉCRIT STRIÉ
SUR LE LIVRE DE L'AUTEUR MORT
OÙ L'ENFANT QUI VEILLE À LE LIRE
ENTRE SES LIGNES VOIT LE JOUR

D. T.

« Emporté toujours par la matière » Brouillons et rituels d'écrivains

François Bon

On n'a pas eu toujours ce fétichisme des échafaudages. Qu'écrire ne vaille que dans le livre fini, hors la main de l'auteur, est une contrainte forcément intériorisée par celui qui écrit : on donne, on se sépare. « Vous aurez le reste de l'histoire à ces foires de Francfort prochainement venantes », dit Rabelais en 1532, à la fin du premier *Pantagruel.* Notre ère moderne, depuis l'apparition de la première presse à imprimer chez Claude Nourry à Lyon, a su intégrer dès le départ dans le processus de fiction, comme un fait de fiction, la forme matérielle de son objet artistique : « dont les aulcuns sont ià imprimez, et les aultres l'on imprime de present en ceste noble ville de Tubinge », ailleurs dans Rabelais, où la figure en miroir des livres, des lettres manuscrites, et des récits gigognes avec confrontation des personnages fictifs au locuteur réel est une marque récurrente, peut-être sa plus audacieuse.

On n'a pas de « brouillon » de Rabelais, même si les suites récurrentes de récits sur un même thème, sur les vingt ans qui séparent le *Pantagruel* du *Quart-Livre* sont la fixation graphique d'autant de strates dans l'art d'inventer la fiction, et l'inscription de son rapport au monde. Alors, même sans trace matérielle, pas étonnant que l'instant de première écriture ait aussi sa trace dans l'œuvre imprimée, et que cette trace — ce qui tient du « rituel » —, soit liée à des sensations proprement physiques : « qu'il n'est tel que de faucher en esté en cave bien garnie de papier & d'encre & de plumes & de ganyvet de Lyon sur le Rosne tarabin tarabas », le canif (« ganyvet ») pour tailler plume et page étant sur la table de l'auteur un rituel que nous avons oublié.

Qu'on avance de soixante ans, et si le mot « brouillon » ne s'applique qu'aux idées, et non pas à des formes successives de gestation d'écriture (« Ce sont des excez fievreux de nostre esprit : instrument brouillon et inquiete »), la médiation de l'instant d'écriture dans le contenu de ce qui s'écrit, comme la matérialité de ce qu'on convoque dans le rituel du livre, est une récurrence dans Montaigne : « Je parle au papier, comme je parle au premier que je rencontre », ou encore, toujours sur ce même mot papier, de l'indifférence de la matière au contenu ; « De ce mesme papier où il vient d'escrire l'arrest de condemnation contre un adultere, le juge en desrobe un lopin, pour en faire un poulet à la femme de son compagnon ».

Du temps de l'écriture et sa matérialité : « Qui ne voit, que j'ay pris une route, par laquelle sans cesse et sans travail, j'iray autant, qu'il y aura d'ancre et de papier au monde ? Je ne puis tenir registre de ma vie, par mes actions : fortune les met trop bas : je le tiens par mes fantasies ». De la matérialité de ce qu'on convoque, les lignes et les ratures, la feuille sans pliure ni marge : « J'ay accoustumé les grands, qui me cognoissent, à y supporter des litures et des trasseures, et un papier sans plieure et sans marge. » Et quant à la gestation de l'écrit par le fait même que déjà on écrive : « Au demeurant, je ne corrige point mes premieres imaginations par les secondes, ouy à l'aventure quelque mot : mais pour diversifier, non pour oster. » Y compris témoignage de l'écriture sous dictée : « Un valet qui me servoit à les escrire soubs moy, pensa faire un grand butin de m'en desrober plusieurs pieces choisies à sa poste. Cela me console, qu'il n'y fera pas plus de gain, que j'y ay fait de perte. » Avec enfin cette allusion quand même à la réécriture, et cette très énigmatique allusion à la difficulté de prendre distance avec un écrit qu'on a tenu, la même difficulté que devant les auteurs qu'on lit : « Les mains, je les ay si gourdes, que je ne sçay pas escrire seulement pour moy : de façon, que ce que j'ay barbouillé, j'ayme mieux le refaire que de me donner la peine de le demesler, et ne ly guere mieux ». Mais dans Montaigne on trouvera à chaque étape de sa vie encore autre chose à prendre.

Et bien sûr qu'il n'y a là nulle hiérarchie ni leçon à prendre, puisque à peine quatre-vingts ans et un des plus hauts et étranges monuments par où culmine notre langue, l'œuvre oratoire de Bossuet, est écrite dans la partie droite intérieure d'une feuille pliée en deux dans le sens vertical : marge et pliure convoquées là pour l'audace de ce qu'on y écrit. « Au moment que j'ouvre ma bouche… » vingt-quatre occurrences dans les *Oraisons* du mot « bouche », à peine quatre pour le verbe « écrire ». Loi presque de théâtre qui fait que pour la loi même du texte qu'on prononce d'en haut, montrant à l'auditoire le mannequin dessous, revêtu des habits du mort, qui en représente le cadavre, on cite la « chaire » dix-sept fois comme si le texte se présentait à mesure qu'on le dit (« ici un plus grand objet, et plus digne de cette chaire, se présente à ma pensée »), et qu'on ne parle jamais de papier ni de feuille ni d'encre, même si le processus d'enquête et de creusement sur soi-même par écrire est bien consciemment le même : « Malheur à moi si dans cette chaire j'aime mieux me chercher moi-même ». Registre du temps, et des énigmes du temps d'écrire. On attend longtemps, on mature, et quelquefois ce qui tombe s'écrit si vite. Dans le théâtre, presque en temps réel de ce qu'on prononce, mais peut-être alors attendre d'un jour à l'autre jour la réplique suivante. Et cette condition de vitesse pouvant être critère génétique du texte : cinquante-trois jours pour dicter *La Chartreuse de Parme*, debout, arpentant la pièce, comme Artaud dictant *Van Gogh suicidé de la société*, le recours oral ou la condition orale imposée au corps invalide-t-elle le processus ? C'est répondre. Le rituel alors prime le brouillon, qui n'est pas. Mais la vie même de celui qui s'offre, parlant et marchant, comme ce que la bouche aspire dans le texte ?

On connaît ainsi des grands parleurs et des grands muets. Cette anecdote d'Asselineau évitant Baudelaire, parce que l'ami Charles chaque fois sort de sa poche la version en cours d'un poème, et le lit à sa victime de hasard : essai oral de la feuille griffonnée et raturée, dont les versions successives ne sont pas conservées (on a le dernier manuscrit, et les corrections sur parutions ou épreuves successives). C'est ce geste qui à distance interpelle : ne pas recopier (dans les *Lettres* par exemple), mais toujours lire soi-même. Rimbaud avait la pratique contraire, et sans les poèmes recopiés dans un cahier pour Paul Demeny, sans les recopiages des *Illuminations* pour Verlaine ou Nouveau, l'œuvre disparaissait. Et cette légende d'Isidore Ducasse tapant des accords sur un piano, la nuit, pour essayer ses phrases, brouillon oral ou rituel ? Le texte garde trace de ses reprises (la suite des « beau comme »), de même qu'il garde trace des recopiages (les associations de mots reprises directement de Baudelaire, comme des manuels de biologie ou de développement photographique), sans qu'on ait pu conserver les étapes d'un texte des plus impressionnants de notre patrimoine. Mais une phrase comme « Chaque fois que je lis Shakespeare, il me semble que je déchiquète la cervelle d'un jaguar… », Lautréamont l'écrit-il par étapes laborieuses, ou d'une seule tombée, retour d'une marche du soir via la rue Vivienne et le Palais-Royal (phrase par quoi on mesure encore une fois combien la discipline de lecture est aussi, voire d'abord, le brouillon mental de l'écrivain) ? Primat alors du rituel sur le brouillon, et retour case départ : l'énigme est bien dans le résultat seul, tous échafaudages disparus ce jour de 1871, retour du cimetière Montmartre, l'hôtelier Jules-François Dupuis et son garçon d'étage Antoine Milleret faisant ménage définitif dans la chambre de leur locataire de vingt-quatre ans (ah, le mystère de cette page du *Journal* des Goncourt, dans Paris encerclé, avec les incendies rouges dans le ciel et les animaux du Jardin des Plantes, éléphants et girafes, vendus pour leur viande, où Edmond vient sur la tombe de son frère Jules, au cimetière Montmartre, quasi le même jour qu'on enterre anonymement Lautréamont).

C'est tout cela ensemble, peut-être, qu'il nous faut tenir dans le tableau à même distance et confusément, qui ne commence pas par une page blanche et ne s'organise pas si facilement que dans le cas généreux d'Honoré de Balzac, après que le vicomte de Lœvenjoul eut récupéré chez épiciers et poissonniers du quartier les papiers abandonnés à leur sort de papier. Balzac écrit, et fait relier la version écrite. Il fait imprimer et corrige les placards, il fait ensuite relier les épreuves corrigées. Parfois les offre, dédicacées, parfois les garde, en maroquin rouge, dans son propre bureau. Chateaubriand, lui, détruisait tout, préférant le silence du monument écrit. Il n'y a pas de hiérarchie entre les deux démarches, et l'absence de médiation elle aussi nous enseigne : c'est un saut dans le vide, un trou dans le noir, et toutes les étapes qu'on pourrait imaginer pour s'aider ne servent à rien pour ce qui est de former son art personnel du saut.

Regardez Saint-Simon : toute une vie de cour dans l'ombre, et chaque fois qu'il pourrait sortir de cette ombre, quand le duc de Bourgogne devient dauphin officiel et que Saint-Simon est du premier cercle, c'est la rougeole qui frappe. Quand Philippe d'Orléans devient régent, Saint-Simon, son ami le plus proche, celui qui l'a porté contre les colères du vieil oncle roi, c'est son tour d'avoir les idées trop vieilles par rapport à l'abbé Dubois ou le banquier Law. De 1723 à 1742, Saint-Simon met dix-neuf ans pour écrire ce qui fut de 1699 à 1723, presque un temps réel, pour cette grande fuite emmagasinée, où on attrape les gens par l'instant qu'ils meurent, dessinant à rebours ce mouvement qui finalement les emporte. Dans sa vie de cour, Saint-Simon ne cesse pas d'écrire. Des lettres, pour la grande masse perdues. Des mémoires stériles, généalogies des ducs, qui nous rebutent, mais qui feront dans les *Mémoires* la structure, l'ordre et le squelette. Il nous rend compte, à quinze ans d'écart, d'un chemin précis de conversations, par suite de rendez-vous nocturnes dans les arrière-cabinets de Versailles ou au fond des jardins de Marly. Et il annote

31
Louis de Rouvroy, duc de Saint-Simon
Mémoires
Manuscrit autographe, 1739-1749
2854 p., 11 vol., 36,5 × 24,5 cm
BNF, Manuscrits, N. a. fr. 23096, f. 84-85

Longtemps passés au crible de la critique historique, les *Mémoires* de Saint-Simon ont désormais place parmi les monuments de la littérature française. Transcendant largement la période couverte (1691-1723), soit les années de la vie publique de leur auteur, et les déroulements chronologiques implacables des annales, ce n'est pas là seulement la vision déformante des événements et de la vie de cour au prisme des espoirs ou des ambitions déçus, comme ont souvent dit les détracteurs depuis Marmontel. C'est la fabrique d'un écrivain à la culture immense, à l'écriture d'une infinie richesse, qui mêle au fil de la plume d'innombrables sources canalisées par la vigueur du récit, la réflexion sur l'histoire, l'empreinte de la personnalité.
Saint-Simon avait près de soixante-cinq ans lorsqu'il entreprit ses *Mémoires*, achevés dix ans plus tard, avec une interruption de six mois en 1743, après la mort de sa femme, marquée dans le manuscrit par une ligne de croix et de larmes. Il le complétera en 1749 par les manchettes marginales portant les nombreux titres des passages et les millésimes, et par un volume d'index. Ces deux mille huit cent cinquante-quatre pages, reliées dans les onze célèbres portefeuilles en veau écaille timbrés aux armes et au chiffre de l'auteur, en constitueraient l'unique rédaction. Selon les vœux de Saint-Simon, qui ne souhaitait « laisser paraître l'ouvrage que lorsque le temps l'aurait mis à l'abri des ressentiments », les manuscrits, paraphés par le notaire, furent confiés à celui-ci puis, en 1760, par lettre de cachet, transférés et séquestrés au dépôt des Affaires étrangères. Les extraits manuscrits que Choiseul, alors ministre, fit faire par l'abbé de Voisemon, furent à l'origine de nombreuses copies et de sept éditions partielles et tronquées, de 1781 à 1819, date de la restitution officielle des manuscrits à la famille, qui permit enfin la publication en vingt-sept volumes des *Mémoires* en 1828-1829 chez l'éditeur Sautelet.

A. A.

dans les marges Torcy, dont il s'est fait recopier à la main les *Mémoires*, et le journal de Dangeau. Étonnant Dangeau. Brave homme qui savait très bien jouer au billard, dut sa fortune à l'avoir enseigné à Louis XIV, et savait perdre devant son élève. Insipide *Journal* de Dangeau : du factuel, le temps qu'il fait, et comment s'habillent les dames. Qui meurt et combien au jeu on gagne. Mais Dangeau capte le temps, sert de calendrier, et ce calendrier est celui du roi, puisque le maître de billard, au ventre largement arrondi par sa fortune, est devenu homme presque principal à la cour. Les marges de son *Journal* sont étroites, mais c'est là que Saint-Simon ébauche, pour chaque personnage, le tableau au noir, le condensé vitriol que nous sommes. Le livre d'un autre devient le propre brouillon du sien, écriture condensée, dressée droit, qui va d'un coup à sa cible par faute de place.

Que Saint-Simon ait écrit toute sa vie, parfois cela lui échappe, et on le voit qui traverse lui-même son livre, des pages à la main : « Sans répondre une parole, je tire une clé de ma poche, je me lève, j'ouvre une armoire qui était derrière moi, j'en tire trois petits cahiers écrits de ma main ». Et c'est ainsi qu'après dix-neuf ans (et qu'on voie ici même cette page où il interrompt de croix et de larmes les *Mémoires* en cours à la mort de sa femme) il peut, tout à leur terme — dans une conclusion dont les sous-titres sont tour à tour : vérité, désappropriation, impartialité et style — écrire cette phrase étonnante : « Dirais-je enfin un mot du style, de sa négligence, de ses répétitions trop prochaines des mêmes mots, quelquefois de synonymes trop multipliés, surtout de l'obscurité qui naît trop souvent de la longueur des phrases, peut-être de quelques répétitions ? J'ai senti ces défauts. Je n'ai pu les éviter, emporté toujours par la matière, et peu attentif à la manière de la rendre, sinon pour la bien expliquer. Je ne fus jamais un sujet académique ; je n'ai pu me défaire d'écrire rapidement ». Le mot « emporté », et le mot « obscurité », comme lorsque Walter Benjamin disait de Balzac, reprenant Curtius : « Toute poésie naît d'une rapide vision des choses », dix-neuf ans d'écriture continue, huit tomes de la Pléiade gonflés, pour n'avoir su se « défaire d'écrire rapidement ». Toute cette nuit construite, qui est l'homme.

Peut-être, alors, si on a assez complexifié le tableau, la médiation neuve se divise en autant d'éléments, et la discontinuité paraît peut-être moins un fossé. 1988, premier ordinateur Atari sur ma table, mais déjà, en dix ans, que de progrès dans les machines à écrire traditionnelles, mémorisation d'une ligne, correction automatique des derniers caractères. À peine, au début, le traitement de texte est-il une machine à écrire perfectionnée. On imprime sur les feuilles *listing*, par l'imprimante à aiguilles, et on déchire les feuilles pour retrouver le texte, qu'on corrige à la main. Cinq ans plus tard, je découvre les premiers ordinateurs portables : le PowerBook Macintosh, noir et non plus du gris morbide des ordinateurs de bureau, et c'est comme retrouver un cahier, qu'on peut emmener sous le bras, déployer grâce à sa batterie sur la table de cuisine d'un logement ami, sur une table de fond de bistrot ou dans le train. La vraie taille de la révolution est un peu ultérieure, ce jour d'août 1996 où pour la première fois, et très laborieusement alors, j'accède à l'internet. Évidemment que ce que nous vivons depuis dix ans est une mutation. Évidemment, qu'aucun rituel n'est plus pareil, et évidemment, que les premiers à être mangés ont été nos « brouillons ».

Le texte en cours n'est plus une épaisseur, qu'on gratte, où on coupe et recolle, qu'on feuillette, mais seulement un défilement. Quand on ouvre le fichier du texte en cours, le matin, c'est la page de garde qui s'affiche, et on laisse filer le texte, par curseur interposé, jusqu'au front de taille. Au début c'est dangereux : on écrit sous l'apparence déjà du livre, on pourrait ne pas corriger, et la surprise serait sévère. Et la mémoire matérielle des mots n'est pas, sur l'écran, celle qu'on avait à les tripoter sur papier. Et du coup, quelle régression dans ces ramettes de 500 feuilles 80 g qu'on achète en supermarché. Mais je repense à Baudelaire, et à son goût de lire plutôt que recopier : je crois que j'ai appris à me servir bien autrement de la mémoire instantanée du texte. Je le mesure parfois au théâtre : à quelque chose d'écrit il y a plusieurs années, dit par un autre, les doigts éprouvent une envie automatique de correction. On rentre, on allume la machine, et on découvre que la correction n'est pas à faire, c'est l'acteur qui s'était trompé. Mémoire corrective, qui ne saurait pas réciter, mais décèle la différence. Autres fétichismes : autrefois emmener avec soi ses cahiers, son manuscrit. Maintenant, quand on émerge de la séance de travail, effectuer la sauvegarde, et n'importe où qu'on aille, on aura sur soi le disque magnétique. Mais à chacun sa façon d'affronter ce pour quoi n'existe pas encore de repère : untel attend pour copier à l'ordinateur que le texte soit entièrement écrit et corrigé à la main, sur son écritoire de bois ; untel écrit à l'ordinateur et imprime un tirage, puis détruit le fichier, de façon à se forcer à tout réécrire plutôt que de corriger à l'écran, et fait cela deux fois, voire trois, avant de juger le travail fini ; untel enfin décide pour un livre qu'il sera écrit sans corriger ni reprendre, en tapissant sa pièce à écrire des feuilles imprimées à chaque fin de séance de travail. Il ne restera pas de brouillons : c'est que la correction est atomisée, démultipliée, permanente. Mais ceux de Chateaubriand nous manquent-ils ? Et puis il y aura d'autres archives, à mesure qu'on s'apprend à jouer avec le courrier électronique. Pas de projection, surtout : on joue avec l'abîme, mais on sait bien que la chance de la littérature, pour chaque époque, c'est d'investir ce qui, pour chaque époque, est la figure spécifique de cet abîme. Le presse à imprimer pour Rabelais, l'agonie d'une monarchie pour Saint-Simon. La lecture sur écran, le poids politique de l'internet, l'habitude de la multiplication, pour une page, de niveaux hypertextes mais dans la même brièveté : et si ça aidait à découvrir que tels sommets de la littérature se sont déjà contentés de cette même brièveté, voire jusqu'à son excès provoquant ? Par exemple, en quatre lignes, texte total :

Assez vu. La vision s'est rencontrée à tous les airs.
Assez eu. Rumeurs des villes, le soir, et au soleil, et toujours.
Assez connu. Les arrêts de la vie. — Ô rumeurs et Visions !
Départ dans l'affection et le bruit neufs !

Cela s'appelle *Départ*, c'est dans *Illuminations* d'Arthur Rimbaud, titre, début, corps et fin. Et pour le convoquer ici sur cette page, je n'ai pas eu, comme pour Saint-Simon, à grimper sur une chaise pour atteindre les volumes sur l'étagère, mais juste à copier dans l'ordinateur même, où sont déjà tous ces auteurs : comment j'aurais sinon cherché dans Montaigne les occurrences du mot « papier », du verbe « écrire » ?

Nulle révolution là, mais un autre outil dans les rituels d'approche, de voyage dans les textes. Une aide aussi, retrouver sa bibliothèque (ou le dictionnaire Littré) sur son écran, pour tenir à distance son propre texte. Et si le nouvel abîme était pour nous la chance ? Après tout, compte tenu de comment s'accumule en si peu d'années derrière chacun de nous le cimetière de machines en plastique invendables, qu'on change chaque deux ans, serions-nous nous-mêmes surpris si quelque technicien mandaté en allait récupérer les données du disque dur, l'état de notre travail tel jour, que nous-mêmes ne savons plus. Osons la perte. Saint-John Perse, par exemple, qui a tout organisé de ce qui lui survivrait, ce peu : en vaut-il moins ? Pas de brouillon pour celui qui, capable d'écrire « Toute chose au monde m'est nouvelle », donnait comme injonction : « Ô Voyageurs sur les eaux noires en quête de sanctuaires, allez et grandissez, plutôt que de bâtir ». Et l'injonction symétrique de René Char : « Enfonce-toi dans l'inconnu qui creuse. Oblige-toi à tournoyer », n'est-elle pas même favorisée d'avoir bien moins derrière soi de papier à jeter ?

32
Arthur Rimbaud
***Une saison en enfer*, « Fausse conversion »**
Manuscrit autographe, avril - août 1873
3 f., 21 × 13,5 cm
BNF, Manuscrits, N. a. fr. 26500

Le seul brouillon connu d'*Une saison en enfer* tient en ces trois feuillets, plus exactement ces quatre pages, puisque Rimbaud a réutilisé, au verso, deux pages de réflexions inspirées par l'Évangile selon saint Jean. Brouillon unique à plus d'un titre, car aucun des rares manuscrits corrigés laissés par Rimbaud ne peut se comparer à ces quatre pages raturées, aux surcharges presque illisibles.
Avec ses taches, ses lignes chaotiques, ses mots qui se bousculent, « Fausse conversion » est sans doute le texte dont l'aspect est le plus conforme à la vision que nous avons du « carnet de damné ». Rimbaud l'a beaucoup moins retravaillé que les brouillons de « Mauvais sang » et d'« Alchimie du verbe » et lui a donné, dans l'édition, un titre plus saisissant : « Nuit de l'enfer ». Le cheminement de ces feuillets reste encore mystérieux : parvenus, on ne sait comment, entre les mains de Verlaine, ils furent retrouvés séparément – « Fausse conversion », le premier, en 1897 – à de longues années d'intervalle. Jacques Guérin, leur dernier possesseur privé, affirme les avoir vus, en 1938, à la devanture d'une librairie londonienne, avant de les acheter plus tard au libraire parisien Henri Matarasso.
M. L. P.

Arthur Rimbaud. Photographie de Carjat, 1870. BNF, Estampes

Fausse conversion.

Jour de malheur ! J'ai avalé un fameux gorgée de poison. La rage du désespoir m'emporte contre tout la nature les objets, moi, que je veux déchirer. Trois fois béni soit le conseil qui m'est arrivé. Les entrailles me brûlent la violence du venin tord mes membres, me rend difforme je meurs de soif. J'étouffe, je ne puis crier. C'est l'enfer l'éternité de la peine. Voilà comme le feu se relève. Va démon va, ~~diable~~, va Satan attise-le. Je brûle comme il faut, c'est un bel et bon enfer.

J'avais entrevu ~~le salut~~ la conversion, le bien, le bonheur, le salut. Puis-je décrire la vision, on n'est pas poète dans l'enfer. C'était l'apparition des milliers d'opéras charmants, un admirable concert spirituel, la force et la paix, les nobles ambitions, que sais-je !

Ah ! les nobles ambitions ! ma haine. R[ecommence] l'existence enragée : la colère dans le sang, l'abêtissement, et c'est encore la vie ! Si la damnation est éternelle. C'est l'exécution des lois religieuses pourquoi a-t-on semé une foi pareille dans mon esprit. Les parents ont fait mon malheur, et le leur, ce qui importe peu. On a abusé de mon innocence. Oh ! l'idée du baptême. Il y en a qui ont vécu mal, qui vivent mal, et qui ne sentent rien ! C'est mon baptême et ma faiblesse dont je suis esclave. C'est la vie encore ! Plus tard, les délices de la damnation seront plus profondes. Je reconnais la damnation. Un homme qui veut se mutiler est bien damné n'est-ce pas. Je me crois en enfer donc j'y suis. Un crime vite, que je tombe au néant, par la loi des hommes.

Tais-toi. Mais tais-toi ! C'est la honte et le reproche à côté de moi ; c'est Satan qui me dit que son feu est ignoble, idiot ; et que ma colère est affreusement laide. Assez. Tais-toi ! ce sont des erreurs qu'on me souffle à l'oreille les magies, les alchimies, les mysticismes, les parfums faux, les musiques naïves. C'est Satan qui se charge de cela. Alors les poètes sont damnés. Non ce n'est pas cela. Et dire que je tiens la vérité. Que j'ai un jugement sain et arrêté sur toute chose, que je suis tout prêt pour la perfection. Taisons-nous, c'est l'orgueil ! à présent. Je ne suis plus qu'un bonhomme en bois la peau de ma tête se dessèche. Et pitié ! mon Dieu, mon Dieu. J'ai peur, pitié. Ah ! j'ai soif, ô mon enfance, mon village, les prés, le lac sur la grève le clair de lune quand le clocher sonnait douze. Satan est au clocher. Que je deviens bête. Ô Marie, Sainte Vierge. faux sentiment, fausse prière.

11

Dans un recoin en arrière de la Green-Box

il y avait une écurie.

Ursus avait pris [redacted]

[redacted] était la porte légitime de l'auberge

Tadcaster en avait à côté d'elle une

porte bâtarde par où l'on entrait dans

la salle basse qui dit bâtarde dit petite. Cette porte basse était la seule par où l'on passât. Elle donnait dans le cabaret

[redacted]

Elle était surmontée d'une figure de

femme échappée aux femmes de laquelle

était ajustée en pendant l'enseigne de l'inn.

Le gland pour retenir fermé.

Il y avait dans l'inn Tadcaster un maître

et un boy. Le maître s'appelait maître

Nicless. Le boy s'appelait Govicum.

maître Nicless, Nicolas sans doute, qui devient Nicless de par la prononciation anglaise Nicless, comme on le

[redacted], était un bonhomme avare et

[redacted], tremblant et ayant le respect des lois.

Du reste hérissé aux sourcils et sur les mains.

Quant au garçon de quatorze ans qui

versait à boire et répondait au nom de

Govicum, c'était une grosse tête joyeuse

avec un tablier. [redacted]

[redacted] les arrangements avec

qui vu son respect des lois, n'admit le loup qu'en payant plus cher

tavernier maître Nicless. L'écriteau

« Gwynplaine. — l'Homme qui Rit », décroché de la

Green-Box, avait été accroché près de l'enseigne de l'inn.

la salle-cabaret avait, on le sait, une porte intérieure qui donnait

sur la cour. À côté de cette porte fut improvisée,

au moyen d'un tonneau éventré, une logette pour

s'appliquait sur les trois pans de la

façade intérieure de cette cour, avec deux retours en équerre.

[redacted], les fenêtres du

rez-de-chaussée firent les baignoires, et le balcon fit le balcon. Le

pavé de la cour fit le parterre, la Green-Box,

rangée contre le mur, avait devant elle cette

salle de spectacle. Cela ressemblait beaucoup

au Globe, où furent joués Othello, le Roi Lear

et la Tempête.

[redacted]

« la buraliste » qui était tantôt Fibi, tantôt Vinos. C'était à

peu près comme aujourd'hui. qui entre paye. [redacted] l'écriteau

l'Homme qui rit fut pendu à deux clous une planche peinte en

blanc portant, charbonné en grosses lettres, le titre de la grande

pièce d'Ursus : Chaos vaincu.

Au centre du balcon, précisément en face de

la Green-Box, [redacted] un compartiment

qui avait pour entrée particulière une porte

fenêtre, avait été réservé entre deux cloisons et pour

« la noblesse. »

Il était assez large pour contenir, sur deux rangs, dix spectateurs.

— Nous sommes à Londres, avait dit Ursus.

il faut s'attendre à de la gentry.

Il avait fait meubler cette « loge » des meilleures

chaises de l'inn, et placer au centre un

grand fauteuil de velours d'Utrecht bouton d'or à dessins cerise pour le cas où

quelque femme d'alderman viendrait.

[redacted]

Les représentations avaient commencé.

[Tout de suite, la foule vint. Mais le compartiment pour la noblesse resta vide.]

[redacted]

[À cela près,] le succès fut tel que de mémoire de saltimbanque on n'en avait pas vu de pareil.

Tout Southwark accourut en cohue [redacted] admirer

l'Homme qui Rit.

Les baladins et bateleurs du

Tarrinzeau-field furent effarés de Gwynplaine.

un épervier s'abattant dans une cage de chardonnerets

et leur becquetant leur mangeoire, tel fut l'effet.

Gwynplaine leur dévora leur public. [redacted]

[redacted]

[redacted] resta local. Pour l'eau

est difficile pour une renommée. Le nom de Shakespeare a mis cent trente ans à venir [redacted]

Outre le menu peuple des avaleurs de sabres

et des grimaciers, il y avait sur le bowling-green

de vrais spectacles. Il y avait un cirque à femmes

retentissant du matin au soir d'une sonnerie

magnifique de toutes sortes d'instruments, psaltérions,

ambubaies, rebèbes, micamons, timbres, [redacted]

chalumelles, dulcaynes, gingues, chevrettes,

cornemuses, cornets d'Allemagne, eschaqueils

d'Angleterre, pipes, fistules, flajos et flageolets.

il y avait [redacted] sous une grande tente

rondes des danseurs qui n'eussent point égalé nos

coureurs actuels des Pyrénées, Dulma, Bordenave

et Meylonga, lesquels du Pic de Pierrefitte descendent

au plateau du [redacted] Limaçon, ce qui est presque

tomber. Il y avait une ménagerie ambulante

où l'on voyait un tigre bouffon, qui, fouaillé

par un belluaire, tâchait de lui happer son

fouet et d'en avaler la mèche. Le comique à

gueule et à griffes fut lui-même éclipsé.

Curiosité, applaudissements, recettes,

foule, l'Homme qui Rit prit tout. En un clin

d'œil ce fut fait. Il n'y eut plus que la Green-

Box.

« Chaos vaincu » est Chaos vainqueur,

[redacted]

c'était Ursus mettant de moitié dans le succès de Gwynplaine, tel tirait la nappe à lui,

comme on dit en langue cabotine.

Le succès de Gwynplaine fut prodigieux. Pourtant il

Ce n'est point dans leur achèvement que l'on apprend à connaître les productions de l'art et de la nature. Il faut les saisir à l'état naissant pour les comprendre tant soit peu.
Goethe

Ateliers d'écrivains

Feuilleter le manuscrit d'un écrivain, c'est entrer dans l'intimité de l'auteur. On devine la main courant sur le papier, le regard suit cette coulée d'écriture frémissante, hésitante ou haletante, ce texte toujours mouvant tant que l'imprimerie ne l'a pas figé.
Si une telle incursion dans l'univers de Hugo, Flaubert, Proust, Sartre, Perec, dans le monde des poètes et celui des philosophes, ne lève pas totalement le voile sur le mystère de la création, du moins peut-elle nous apprendre comment ces écrivains ont construit leur œuvre, quels ont été leur rapport à l'écriture, leurs recherches, leurs réflexions.

33
Victor Hugo, *L'Homme qui rit*
Manuscrit autographe
BNF, Manuscrits, N. a. fr. 24746, f. 295

Car le mot, qu'on le sache, est un être vivant
La main du songeur vibre et tremble en l'écrivant;
La plume, qui d'une aile allongeait l'envergure,
Frémit sur le papier quand sort cette figure.
Les Contemplations

Victor Hugo
Un écrivain sans « brouillons »

Jean Gaudon

« Il écrivait sur des feuilles volantes, comme presque tous les poètes d'ailleurs. Malherbe et Boileau sont à peu près les seuls qui aient écrit sur des cahiers. Racan disait à Mademoiselle de Gournay : "J'ai vu ce matin M. de Malherbe coudre lui-même avec du gros fil gris une liasse blanche où il y aura bientôt des sonnets [1]." »
D'un côté, les tâcherons de la littérature, le carcan des cahiers, la chaîne du gros fil gris, de l'autre, la liberté. Malherbe contre Shakespeare.
Mgr Myriel, l'évêque des *Misérables,* écrivain amateur sans prétentions et rien moins que poète, est lui aussi adepte des feuilles volantes, ce qui devrait faire réfléchir ceux qui répètent que Victor Hugo se prenait pour Shakespeare. L'évêque des *Misérables* ne se prend pour personne :
« [...] puis il rentrait dans sa chambre et se remettait à écrire, tantôt sur des feuilles volantes, tantôt sur la marge de quelque in-folio. »
L'in-folio maltraité peut même être ravalé à la fonction de pupitre :
« Il travaillait encore à huit heures, écrivant assez incommodément sur de petits carrés de papier avec un gros livre ouvert sur ses genoux. »
Les feuilles volantes, les petits carrés de papier et les marges des livres sont les supports décrits par Sainte-Beuve au seuil des *Pensées* de Joseph Delorme.
Qui croirait que le bedeau de *Port-Royal* est le modèle de l'évêque ?
Victor Hugo est du côté des poètes et des évêques studieux. Les manuscrits qu'il a légués à la « Bibliothèque Nationale de Paris » avaient été, avant reliure, des feuilles volantes. À la différence de ceux qui cousent avant d'écrire, Hugo écrit avant que les brocheurs n'interviennent. La confection de l'objet appelé manuscrit vient toujours en dernier.
Selon les termes du legs, « manuscrits, sans exception » s'appliquait aux « ébauches, fragments, idées éparses, vers ou prose, semées çà et là, soit dans mes carnets, soit sur des feuilles volantes ». Le mot « brouillon » n'est pas prononcé. Quant aux « carnets », ils sont souvent des liasses, cousues ou non, que Hugo glissait dans sa poche ou dans son portefeuille.
Le classement *a posteriori* des papiers en « manuscrits », « carnets », « reliquats », « océans », « tas de pierres » et « copeaux » a eu pour effet de donner au fouillis des paperasses une apparence de rationalité et a suggéré une stratification qui, à partir du produit fini, remonterait aux « copeaux », plus proches d'un état primitif inatteignable ou imaginaire. Le fantasme du « premier jet », qui hante les érudits, est assez répandu pour que Valéry, qui se voulait calculateur, reprenne ironiquement la notion théologique d'une dictée venue d'ailleurs. Les poètes réputés faire confiance à « l'inspiration » sont plus besogneux. Vigny et Lamartine, comme Chénier, fabriquent des canevas en prose. Les pratiques de Victor Hugo, gros travailleur qui croit à l'éblouissement, sont plus difficiles à cerner, car il fait si peu de cas des fulgurances que les pièces à conviction manquent. Un fragment mutilé de *L'Expiation*, qui n'a pas été tamponné par le notaire [2], permet cependant de se faire une idée. Quelques notations, en prose, de détails glanés dans un récit de la campagne de Russie, se plient comme par accident au rythme de l'alexandrin. Des rimes possibles apparaissent dans un coin du morceau de papier. Dès que le rythme s'impose, tout ce qui s'écrit se trouve entraîné dans le mouvement, Hugo passant d'une section à l'autre du poème, s'attardant à la « recherche » du premier vers de la deuxième section sans trouver la version qui est dans

Victor Hugo dans son cabinet de travail, avenue d'Eylau. Paris, Maison de Victor Hugo

1 Victor Hugo, *William Shakespeare*, I, 1, 8 (BNF, Manuscrits, N. a. fr. 13366). 2 Voir mon article « One of Victor Hugo's discarded Drafts » dans *Drafts, Yale French Studies*, n° 89, 1996, p. 130-148, avec deux reproductions du manuscrit, conservé à la Beinecke Rare Book and Manuscript Library, Yale University.
3 Pierre Albouy, reproduisant ma transcription, avait fait une erreur vénielle, qui s'expliquait par le désir de trouver une justification à cette évidence. Il avait mis à la date du 16 juillet ce qui était très visiblement du 10 septembre.

toutes les mémoires : « Waterloo ! Waterloo ! Waterloo ! morne plaine ! » Il faudra quatre autres essais dans le manuscrit « définitif » pour qu'à la septième tentative le poète comprenne qu'il faut répéter le mot « Waterloo » une deuxième fois, de manière à occuper les trois quarts du vers. L'hypothèse d'un récit épique ébauché mentalement ou sur un morceau de papier perdu ne peut, cela va sans dire, être exclue.

En 1820, Hugo avait confectionné un petit carnet. Non pour y coucher des sonnets, mais pour y enregistrer de façon faiblement cryptique les incidents infimes de son idylle avec Adèle Foucher. Ces indications sont entremêlées de phrases de prose et de vers, le tout à l'encre, sans ratures. Comme rien n'a été écrit dans la rue, l'hypothèse d'une mémorisation préalable s'impose. L'amoureux à l'affût a tué le temps en travaillant mentalement, et a noté ce qu'il souhaitait engranger en rentrant à la maison. Serions-nous près de la rythmique ambulatoire à la Valéry ? Pas exactement. Bien que la transcription soit le résultat d'un filtrage, la finalité des petits groupes de vers n'est pas claire. Je serais même tenté de parler de « finalité provisoire ». Le 10 septembre 1820 sont inscrites deux séries distinctes de trois octosyllabes. Le premier groupe a été utilisé en janvier 1824 dans « Le chant de l'arène ». Le second ne semble avoir été repris nulle part[3]. C'est dire que la destination de ces vers, en 1820, nous échappe. Peut-on même, malgré la ligne de points qui les sépare, parler de deux groupes ? Les rimes féminines sont les mêmes : aurore/sonore et Bosphore/ignore. Les deux rimes masculines sont orphelines et n'appartiennent à aucun ensemble connu.

Autre cas de figure : « Le poëte dans les révolutions », daté dans les *Odes et poésies diverses* de mars 1821, est représenté par six occurrences repérables, entre le 8 octobre 1820 et le 14 mars 1821. Je ne puis croire

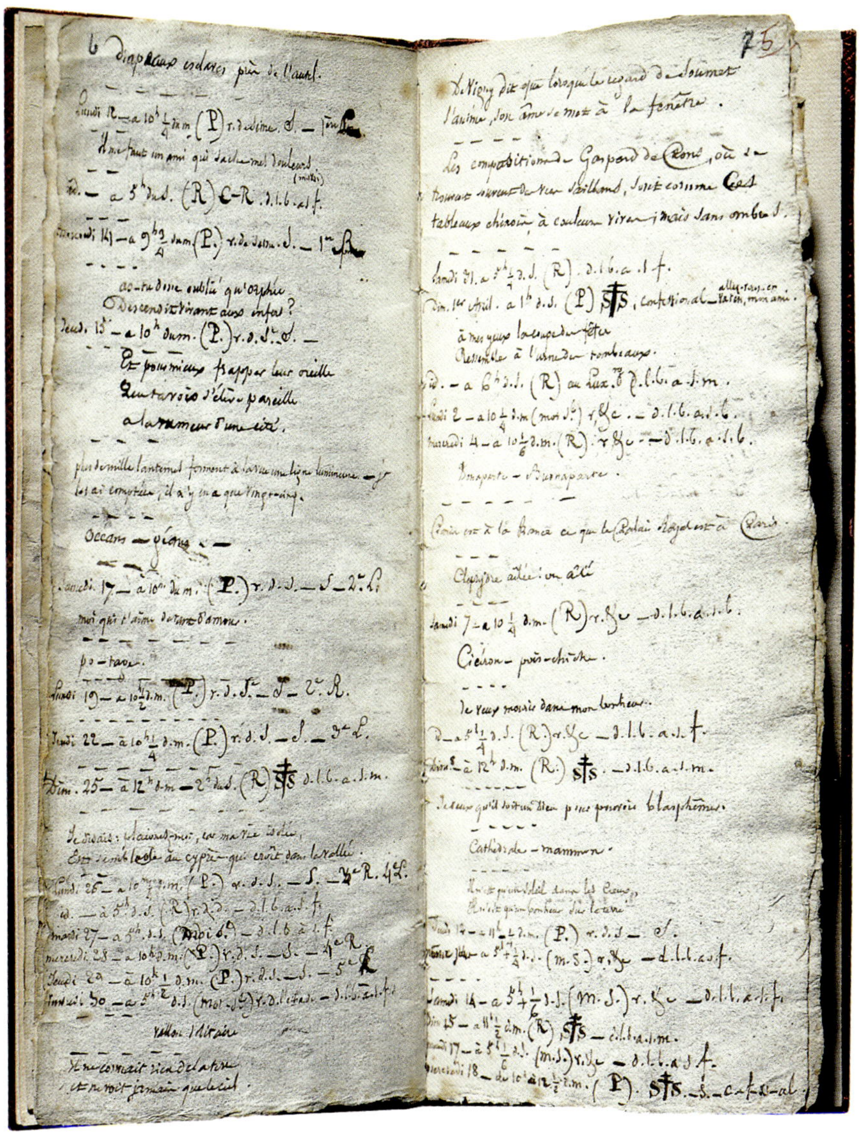

34
Victor Hugo
Carnet de notes, 1820-1821
8 f., 23 × 9,5 cm
BNF, Manuscrits, N. a. fr. 13441, f. 4 v°-5

Entre le 16 juillet 1820 et le 9 septembre 1821, Victor Hugo nota ses rencontres avec Adèle Foucher, qu'il allait épouser en 1822. La mention cryptée du dimanche 25 [mars] se lit : « À 12 heures du matin, et 2 heures du soir (réciproquement) à Saint-Sulpice donnant le bras à sa mère ». Il notait aussi des vers destinés à des poèmes projetés ou mis en attente, et parfois des fragments de prose. Les deux vers du 25 septembre ont été employés dans « Le vallon de Chérizy », ode datée de juillet 1821. L'alexandrin du f. 5 (« Je veux qu'il soit un Dieu… ») sera utilisé dans le roman *Han d'Islande*, au chapitre 45.
J. G.

qu'il a fallu si longtemps à Victor Hugo pour mettre au point dix strophes de dix octosyllabes.
Le mois suivant apparaît un alexandrin byronien :

Je veux qu'il soit un Dieu pour pouvoir blasphémer.

On pense à une ode où deux voix antagonistes s'affronteraient, mais c'est dans un roman paru en 1823, *Han d'Islande* qu'on le trouve. Cas extrême. Sous sa forme initiale, l'énoncé appartenait sans conteste au code poétique. En passant tel quel dans un dialogue en prose, il confère au personnage monstrueux de Han une altitude morale que confirment de nombreux détails, et du même coup une épaisseur dont il semblait manquer. À la même date, une autre notation, « cathédrale-mammon », joue, toujours dans *Han d'Islande*, le rôle d'un minuscule canevas :
« Derrière nous, à l'horizon, cette masse noire, c'est la tour ; derrière nous, voici la cathédrale, dont les arcs-boutants, plus sombres encore que le ciel, se dessinent comme les côtes de la carcasse d'un mammon[4]. »
Dans le même carnet, un petit apologue en prose restera inutilisé jusqu'aux *Misérables*.
Cet exemple précoce illustre ce qui est pour Hugo un mode de vie. Être écrivain, c'est écrire, en toutes circonstances. La « feuille volante » et le « carnet » sont donc, selon les occasions, des supports toujours accessibles, et peuvent être remplacés par n'importe quel morceau de papier se trouvant à proximité. Les rêveries nocturnes de Jersey sont notées sur des feuilles en attente sur le plancher, au chevet du lit. Deux stratégies peuvent découler de cette disponibilité

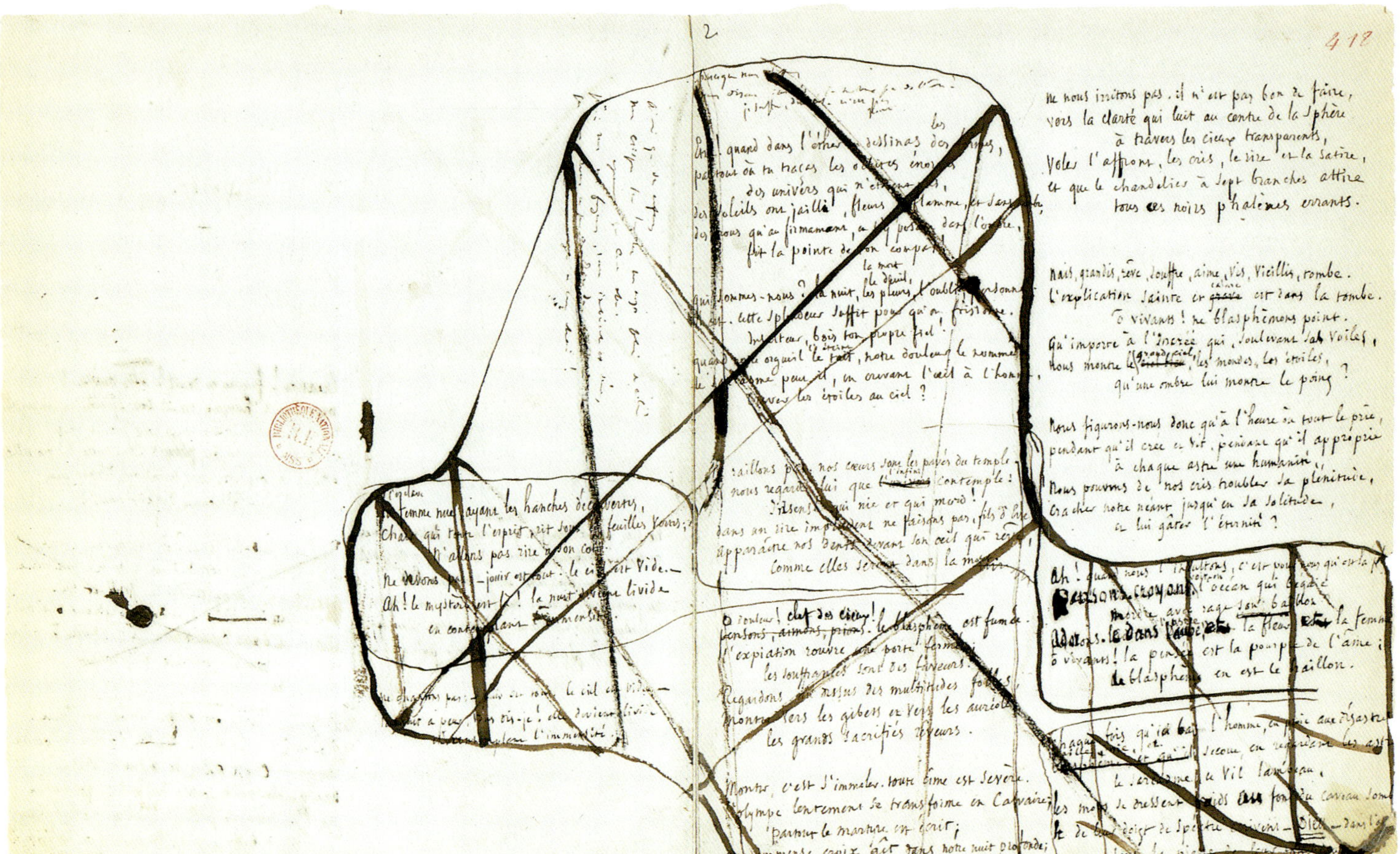

35
Victor Hugo, *Les Contemplations*, « Dolor »
Manuscrit autographe. 507 f., 33 × 26 cm. BNF, Manuscrits, N. a. fr. 13363, f. 417 v°-418

Cette page du manuscrit des *Contemplations* illustre la technique de la dilatation, par insertions successives, d'un poème que Victor Hugo avait pu croire terminé. La première version « définitive » occupe la colonne de droite. Le texte s'est enrichi par étapes, matérialisées par les accolades, puis a été recopié sur un autre feuillet, avec des additions supplémentaires. « Dolor » est daté dans le manuscrit du 30 mars 1854.
J. G.

permanente : l'organisation progressive, par petites touches, d'une œuvre en cours, ou simplement projetée, et la mise en réserve de fragments dont la destination n'est ni prévue ni assurée.
Les manuscrits de Victor Hugo à partir de l'exil ont été qualifiés de manuscrits d'apparat. On a étudié leurs qualités « esthétiques ». Ces termes, qui suggèrent l'exhibitionnisme, sont trompeurs. Le « beau » manuscrit, comme la « belle écriture » ont été, dans notre culture, une marque de politesse ou une indication sur l'attitude du scripteur. L'habillage, lorsque l'écrivain en est responsable (et c'est le cas pour plusieurs manuscrits de Victor Hugo) est aussi un signe, mais dans un autre domaine, celui de l'objet.
Les Contemplations s'étendent sur une longue période durant laquelle Victor Hugo a utilisé beaucoup de papiers différents. Il a donc été amené à adopter pour ses manuscrits poétiques des techniques qu'il avait expérimentées dans ses manuscrits de théâtre et dans certains romans : l'utilisation d'un seul côté du feuillet, où il recopie son texte sur la seule moitié droite. Je qualifierai cet état de « provisoirement définitif ». Définitif, parce qu'il propose un texte qui, à la date où il est écrit, peut être considéré comme publiable. Provisoirement, parce que l'espace blanc (la partie gauche du feuillet tout entière) suggère la possibilité d'un travail ultérieur, dont l'auteur se donne licence et dont il profite largement.
Le manuscrit du poème « Dolor » est un des plus spectaculaires et des plus travaillés, sans que rien, ni dans la partie droite, ni dans l'éventail des additions, ne soit une copie. Le premier texte mis au net, à droite, était complet en soi et imprimable tel quel. Les remaniements très nombreux ont été soit mémorisés, soit esquissés, ébauchés et probablement mis au net sur une autre feuille de papier ou sur un support de hasard, enveloppe d'une lettre reçue, verso d'un prospectus, bande de journal. Le texte publié est le résultat de ces tâtonnements dont le manuscrit est l'antépénultième version, quelques changements mineurs pouvant être encore apportés au stade de la lecture, par Hugo, de la copie destinée à l'impression, et lors de la correction des épreuves.
Pour les romans, la question se pose autrement. À l'époque où Victor Hugo écrit les siens, on ne peut pas davantage imaginer une absence de scénario, ou au moins de ligne directrice, que de personnages avec des noms, des lieux, une documentation historique ou matérielle. Mais là encore, en dehors des *Misérables* qui, pour certaines de leurs parties, présentent la superposition de deux campagnes de travail séparées par une douzaine d'années, les grands feuillets bleus pliés dans le sens de la hauteur sont soumis au même traitement que les poèmes, avec des remaniements et des corrections si considérables que certaines pages, devenues illisibles, ont dû être remplacées. Les feuillets sans corrections et surtout sans additions sont donc tous des pièces rapportées, des copies « définitives », les pages qu'ils remplacent étant transformées en « carrés de papier » ou en papier-brouillon. Ce papier réutilisé, comme la feuille de papier quelconque, devient alors une page de « reliquat », de « copeaux » ou ce que l'on voudra.
Le feuillet 18 des « copeaux » de *L'Homme qui rit*[5] est couvert d'écriture des deux côtés. C'est une feuille bleue très surchargée extraite du manuscrit, un portrait de Josiane. Des « fragments » sont éparpillés au verso. Ils correspondent à plusieurs chapitres et concernent principalement Gwynplaine, personnage central du roman, et Josiane, protagoniste important. On peut donc être certain que les fragments du verso sont postérieurs aux remaniements et aux amplifications qui ont conduit à remplacer le portrait de Josiane par un autre plus long, enrichi par la verve. Au recto, le texte abandonné, très raturé, est celui du troisième chapitre du premier livre de la deuxième partie. Au verso, un mélange de fragments destinés au deuxième livre de la même deuxième partie, répartis entre le huitième chapitre, le neuvième et le dixième, ce dernier étant ébauché partiellement en un texte continu serpentant au bas de la page. On reconnaît aussi des bribes du huitième et du neuvième chapitre du troisième livre et du quatrième chapitre du cinquième livre. Les divisions en chapitres étant tardives, ces indications ne sont données que pour mettre en évidence le fait que tous ces détails sont engrangés dans un ordre qu'il est impossible de reconstituer, à une date incertaine, et qu'ils trouveront leur niche dans des lieux parfois très éloignés les uns des autres. On notera aussi qu'un grand nombre d'entre eux ont été recopiés sans aucune variation, ou ont été très légèrement corrigés.
Le dessin du haut de la page est un cas particulier, assez fréquent dans les « carnets » et rarissime dans les « copeaux » ou les « reliquats ». Il représente le véhicule dont une phrase, juste au-dessus, précise qu'il ne s'agit pas de « l'ancienne cahute d'Ursus », celle dans laquelle Gwynplaine et Déa avaient été recueillis, et qui avait été

4 Je cite ici le texte de la première édition, celle de Persan. Depuis, on a écrit « mammouth ». **5** Ils ont reçu ce nom à leur entrée à la Bibliothèque nationale, longtemps après que le « Reliquat » avait été constitué et relié.

conservée et amarrée dans un coin de la nouvelle « Green Box ». Car c'est bien ce second véhicule, plus spacieux, que Hugo a dessiné. Quelques mots inscrits sur le croquis lui-même identifient les divisions en les nommant : « grenier », « vestiaire et logis des femmes », « théâtre ». Juste au-dessus du dessin, Hugo a écrit : « Expliquer la baraque ». C'est donc le dessin, projection visuelle d'un objet imaginaire, que Victor Hugo décrit pour nous donner à voir, avec des mots, le lieu où vivent et jouent Ursus et ses partenaires.
Aucun scénario important ne nous est parvenu. Si cela signifie que Victor Hugo avait, au départ, un scénario « dans la tête », il faut en déduire que ce scénario n'a pas cessé de bouger, et qu'il est arrivé que, pour ne pas s'y perdre, Hugo a jeté sur le papier des ébauches de l'intrigue dont certaines ne mènent nulle part. Comme, par exemple, le scénario qui fait de Gwynplaine le mari de Josiane et qui lui donne une activité conforme à son rang de pair d'Angleterre : « Il préside la cour de baron dans son château. son sénéchal condamne. il fait grâce. [...] ses vassaux se moquent de lui et même le haïssent un peu. » Ou encore le duel entre Barkilphedro et Gwynplaine, remplacé dans cette circonstance par Lord David (qui à ce stade est appelé « Lord Cyrus »). Pour les lecteurs que nous sommes, ces « idées » prouvent que le schéma narratif, probablement non écrit, s'est égaré, avant que ne s'imposent des exigences romanesques ou dramatiques sur lesquelles nous n'avons aucune documentation. La métamorphose de Gwynplaine en lord est sans aucun doute la donnée

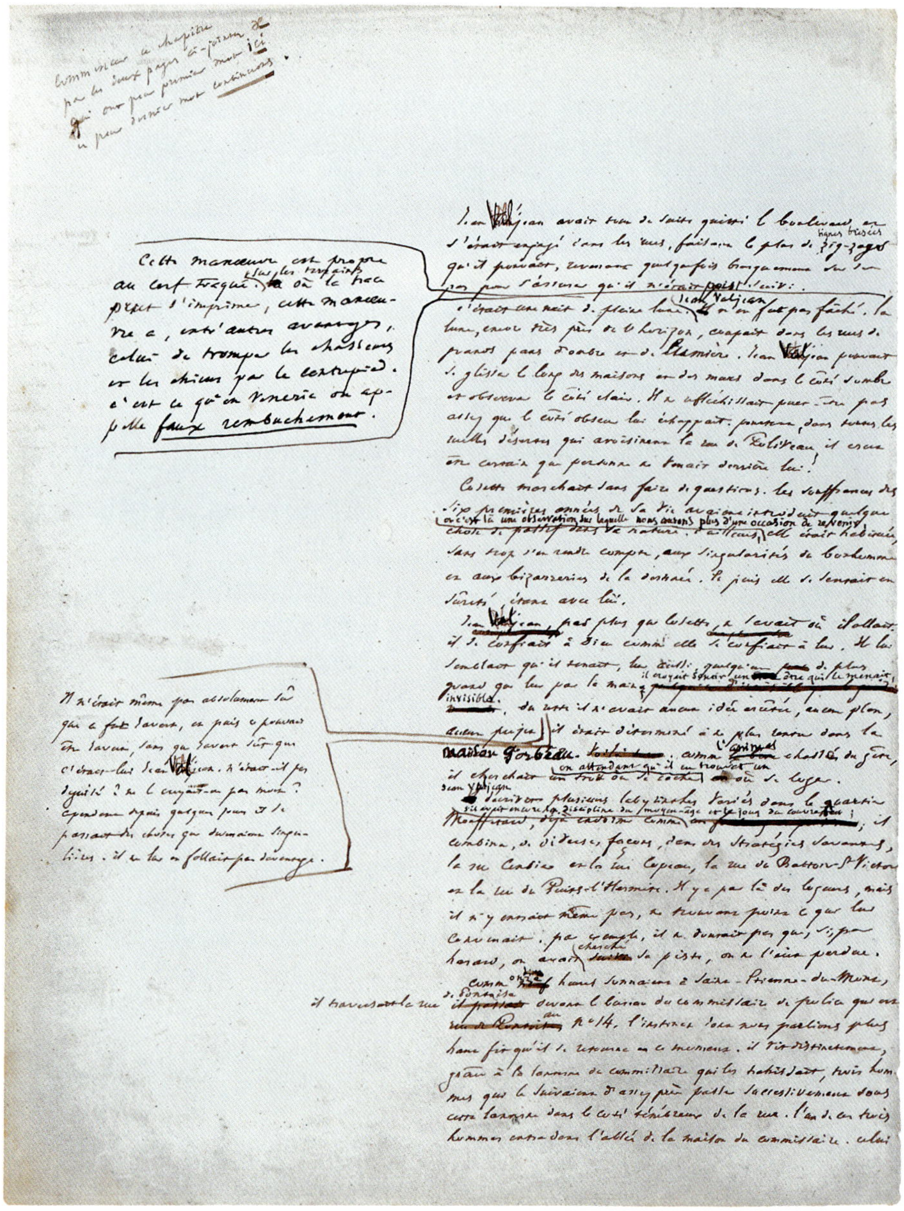

36
Victor Hugo, *Les Misérables*
Manuscrit autographe
945 f., 32 × 24 cm
BNF, Manuscrits, N. a. fr. 13379, f. 534 v°

Les Misérables, publiés en 1862, ont été écrits au cours de deux grandes campagnes d'écriture, entre 1845 et 1848 et entre 1860 et 1862. Sur la page de gauche (f. 534 v°), les deux étapes de la rédaction sont visibles. L'addition marginale du haut appartient à la seconde, celle du bas à la première. La plupart des corrections dans le texte sont tardives, y compris la correction de Jean Tréjean en Jean Valjean. La page de droite est tout entière de l'exil. Le chapitre, intitulé « Les zigzags de la stratégie », décrit l'itinéraire du héros, fuyant, avec la petite Cosette, Javert qui l'avait retrouvé.
J. G.

de base immuable. Ses conséquences ultimes, en revanche, ont été envisagées plus tard. Le remplacement des hypothèses bâtardes par un épilogue qui nous paraît le seul possible n'est pas apparu à Hugo comme une évidence. Le travail du manuscrit, qui comporte des ratures, des additions interlinéaires, et surtout des additions ou des réfections écrites directement ou reportées sur la partie gauche de la page, pour laquelle il est absurde d'utiliser le mot de « marge », aboutit généralement à une expansion, soit par le développement de certains passages, soit par l'ajout d'un renseignement trouvé, ou noté, en cours de route, soit par l'insertion de toutes petites unités déjà mises au net, soit par le déplacement d'éléments d'une page à l'autre. Une chronologie relative de l'écriture est donc concevable, à condition de s'en tenir à de petites unités, la phrase, le paragraphe, la page et parfois le chapitre, en se souvenant qu'une grande partie des pièces à conviction a disparu. Un relevé mécanique de ce qu'on appelle abusivement des « variantes » n'a à peu près aucun intérêt s'il n'est pas destiné à conforter les autres données. Les rapports entre les différents épisodes et entre les personnages sont régis par la liberté brouillonnante et bourgeonnante de l'écriture. Sa pratique jubilatoire, que tous les manuscrits rendent visible, est le moteur de la création. Il n'y a donc pas de fil d'Ariane pour nous guider dans son labyrinthe, mais d'infinis plaisirs pour qui aime à s'y perdre.

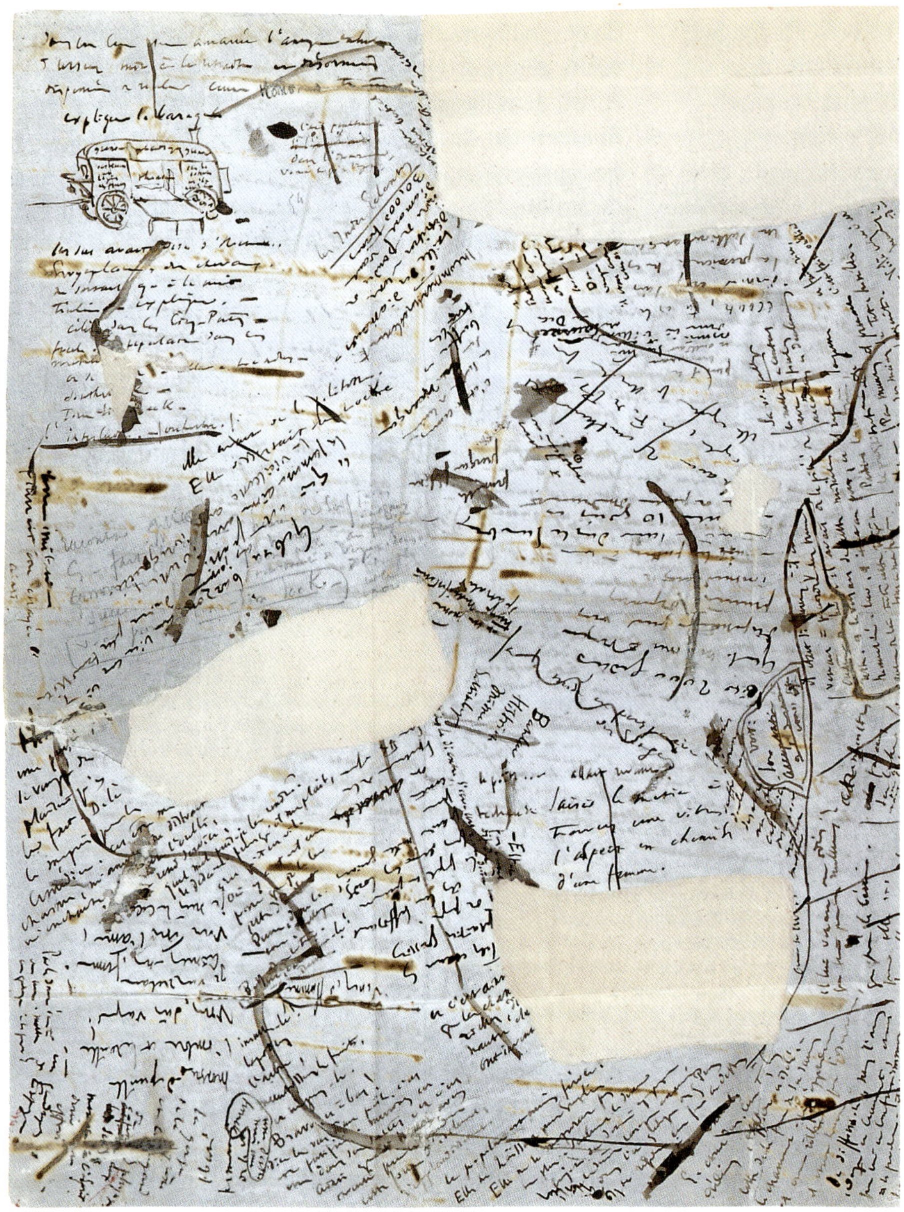

37
Victor Hugo, *L'Homme qui rit*
Brouillons et notes préparatoires
134 f., 37,5 × 29 cm
BNF, Manuscrits, N. a. fr. 15812, f. 18 v°

Conformément à ses habitudes, Victor Hugo a biffé les passages utilisés dans le roman. Le dessin de la « Green-Box » a été épargné ainsi que, sur sa droite, quelques lignes sur la taille des diamants, remplacées dans le premier chapitre préliminaire par un développement humoristique sur l'or. En bas du feuillet, à l'envers, on trouve une esquisse en français d'un passage de la chanson espagnole chantée par Déa (II, 2, 9). Quelques notations au crayon, difficilement lisibles, semblent antérieures aux autres.
J. G.

patient et minutieux qui bâtirait une pyramide avec des billes d'enfant[4]. »

« Ruminer son objectif… »

Les pages noircies de ratures sont le lieu de cette lutte : une lutte avec la langue, avec les possibilités infinies de rythmes et de sonorités que recèle la langue organisée en une syntaxe efficace, intensive ; mais, simultanément, une lutte avec la capacité qu'a la prose narrative d'offrir l'illusion d'un monde, d'attirer le lecteur dans la sphère de ces êtres de fiction qui deviennent bientôt comme des proches, de moduler choses, lieux, espaces, silhouettes, gestes, paroles et événements dans la continuité d'un « style », qui est vision, qui est regard, qui est écoute, qui est quasi-présence.

Et si ces pages infiniment brouillées ont une telle puissance spectaculaire, c'est parce qu'elles sont la trace d'une absorption dans l'œuvre, de la rigueur d'un travail qui tente d'approcher la juste expression, celle qui donnera à la fiction et à son texte la plus grande présence, visuelle et sonore, possible.

Les modalités du travail de Flaubert, à partir de *Madame Bovary*, confirment cette implication profonde dans la composition de l'œuvre de fiction narrative, depuis sa conception jusqu'à la prose finale.

Flaubert a souligné l'importance de la conception initiale, et la nécessité de penser l'œuvre, profondément, longuement, pour pouvoir l'écrire : « Il faut bien ruminer son objectif avant de songer à la forme, car elle n'arrive bonne que si l'illusion du sujet vous obsède », conseille-t-il à Louise Colet dans une lettre du 29 novembre 1853. L'effet de « réalité » et de généralité que pourra avoir l'œuvre en tirera sa force. Pour cela Flaubert rédige d'abord des scénarios et plans très précis et détaillés de ses romans. Yvan Leclerc distingue dans les scénarios de *Madame Bovary*, qu'il a publiés[5], trois scénarios généraux, de plus en plus détaillés, un plan général, deux scénarios d'ensemble, et de nombreux scénarios partiels. Alberto Cento distingue[6], dans les dossiers de *Bouvard et Pécuchet*, six scénarios d'ensemble et de très nombreux scénarios partiels, et Tony Williams identifie quarante-quatre scénarios d'ensemble ou partiels pour *L'Éducation sentimentale*[7]. Cette approche de l'œuvre à faire est radicalement différente de l'improvisation qui fait l'énergie et la vitesse de l'écriture (et de l'imagination) pour Stendhal — « … car si je fais un plan, je suis dégoûté de l'ouvrage (par la nécessité de faire agir la mémoire)[8] » —, tout aussi bien que du dialogue avec soi, entre l'œuvre et soi, qui caractérise les « ébauches » de Zola. Les pages de scénarios, d'une fine écriture cursive, dense, sont le récit « au présent » de ce qu'il faut imaginer, intensément, pour que la composition des actions tienne progressivement comme un ensemble. L'écriture s'approche de l'histoire elle-même, qu'il faut rendre consistante, comme d'une aventure à suivre, à vivre, là, devant, sur et dans la page.

Plan de l'œuvre et coordination des épisodes sont ainsi pensés ensemble, comme le montrent les propositions de découpage en chapitres que Flaubert inscrit dans les marges, et qui sont révisées en fonction de l'équilibre d'ensemble. Raconter le roman avec le scénario, c'est pour Flaubert le maîtriser dans son unité, dans son cours inéluctable, pour qu'une forme de la fiction se concrétise, pour que des événements, des durées, des ruptures se trouvent et se combinent dans la musique de l'œuvre.

Mais écrire, pour Flaubert, c'est aussi convoquer l'exactitude des savoirs, c'est travailler dans le bouleversement des bibliothèques, et cela dès *La Tentation de saint Antoine* de 1849[9]. De plus en plus, Flaubert mobilise documents et ouvrages pour composer ses livres, pour préciser chaque détail (cela est expérimenté avec certains épisodes de *Madame Bovary*), mais également pour faire entendre la voix des discours, les tonalités de l'opinion et des poses (cela est très marqué dans *L'Éducation sentimentale*), et finalement, avec *Bouvard et Pécuchet*, pour construire un roman qui serait capable de produire un profond « comique d'idées[10] », qui serait le gouffre des théories, des disciplines, des affirmations, grande « encyclopédie critique en farce ». Travailler dans les livres, avec les livres, c'est aussi la forme des aventures de « l'homme-plume », parallèlement aux scénarios, puis, de plus en plus, parallèlement à la rédaction elle-même. Le travail documentaire est impliqué, de manière grandissante d'œuvre à œuvre, dans le travail de conception, puis de rédaction[11].

4 Guy de Maupassant, « Étude sur Gustave Flaubert », en introduction à l'édition Quantin des *Œuvres complètes*, t. VII, *Bouvard et Pécuchet*, 1885, p. LI (repris dans *Pour Gustave Flaubert*, éd. Complexe, 1986). **5** *Plans et scénarios de Madame Bovary*, présentation, transcription et notes par Yvan Leclerc, Paris/Cadeilhan, CNRS Éditions/Zulma, 1995. **6** *Bouvard et Pécuchet*, édition critique précédée des scénarios inédits, par Alberto Cento, Naples/Paris, Istituto Orientale/A.-G. Nizet, 1964. **7** *L'Éducation sentimentale. Les scénarios*, Corti, 1992. **8** Note dans le manuscrit de *Lucien Leuwen*, voir Jacques Neefs, « Stendhal, sans fins », dans *Le Manuscrit inachevé*, Louis Hay (dir.), Éditions du CNRS, 1986. **9** Michel Foucault décrit cela, à propos de *La Tentation de saint Antoine* : « La Bibliothèque fantastique », texte repris dans *Travail de Flaubert*, Gérard Genette (dir.), Seuil, 1983. **10** « Je crois qu'on n'a pas encore tenté le comique d'idées. Il me semble que je m'y noie, mais, si je m'en tire, le globe terrestre ne sera pas digne de me porter. » (Lettre à Madame Roger des Genettes, 2 avril 1877.)

Salammbô marque un tournant dans cette implication du documentaire et de l'invention à partir des notes. Car s'attachant à une société antique peu connue, Flaubert entreprend lui-même une formidable enquête archéologique : « Ma table est tellement encombrée de livres que je m'y perds. Je les expédie rapidement et sans y trouver grand-chose. » (Lettre à Jules Duplan, 10 mai 1857.) C'est une conquête, pour l'art du roman : « Moi, j'ai voulu fixer un mirage en appliquant à l'antiquité les procédés du roman moderne. » (Lettre à Sainte-Beuve, 23-24 décembre 1862.) Le roman donna lieu, de ce fait, à une sorte de procès esthétique et scientifique : l'archéologue Froehner reprocha à Flaubert d'avoir fait du roman dans l'archéologie et Sainte-Beuve, au nom d'une raison du roman, déplora les débauches d'érudition et une « mythologisation forcée ». Les lectures si nombreuses, auxquelles, intimement, s'alimentaient la fiction et la précision de la prose, devaient faire preuve, au contraire, pensait Flaubert, de la justesse d'un art.

11 La lecture de très nombreux ouvrages et les multiples fiches de notes que prend Flaubert sont associées également aux enquêtes de « repérage » sur sites, dans les lieux réels qui permettront de « vérifier » la justesse des lieux imaginés. Les carnets témoignent de ces repérages, pour *L'Éducation sentimentale* en particulier. Pour *Salammbô*, Flaubert entreprend un voyage documentaire en Tunisie, d'avril à juin 1858 ; il écrit, à la fin du récit de voyage qu'il en fit au fur et à mesure : « Que toutes les énergies de la nature que j'ai aspirées me pénètrent et qu'elles s'exhalent dans mon livre » (*Voyage à Carthage*, dans *Œuvres complètes*, Seuil, coll. « L'intégrale », t. II, p. 720).

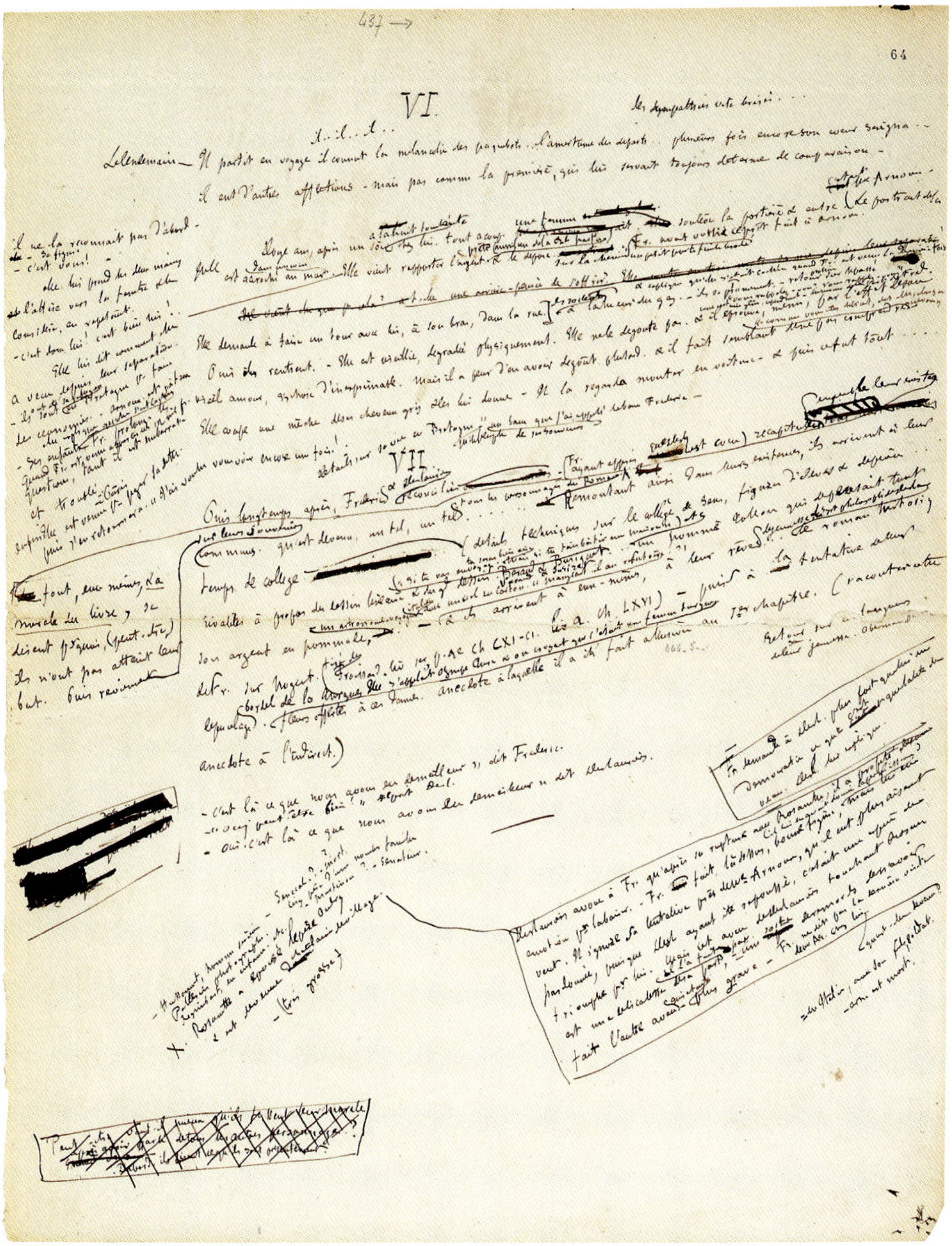

39
Gustave Flaubert, *L'Éducation sentimentale*
1862-1869, publié en 1869
188 f., 45 × 36 cm
BNF, Manuscrits, N. a. fr. 17611, f. 64

L'Éducation sentimentale articule nombre d'événements privés et publics, et raconte comment une « génération » bascule, avec la révolution de 1848 et la prise du pouvoir par Louis-Napoléon. Le roman crée une extraordinaire impression de durée nulle, comme une grande absence mélancolique. Dans la suite des actions et des événements, posés au présent, une phrase tranche, écrite au passé, déjà presque rédigée, qui pense un rythme, qui crée une rupture : « Il partit en voyage, il connut la mélancolie des paquebots, … », comme début du chapitre alors numéroté « VI ».

J. N.

« L'idéal de la prose »

La rédaction des pages, le lent travail des brouillons, forment le versant ultime de l'absorption dans l'œuvre. Au moment de commencer la rédaction de *Salammbô*, Flaubert écrit à Ernest Feydeau, le 6 août 1857 : « Alors, je ruminerai mon plan qui est fait et je m'y mettrai ! et les *affres* de la phrase commenceront, les supplices de l'assonance, les tortures de la période ! Je suerai et me retournerai [...] sur mes métaphores. » Le travail de la prose, si visible, si minutieusement complexe à la surface des feuillets, est le creuset de ce qu'il faut faire « voir » et « entendre » par l'écriture. Alors qu'il rédige *Madame Bovary*, Flaubert écrit à Louise Colet, le 15 avril 1852 : « Quand mon roman sera fini, dans un an, je t'apporterai mon *ms.* complet, par curiosité. Tu verras par quelle mécanique compliquée j'arrive à faire une phrase. » Le « compliqué » est de faire tenir ensemble chaque point de l'œuvre, de donner à celle-ci une unité faite de l'intensité de chaque épisode, de chaque paragraphe, de chaque phrase. Il est aussi de donner à la prose une force nouvelle, inédite : « J'aime les phrases nettes et qui se tiennent droites, debout tout en courant, ce qui est presque une impossibilité. L'idéal de la prose est arrivé à un degré inouï de difficulté... » (Lettre à Louise Colet, 13 juin 1852.) Cette prose est conçue comme l'art de l'avenir : « J'en conçois pourtant un, moi, un style : un style qui serait beau, que quelqu'un fera à quelque jour, dans dix ans ou dans dix siècles, et qui serait rythmé comme le vers, précis comme le langage des sciences, et avec des ondulations, des ronronnements de violoncelle, des aigrettes de feux, un style qui vous entrerait dans l'idée comme un coup de stylet, et où votre pensée enfin voguerait sur des surfaces lisses, comme lorsqu'on file dans un canot avec un bon vent arrière. » (Lettre à Louise Colet, 24 avril 1852.) Les pages de rédaction, infiniment raturées, reprises, réécrites (les pages saturées sont généralement barrées par une grande croix), sont la recherche de ce qui devra être la puissance autonome de l'œuvre, avec l'idée que l'art seul peut et doit répondre à l'aplatissement et à la brutalité du monde moderne.

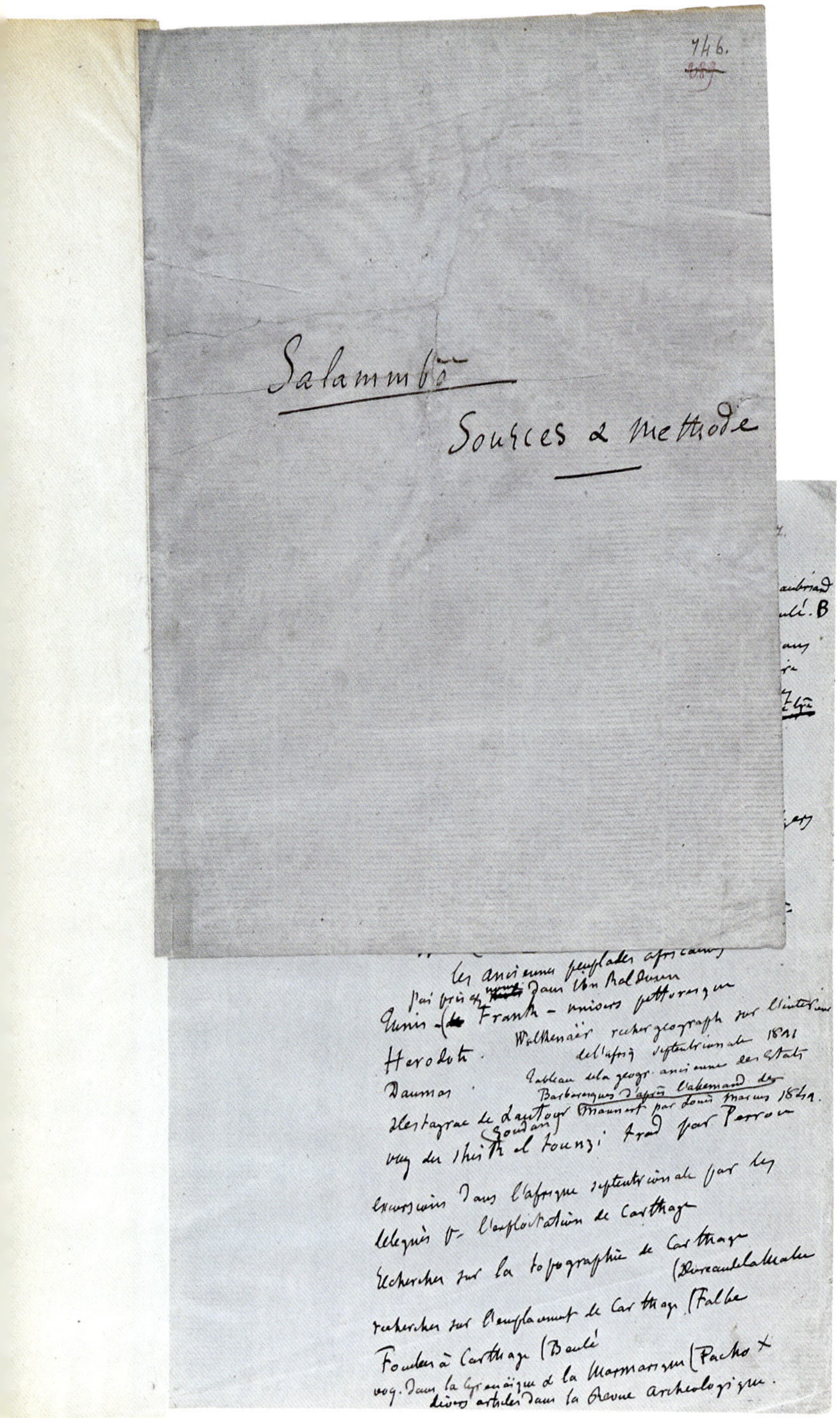

40

Gustave Flaubert, *Salammbô*

1857-1862, publié en 1862.
237 f., 27 × 21 cm
BNF, Manuscrits, N. a fr. 23662, f. 147

Dans un dossier qu'il intitule « Sources et méthode », Flaubert réunit les notes des lectures qu'il a faites pour la préparation de son roman. Cela devient un argumentaire dans la défense du livre. L'argumentation ici est déjà construite : « Appien a été mon guide/J'ai suivi quant aux ports l'opinion de Chateaubriand/adoptée par Falbe, Dureau de la Malle et Baulé. » Les lectures sont énumérées, comme autant de preuves : « J'ai consulté Desfontaines : voy en Afrique/Granville temple : excursions in Algers and Tunis/Corippus (Johannides) m'a été fort utile pr/les anciennes peuplades africaines... » Flaubert mettra en récit, plus tard, dans *Bouvard et Pécuchet*, de telles « luttes d'érudition ».

J. N.

Au moment même où Baudelaire « invente » le « miracle d'une prose poétique, musicale sans rythme et sans rime[12] », Flaubert confie à la prose narrative le pouvoir de donner à l'œuvre, par son style et non plus par son sujet, l'absolu d'une présence.
De ce travail d'enfouissement dans la prose, les brouillons sont la trace. Ils sont la trace de la lente gestation des phrases, jusqu'à leur équilibre sonore et leur plus grande intensité stylistique. Cet équilibre, c'est la voix, la musique de la phrase, qui le prouvent. Flaubert est penché sur ces pages, comme le décrit Maupassant :
« Son regard ombragé de grands cils sombres courait sur les lignes, fouillant les mots, chavirant les phrases, consultant la physionomie des lettres assemblées, épiant l'effet comme un chasseur à l'affût[13]. »
Mais il est aussi cette voix qui sort de la page, qui essaie la juste sonorité, en passant toutes les phrases à l'épreuve du « gueuloir », pour vérifier la justesse de la prose :
« Les phrases mal écrites ne résistent pas [à l'épreuve de la lecture à voix haute] ; elles oppressent la poitrine, gênent les battements de cœur, et se trouvent ainsi en dehors des conditions de la vie[14]. » Les milliers de feuillets des brouillons, tramés de ratures, devraient également être « écoutés », comme bruissants de la prose sonore qui s'y essaie, avec, au loin, Flaubert :
« Je vois assez régulièrement se lever l'aurore (comme présentement), car je pousse ma besogne fort avant dans la nuit, les fenêtres ouvertes, en manches de chemise et gueulant, dans le silence du cabinet, comme un énergumène ! » (Lettre à Madame Brenne, 8 juillet 1876.)

12 Dédicace à Arsène Houssaye, prévue pour être en tête du volume des « petits poèmes en prose ». **13** Guy de Maupassant, *op. cit.*, p. LI (voir ci-dessus, note 4). **14** Préface aux *Dernières Chansons* de Louis Bouilhet, dans *Œuvres complètes*, Seuil, coll. « L'Intégrale », t. II, p. 764.

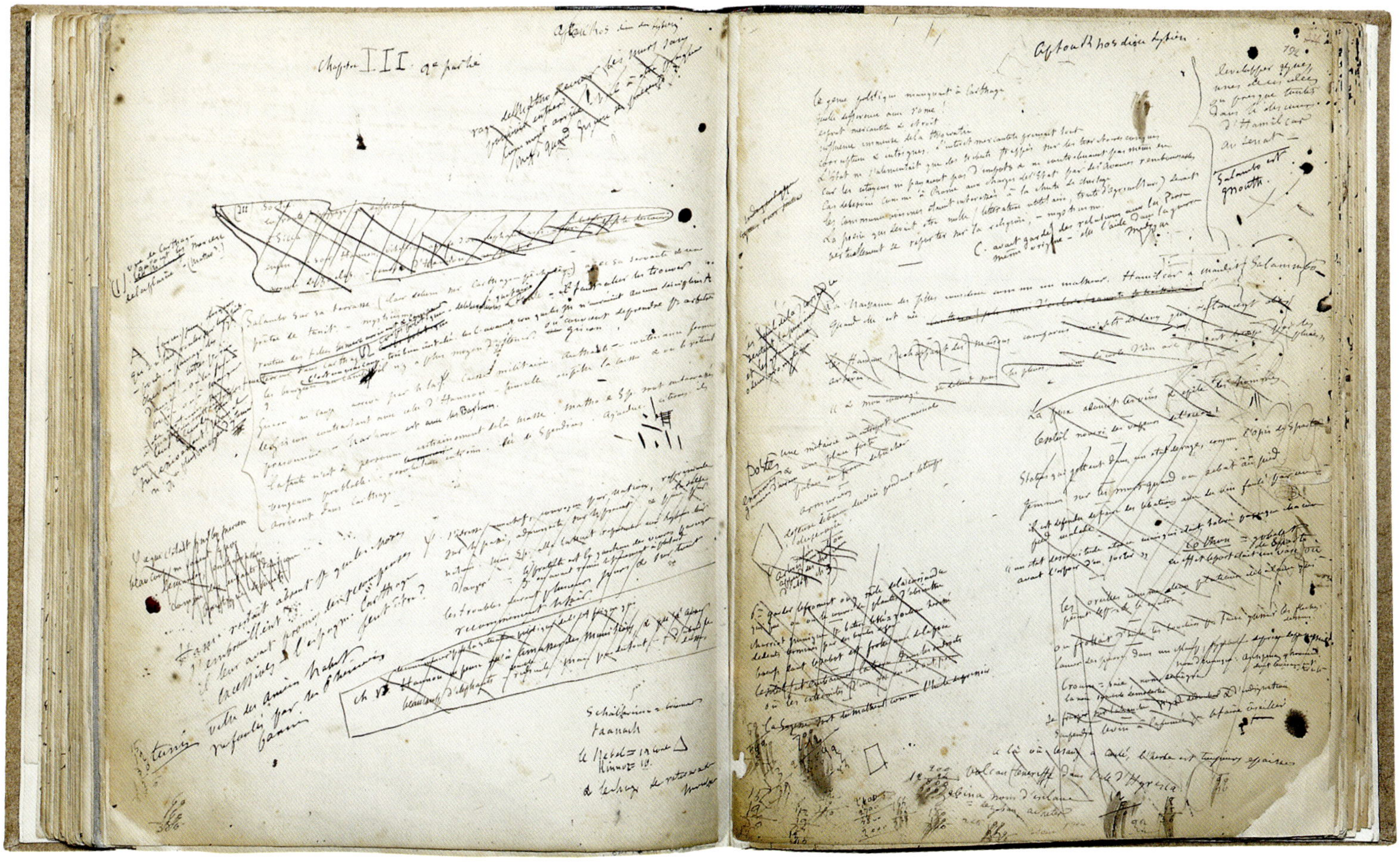

41
Gustave Flaubert, *Salammbô*
Notes scénariques
BNF, Manuscrits, N. a fr. 23662, f. 191 v°-192

437

A.

VI.

Puis il voyagea.

Il connut la tristesse des paquebots & des chambres d'auberge,

les froids réveils sous la tente,

l'étourdissement des paysages, les voyages,

l'angoisse des embarras & le goût amer des séparations

Il revint. Il fréquenta le monde & il eut d'autres amours encore. Mais

le souvenir du premier les lui rendait insipides. – & puis la véhémence

du désir, la fleur de la sensation était perdue. Ses ambitions

d'esprit avaient également diminué.

qui ne valaient pas le premier

les années s'écoulèrent.

Il était tout résigné, supportait le désœuvrement de son intelligence & l'inertie de son cœur.

s'était résigné

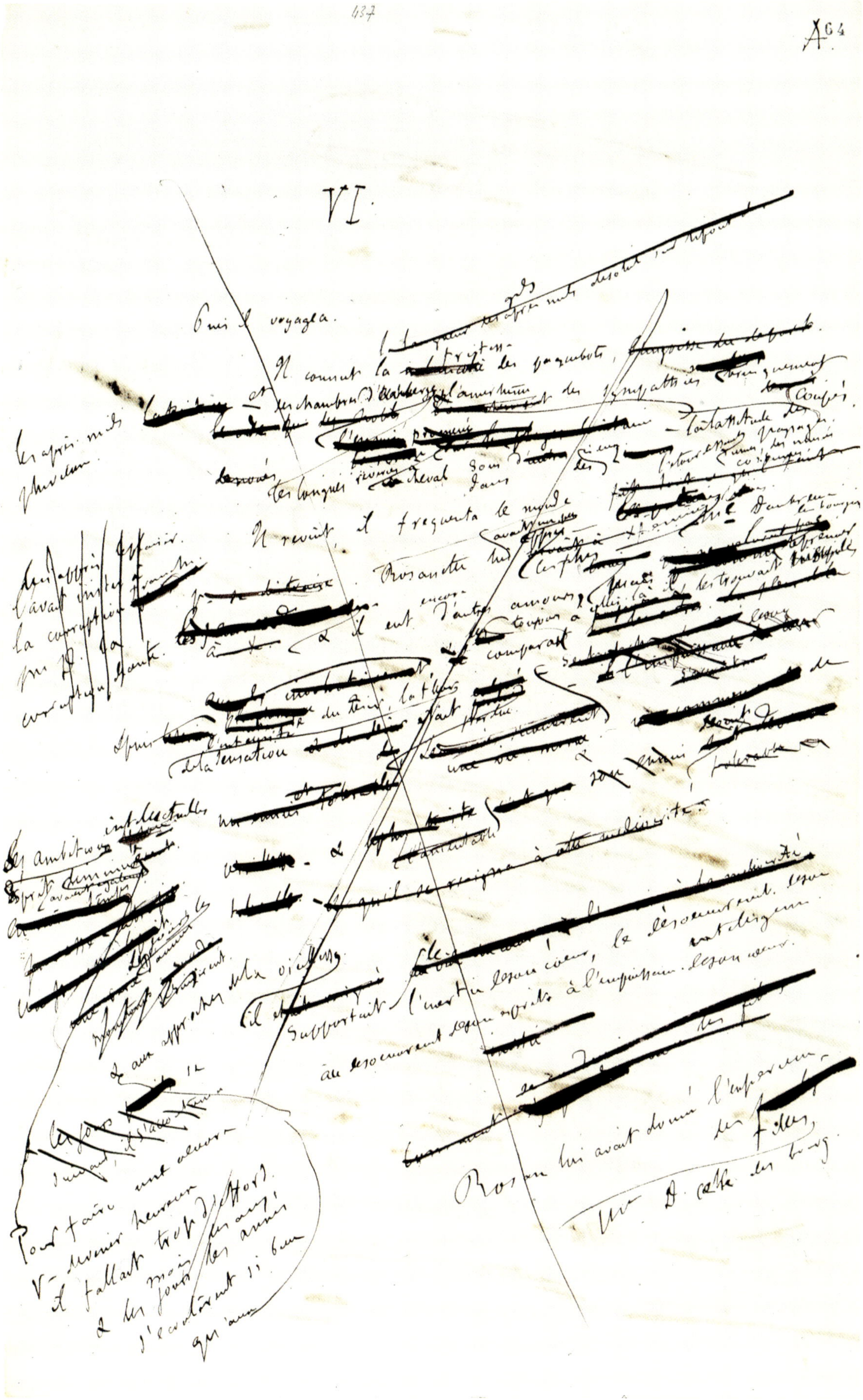
VI.

Puis il voyagea.

Il revint. il fréquenta le monde

42
Gustave Flaubert, *L'Éducation sentimentale*
1864-1869, publié en 1869
93 f., 36 × 28 cm.
BNF, N. a fr. 17610, f. 63 v°-64

« À mon avis la chose la plus belle de *L'Éducation sentimentale*, ce n'est pas une phrase, mais un blanc… » écrit Proust dans « À propos du "Style" de Flaubert ». Il s'agit du saut de chapitre, après la mort de Dussardier, tué par Sénécal, qui, brutalement, retourne l'histoire dans « l'effet de glace » du coup d'État et des très brefs paragraphes qui sont, dit encore Proust, un « extraordinaire changement de vitesse, sans préparation ». Cet « énorme blanc » est construit dans les scénarios et les brouillons : « Puis il voyagea » ; « Il revint » : les deux termes font une accolade, dans laquelle un rythme énumératif se cherche encore.
J. N.

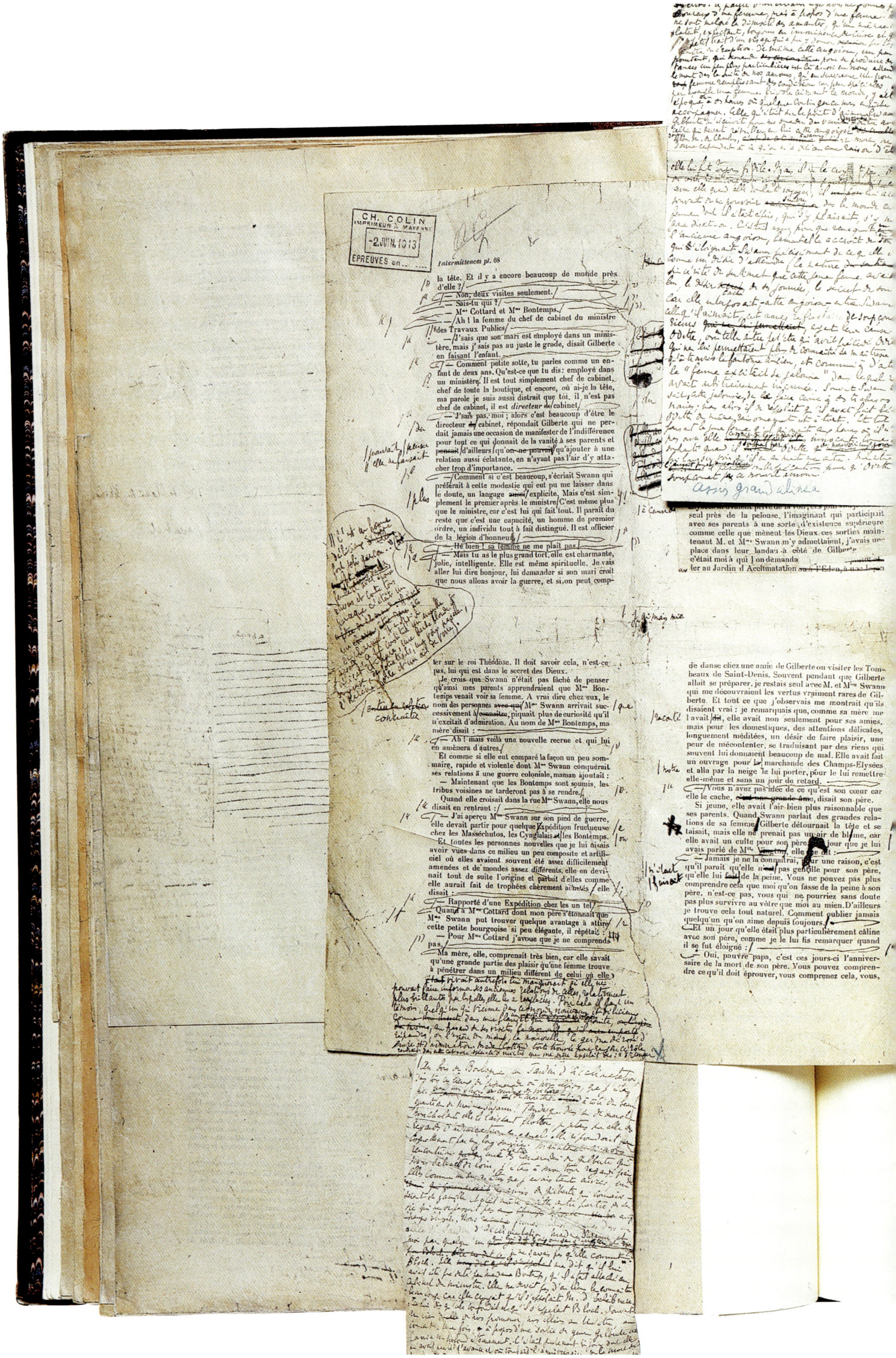

CH. COLIN
IMPRIMEUR À MAYENNE
-2 JUIN 1913
EPREUVES en.. ....

Intermittences pl. 68

la tête. Et il y a encore beaucoup de monde près d'elle ?

— Non, deux visites seulement.

— Sais-tu qui ?

— Mme Cottard et Mme Bontemps.

— Ah ! la femme du chef de cabinet du ministre des Travaux Publics.

— J'sais que son mari est employé dans un ministère, mais j'sais pas au juste le grade, disait Gilberte en faisant l'enfant.

— Comment petite sotte, tu parles comme un enfant de deux ans. Qu'est-ce que tu dis : employé dans un ministère. Il est tout simplement chef de cabinet, chef de toute la boutique, et encore, où ai-je la tête, ma parole je suis aussi distrait que toi, il n'est pas chef de cabinet, il est *directeur* du cabinet.

— J'sais pas, moi ; alors c'est beaucoup d'être le directeur du cabinet, répondait Gilberte qui ne perdait jamais une occasion de manifester de l'indifférence pour tout ce qui donnait de la vanité à ses parents et pensait d'ailleurs qu'on ne pouvait qu'ajouter à une relation aussi éclatante, en n'ayant pas l'air d'y attacher trop d'importance.

— Comment si c'est beaucoup, s'écriait Swann qui préférait à cette modestie qui eut pu me laisser dans le doute, un langage aussi explicite, Mais c'est simplement le premier après le ministre. C'est même plus que le ministre, car c'est lui qui fait tout. Il paraît du reste que c'est une capacité, un homme de premier ordre, un individu tout à fait distingué. Il est officier de la légion d'honneur.

— Hé bien ! sa femme ne me plaît pas.

— Mais tu as le plus grand tort, elle est charmante, jolie, intelligente. Elle est même spirituelle. Je vais aller lui dire bonjour, lui demander si son mari croit que nous allons avoir la guerre, et si on peut compter sur le roi Théodose. Il doit savoir cela, n'est-ce pas, lui qui est dans le secret des Dieux.

Je crois que Swann n'était pas fâché de penser qu'ainsi mes parents apprendraient que Mme Bontemps venait voir sa femme. A vrai dire chez eux, le nom des personnes avec qui Mme Swann arrivait successivement à connaître, piquait plus de curiosité qu'il n'excitait d'admiration. Au nom de Mme Bontemps, ma mère disait :

— Ah ! mais voilà une nouvelle recrue et qui lui en amènera d'autres.

Et comme si elle eut comparé la façon un peu sommaire, rapide et violente dont Mme Swann conquérait ses relations à une guerre coloniale, maman ajoutait :

— Maintenant que les Bontemps sont soumis, les tribus voisines ne tarderont pas à se rendre.

Quand elle croisait dans la rue Mme Swann, elle nous disait en rentrant :

— J'ai aperçu Mme Swann sur son pied de guerre, elle devait partir pour quelque Expédition fructueuse chez les Masséchutos, les Cynghalais et les Bontemps.

Et toutes les personnes nouvelles que je lui disais avoir vues dans ce milieu un peu composite et artificiel où elles avaient souvent été assez difficilement amenées et de mondes assez différents, elle en devinait tout de suite l'origine et parlait d'elles comme elle aurait fait de trophées chèrement achetés ; elle disait :

— Rapporté d'une Expédition chez les un tel.

Quand à Mme Cottard dont mon père s'étonnait que Mme Swann put trouver quelque avantage à attirer cette petite bourgeoise si peu élégante, il répétait :

— Pour Mme Cottard j'avoue que je ne comprends pas.

Ma mère, elle, comprenait très bien, car elle savait qu'une grande partie des plaisir qu'une femme trouve à pénétrer dans un milieu différent de celui où elle

seul près de la pelouse, l'imaginant qui participait avec ses parents à une sorte d'existence supérieure comme celle que mènent les Dieux, ces sorties maintenant M. et Mme Swann m'y admettaient, j'avais une place dans leur landau à côté de Gilberte
c'était moi à qui l'on demanda
ler au Jardin d'Acclimatation ou à l'Eden, à une loge

de danse chez une amie de Gilberte ou visiter les Tombeaux de Saint-Denis. Souvent pendant que Gilberte allait se préparer, je restais seul avec M. et Mme Swann qui me découvraient les vertus vraiment rares de Gilberte. Et tout ce que j'observais me montrait qu'ils disaient vrai : je remarquais que, comme sa mère me l'avait dit, elle avait non seulement pour ses amies, mais pour les domestiques, des attentions délicates, longuement méditées, un désir de faire plaisir, une peur de mécontenter, se traduisant par des riens qui souvent lui donnaient beaucoup de mal. Elle avait fait un ouvrage pour la marchande des Champs-Elysées et alla par la neige le lui porter, pour le lui remettre elle-même et sans un jour de retard.

— Vous n'avez pas idée de ce qu'est son cœur car elle le cache, c'est une grande âme, disait son père.

Si jeune, elle avait l'air bien plus raisonnable que ses parents. Quand Swann parlait des grandes relations de sa femme, Gilberte détournait la tête et se taisait, mais elle ne prenait pas un air de blâme, car elle avait un culte pour son père. Un jour que je lui avais parlé de Mlle Vinteuil, elle me dit :

— Jamais je ne la connaîtrai, pour une raison, c'est qu'il paraît qu'elle n'est pas gentille pour son père, qu'elle lui fait de la peine. Vous ne pouvez pas plus comprendre cela que moi qu'on fasse de la peine à son père, n'est-ce pas, vous qui ne pourriez sans doute pas plus survivre au vôtre que moi au mien. D'ailleurs je trouve cela tout naturel. Comment oublier jamais quelqu'un qu'on aime depuis toujours.

Et un jour qu'elle était plus particulièrement câline avec son père, comme je le lui fis remarquer quand il se fut éloigné :

— Oui, pauvre papa, c'est ces jours-ci l'anniversaire de la mort de son père. Vous pouvez comprendre ce qu'il doit éprouver, vous comprenez cela, vous,

Assez grand alinéa

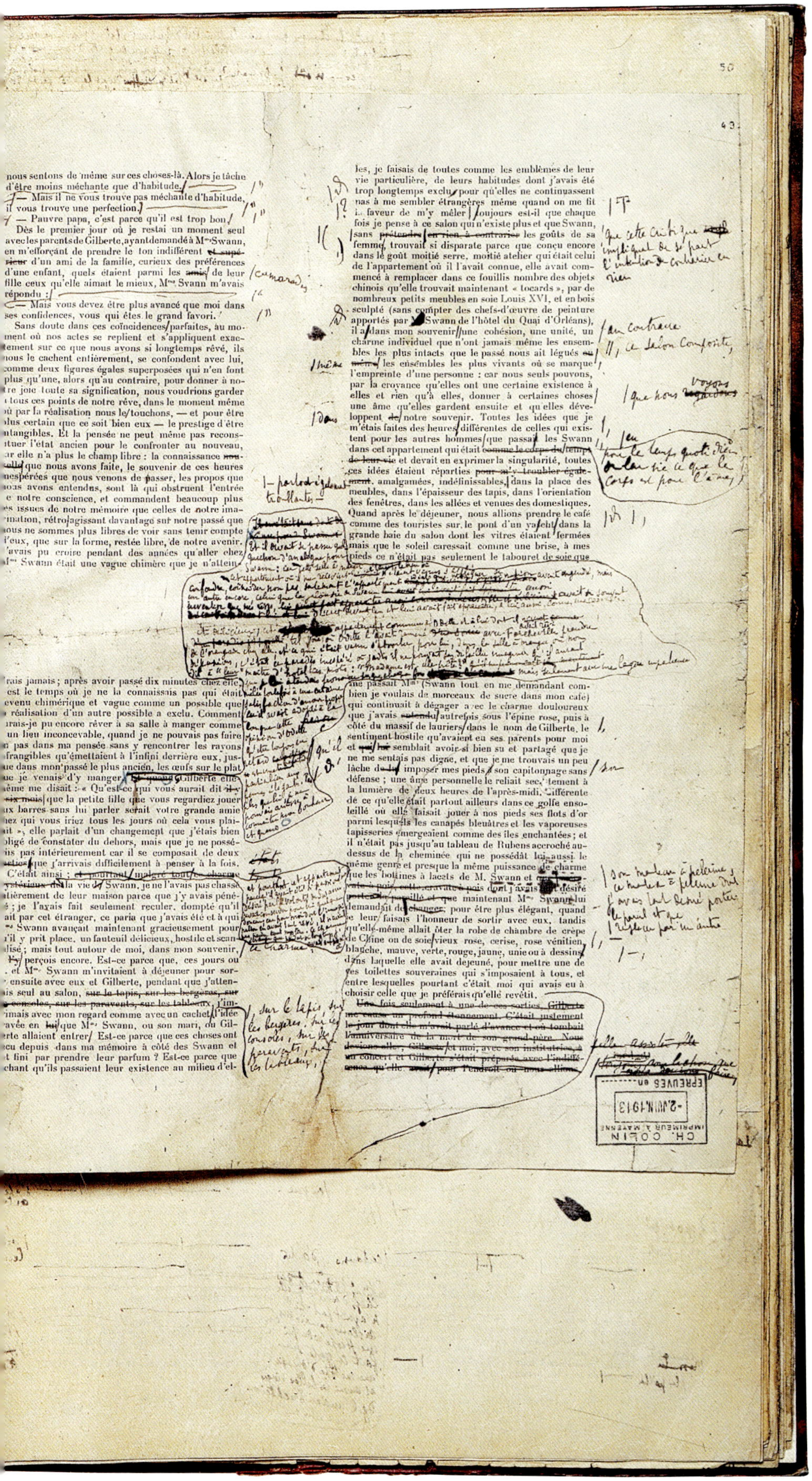

45

Marcel Proust, *À la recherche du temps perdu. Du côté de chez Swann*

95 placards corrigés
Typographie Colin, Mayenne
31 mars – 11 juin 1913
51 × 36 cm
BNF, Manuscrits, N. a. fr. 16753, f. 48 v°-49

En 1910, Proust se consacre à son roman, modifiant et développant des fragments du *Contre Sainte-Beuve* : le Narrateur commence par y évoquer les vacances de son enfance, passées à Combray, au sein de sa famille qu'un voisin, Charles Swann, vient visiter. En 1912, le roman est prêt pour l'édition. Après avoir essuyé les refus de Fasquelle, de la NRF et d'Ollendorff, Proust passe un contrat à compte d'auteur avec Bernard Grasset, et reçoit les premiers placards de son livre, intitulé *Les Intermittences du cœur. Le temps perdu* et divisé en trois parties. Mais Grasset l'oblige à abréger son texte en supprimant les vingt-cinq derniers placards. Il remanie donc sa troisième partie, « Noms de pays », dont il réutilisera le reste dans *À l'ombre des jeunes filles en fleurs*.

F. C.

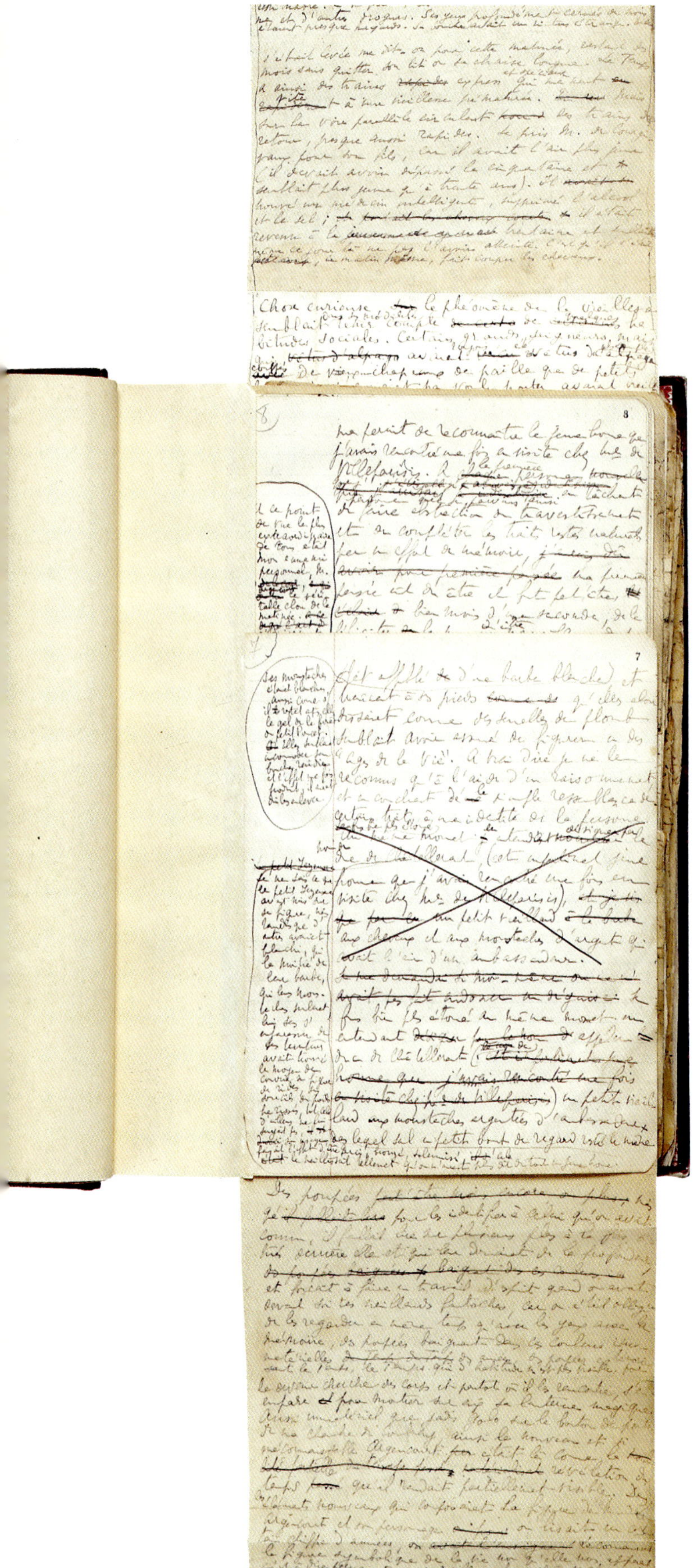

« capitalissime » deviendra la plus courante à partir de 1913.

– des renvois à l'intérieur d'un même cahier par des croix et des signes divers ou par des mentions manuscrites précises : « Voir précédemment 6 à 7 pages moins loin — je crois 6 doubles-pages donc 12 » ; mais aussi des renvois d'un cahier à l'autre, certains ayant reçu un nom particulier, « Fridolin », « Vénusté », « Querqueville », « Dux », « Babouche » ou étant désignés d'après leur aspect matériel : « cahier vert », « gros cahier rouge », etc. Les carnets ou « petits cahiers Kirby Beard » sont inclus dans cette pratique de renvois.

En 1915, Proust commence à rédiger la mise au net des dernières parties de la *Recherche*, de *Sodome et Gomorrhe* à la fin du *Temps retrouvé*, dans une série de vingt cahiers où des additions très importantes seront insérées sous forme de « paperoles », ces longues bandes de feuilles de papier collées bout à bout par Céleste Albaret. Parallèlement, il utilise de 1918 à 1922 des cahiers contenant des additions à apporter aux épreuves envoyées par Gallimard. Il retravaille en effet indéfiniment son texte, tant qu'il l'a sous la main, qu'il s'agisse de dactylographies ou d'épreuves abondamment corrigées et, elles aussi, enrichies de « paperoles ».

Proust meurt en novembre 1922, en corrigeant la dactylographie de *La Prisonnière*. C'est dire l'incroyable énergie déployée durant des années par l'écrivain animé d'un besoin de perfectionnisme insatiable que l'étude génétique de ses manuscrits permet de mesurer.

46

Marcel Proust, *Le Temps retrouvé*

Manuscrit autographe
125 f., 33 × 24 cm
BNF, Manuscrits, N. a. fr. 16727, f. 7

À l'époque du *Contre Sainte-Beuve*, Proust avait déjà l'intention de clore son roman sur le thème de la fuite du temps. Dans un cahier de 1909 figure une « soirée » chez la princesse de Guermantes, devenue « matinée » dans des brouillons de 1910-1911, au cours de laquelle le Narrateur constate les ravages opérés par le temps sur les personnes qu'il a connues dans sa jeunesse. Mais Proust a toujours repoussé à la fin de son œuvre *Le Temps retrouvé*, qui s'imposait à lui comme sa conclusion. Dans la série des vingt cahiers contenant la mise au net de la *Recherche*, *Le Temps retrouvé* occupe les six derniers, enrichis de longues « paperoles ». Rédigé en 1917-1918, le texte s'est considérablement modifié au cours des années, notamment avec l'introduction des épisodes de la guerre. Mais le « bal de têtes » est resté pour témoigner de la marche inexorable du temps.

F. C.

L'écriture comme transsubstantiation : la dernière phrase

Julia Kristeva

Si l'écriture est une transsubstantiation, comme le pense Proust, le manuscrit serait l'incarnation privilégiée de cet acte immatériel. Que le monde virtuel nous en prive, et nous découvrons, nostalgiques, la présence offerte d'une passion. Il était une civilisation où ce partage était possible.

Expérience risquée, aussi angoissée qu'exaltante, Proust a eu la fulgurante lucidité d'inscrire l'écriture dans l'*infantile* qui habite en chacun de nous et qu'il appelle un « temps perdu ». Plus encore, son savoir sexuel le conduit à dévoiler que cet infantile intensément sensuel, ce temps sensible de la mémoire archaïque, ne peut être « recherché » et encore moins « retrouvé » que si l'explorateur qui s'engage fait sa part de l'expérience de la perversion. « Race maudite », « inversion », sadomasochisme, Sodome et Gomorrhe sont les alter ego du Narrateur, ses jumeaux dont il ne se sépare que pour accéder à un autre univers : d'une substance immatérielle, « fraîchissante et rose », cet autre monde de l'écriture s'apparente en effet à celui de la transsubstantiation. Saluons au passage l'audace philosophique avec laquelle Proust reprend ce terme de la théologie catholique pour évoquer l'étrange alchimie qui transmue les choses en mots, les passions en musique de phrase, et vice versa. Car jamais le passage n'est définitif, et toujours l'écrivain se tient au carrefour. Cet « entre-deux » est sa croix, son supplice et sa gloire, qui nous permettraient — si nous pouvions le suivre dans ce chemin — de quitter les abstractions de la langue nationale pour participer aux « battements de l'Être », ainsi qu'à notre propre renaissance.

La lecture devient alors, comme l'écriture, une pratique métaphysique dont nous n'avons aucune preuve tangible, si ce n'est tel état de saisissement et de joie qu'éprouve notre corps ou, dans l'hypothèse optimale, une modification de notre façon d'être. Face à ces indices impondérables, qui assurent pourtant l'éternité d'un texte, demeure le manuscrit. Il supplée à cette invisible transsubstantiation qu'est l'écriture (et la lecture, par chance) en conservant quelques traces non seulement des changements linguistiques et stylistiques, mais aussi de la gestuelle de la main, du rythme respiratoire et jusqu'aux émotions inconscientes que trahit le graphisme, et que la logique du langage accompagne ou contredit.

En voyant un Proust mourant en train d'écrire, couvert de « paperoles » dans ses draps tachés d'encre, François Mauriac a été sensible à cette vocation du manuscrit d'être le témoin d'une résurrection propre à l'écriture. Le jeune catholique hanté par la passion du Christ avait le sentiment que le sang de Proust devenait encre et que son corps tout entier coulait dans le texte couché sur le papier, défiant ainsi et définitivement le Temps. Quel que soit le thème de la « paperole », les méandres graphiques et logiques du manuscrit restituent le drame du sensible et du nommable, dont l'infantile est la source et dont le récit de la *Recherche* figure les excès passionnels. Jamais, pourtant, le manuscrit ne nous fait mieux participer à ce mystère que lorsqu'il nous met en présence de la sobriété compacte de la dernière phrase. Inachevée, jamais revue par l'écrivain, le tracé de sa genèse nous livre un Proust d'une lucidité totale qui, au seuil de la mort, s'égale aux géants de son imagination

Marcel Proust vers 1895. Photographie d'Otto, dédicacée à Céleste Albaret. BNF, Estampes

qui savent transformer le temps en espace.
Cette dernière phrase, la voici, telle que la première édition posthume du texte l'a reconstituée, et telle qu'on peut la lire aujourd'hui dans l'édition de la Pléiade :
« Aussi, si elle m'était laissée assez longtemps pour accomplir mon œuvre, ne manquerais-je pas d'abord d'y décrire les hommes, cela dût-il les faire ressembler à des êtres monstrueux, comme occupant une place si considérable, à côté de celle si restreinte qui leur est réservée dans l'espace, une place au contraire prolongée sans mesure puisqu'ils touchent simultanément, comme des géants plongés dans les années à des époques vécues par eux si distantes, entre lesquelles tant de jours sont venus se placer — dans le Temps[1]. »
Les cahiers manuscrits de ce texte appelle deux remarques : d'une part, la phrase est disséminée sur une page et demie dans l'original ; d'autre part, l'ébauche est biffée, ligne à ligne, presque dans sa totalité, en même temps qu'une large croix raye l'ensemble. Un seul ajout est fait par Proust, sans

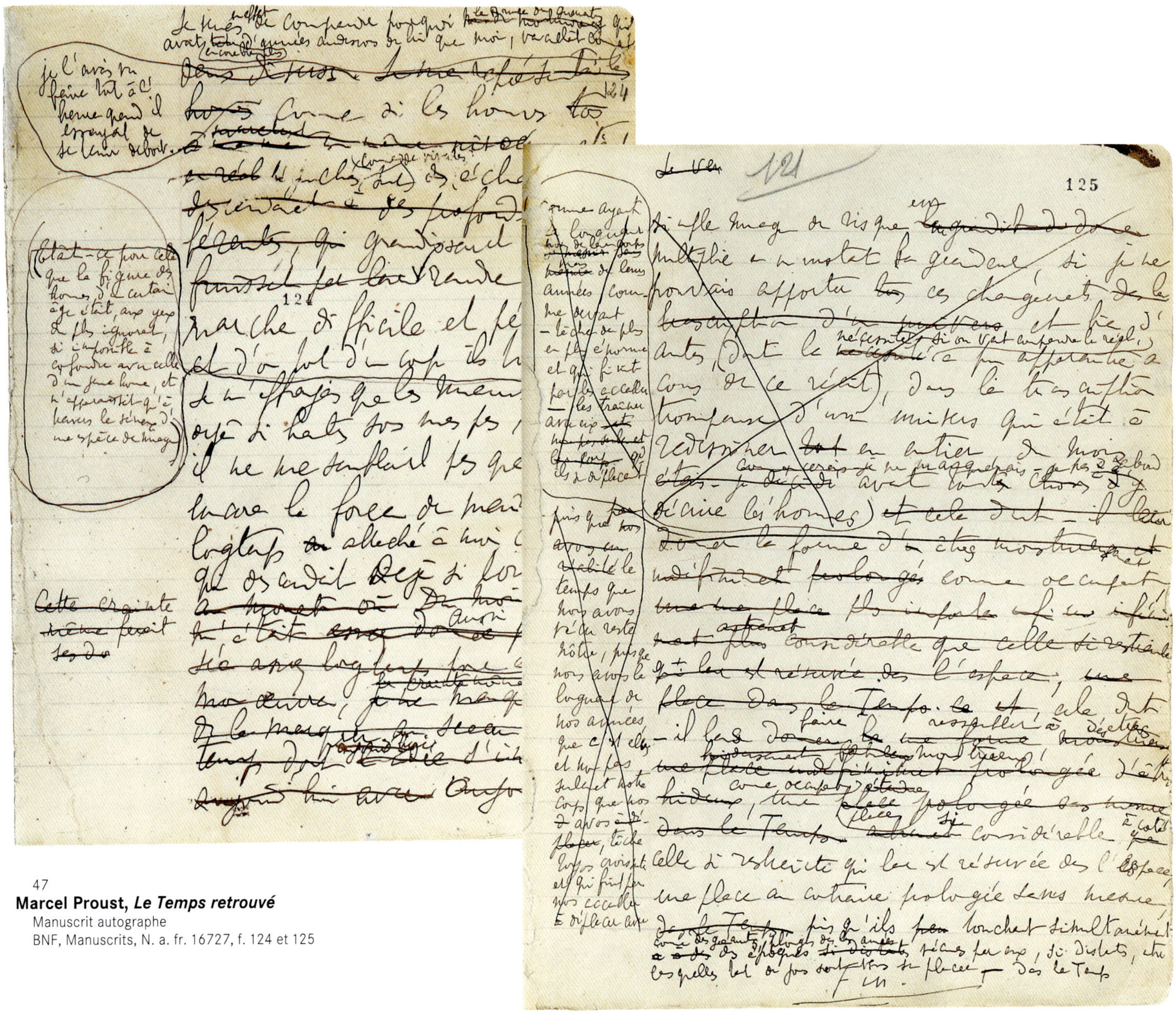

47
Marcel Proust, *Le Temps retrouvé*
Manuscrit autographe
BNF, Manuscrits, N. a. fr. 16727, f. 124 et 125

rature : « *cela dût-il les faire ressembler à des êtres monstrueux, occupant une place* », suivie de cette partie intacte : « *si considérable, à côté de celle si restreinte qui leur est réservée dans l'espace, une place au contraire prolongée sans mesure dans le temps* ». Le mot « Fin » est tracé de la même écriture. Dans une graphie différente, petite, droite et serrée, et après avoir barré « *dans le temp*s[2] », Proust intercale encore un ajout, qui est celui-ci : « *puisqu'ils peu(vent) touchent simultanément* à des <*comme des géants plongés dans les années*> *des époques* si distantes vécues par eux, si distantes, entre lesquelles tant de jours sont venus se placer — dans le temps ». C'est à la suite de ce « *temps* » que se place le mot « Fin ». La version publiée, qui veut présenter une période cohérente, reprend certaines séquences pourtant éliminées par l'auteur. Mais les choix restent multiples : pourquoi celui-ci plutôt qu'un autre ? La reconstitution de l'ensemble raturé de la main de Proust pourrait produire d'autres variantes pour d'autres rééditions.
Je voudrais quant à moi rétablir l'intégralité complexe du processus de création, depuis les ébauches hésitantes et inachevées du début de la phrase, jusqu'à sa dernière partie si fermement structurée.
Que découvre l'analyste sous les ratures ? Les étapes successives de la syntaxe proustienne. L'écrivain nous a longuement préparés au souffle interminable quoique discret de sa période heurtée et latine, à ses subordinations qui mettent la mémoire à l'épreuve, à la musique des allitérations. Entre enchâssements et intermittences, Proust écrit l'insistance de la sensation, en deçà et au-delà du langage et demeure magistralement présent à son style et à sa syntaxe jusqu'au seuil de la mort. Il procède par séquences inachevées, quoique subordonnées les unes aux autres et coordonnées, sous les biffures, au sous-entendu du texte total et achevé. Chaque enchâssement est poli, affiné, mais suspendu. Deux ou trois séries de thèmes lancent leurs réseaux avant de s'interrompre.
Les rejetons succincts de quelques séquences se lient pour donner au finale sa forme définitive.
Relisons la transcription[3] de la phrase (mais est-ce une phrase ?) originale :

Dans la transcription de la dernière phrase, par souci de lisibilité,
les mots raturés sont notés en italiques,
/ les barres obliques séparent les ratures successives,
<> les crochets obliques encadrent les additions,
{ } les accolades indiquent les additions en marge.

[124]
C'est au moment où/Du moins <Aussi> si elle [la force] m'était *assez donnée pour* laissée assez longtemps pour accomplir mon œuvre, {cette crainte même ferait ses do} <*la crainte même*> je ne manquerais pas de la marquer du sceau de ce temps dont <*aujourd'hui*> *l'idée s'imposait. Aujourd'hui encore/Aujourd'hui l*[4].
[125] simple image du risque *l'agrandit de/donne* <en> multiplie en un instant la grandeur, si je ne pouvais apporter tous ces changements *dans la transcription d'un univers* et bien d'autres (dont la *nécessité* <nécessite, si l'on veut comprendre le réel>, a pu apparaître au cours de ce récit), dans la transcription trompeuse d'un univers qui était à redessiner *tout* en entier, du moins *étais-je décidé/*<*commencerais-je* ne manquerais-je pas d'abord> avant toutes choses *d'y* <par> décrire les hommes[5] comme {ayant la longueur démesurée/*sans mesure* <non de leur corps mais> de leurs années comme devant – tache de plus en plus énorme et qui finit par les accabler – les traîner avec eux *et non pas seulement les corps* quand ils se déplacent *puisque nous avons en réalité* le temps que nous avons vécu reste nôtre, puisque nous avons la longueur de nos années, que c'est elles et non pas seulement notre corps que nous d[evons] avons *à déplacer*, tâche toujours croissante et qui finit par nous accabler à déplacer avec[6]} et *cela dût-il leur donner la forme d'un être/d'êtres monstrueux/monstrueusement et indéfiniment prolongés* comme occupant *une place plus importante/infini[ment]/une : infiniment plus/*<*autrement*> *considérable que celle si restreinte qui leur est réservée dans l'espace, une place dans le Temps*. Ce/et, cela dût-il *leur donner la/une forme monstrueuse/une place indéfiniment prolongée* <les faire ressembler à des êtres *hideusement fabuleux* monstrueux> *d'être hideux* <comme occupant> une <*place/étendue*> *place* <place> *prolongée sans mesure dans le Temps./autrement considérable que* <si> considérable <à côté de> celle si restreinte qui leur est réservée dans l'espace, une place au contraire prolongée sans mesure *dans le Temps*, puisqu'ils peu[vent] touchent simultanément *à/à des* <comme des géants plongés dans les années> des époques *si distantes* vécues par eux, si distantes, entre lesquelles tant de jours sont venus se placer – dans le Temps.
Fin

1 Marcel Proust, *À la recherche du temps perdu*, t. IV, *Le Temps retrouvé,* Gallimard, coll. « Bibliothèque de la Pléiade », 1987-1989, p. 326. Dans la suite des notes, nous abrégeons les références de ce volume en *TR*.
2 Les ajouts : « faire ressembler à des êtres monstrueux » sont d'une écriture plus ramassée, plus proche de celle des mots qui sont intercalés avant le mot « Fin ».
3 Je remercie Bernard Brun de m'avoir si généreusement aidée à transcrire la phrase, ses ratures et ses corrections. **4** Papier collé. Tout est raturé sauf <Aussi>. La feuille suivante (suite de [123]) ne correspond que de façon approximative. **5** Tout le passage est barré d'une croix. **6** Tout ce passage en marge est barré d'une croix.

L'ensemble est constitué de plusieurs séquences plus ou moins inachevées que Proust note au fil de la plume avant de les corriger, abandonne non sans en reprendre la signification principale et les mots clés. Il est possible de reconstituer le mouvement de la pensée et de la syntaxe si l'on se contente de lire, par exemple, les ébauches sous ratures. Leur examen nous replonge dans la logique des enchâssements et des intermittences. Proust travaille sur des séquences qui sont soit des propositions lacunaires (omission d'un ou plusieurs constituants catégoriels), soit des transformations nominales, participiales ou adjectives. Il y revient pour affiner les termes au moyen de synonymes ou quasi-synonymes, alors même que l'achèvement ou la subordination ne sont pas accomplis. Il multiplie les subordinations pour conduire sa pensée à une limpidité maximale, par des enchâssements multiples quoique sans confusion. L'image qui surgit de ces patientes constructions est unique : simple mais troublante métaphore échafaudée sur un interminable développement, sur un excès logico-syntaxique.
À l'inverse, la métaphore est déployée par un nouveau recours syntaxique, moins surchargé, plus élégant et néanmoins soucieux de rétablir le parcours logique des idées sous-jacentes à l'image qui s'impose.
Sur le plan thématique, un premier train de pensées situe l'écrivain dans le moment présent, celui dans lequel il est lorsqu'il tient la plume et qui n'est autre que le moment de sa mort : «*c'est au moment où*[7]» et «*aujourd'hui*» sont repris plusieurs fois. Il indique le temps de la «*crainte*» — la vie, la force, me sera-t-elle «*assez longtemps donnée*» «*pour accomplir mon œuvre*» ? Pensée pénible, mais par laquelle le Narrateur ne se laisse pas envahir, puisqu'il s'obstine à en polir la forme : «*du moins si elle [la force] m'était assez donnée*», ou «*aussi si elle [la force] m'était laissée assez longtemps pour accomplir mon œuvre*». Cette crainte exprimée doit être marquée «*du sceau du temps*», déjà imprimé tout au long du roman mais dont l'idée s'impose plus puissamment encore «*aujourd'hui*».
«*Aujourd'hui*», jour final, la «*simple image du risque*». Le mot «mort» ne figure nulle part et son omission ne doit rien à l'euphémisme. Mais, par-delà la «*crainte*» et le «*risque*» qui énoncent sans fard la fatalité, la tension persiste de ne pas se laisser entamer ou effacer, mais au contraire de rejoindre le projet du livre : «*l'agrandit de données*», «*en multiplie en un instant la grandeur*». De quoi ? de qui s'agit-il ? Le risque agrandirait-il la mort, multiplierait-il la grandeur de la mort ? Ne serait-ce pas plutôt le «*sceau du temps*» qu'il agrandit, cette «*idée*» qui n'a jamais cessé d'habiter l'écrivain ? C'est ce que vient confirmer la suite : la crainte de la mort se résorbe dans l'idée d'un Temps qui prend place dans le corps des hommes et, bien loin de les anéantir, fait d'eux des géants.
Mais le risque n'est pas écarté pour autant : «*si je ne pouvais pas apporter tous ces changements dans la transcription d'un univers*». L'écriture a pour tâche de changer en effet «*la transcription trompeuse de l'univers qui était à redessiner tout en entier*». D'enchâssement en enchâssement, c'est le projet esthétique du livre qui s'esquisse de nouveau dans ces quelques lignes finales. Proust le récapitule et le reprécise au seuil de la mort : nos représentations sont une transcription trompeuse de l'univers, les redessiner obstinément jusqu'au terme de l'œuvre est une nécessité vitale. Les raisons de cette nécessité ? Un nouvel enchâssement les énonce : «*dont la nécessité, si l'on veut comprendre le réel, a pu apparaître au cours du récit*». Proust n'évite aucun éclaircissement sans toutefois sacrifier la synthèse — «*le réel*», «*le récit*» reste au cœur de ses préoccupations conclusives. Pourtant, de crainte peut-être d'une synthèse trop ambitieuse, inutile, il cherche à en réduire l'effet : «*du moins étais-je décidé*», tout en affinant cette décision : «*du moins commencerais-je, ne manquerais-je pas d'abord, avant toute chose*», par «*décrire les hommes*».
Après cette affirmation, les notions de crainte et de risque liées à l'impossible accomplissement de l'œuvre s'effacent. Le «*sceau du temps*» à «*redessiner*» s'imprime aux hommes. Il devient inutile de développer le premier thème de la crainte de la mort et de la transcription non fallacieuse de la réalité. Ce qui est dévoilé, c'est l'angoisse du sujet de l'énonciation, le point d'ancrage hors ligne de sa phrase. Seuls comptent «*le sceau du temps*» et «*décrire les hommes*» — deux champs sémantiques dont la condensation produit l'ultime et saisissante image proustienne des statues géantes et sonores : «*et cela dût-il leur donner la forme d'un être/d'êtres monstrueux, monstrueusement et indéfiniment prolongés*».
Un long ajout en marge introduit une subordonnée qui déploie le thème étrange et très spécifiquement proustien de la place du Temps à l'intérieur des hommes devenus des êtres monstrueux. La phrase qui précède prépare et préfigure cette métaphore : on y voit le duc de Guermantes vaciller sur «*des jambes flageolantes comme celles de ces vieux archevêques sur lesquels il n'y a de solide que leur croix métallique […] sur le sommet peu praticable de quatre-vingt-trois années, comme si les hommes étaient juchés sur de vivantes*

7 Les citations d'extraits de la transcription apparaissent en italiques entre guillemets. **8** *TR*, p. 623. **9** *TR*, p. 624.

échasses, grandissant sans cesse, parfois plus hautes que des clochers, finissant par leur rendre la marche difficile et périlleuse, et d'où tout d'un coup ils tombaient». Cette phrase elle-même reprend un thème développé dans les paragraphes précédents : «*nous occupons une place dans le temps*[8]», «*je porte le passé en moi*», et «*c'est parce qu'ils contiennent ainsi les heures du passé que les corps humains peuvent faire tant de mal*», retenir des souvenirs «*si cruels*». Le temps me «*prolonge*» : «*moi, juché à son sommet vertigineux [...] je ne pouvais me mouvoir sans le déplacer*» »*dimension énorme que je ne savais pas avoir [...] comme si j'avais eu des lieues de hauteur, tant d'années*[9]».
Les êtres monstrueux de l'ajout en marge sont le Narrateur lui-même. Comme lui, ils ont «*la longueur non de leur corps mais de leurs années*» ; et de la même façon qu'il s'en trouve accablé, c'est «*une tâche de plus en plus énorme et qui finit par les accabler*». Après cette apposition, les hommes sont contraints «*de les traîner [leurs années] et non seulement les corps quand ils se déplacent*». Tâche accablante nécessaire «*puisque nous avons en réalité le temps que nous avons vécu*», «*puisque nous avons la longueur de nos années*». »*Et c'est elle et non seulement notre corps que nous avons à déplacer*», insiste Proust, qui explicite encore sa pensée : «*tâche toujours croissante qui finit par nous accabler*». Étonnante présence en mémoire des mots et des séquences antérieurs, déjà écrits, repris. Étonnante obstination à préciser, éclaircir, situer ces mots dans une implacable et évidente logique. Corps et espace absorbant les années.
Tandis que le corps qui écrit s'en va, l'urgence s'impose de renouer avec les hommes monstrueux «*indéfiniment prolongés*». L'ajout en marge déploie le raisonnement; sa consistance, sa longueur, son expansion finissent elles-mêmes par nous accabler. Passons. Revenons aux hommes, à leur place, au Temps. Ces hommes «occupant une place» (qui reprend le verbe «*déplacer*» de la marge, avec les schèmes d'«étendue», de «mesure», de «forme» déjà utilisés) «*plus importante* [ou pour mieux dire "*infiniment plus importante*", "*autrement plus importante*", "*considérable*"] *que celle si restreinte qui leur est réservée dans l'espace : une place dans le Temps*». Telle est la bonne formule. À ceci près que les monstres doivent y trouver leur «*place*». Nouvelle variante : «*Ce/et/cela/dût-il leur donner la forme monstrueuse, une place indéfiniment prolongée*», «*les faire ressembler à des êtres hideusement fabuleux, monstrueux*». Cette fois, les deux fils tiennent ensemble — la place et les monstres. Mais il faut se souvenir que la monstruosité proustienne provient du temps implanté dans les hommes; que la fable hideuse n'est autre que celle de la mémoire, et qu'elle est le roman. Il ne s'agit pas d'une place dans l'espace mais bien d'une place dans le Temps : «*place autrement considérable*», et même «*si considérable à côté de celle si restreinte qui leur est réservée dans l'espace, une place au contraire prolongée sans mesure dans le Temps*». Monstre = espace-temps. Il est temps d'écrire le mot «Fin».
Mais Proust fait durer l'expansion et rappelle ses géants — thème puissant des pages antérieures biffées — pour lancer une dernière rafale de subordonnées :

une place au contraire prolongée sans mesure
[pourquoi ?]
puisqu'ils peuvent touchent simultanément
[comment ?]
comme des géants
[quels ?]
plongés dans les années
[à qui ? à quoi ?]
à, à des époques
[quelles époques ?]
si distantes
vécues par eux si distantes
[et encore : quelles époques ? quelles distances ?]
entre lesquelles tant de jours sont venus se placer
[où ? quand ?]
dans le Temps

À travers les syntagmes circonstanciels et les propositions transformées en participes, c'est l'arbre de la mémoire qui se déploie pour atteindre toujours plus de précisions sur l'espace absorbant le temps, sur le temps modulé en lieux. Rien ne sera oublié, pas de risque, plus de crainte, chaque mot est marqué du sceau d'un autre mot, chaque phrase de celui d'une ébauche. À vous de rebrousser le chemin de la mémoire vivante, dans le temps devenu surimpression de places et de portées syntaxiques. Notre temps est celui de notre syntaxe. La ligne chronologique n'est autre que celle de la phrase qui fait agir son sujet pour un objet ou un but. À rebours du temps linéaire qui conduit implacablement à la mort, la phrase reprend son souffle de géant pour développer toutes les traces antérieures, constituées, effacées et pourtant non résorbées d'un hors-temps. Sous les ratures et les biffures, la dernière phrase de la *Recherche* contient la genèse de cette architecture. Une durée enfin anamorphosée en présence réelle : «géants hideux», «temps à l'état pur», «incorporation» ou éternité.

Écrire, ce fut longtemps demander à la Mort, à la Religion sous un masque d'arracher ma vie au hasard. [...] mystique, je tentai de dévoiler le silence de l'être par un bruissement contrarié de mots...
Les Mots

Jean-Paul Sartre
Comment Sartre écrivait

Michel Contat

On connaît l'histoire que racontent *Les Mots* : celle d'un homme qui avait commencé par identifier l'écriture à un sacerdoce, pour découvrir qu'elle est une activité sociale comme une autre. Un métier. « J'ai désinvesti mais je n'ai pas défroqué : j'écris toujours. Que faire d'autre ? *Nulla dies sine linea.* C'est mon habitude et puis c'est mon métier [1]. » Ce mot de réaliste désillusionné date de 1963. Parler de leur art comme d'un métier, les écrivains s'y résolvaient peu. La plupart l'évoquaient avec pompe ou ironie. Retour en arrière : à la rentrée de 1931, Sartre, candidat écrivain qui n'a encore publié aucun livre, prend au lycée du Havre son premier poste de professeur de philosophie. Dans une lettre à Simone de Beauvoir, il annonce, le 9 octobre 1931, qu'il est en « panne totale du côté littéraire », qu'il peine sur « cette maudite perception » (un travail de philosophie), qu'il vient de faire une trop longue sieste et qu'il a décidé de se mettre à ce qu'il appelle plaisamment le « factum sur la Contingence » (qui deviendra *La Nausée*). Il ironise : « J'avais un peu honte à cause de mon noble métier d'écrivain. Car en somme en prenant les mots à la lettre un écrivain devrait écrire. Mais ce n'est pas du tout mon cas. » Il raconte alors à sa compagne qu'il est allé dans un square sur l'avenue Foch contempler un arbre : « Au bout de vingt minutes ayant épuisé l'arsenal de comparaisons destinées à faire de cet arbre, comme dirait Mme [Virginia] Woolf, autre chose que ce qu'il est, je suis parti avec une bonne conscience et j'ai été à la bibliothèque lire les *Samedis* de M. Lancelot (fines remarques d'Abel Hermant sur la grammaire) [2]. »

Jean-Paul Sartre. Photographie d'Annette Lena. BNF, Estampes

Il y a tout Sartre, dans cette lettre : le maître de l'autodérision, le philosophe qui ne trouve ses idées que dans l'encrier, l'écrivain qui réfléchit sur le langage, grammaire incluse, mais qui veut aller aux choses mêmes, comme un peintre peignant sur le motif, et qui sait que ses couleurs et ses traits à lui sont des mots, des comparaisons, des métaphores, et qu'il faut les avoir formulés dans sa tête pour pouvoir ensuite les coucher sur le papier, quitte à en être toujours insatisfait, car les mots n'épuisent pas le silence du réel. Et puis l'homme des projets : pas une ligne du « factum sur la Contingence » n'est encore tracée, mais il en parle déjà comme d'un ouvrage en cours. Sartre, arrivant au Havre, s'est fixé deux objectifs : écrire et publier une étude de philosophie — cela fait partie des obligations d'un professeur agrégé qui ne veut pas se contenter d'enseigner dans un lycée de province — et écrire un ouvrage littéraire qui lui vaudra le titre d'écrivain. Et la gloire qui va avec, si le livre rencontre du succès, l'Immortalité littéraire, peut-être, s'il a de la chance, le Salut dans cette religion qu'est pour lui la Littérature, bref, la justification de son existence. Mais pour cela, il faut s'exercer quotidiennement : on ne devient pas un Grand homme en faisant la sieste toute la journée. Moins de dix ans plus tard, le programme est en partie accompli. Sartre n'a cessé d'écrire. Philosophie et littérature alternées. Ne s'est-il pas fait le serment, vers sa vingtième année, d'être à la fois Spinoza et Stendhal ? *La Nausée*, rédigée de 1932 à 1938, tente de réaliser simultanément cette double promesse : le texte est un roman philosophique, ou, mieux encore, ni un roman, ni un ouvrage de philosophie, mais l'indistinction délibérée des deux genres. Un texte neuf, sur lequel on sait que Simone de Beauvoir a exercé sa

1 Voir Jean-Paul Sartre, *Les Mots*, Gallimard, coll. « Blanche », 1964, p. 211. **2** Voir Jean-Paul Sartre, *Lettres au Castor et à quelques autres*, vol. I, *1923-1939*, Gallimard, coll. « Blanche », 1983, p. 46-47.

vigilance critique (plus de « suspense » dans le récit), avant que n'interviennent les conseils de son éditeur : littéraires (moins de « populisme ») et juridiques (moins de mots crus). Le manuscrit autographe de « Melancholia » (c'est le premier titre de *La Nausée*), avec ses quatre encres différentes, sa variété de papiers du même format, témoigne du travail accompli mais ne donne pas toutes les étapes de la longue genèse de l'œuvre. Le thème même de celle-ci est la crise existentielle qui devrait permettre au narrateur, Roquentin, de devenir un écrivain créateur en risquant pour cela folie et solitude.
Les *Carnets de la drôle de guerre*, écrits de septembre 1939 à mars 1940, sont remplis de considérations sur l'écriture quotidienne comme moyen d'obtenir le statut de Grand homme et de critiques

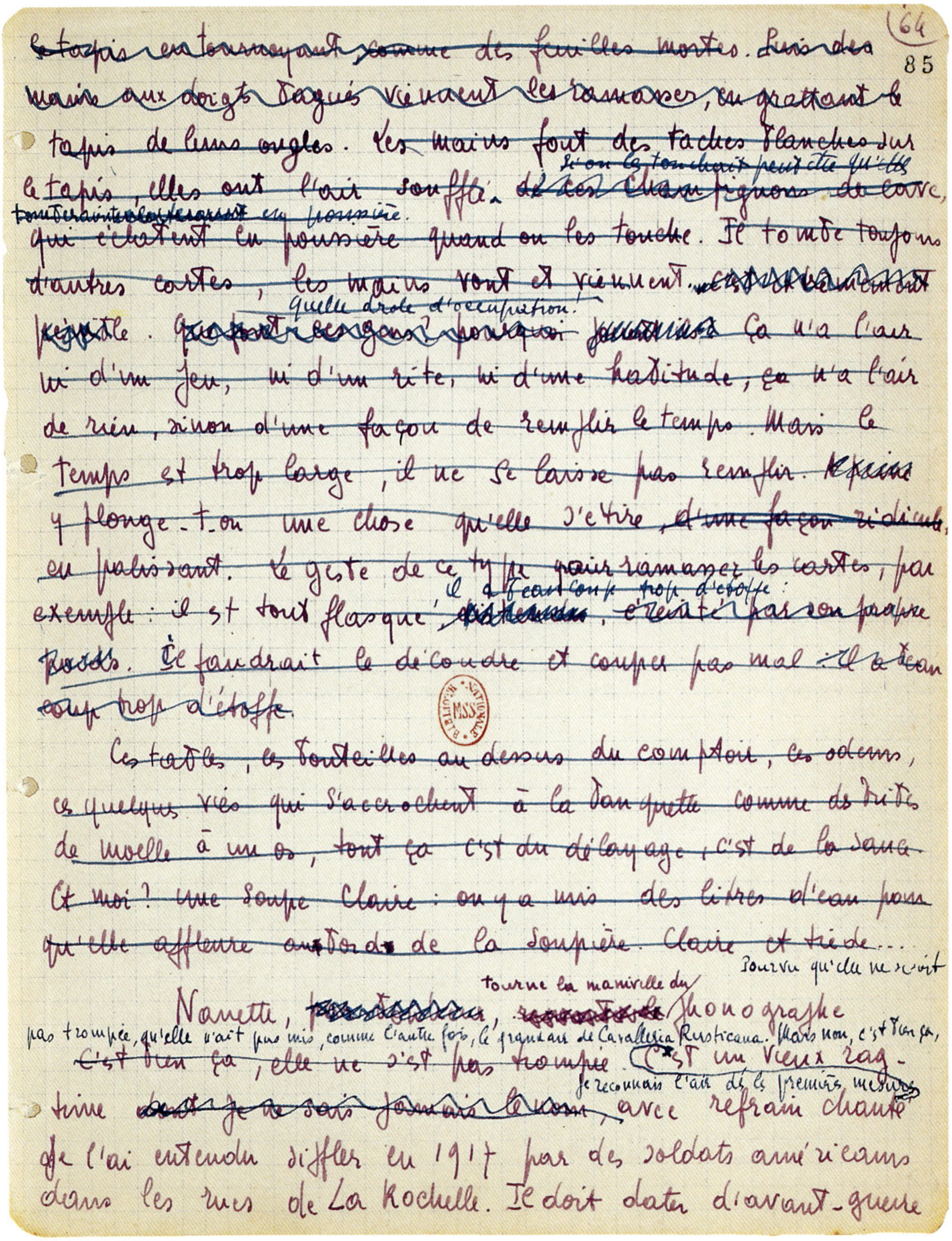
64
85
le tapis en tournoyant comme des feuilles mortes. Puis des mains aux doigts bagués viennent les ramasser, en grattant le tapis de leurs ongles. Les mains font des taches blanches sur le tapis, elles ont l'air soufflé, de ces champignons de cave, si on les touchait peut-être qu'elles tomberaient en poussière qui éclatent en poussière quand on les touche. Il tombe toujours d'autres cartes, les mains vont et viennent. quelle drôle d'occupation! Ça n'a l'air ni d'un jeu, ni d'un rite, ni d'une habitude, ça n'a l'air de rien, sinon d'une façon de remplir le temps. Mais le temps est trop large, il ne se laisse pas remplir. y plonge-t-on une chose qu'elle s'étire, en pâlissant. Le geste de ce type pour ramasser les cartes, par exemple : il est tout flasque, il a beaucoup trop d'étoffe : Il faudrait le découdre et couper pas mal trop d'étoffe.

Ces tables, ces bouteilles au dessus du comptoir, ces odeurs, ces quelques vies qui s'accrochent à la banquette comme des bribes de moelle à un os, tout ça c'est du délayage, c'est de la sauce. Et moi? une soupe claire : on y a mis des litres d'eau pour qu'elle affleure au bord de la soupière. Claire et tiède... Pourvu qu'elle ne soit

Nanette, tourne la manivelle du phonographe pas trompée, qu'elle n'ait pas mis, comme l'autre fois, le grand air de Cavalleria Rusticana. Mais non, c'est bien ça, c'est bien ça, elle ne s'est pas trompée. C'est un vieux rag-time je reconnais l'air dès les premières mesures, avec refrain chanté. Je l'ai entendu siffler en 1917 par des soldats américains dans les rues de La Rochelle. Il doit dater d'avant-guerre

48
Jean-Paul Sartre, *La Nausée*
Manuscrit autographe, 1932-1938
524 f., 23 × 18 cm
BNF, Manuscrits, N. a. fr. 17900, f. 85
Rédigé sur des feuilles de classeur amovibles, à plusieurs époques comme en témoignent les encres et les écritures différentes, abondamment corrigé et censuré, le seul manuscrit connu de ce roman fameux permet d'en imaginer la genèse, également évoquée par les *Mémoires* de Simone de Beauvoir, l'une des deux dédicataires.
Conçu au départ comme un « factum sur la Contingence », trois fois repris, de plus en plus étoffé jusqu'à devenir un long roman primitivement intitulé « Melancholia » (à cause d'une gravure de Dürer), il fut d'abord refusé par Gallimard, et publié en 1938 après suppression de quarante-cinq passages jugés trop crus.
M. B.

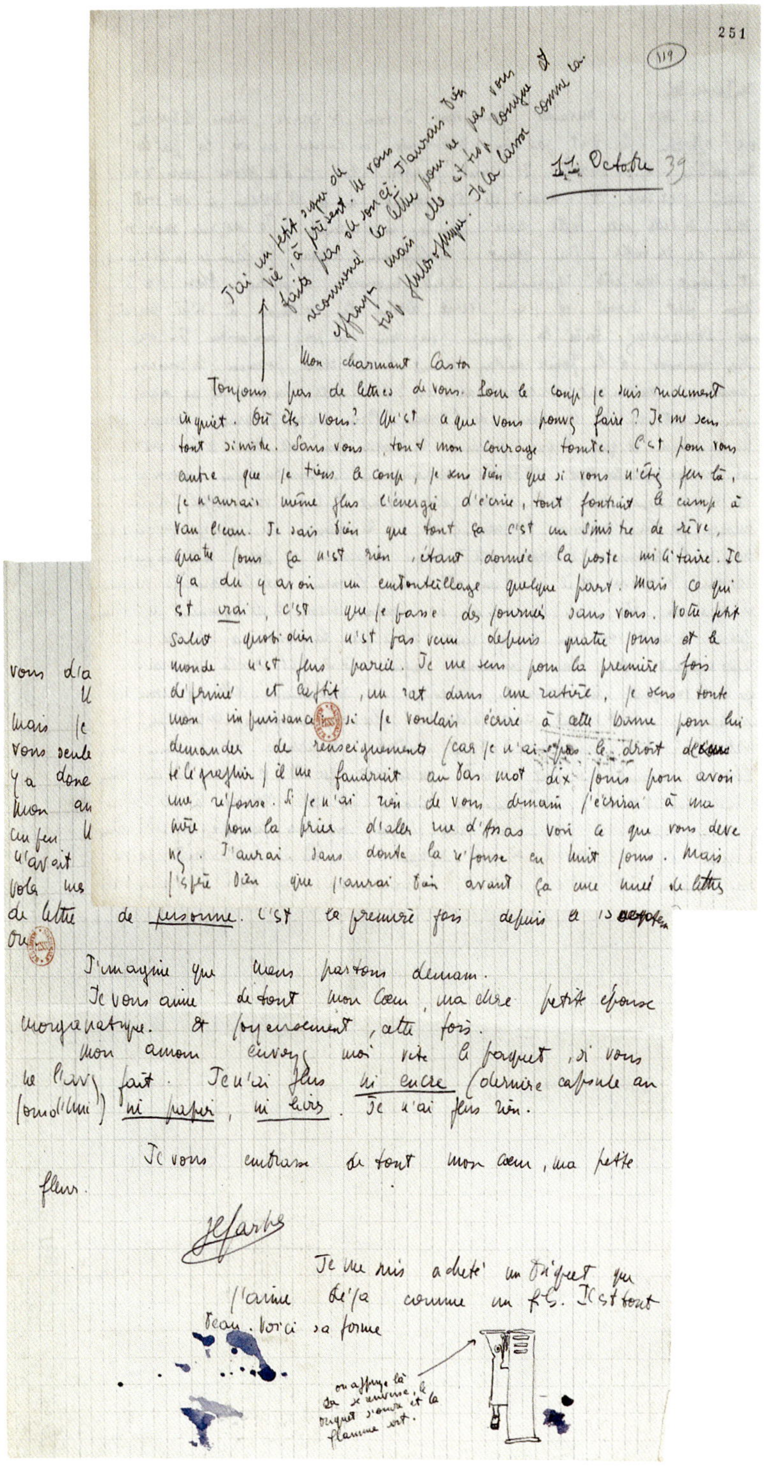
251

11 Octobre 39

Mon charmant Castor

Toujours pas de lettres de vous. Pour le coup je suis rudement inquiet. Où êtes vous ? Qu'est ce que vous pouvez faire ? Je me sens tout sinistre. Sans vous, tout mon courage tombe. C'est pour vous autre que je tiens le coup, je sens bien que si vous n'étiez pas là, je n'aurais même plus l'énergie d'écrire, tout foutrait le camp à vau l'eau. Je sais bien que tout ça c'est un sinistre de rêve, quatre jours ça n'est rien, étant donné la poste militaire. Il y a dû y avoir un embouteillage quelque part. Mais ce qui est vrai, c'est que je passe des journées sans vous. Votre petit salut quotidien n'est pas venu depuis quatre jours et le monde n'est plus pareil. Je me sens pour la première fois déprimé et chétif, un rat dans une ratière, je sens toute mon impuissance si je voulais écrire à cette bonne pour lui demander des renseignements (car je n'ai pas le droit de télégraphier) il me faudrait au bas mot dix jours pour avoir une réponse. Si je n'ai rien de vous demain j'écrirai à ma mère pour la prier d'aller rue d'Assas voir ce que vous devenez. J'aurai sans doute la réponse en huit jours. Mais j'espère bien que j'aurai bien avant ça une nuée de lettres [illegible] de personne. C'est la première fois depuis [illegible]

J'imagine que nous partons demain.

Je vous aime de tout mon cœur, ma chère petite épouse morganatique. Et joyeusement, cette fois.

Mon amour envoyez moi vite le paquet, si vous ne l'avez fait. Je n'ai plus ni encre (dernière cartouche au [illegible]) ni papier, ni livres. Je n'ai plus rien.

Je vous embrasse de tout mon cœur, ma petite fleur.

JPSartre

Je me suis acheté un briquet que j'aime déjà comme un [illegible]. C'est tout beau. Voici sa forme

49
Jean-Paul Sartre
Lettre à Simone de Beauvoir, 11 octobre 1939
BNF, Manuscrits, N. a. fr. 25880, f. 251 et 253

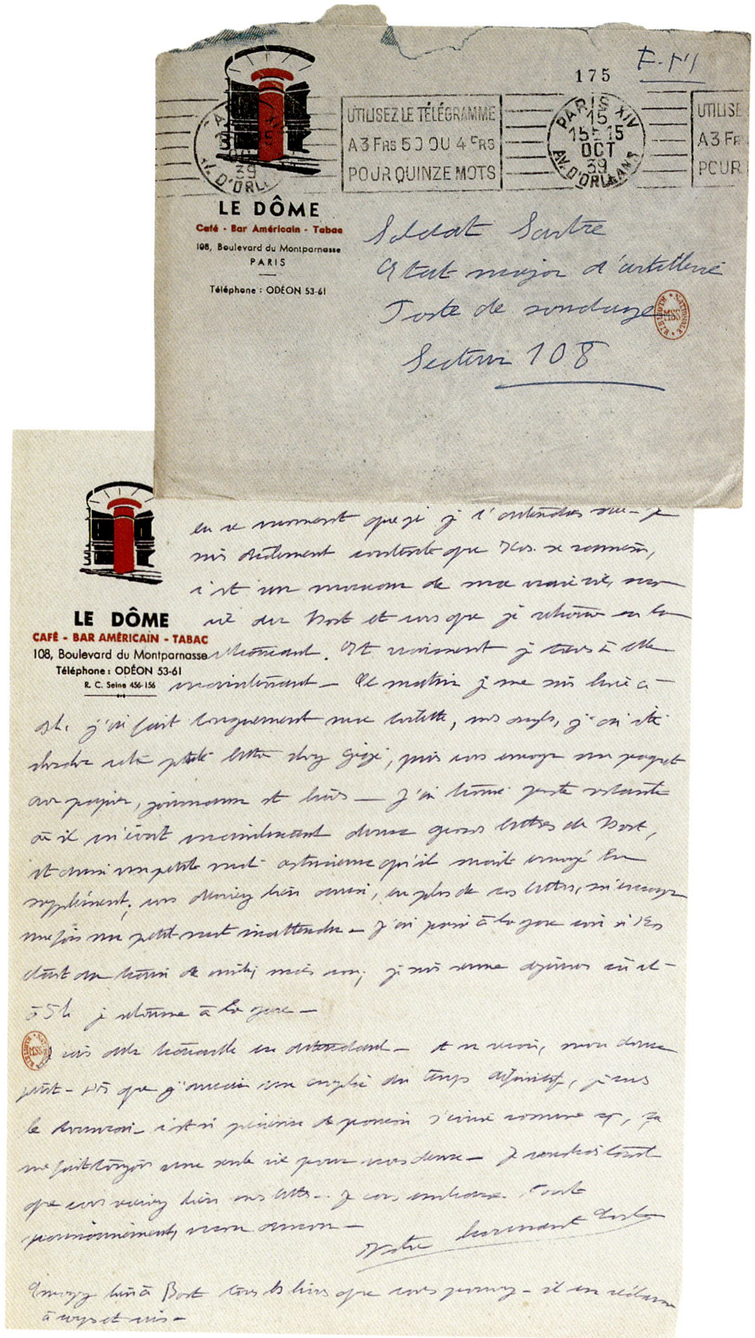
175

UTILISEZ LE TÉLÉGRAMME A 3 FRS 50 OU 4 FRS POUR QUINZE MOTS

PARIS XIV 15 OCT 39 AV. D'ORLÉANS

LE DÔME
Café - Bar Américain - Tabac
108, Boulevard du Montparnasse
PARIS
Téléphone : ODÉON 53-61

Soldat Sartre
État major d'artillerie
Poste de sondage
Secteur 108

LE DÔME
CAFÉ - BAR AMÉRICAIN - TABAC
108, Boulevard du Montparnasse
Téléphone : ODÉON 53-61
R. C. Seine 456-156

[illegible]

Votre charmant Castor

[illegible]

50
Simone de Beauvoir
Lettre à Jean-Paul Sartre, 15 octobre 1939
BNF, Manuscrits, N. a. fr. 25882, f. 175 et 177

lucides sur cette conception qu'il a déjà dépassée, mais dont il lui reste l'idée pratique d'une synchronie de l'écriture et de la pensée : l'acquis d'une vitesse qui permet à la pensée de se formuler au rythme de l'écriture, ou à l'écriture de courir au rythme de la pensée. Ces *Carnets*, dont le titre premier est « Journal de guerre », sont tout entiers un exercice d'improvisation sur des thèmes divers, analogues en cela à la pratique musicale d'un *jazzman* qui suit une grille d'accords, et peut aussi en sortir pour improviser librement, sans se soumettre à la structure récurrente du « chorus ». Mais, dans la pratique d'écriture de Sartre, le cas des *Carnets de la drôle de guerre* est unique. Il tient à la nature exceptionnelle de l'événement collectif qu'il est en train de vivre et dont il veut rendre compte au jour le jour en tentant, sous la menace de la mort à trente-cinq ans, de comprendre sa vie entière, situation par situation. Les carnets s'accumulent jusqu'au nombre de quinze. Ils sont lus au fur et à mesure par celle à qui ils sont prioritairement destinés, celle qui est le témoin privilégié de sa vie, le Castor (Simone de Beauvoir), mais ils sont écrits aussi pour être lus par ses amis les plus proches, ceux qu'il appelle « la famille », et aussi, éventuellement, par le public anonyme de ses lecteurs. Il y trace plusieurs autoportraits, y construit des idées, les essaye, les met à l'épreuve. S'il meurt, tant pis, les idées pourront servir à d'autres ; s'il ne meurt pas, il les reprendra lui-même, et arrangera ses carnets de façon à les rendre publiables. Il ne se censure que par rapport à deux femmes, pour qui il s'est pris successivement de passion, les sœurs Kosakiewicz. Par rapport à Simone de Beauvoir, si censure il y a, elle est installée à demeure dans son esprit, tout au moins dans la conscience qu'il a de sa compagne comme de son « petit juge ». Les *Carnets de la drôle de guerre* sont un

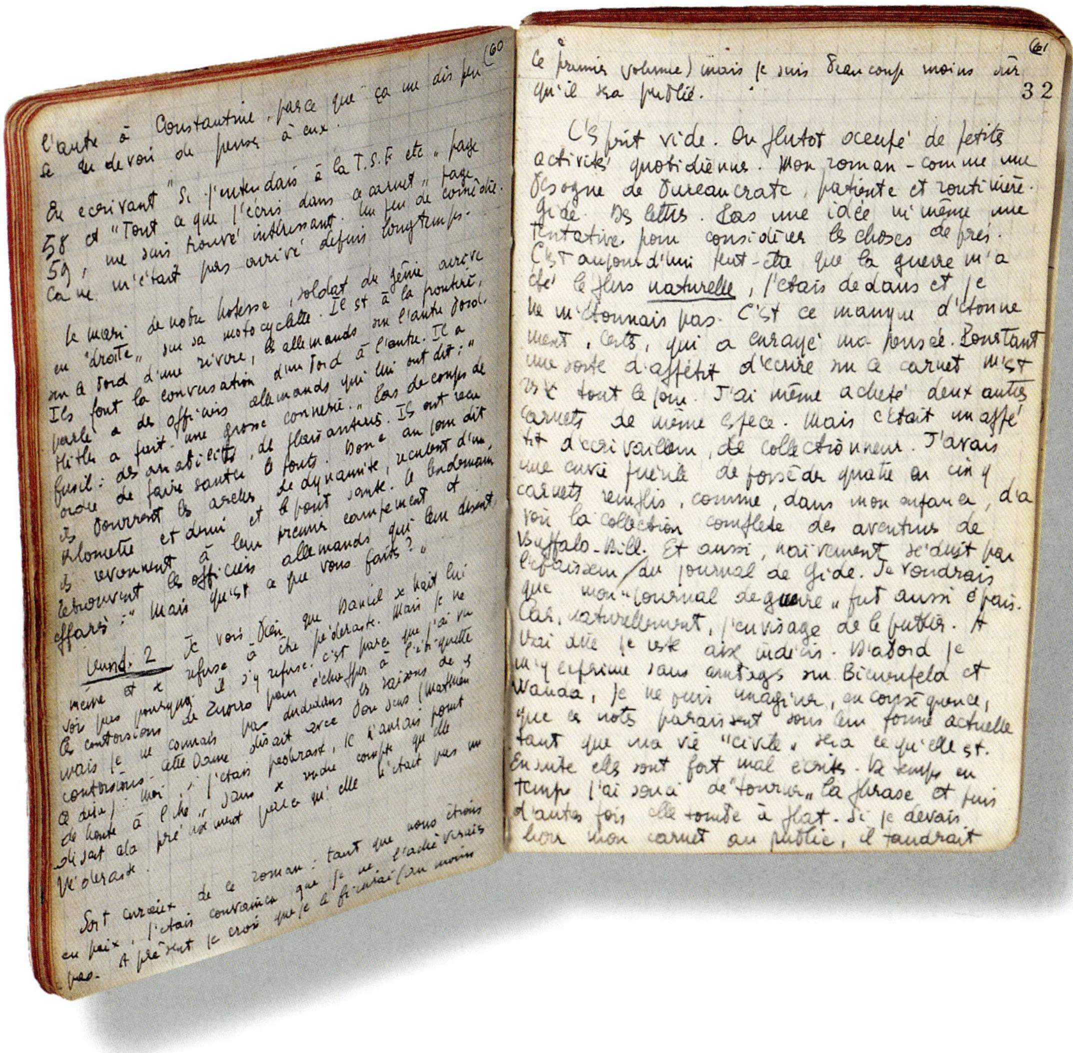

51
Jean-Paul Sartre
Carnet
Septembre-octobre 1939
94 f., 15 × 10 cm
BNF, Manuscrits, fonds J.-P. Sartre, f. 31 v°-32

Le « Journal de guerre I », premier des quinze carnets que Sartre écrivit durant sa mobilisation en Alsace, entre septembre 1939 et juin 1940 – dont six seulement ont été conservés – n'a rien d'un journal intime : il était destiné à être lu par Simone de Beauvoir, puis par leurs proches avant d'être publié. À la faveur de cette « drôle de guerre », Sartre s'interroge sur bien des sujets qu'il développera plus tard dans son œuvre : « Je me réfléchissais dans cette guerre qui se réfléchissait en moi et me réfléchissait son image. Le résultat est que j'écrivis d'abord sur la guerre et finalement sur moi. Elle devint une retraite. »
M. B.

écrit privé semi-public. Jamais Sartre n'a tenu de journal intime au sens propre. L'idée même d'intimité lui paraît un peu dégoûtante, et pour tout dire, bourgeoise ; elle sent les draps dans lesquels un couple a dormi, s'est reniflé, dans l'immanence animale. L'écriture, pour lui, est célibataire et publique : elle est la transcendance humaine jetée sur le papier, elle est donc faite pour être imprimée, diffusée. Ce qui donne deux types d'écriture bien distincts, au moins tendanciellement, car parfois elles se recoupent. On peut les appeler « écriture improvisée » et « écriture brouillonnée ». Les deux tendent à être lisibles par un tiers, qui n'est ni l'auteur ni le scripteur, mais celui ou celle qui a la charge de mener le texte à bon port, c'est-à-dire à l'impression.

Écriture improvisée

Pour autant que les brouillons nous permettent d'en juger, l'écriture de premier jet, sans rature ni correction, est réservée à la philosophie. Les chercheurs n'ont encore jamais pu consulter le manuscrit de *L'Être et le Néant*. En revanche, celui des « Notes pour la *Morale* », datant de 1947-1948 et publié après la mort de Sartre sous le titre *Cahiers pour une morale*, est tout à fait caractéristique de cette écriture improvisée au rythme de la pensée. Le fait qu'elle soit consignée dans des cahiers de grand format au papier à petits carreaux et qu'elle se répartisse en notes de longueur variable explique sans doute que l'espace de la page soit entièrement rempli, au recto et au verso, et que la taille de l'écriture se conforme à la taille des carreaux, sans interligne et sans marges. Les repentirs, les bifurcations de la pensée, les plans, les projets de sections et de sous-titres peuvent prendre place dans le cahier lui-même, du moment que l'écriture ne vise pas à la continuité construite. Ces notes n'étaient pas destinées à la publication, elles constituaient un travail philosophique de longue haleine. Sartre comptait les reprendre pour rédiger l'ouvrage de morale promis dans les dernières lignes de *L'Être et le Néant*. Il leur accordait cependant suffisamment d'importance, du moins pour le premier de ces cahiers, pour qu'il donne son manuscrit portatif à dactylographier. Sans doute voulait-il le soumettre à la discussion du Castor. Et c'est pour des raisons intellectuelles, parce qu'il avait le sentiment de s'enfermer dans une impasse, « une morale d'écrivain pour écrivains », qu'il les abandonna, les dispersa, les perdit.

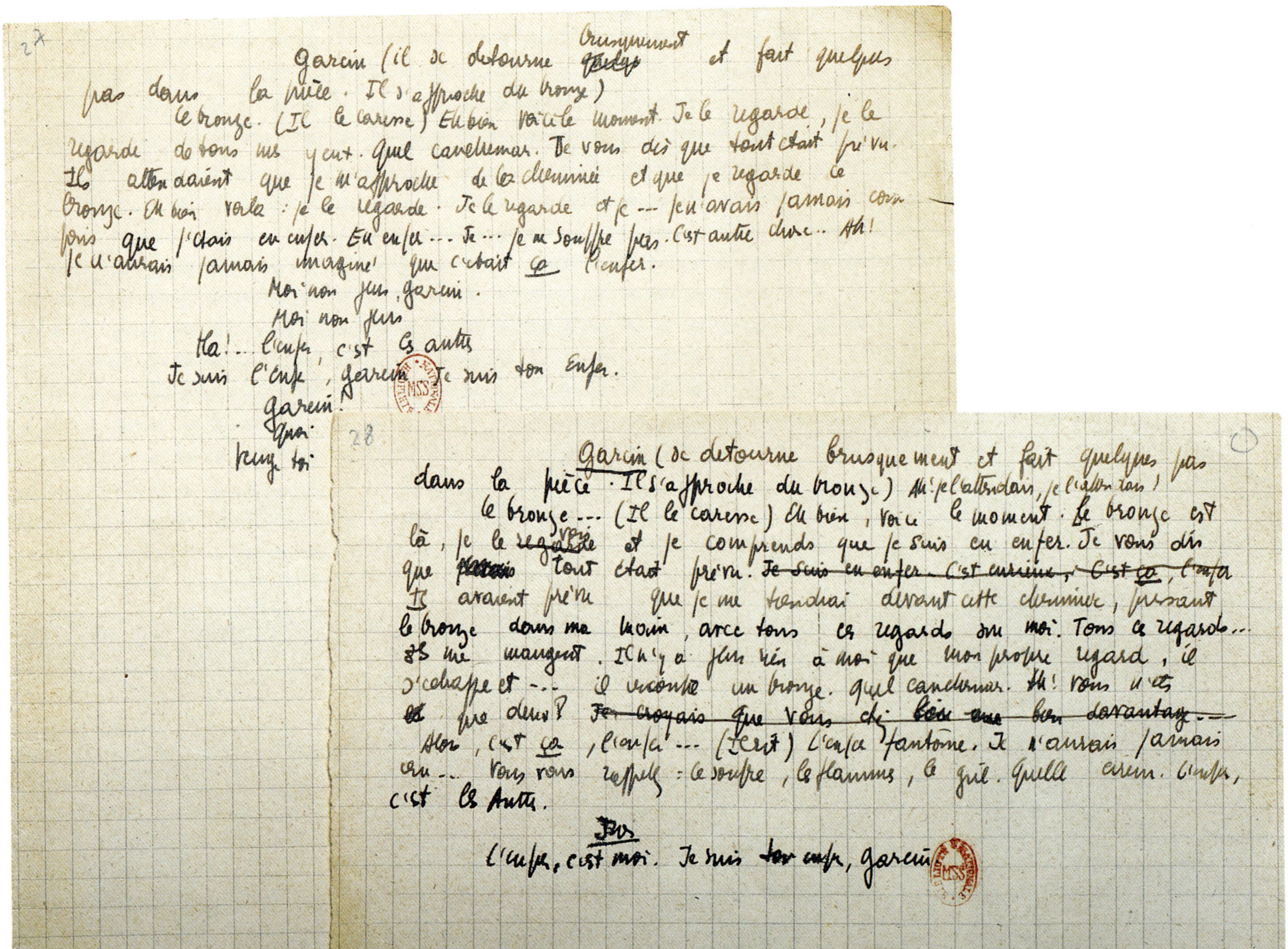
27

Garcin (il se détourne brusquement et fait quelques pas dans la pièce. Il s'approche du bronze)
Le bronze. (Il le caresse) Eh bien voici le moment. Je le regarde, je le regarde de tous mes yeux. Quel cauchemar. Je vous dis que tout était prévu. Ils attendaient que je m'approche de la cheminée et que je regarde le bronze. Eh bien voilà : je le regarde. Je le regarde et je… je n'avais jamais compris que j'étais en enfer. En enfer… Je… je ne souffre pas. C'est autre chose. Ah ! Je n'aurais jamais imaginé que c'était ça l'enfer.
Moi non plus, Garcin.
Moi non plus
Ha !… l'enfer, c'est les autres
Je suis l'enfer, Garcin. Je suis ton enfer.
Garcin !
Quoi
[illegible]

28

Garcin (se détourne brusquement et fait quelques pas dans la pièce. Il s'approche du bronze) Ah ! je l'attendais, je l'attendais !
le bronze… (Il le caresse) Eh bien, voici le moment. Le bronze est là, je le regarde et je comprends que je suis en enfer. Je vous dis que tout était prévu. ~~Je suis en enfer. C'est curieux, c'est ça, l'enfer~~ Ils avaient prévu que je me tiendrais devant cette cheminée, pressant le bronze dans ma main, avec tous ces regards sur moi. Tous ces regards… ils me mangent. Il n'y a plus rien à moi que mon propre regard, il s'échappe et… il rencontre un bronze. Quel cauchemar. Ah ! vous n'êtes que deux ? ~~Je croyais que vous étiez bien davantage~~
Alors, c'est ça, l'enfer… (Il rit) L'enfer fantôme. Je n'aurais jamais cru… Vous vous rappelez : le soufre, les flammes, le gril. Quelle erreur. L'enfer, c'est les Autres.
Inès
L'enfer, c'est moi. Je suis ~~ton~~ enfer, Garcin

Le manuscrit de la *Critique de la raison dialectique*, deuxième gros traité philosophique de Sartre (écrit de 1956 à 1958, publié en 1960) relève en majeure partie de l'écriture improvisée, et dopée aux amphétamines. Passé l'âge de quarante ans, Sartre s'est aperçu que la vitesse à laquelle il formait ses idées ne correspondait plus au rythme acquis de sa plume : la pensée prenait du retard sur le mouvement de la main. Pour continuer à penser la plume à la main comme il s'était entraîné à le faire, il lui fallait « installer un soleil dans sa tête ».
Il commença donc à prendre des drogues, benzédrine d'abord, corydrane ensuite, qui sont des accélérateurs de l'idéation. Et il en prit de plus en plus, recourant au whisky pour se détendre après ses deux séances quotidiennes d'écriture, et aux somnifères pour dormir. Ce régime, ruineux pour sa santé, s'est révélé efficace pour sa production, mais a créé des obstacles à sa lisibilité : la graphie manuscrite tend à s'altérer, la phrase à se compliquer en cascades de subordonnées, le développement des idées à se rouler en spirales. Très conscient de ces altérations, dues à un vieillissement hâté par le manque total d'exercice physique et à un régime alimentaire catastrophique pour ses artères déjà durcies par l'usage immodéré de la cigarette, Sartre se jeta dans une fuite en avant qui aboutit, à l'âge de soixante-huit ans, à lui interdire l'écriture. Il était devenu à moitié aveugle, ne pouvait plus distinguer les lettres qu'il traçait et ses lignes se chevauchaient inextricablement.
Écrire, pour lui, avait été nécessairement se relire, ne serait-ce que pour reprendre le fil de ses idées à chaque séance d'écriture. Mais écrire, ce fut aussi se récrire, raturer, remettre sans cesse sur le métier le texte qui se tisse avec les mots de cette improvisation à rythme discontinu qu'est la composition « en style », comme Sartre appelait son écriture littéraire. Pour celle-ci, il ne recourait pas à la drogue, adoptait un tempo plus lent, alors même qu'il cherchait, pour le lecteur (ou le spectateur), un rythme vif qui est la principale caractéristique de son style littéraire.

Écriture brouillonnée

L'écriture littéraire de Sartre, comme on la voit le mieux à l'œuvre dans le manuscrit des *Mots*, est une écriture brouillonnée. Pour elle, Sartre, qui détestait le brouillon en tant que tel, avait inventé dès les années quarante un véritable « traitement de texte » avant la lettre. Le principe en était simple et astucieux : prendre comme support de l'écriture non plus la page mais le manuscrit lui-même, la liasse de feuilles. C'est ce que permet aujourd'hui sur un ordinateur un logiciel de traitement de texte. Il ouvre un fichier extensible quasi infiniment et sur lequel les corrections peuvent être apportées par l'opération élémentaire du couper/coller. Pour Sartre, techniquement, le but est simple aussi : fournir à la dactylographe ou parfois directement au linotypiste un ruban d'écriture facile à lire, avec des caractères nettement formés, comme s'ils étaient déjà imprimés. Si l'écriture obéit bien chez lui à une pulsion reprise par une volonté, son aboutissement est le livre. De telle sorte que la beauté du manuscrit en tant qu'objet ne lui importe plus à partir du moment où il sait qu'il va être imprimé, que ses textes sont attendus par son éditeur : il fournit à celui-ci une copie mise au net, mais pas nécessairement d'aspect propre. Puisqu'il ne veut plus perdre son temps à recopier une page, c'est le ruban d'écriture qu'il garde sous les yeux, barrant d'un trait tout ce qui ne le satisfait pas et qu'il reprend, amélioré, sur un nouveau feuillet, et ainsi de suite, les feuillets abandonnés trouvant le chemin de la corbeille à papier. Celle-ci est en partie virtuelle dans le cas de Sartre, car sa notoriété d'auteur et la valeur marchande de ses feuillets manuscrits font qu'ils sont parfois récupérés par des secrétaires avisés. D'où la

52
Jean-Paul Sartre, *Huis clos*
Manuscrit autographe, 1943-1944
27 f., 22 × 17 cm
BNF, Manuscrits, fonds J.-P. Sartre, f. 27 et 28

Seuls vingt-huit feuillets de brouillons – qui contiennent déjà la fameuse réplique « l'enfer, c'est les autres » – subsistent du manuscrit de *Huis clos*, écrit très rapidement à l'automne 1943, à la demande de Marc Barbezat, qui dirigeait la revue *L'Arbalète* à Lyon, où la pièce fut publiée sous le titre *Les Autres* en avril 1944. D'après Simone de Beauvoir, Sartre avait écrit une « pièce, facile à monter qu'on pût promener à travers la France » pour Olga Barbezat et l'amie de Sartre, Wanda. Camus avait été pressenti pour assurer la mise en scène et jouer le rôle de Garcin. L'arrestation d'Olga empêcha le projet de se réaliser et la pièce fut créée le 27 mai 1944 au Vieux-Colombier, dans une mise en scène de Raymond Rouleau, avec des acteurs professionnels.
M. B.

liasse énorme, disparate et lacunaire — des milliers de feuillets pour *Les Mots*, texte qui, imprimé in-octavo, ne fera qu'un court livre de deux cent treize pages. Le brouillon se trouve dans les passages barrés, dans les « chutes » du manuscrit, lequel est un ensemble en état de transformation continue. Physiquement, bien sûr, ce ruban d'écriture se répartit sur des feuillets consécutifs. Mais tant qu'il est « en travail », les feuillets qui le portent ne sont pas numérotés par Sartre, ce qui lui permet d'en remplacer un ou plusieurs par d'autres qu'il vient intercaler entre des feuillets dont il est (provisoirement) satisfait. Le foliotage lui-même, fait dans le cas des *Mots* par Simone de Beauvoir d'abord, par Michelle Vian ensuite, qui a dactylographié le

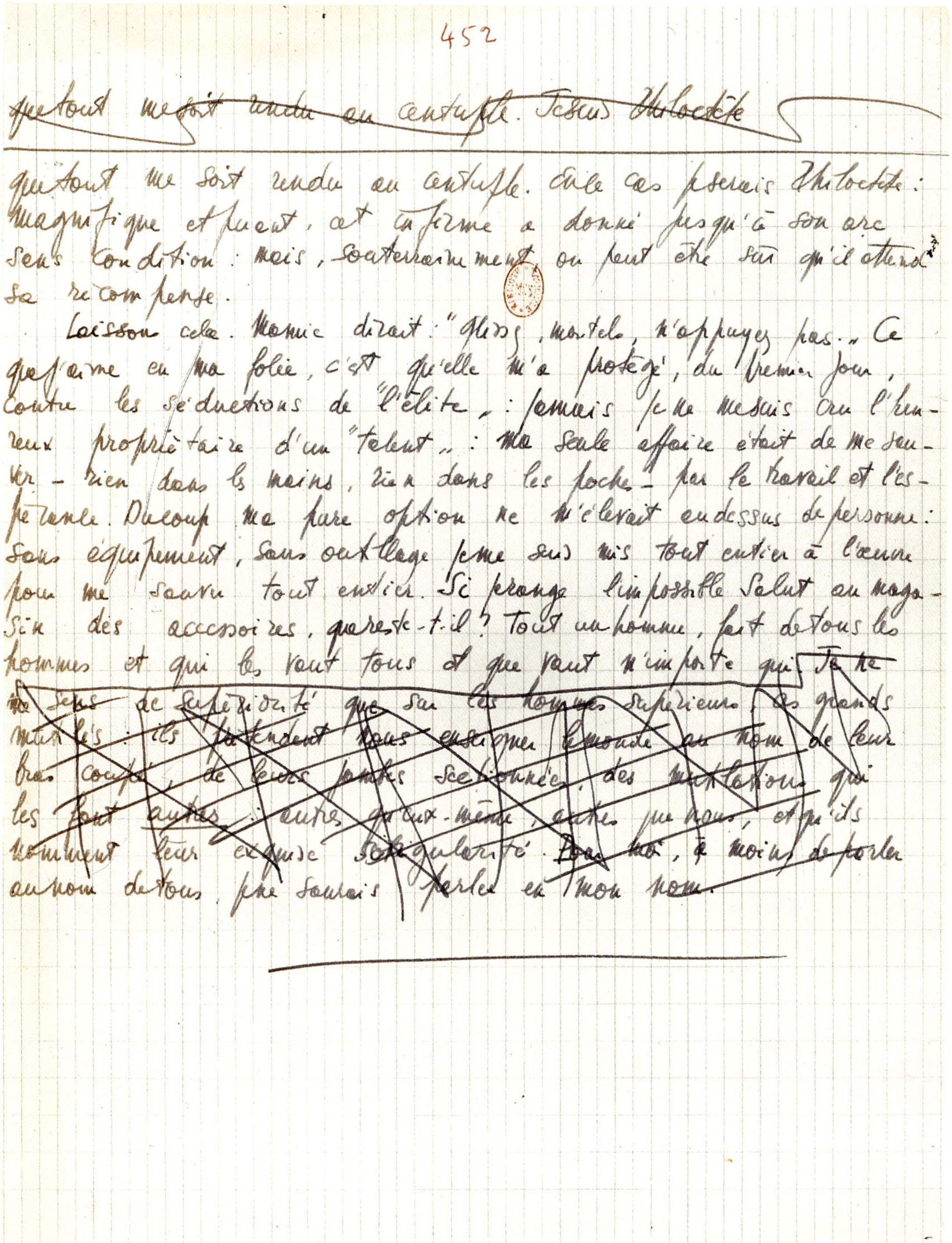

53
Jean-Paul Sartre, *Les Mots*
452 f., 27 × 21 cm
BNF, Manuscrits, fonds J.-P. Sartre, f. 452

Dès 1953, Sartre conçoit le projet d'une autobiographie. De cette première ébauche, connue sous le titre de *Jean sans terre*, il choisira dix ans plus tard d'extraire et de mener jusqu'à l'imprimé le seul récit de ses années d'enfance. Des milliers de feuillets témoignent des campagnes de réécriture de ce court texte, considéré souvent comme un « adieu à la littérature » et devenu un classique, dont la dernière phrase est dans la mémoire de chacun, pour dire l'humanité fraternelle, thème de prédilection de l'auteur.
M. B.

dernier état manuscrit du texte, marque *un* achèvement de celui-ci. La phase ultérieure est de relecture de la dactylographie, avec parfois d'importantes modifications qui peuvent porter sur la structure même du texte. Ainsi, comme l'a découvert Philippe Lejeune[3], entre le mois d'avril 1963, date à laquelle Sartre donne à Michelle Vian son manuscrit pour qu'elle le tape à la machine, et le mois de septembre, où il remet le texte définitif pour prépublication dans *Les Temps modernes*, l'écrivain a accompli tout un travail dont nous n'avons pas à l'heure actuelle de trace manuscrite ou dactylographiée. Ce travail de dernière étape a consisté à revenir sur la décision prise d'arrêter le récit de son enfance à l'année 1914, et à inclure dans la version finale le récit des années heureuses passées avec sa mère jusqu'à son remariage en 1917. Il lui adresse ainsi une dernière déclaration d'amour, ce qui change, avant l'épilogue, la tonalité trop noire qu'il avait donnée à son récit de la préadolescence.

Le monstre : *L'Idiot de la famille*

Les trois types d'écriture, écriture improvisée, écriture sous drogue, écriture littéraire, finissent par se mêler dans l'étude sur Flaubert qui occupe, par intermittence d'abord, puis exclusivement, dans ses dernières années productives, la vie d'écriture de Sartre. Une première version est jetée sur le papier sans aucun souci de forme, vers 1954 : elle n'est pas destinée à la publication, mais à une confrontation de méthode, sur le même sujet, avec un philosophe marxiste. Puis l'ouvrage est entièrement récrit, et des extraits en sont publiés dans *Les Temps modernes* en 1966. Sartre n'en est pas satisfait. Il entreprend donc d'en écrire une troisième version, qui paraît en 1971 pour ses deux premiers tomes, en 1973 pour le troisième, qui sera le dernier ouvrage « écrit » par Sartre ; le quatrième, inachevé, abandonné après l'accident de santé de 1973, est publié en 1988 sous forme de notes (sur *Madame Bovary*) dans une nouvelle édition, posthume, du tome III. Les spirales de l'écriture philosophique improvisée sous l'effet des amphétamines se retrouvent dans cette psychanalyse existentielle fascinante qu'est *L'Idiot de la famille* en ses deux premiers tomes. Mais aussi, en maintes pages, apparaît le style littéraire forgé pour quelques textes biographiques comme le *Mallarmé* ou *Le Séquestré de Venise* (le Tintoret), des années cinquante, et qui est spectaculairement mis en scène dans *Les Mots*. Appelé par le sujet traité, comme la fameuse crise de Pont-l'Évêque qui va permettre à Flaubert de ne se consacrer plus qu'à l'écriture, ce style littéraire vient parfois spontanément sous la plume de Sartre lorsqu'il écrit *L'Idiot de la famille*, dont la graphie manuscrite, très disparate, montre qu'il a été écrit dans des états de conscience différents.

En 1975, Sartre décide de rendre public son abandon forcé de l'écriture : « Mon métier d'écrivain est complètement détruit[4]. » Il avait opéré dans *L'Idiot de la famille* la synthèse des écritures du romancier, du philosophe et de l'intellectuel. Il lui restait, pour accomplir la transformation qu'il avait entreprise de l'écrivain prêtre en écrivain artisan, à désacraliser la fonction même de l'intellectuel par une parole mise en dialogue. Ce fut l'entreprise de ses dernières années, dont l'instrument fut le magnétophone, avec plusieurs interlocuteurs successifs, certains pour de simples interviews, d'autres pour des entretiens dans lesquels il s'investissait davantage. On n'échappe pas facilement au rôle de prêtre d'une religion, même abjurée.
Ne pouvant plus écrire de la littérature comme il l'avait comprise, l'ayant même congédiée, préventivement, comme une névrose, dans *Les Mots*, il lui restait à préfigurer l'intellectuel nouveau qu'il appelait de ses vœux, celui qui renonce aux séductions du style littéraire et ne cherche plus qu'à communiquer ses idées, métaphysiques, morales, politiques tout ensemble, par la parole. Ce sont les effets sociaux du nom de Sartre qui firent de cette parole un prêche, une prophétie ou la dénégation ambiguë d'une gloire désirée en sa jeunesse mais qu'il ne souhaitait plus pour lui-même — seulement pour ses livres, pendant le temps incertain où des textes surgis au sein d'une époque comme un incendie, une émeute, une famine, un événement irréductible, peuvent en appeler encore à des lecteurs d'une époque tout autre. Pour atteindre le cœur de l'expérience humaine, Sartre, depuis l'adolescence, avait noirci beaucoup de papier, tracé beaucoup de mots, et il s'était fabriqué des outils de travail formidablement efficaces. Il a laissé, comme la plupart des créateurs, un vaste chantier dont l'inachèvement est la loi, voulue par la Contingence, et le moyen l'écriture, l'écriture seule, ces signes

3 Voir Philippe Lejeune, « L'ordre d'une vie », dans Michel Contat (dir.), *Pourquoi et comment Sartre a écrit « Les Mots »*, PUF, coll. « Perspectives critiques », 1996, p. 104-108. Cette étude est reprise et développée dans l'ouvrage de Philippe Lejeune, *Les Brouillons de soi*, Seuil, coll. « Poétique », 1998.

4 Voir Jean-Paul Sartre, « Autoportrait à soixante-dix ans », propos recueillis par Michel Contat, dans *Situations X*, Gallimard, coll. « Blanche », 1976, p. 134.

Georges Perec
Espèces d'espaces écrits

Bernard Magné

[...] recopier, relire, raturer, jeter, réécrire, classer, retrouver, attendre que ça vienne, essayer d'arracher à quelque chose qui aura toujours l'air d'être un barbouillis inconsistant quelque chose qui ressemblera à un texte, y arriver, ne pas y arriver, sourire (parfois), etc.
Espèces d'espaces

Brouillamini

On connaît la diversité de l'œuvre de Georges Perec. Il l'a lui même revendiquée, affirmant n'avoir « jamais écrit deux livres semblables », n'avoir « jamais eu envie de répéter dans un livre une formule, un système ou une manière élaborée dans un livre précédent[1] ». Cette « versatilité systématique », pour reprendre sa propre expression, se retrouve dans l'imposante masse des brouillons qu'il a laissés et qui constituent aujourd'hui l'essentiel du fonds privé Georges Perec. Hétérogénéité des supports et des formats (« feuilles volantes, copies quadrillées, carnets, cahiers, et registres », précise-t-il à Jean-Marie Le Sidaner qui l'interroge sur ses habitudes matérielles d'écrivain), des outils (stylo, stylo à bille, crayon, feutre, surligneur, machine à écrire), des pigments (encres noire, bleue, rouge, verte, violette, ocre), des graphies (à la fois dans la grosseur et dans le tracé), des orientations, des manipulations (biffage, raturage, surcharge, découpage, agrafage) et même des systèmes sémiotiques, le dessin venant se mêler, jusqu'à parfois l'envahir, à l'écrit, le visible au lisible. « J'écris : j'habite ma feuille de papier, je l'investis, je la parcours[2]. » Comment, à notre tour, parcourir ces parcours sans les mimer, les investir sans pour autant s'imaginer, naïvement, les reproduire ? Parmi tous les itinéraires possibles, en voici trois, organisés, du plus simple au plus complexe, autour de trois textes : *Alphabets*, *Espèces d'espaces* et *La Vie mode d'emploi*.

Alphabets

Alphabets, c'est la manipulation de la lettre à l'état pur, quelque chose comme le degré zéro de la combinatoire linguistique. Rappelons-en le principe : un poème d'*Alphabets* est un « poème de onze vers, dont chaque vers a onze lettres. Chaque vers utilise une même série de lettres différentes [...] dont les permutations produiront le poème selon un principe analogue à celui de la musique sérielle : on ne peut répéter une lettre avant d'avoir épuisé la série[3]. »
Il existe pour ces poèmes des brouillons épars, mais un certain nombre ont été rédigés dans deux carnets intitulés « *Alphabets*, brouillons, 1 » et « *Alphabets*, brouillons, 2 ». Si certaines pages de ces carnets sont de simples mises au net (souvent remarquablement

Georges Perec en 1978. Photographie de Jeannelle

calligraphiées) de textes manifestement élaborés ailleurs, d'autres, comme aux folios 25 v° et 26 r° du premier carnet, portent au contraire les traces d'un intense et difficile travail anagrammatique.
En fait, sur une double page, coexistent trois étapes de l'élaboration du texte. Sur la page de droite, numérotés de 1 à 11, écrits en capitales, les onze vers du poème, avec leur soulignement valant pointage et vérification, pour s'assurer qu'aucune des lettres de la série *E S A R T I N U L O F* n'a été omise ou, à l'inverse, répétée. Sur la même page, dans la partie inférieure, écrit en script, ce que Perec appelle « une sorte de traduction en prose du poème », travail de recopiage qui, en ménageant les blancs entre les mots et en ajoutant la ponctuation, fait littéralement surgir le sens final du texte, au risque parfois d'une infidélité qu'un lecteur très attentif saura découvrir[4]. La page de gauche est, au contraire, celle des « avant-textes », où les anagrammes s'ébauchent : essais, impasses, reprises, vers définitifs avec un début de découpage

1 « Notes sur ce que je cherche », dans *Penser/Classer*, Hachette, coll. « Textes du xxe siècle », 1985, p. 9. 2 *Espèces d'espaces*, Galilée, 1974, p. 19. 3 *Alphabets*, Galilée, 1976, prière d'insérer. Pour plus de détails sur *Alphabets* et sur les autres poèmes du même type, voir Mireille Ribière et Bernard Magné, *Les Poèmes hétérogrammatiques* (*Cahiers Georges Perec*, n° 5), éditions du Limon, 1992. 4 Cette erreur n'a pas été corrigée dans la version imprimée, *op. cit.*, poème 27.

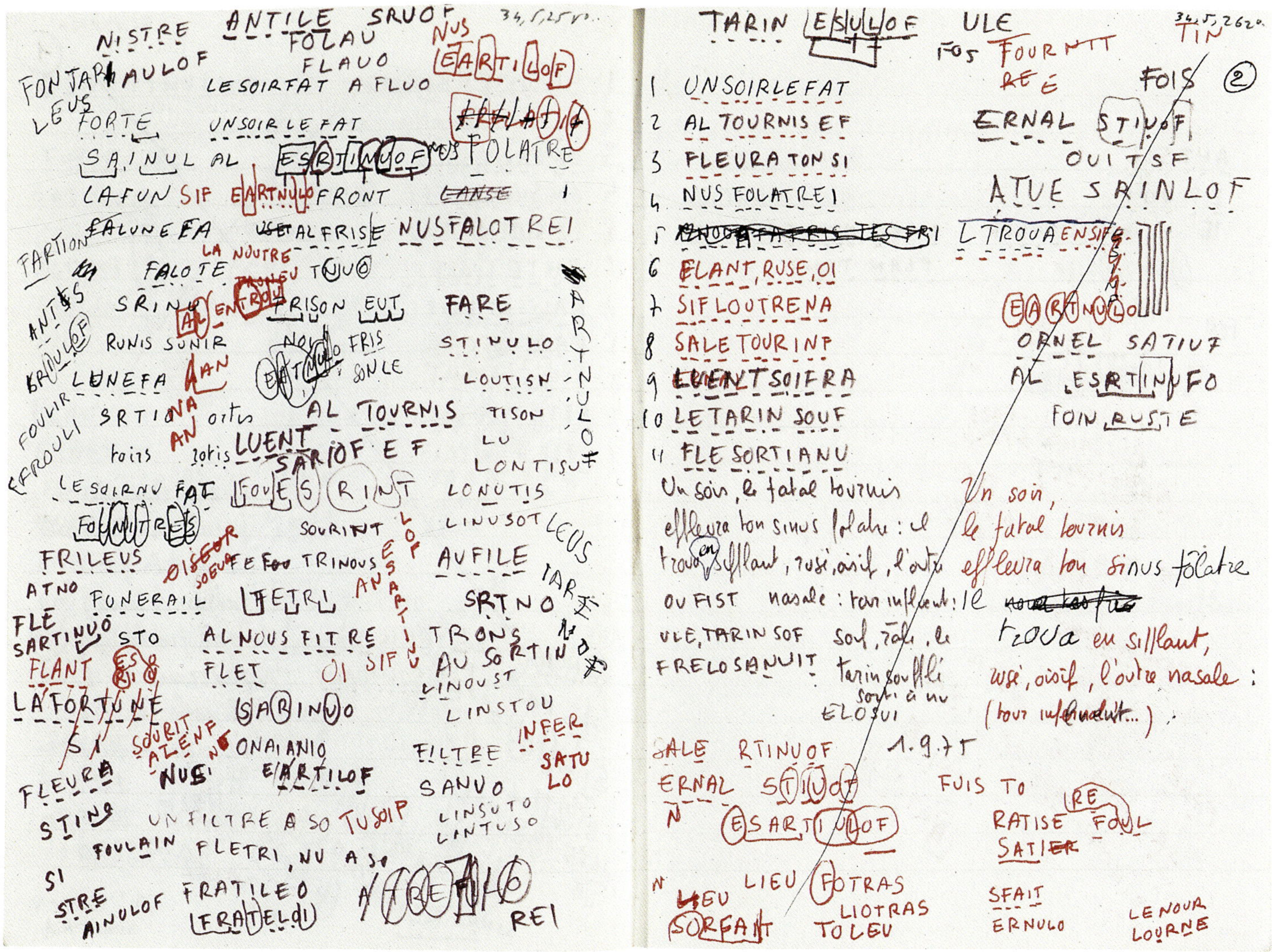

54
Georges Perec, *Alphabets*
Cahier de brouillon. 21 × 15 cm. BNF, Arsenal, dépôt G. Perec, 34, 5, 25 v°-26

Avant d'aboutir à la version finale de son poème, inscrite sur la page de droite, Perec, tel un joueur de Scrabble, a multiplié les essais de combinaisons à partir de la série de base *E S A R T I N U L O F*.
B. M.

morphologique (UN SOIR LE FAT), mots conservés (FOLATRE, TOURNIS) mais aussi restes, déchets, groupes implaçables (LA FORTUNE, UN FILTRE A), mots isolés inutilisables (TISON, FLETRI), débuts prometteurs et abandonnés (FUNERAIL). Cette effervescence grammatique est telle qu'elle envahit la page de droite, en principe réservée au texte final. De manière absolument radicale, ce qui se donne à voir, c'est « l'absolu primat du signifiant[5] » dont se réclamait déjà l'auteur de *La Disparition*. Rien ici qui ressemble à un plan, un thème, dont le poème final serait le développement. Amplification, pourtant, et systématique, mais de la lettre, et non du sens. Étonnant spectacle de ce que Perec nommait ailleurs une « prise d'écriture » : « Les lettres une à une se détachent, et viennent se fondre dans les mots, jusqu'à ce que "prenne" la mayonnaise du texte[6]. »

Espèces d'espaces

Les brouillons d'*Espèces d'espaces* sont plus classiques, le texte se présentant comme le « journal d'un usager de l'espace[7] » et s'émancipant apparemment des contraintes du signifiant, même si les notes sur « Le lit » prévoient pour ce futur second chapitre une transition fondée sur un parfait calembour : « Après la page, le page, le pageot, le pieu ».
À l'espace concentré des manipulations anagrammatiques s'oppose ici le puzzle éclaté des notes prises au fil des circonstances et du surgissement des idées : « J'ai écrit l'essentiel de ceci dans un train, en pleine nuit », peut-on lire sur le feuillet 79, 51, où quelques lignes sont tracées d'une écriture rapide et nerveuse, très proche de celle du feuillet 79, 42, où sont inscrites d'un seul jet des remarques sur la « douleur de l'interchangeable », ou encore le feuillet 79, 43, consacré au lit. Nulle rature, nul repentir, mais plusieurs parenthèses (pas toujours fermées...), comme si nuances et précisions ne pouvaient que s'ajouter à ce qui court sur le papier sans en interrompre la progression : écriture du fragment et graphie de l'urgence vont de pair, dans une sorte de dynamisme horizontal.
Parallèlement — il serait sans doute plus exact, du point de vue de la stricte géométrie, de dire perpendiculairement —, il y a une écriture de la verticalité, dès lors qu'il s'agit non plus d'accumuler des notes mais de les organiser ; non plus de tracer une ligne, mais de dresser une liste ; plutôt classer que penser, pour reprendre une dichotomie sur laquelle Perec se penchera quelques années plus tard. Dans ce cas, quelles que soient les différences de format (petite feuille arrachée à un carnet ou grande page utilisée à l'italienne) et de graphie (lettres moyennes, arrondies et plutôt grasses ou au contraire grandes et anguleuses), le dispositif d'ensemble reste le même avec ses catégories et sous-catégories, qu'il s'agisse d'une typologie des quartiers ou d'un plan plus général.
Enfin les brouillons d'*Espèces d'espaces* offrent un troisième type d'activité : la reprise, par corrections manuscrites, d'un premier état dactylographié pour aboutir à une version très proche du texte imprimé. Les deux feuillets 79, 77, 6 et 79, 77, 7 correspondent aux deux dernières pages du volume définitif.
Les différentes graphies et encres montrent que le dactylogramme a subi plusieurs modifications successives, et de plusieurs sortes : suppressions (les 4e et 5e paragraphes), additions (essentiellement sur le second feuillet), substitutions accentuant le marquage autobiographique (passage du « nous » au « je »). Ce n'est qu'après d'importantes transformations que les trois derniers paragraphes ont trouvé leur forme. À un détail près, qui a son importance. « Écrire : essayer désespérément de retenir quelque chose », peut-on lire sur le dactylogramme. À l'impression, Perec a remplacé « désespérément » par « méticuleusement », comme si au terme de cet essai, la victoire devait rester non pas « au vide qui se creuse », mais à la patiente et minutieuse activité de l'écrivain dont ces brouillons mêmes portent trace et témoignage.

La Vie mode d'emploi

Dans le dépôt Georges Perec, les avant-textes de *La Vie mode d'emploi* constituent sans aucun doute l'ensemble le plus complexe. On distinguera, pour simplifier, trois sous-ensembles. Le premier réunit les documents préparatoires (plans, listes, tableaux, algorithmes) qui aboutissent à ce que Perec nommait son « cahier des charges », c'est-à-dire, pour chacun des chapitres, la liste des contraintes à respecter[8]. Le second regroupe les brouillons proprement dits, soit un peu moins de mille pages. Le troisième est constitué par la mise au net, entre le 29 octobre 1976 et le 5 avril 1978, sur deux

5 *La Disparition*, Denoël, 1969, p. 309.
6 Georges Perec, « Prise d'écriture », dans *Beaux présents, belles absentes*, Seuil, coll. « La librairie du XXe siècle », 1994, p. 73.
7 *Espèces d'espaces*, *op. cit.*, prière d'insérer.
8 On trouvera l'essentiel des documents préparatoires et la totalité du « cahier des charges » dans Georges Perec, *Cahier des charges de La Vie mode d'emploi*, présentation, transcription et notes par Hans Hartje, Bernard Magné et Jacques Neefs, CNRS Éditions/Zulma, 1993.

grands volumes reliés de toile noire. La dactylographie puis les corrections sur épreuves apporteront leur lot de modifications, pas toujours de détail.
Chaque chapitre du roman (il y en a quatre-vingt-dix-neuf) possède ainsi son triple avant-texte : sa feuille du « cahier des charges », sur laquelle sont énumérés quarante-deux éléments qui doivent figurer dans le chapitre ; ses brouillons (leur nombre et leur nature varient selon les chapitres) ; enfin sa mise au net sur une ou plusieurs des pages droites du registre (les pages gauches demeurent inutilisées pour la rédaction proprement dite ; soit elles restent vierges, soit elles

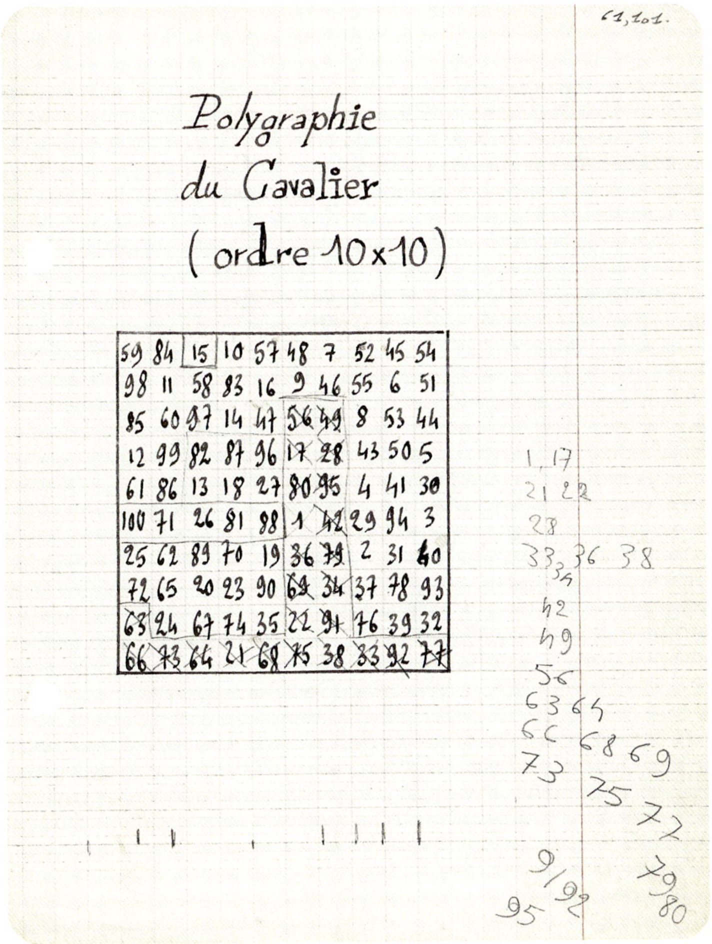

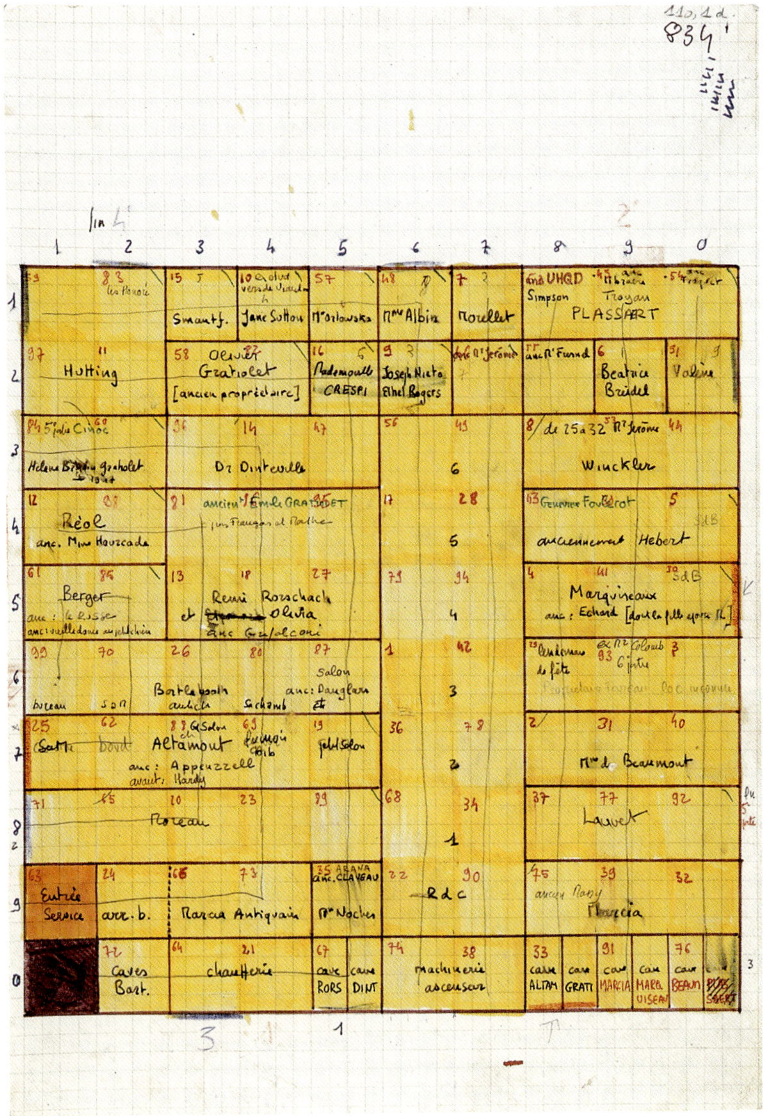

Georges Perec, *La Vie mode d'emploi*

55
« Polygraphie du cavalier »
22 × 17 cm
BNF, Arsenal, dépôt G. Perec, 61, 101

56
Plan de l'immeuble
30 × 21 cm
BNF, Arsenal, dépôt G. Perec, 110, 1, d

Le diagramme est superposable au plan en coupe de l'immeuble où va se dérouler le roman (une case = une pièce). Pour régler l'ordre de description des pièces, Perec s'inspire d'un problème d'échecs : faire parcourir tout l'échiquier à un cavalier en s'arrêtant une seule fois par case. Mais par où commencer ? Le point de départ ne peut être le fruit du hasard. Dans le dossier, plusieurs notes témoignent des recherches de l'écrivain pour le justifier : « Entre le 3e et le 4e étage, une femme est en train de monter les escaliers… ». Les chiffres des chapitres sont reportés sur le plan véritable.
D. T.

ne comportent que quelques rares ajouts ou de brèves indications, notamment la date de rédaction, ce qui permet d'avoir une idée précise sur la chronologie du travail[9]).

Dans le premier sous-ensemble des avant-textes, il existe un contraste spectaculaire entre les documents préparatoires et les quatre-vingt-dix-neuf feuillets du « cahier des charges ».

Les premiers sont extrêmement rigoureux, même lorsqu'ils portent trace de repentirs ou de ratures. Le plus impressionnant de ce point de vue est sans aucun doute le grand tableau général des listes, qui réunit sur une double feuille A4 les 42 × 10 éléments générateurs du roman. Comme pour lui donner une rigueur accrue, Perec utilise des caractères Letraset pour les chiffres et une grande partie des titres de listes. Très peu de ratures : à part quelques ajouts, les seules modifications notables concernent la liste des dix tableaux auxquels

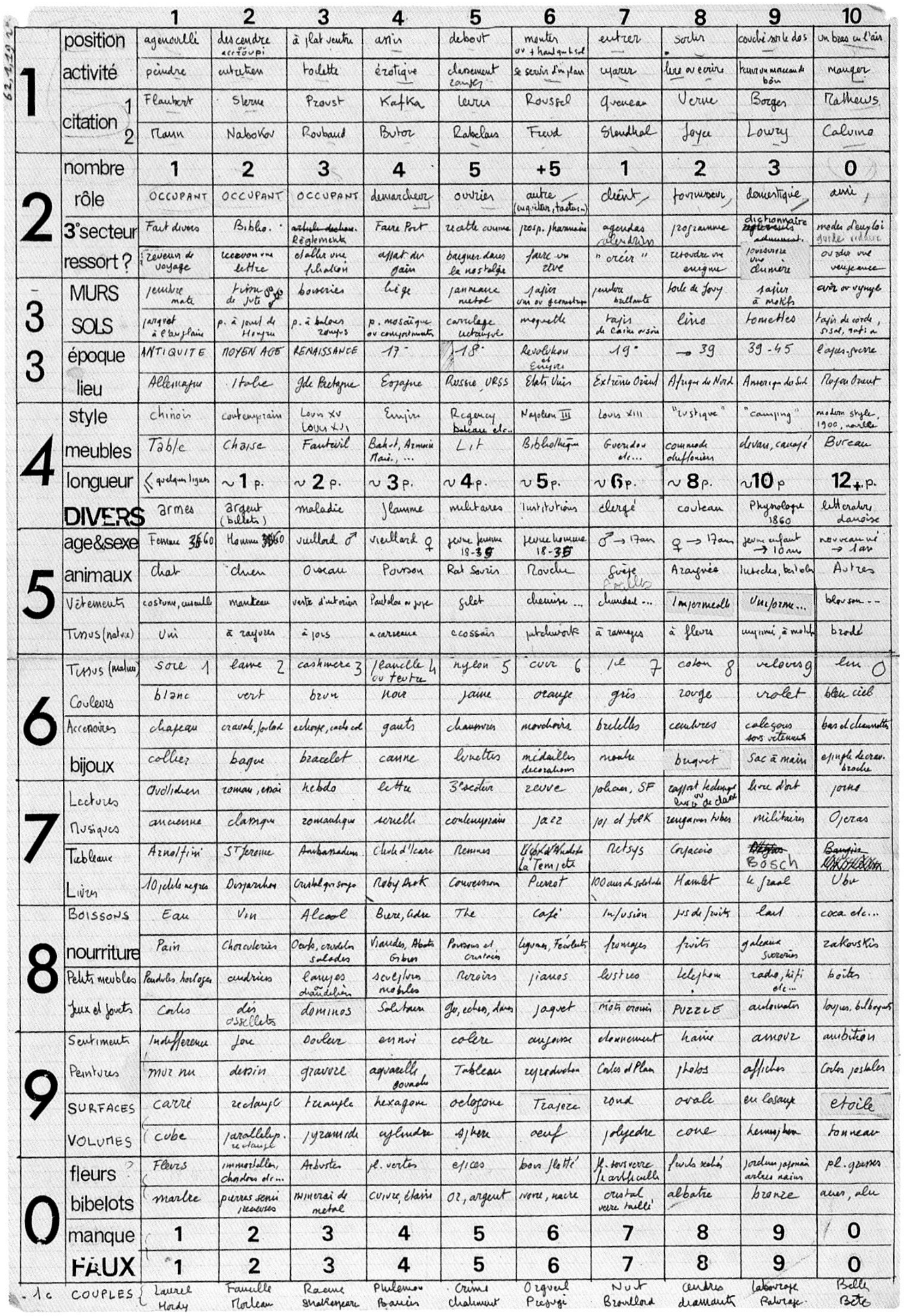

		1	2	3	4	5	6	7	8	9	10
1	position	agenouillé	descendre accroupi	à plat ventre	assis	debout	monter	entrer	sortir	couché sur le dos	un bras en l'air
	activité	peindre	entretien	toilette	érotique	classement	se servir d'un plan	réparer	lire ou écrire	travail manuel	manger
	citation 1	Flaubert	Sterne	Proust	Kafka	Leiris	Roussel	Queneau	Verne	Borges	Mathews
	citation 2	Mann	Nabokov	Roubaud	Butor	Rabelais	Freud	Stendhal	Joyce	Lowry	Calvino
2	nombre	1	2	3	4	5	+5	1	2	3	0
	rôle	OCCUPANT	OCCUPANT	OCCUPANT	démarcheur	ouvrier	autre	client	fournisseur	domestique	ami
	3e secteur	Fait divers	Biblio.	Règlement	Faire Part	recette cuisine	prosp. pharmacie	agendas	programme	dictionnaire	mode d'emploi
	ressort ?	rêveur de voyage	recevoir une lettre	établir une filiation	effet du gain	baigner dans la nostalgie	faire un rêve	« créer »	résoudre une énigme	poursuivre une chimère	ourdir une vengeance
3	MURS	peinture mate	tissu de jute	boiseries	liège	panneaux métal	papier géométrique	peinture brillante	toile de Jouy	papier à motifs	crépi ou vinyle
	SOLS	parquet à l'anglaise	p. à point de Hongrie	p. à bâtons rompus	p. mosaïque ou compartiments	carrelage rectangle	moquette	tapis	lino	tomettes	tapis de corde, sisal, jute...
3	époque	ANTIQUITÉ	MOYEN AGE	RENAISSANCE	17e	18e	Révolution et Empire	19e	→ 39	39-45	après-guerre
	lieu	Allemagne	Italie	Île Bretagne	Espagne	Russie URSS	Etats Unis	Extrême Orient	Afrique du Nord	Amérique du Sud	Proche Orient
4	style	chinois	contemporain	Louis XV Louis XVI	Empire	Regency	Napoléon III	Louis XIII	« rustique »	« camping »	modern style 1900
	meubles	Table	Chaise	Fauteuil	Bahut, Armoire...	Lit	Bibliothèque	Guéridon etc...	commode chiffonnier	divan, canapé	Bureau
	longueur	< quelques lignes	~1 p.	~2 p.	~3 p.	~4 p.	~5 p.	~6 p.	~8 p.	~10 p	12+ p.
	DIVERS	armes	argent (billets)	maladie	flamme	militaires	institutions	clergé	couteau	Physiologie 1860	littérature danoise
5	age&sexe	Femme 3660	Homme 3660	vieillard ♂	vieillard ♀	jeune femme 18-35	jeune homme 18-35	♂ → 17ans	♀ → 17ans	jeune enfant → 10 ans	nouveau-né → 1 an
	animaux	chat	chien	oiseau	poisson	Rat Souris	[illegible]	[illegible]	Araignées	insectes, bestioles	Autres
	Vêtements	costume, ...	manteau	veste d'intérieur	Pantalon...	gilet	chemise...	chaussures...	Imperméable	Uniforme...	blouson...
	Tissus (nature)	Uni	à rayures	à pois	à carreaux	écossais	patchwork	à ramages	à fleurs	[illegible]	brodé
6	Tissus (matière)	soie 1	laine 2	cachemire 3	flanelle ou feutre 4	nylon 5	cuir 6	[illegible] 7	coton 8	velours 9	lin 0
	Couleurs	blanc	vert	brun	noir	jaune	orange	gris	rouge	violet	bleu ciel
	Accessoires	chapeau	cravate, foulard	écharpe, ...	gants	chaussures	mouchoirs	bretelles	ceintures	caleçons sous-vêtements	bas et chaussettes
	bijoux	collier	bague	bracelet	canne	lunettes	médailles décorations	montre	briquet	Sac à main	épingle de cravate, broche
7	Lectures	Quotidien	roman, essai	hebdo	lettre	3e secteur	revue	polar, SF	[illegible]	livre d'art	[illegible]
	Musiques	ancienne	classique	romantique	actuelle	contemporaine	jazz	pop et folk	[illegible]	militaire	Opéras
	Tableaux	Arnolfini	St Jérôme	Ambassadeurs	Chute d'Icare	Ménines	La Tempête	Metsys	Carpaccio	Bosch	[illegible]
	Livres	10 petits nègres	Disparition	[illegible]	[illegible]	[illegible]	Pierrot	100 ans de solitude	Hamlet	le Graal	Ubu
8	Boissons	Eau	Vin	Alcool	Bière, cidre	Thé	Café	Infusion	jus de fruits	Lait	coca etc...
	nourriture	Pain	Charcuteries	Oeufs, crudités salades	Viandes, Abats Gibier	Poissons et Crustacés	Légumes, Féculents	fromages	fruits	gâteaux sucreries	zakouskis
	Petits meubles	Pendules horloges	cendriers	lampes chandeliers	sculptures mobiles	miroirs	pianos	lustres	téléphone	radio, hifi etc...	boîtes
	Jeux et jouets	Cartes	dés osselets	dominos	Solitaire	Go, échecs, dames	jacquet	[illegible]	PUZZLE	automates	poupées, bilboquet
9	Sentiments	Indifférence	Joie	Douleur	ennui	colère	angoisse	étonnement	haine	amour	ambition
	Peintures	nu	dessin	gravure	aquarelle gouache	Tableau	reproduction	Cartes et Plans	photos	affiches	Cartes postales
	SURFACES	carré	rectangle	triangle	hexagone	octogone	Trapèze	rond	ovale	en losange	étoile
	VOLUMES	cube	parallélép. rectangle	pyramide	cylindre	sphère	oeuf	polyèdre	cône	hémisphère	tonneau
0	fleurs	Fleurs	immortelles, chardons etc...	Arbustes	pl. vertes	épices	[illegible]	fl. sous verre, fl. artificielles	[illegible]	jardins japonais, arbres nains	pl. grasses
	bibelots	marbre	pierres semi-précieuses	minéraux de métal	cuivre, étain	or, argent	ivoire, nacre	cristal verre taillé	albâtre	bronze	acier, alu
	manque	1	2	3	4	5	6	7	8	9	0
	FAUX	1	2	3	4	5	6	7	8	9	0
-1c	COUPLES	Laurel Hardy	Famille [illegible]	Racine Shakespeare	Philémon Baucis	Crime Châtiment	Orgueil Préjugé	Nuit Brouillard	Cendres diamants	[illegible]	Belle Bête

57

Georges Perec

La Vie mode d'emploi

Tableau général des listes

42 × 30 cm

BNF, Arsenal, dépôt G. Perec, 62, 1, 19

Ces 42 listes de 10 éléments constituent les matériaux obligatoires du roman : chaque chapitre (un chapitre = une pièce de l'immeuble) doit contenir un élément de chaque liste. Pour répartir de manière non aléatoire dans les différentes pièces de l'immeuble ces 420 éléments, Perec utilise un autre outil mathématique : le « bi-carré latin orthogonal d'ordre 10 ». Les résultats sont reportés dans son « cahier des charges », soit 99 feuillets (un feuillet = un chapitre) de listes de contraintes.

D. T.

le scripteur doit emprunter des allusions. *La Leçon d'anatomie*, de Rembrandt est remplacée par *La Tempête* de Giorgione, Degas (très certainement *Le Bureau des cotons*) par Bosch (*Le Charriot [sic] de foin*, comme le précise le cahier des allusions[10]).
Ces deux remplacements sont tardifs : tous les feuillets du « cahier des charges » ont été établis avec Rembrandt et Degas, dont les noms ont ensuite été rayés et remplacés par Giorgione et Bosch. En revanche, le remplacement de Baugin par Chardin a finalement été annulé et c'est bien *La Nature morte à l'échiquier* qui fournira des allusions. Les raisons de ces modifications ne nous sont pas connues.
À l'opposé du strict quadrillage du tableau général des listes, la plupart des feuillets du « cahier des charges » offrent l'image d'une activité graphique foisonnante. Autour du dispositif régulier de la liste alignant à la verticale quarante-deux éléments, signalant d'une

9 Voir le tableau récapitulatif dans David Bellos, *Georges Perec, une vie dans les mots*, Seuil, 1994, p. 639. **10** Voir ce document dans *Cahier des charges…*, *op. cit.*

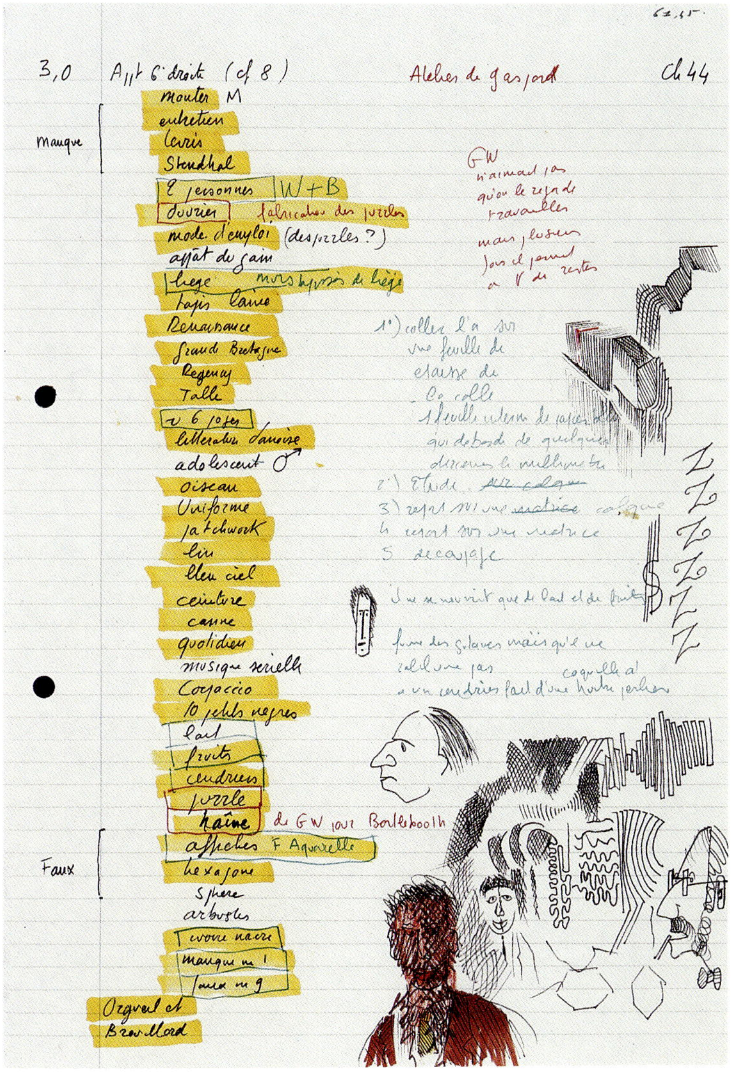

58 et 59
Georges Perec, *La Vie mode d'emploi*
« Cahier des charges ». 30 × 21 cm. BNF, Arsenal, dépôt G. Perec, 61, 45 et 61, 54
Chaque feuillet correspondant à un chapitre porte la liste des 42 éléments qui doivent obligatoirement y être utilisés.
Une activité graphique foisonnante, un entassement de dessins hétéroclites…
D. T.

accolade les groupes soumis aux contraintes du manque et du faux, textes et surtout dessins prolifèrent. Le feuillet du chapitre 53 est de ce point de vue particulièrement spectaculaire. Est-ce parce qu'il évoque la table de travail de Marguerite Winckler : « Cette femme si précise et si mesurée avait paradoxalement un irrésistible attrait pour le fouillis. Sa table était un éternel capharnaüm, toujours encombrée de tout un matériel inutile, de tout un entassement d'objets hétéroclites, de tout un désordre dont il lui fallait sans cesse endiguer l'invasion, avant de pouvoir se mettre à travailler » ? Un entassement de dessins hétéroclites, telle est bien l'impression que donne cette page où se juxtaposent vingt-six visages, une contrebasse, un bureau et une bonne quinzaine de formes et graffiti aussi divers qu'énigmatiques.
Ces dessins posent, entre autres, la question de leur rapport au récit dont ils accompagnent la genèse. Pour le chapitre 53 — mais la remarque vaut pour presque tous les autres chapitres à feuillet dessiné — il semble bien que la relation soit de pure contiguïté spatiale, sans aucune fonction illustrative. Par exemple, aucun des visages esquissés ne correspond au portrait possible d'un quelconque personnage apparaissant dans l'histoire de Gaspard et Marguerite Winckler. Co-présents dans l'espace matériel de la feuille, le lisible et le visible fonctionnent de manière parfaitement autonome, avec chacun leur dynamisme propre.
La même autonomie se retrouve dans les brouillons lorsqu'ils comportent eux aussi, comme c'est assez souvent le cas, des dessins. Pour ce même chapitre 53, on repère deux silhouettes de vélocipédiste (111, 45, 1) qui auraient mieux convenu au chapitre 73, où est racontée l'histoire de deux champions cyclistes. Ou le dessin d'une faucille et d'un marteau, ce qui aurait pu correspondre aux éléments des deux dernières listes : mais celles-ci fournissent « belle » et « préjugé », et c'est au chapitre 93 que « faucille » et « marteau » sont associés. Les brouillons du chapitre 44 ont sur ce point un statut intermédiaire : si les figures ou dessins abstraits sont hétérogènes par rapport au récit, en revanche les contours des pièces de puzzles, surtout ceux du feuillet 111, 58, 2, 1 v°, sont parfaitement intégrés à la réflexion sur l'art du puzzle et trouvent leur place au sein même de la phrase. On les retrouvera donc sans surprise, avec un nombre d'exemplaires distribués différemment, dans le registre de mise au net.
Outre leur lot habituel de variantes, de reprises, d'abandons, de transformations, les brouillons donnent aussi parfois des indications sur les pratiques intertextuelles de Perec et leur diversité. Ainsi, pour le chapitre 53, le feuillet 111, 45, 2 confirme l'emprunt à *Répertoire IV* de Butor, mentionné dans le « cahier des charges », tandis que le feuillet précédent (111, 45, 1) révèle un emprunt non programmé, et absent du « cahier... », à *La Vraie Vie de Sébastien Knight*, de Nabokov, pour le portrait de Marguerite Winckler : « Un teint pâle parsemé de qq taches de rousseur, etc. » En revanche, le feuillet 111, 45, 7 reste muet sur l'emprunt à *Odile*, de Raymond Queneau, pour les deux dernières lignes évoquant « un fortin entre Bou Jeloud et Bab Fetouh [11] ».
Quelque sommaire qu'elle soit, cette présentation des avant-textes de *La Vie mode d'emploi* suffit en tout cas à balayer le tableau idyllique, et bien sûr parfaitement imaginaire, que David Bellos, le biographe de Perec, dresse de l'écriture du roman : « Le livre fut écrit du début à la fin d'une seule traite, puissante et souveraine [...]. Le "premier jet" du chef-d'œuvre de Perec coule déjà merveilleusement et il est très proche du livre imprimé [12]. » Ou comment la recherche forcenée du sensationnel fait disparaître mille pages de brouillons [13] !

Pour un usage rationnel du brouillon [14]

Dans l'angle supérieur droit du feuillet 111, 58, 2, 2 v° d des brouillons pour le chapitre 44 de *La Vie mode d'emploi*, juste au-dessous d'un de ces profils caricaturaux dont il parsème ses pages, Perec a inscrit deux mots : « tâtonnements [*sic*] incertitudes ». Comme en témoigne le texte définitif du roman, c'est au désarroi du poseur de puzzles qu'il songeait. Mais ces incertitudes et ces tâtonnements sont aussi bien le lot quotidien de l'écrivain à sa table de travail : «... écrire [...], esquisser un plan, mettre des grands I et des

11 Voir la mention récurrente de ces deux localités dans *Odile*, Gallimard, rééd. 1987, p. 14, 34, 159, 175, 181. **12** David Bellos, *op. cit.*, p. 637. **13** Détail anecdotique, mais révélateur : chez Bellos, le registre relié de toile noire devient « un grand cahier tout neuf relié de *cuir* noir » (je souligne) ! On voit bien le paradigme : le cuir est à la toile ce qu'une plume facile est au brouillon laborieux, une manière de signe aristocratique. Pour une première analyse sérieuse des avant-textes de *La Vie mode d'emploi*, voir Danielle Constantin, « Le vestibule du 11, rue Simon-Crubellier ou l'entrée en écriture de *La Vie mode d'emploi* », à paraître dans *Texte* (Toronto). **14** « Pour un usage rationnel du bouillon » : tel est le titre d'un billet d'humeur que Perec a publié dans *Arts et Loisirs*, n° 72, 8 février 1967, p. 11. Il a été republié, avec les quinze autres que Perec a fournis à cet hebdomadaire, dans *Le Cabinet d'amateur*, n° 3, printemps 1994 (Les Impressions nouvelles), p. 38-56. **15** *Espèces d'espaces*, *op. cit.*, p. 20-21. **16** Georges Perec, « Histoire du lipogramme », dans Oulipo, *La Littérature potentielle*, Gallimard, coll. « Idées », 1973, p. 79.

petits a, faire des ébauches, mettre un mot à côté d'un autre, […] relire, raturer, jeter, réécrire, […] essayer d'arracher à quelque chose qui aura toujours l'air d'être un barbouillis inconsistant quelque chose qui ressemblera à un texte, y arriver, ne pas y arriver, sourire (parfois)[15]. »

C'est tout cela que les brouillons de Georges Perec donnent à lire, sourire compris. À l'écart de tout voyeurisme, ils affirment, inlassablement, dans leur matérialité même, une vision de la littérature plutôt réconfortante, n'en déplaise à certains, et que Georges Perec n'a cessé de défendre : celle qui, tournant résolument le dos à une histoire littéraire « uniquement préoccupée de ses grandes majuscules (l'Œuvre, le Style, l'Inspiration, la Vision du Monde, les Options fondamentales, le Génie, la Création, etc.) », considère « l'écriture comme pratique, comme travail, comme jeu[16]. »

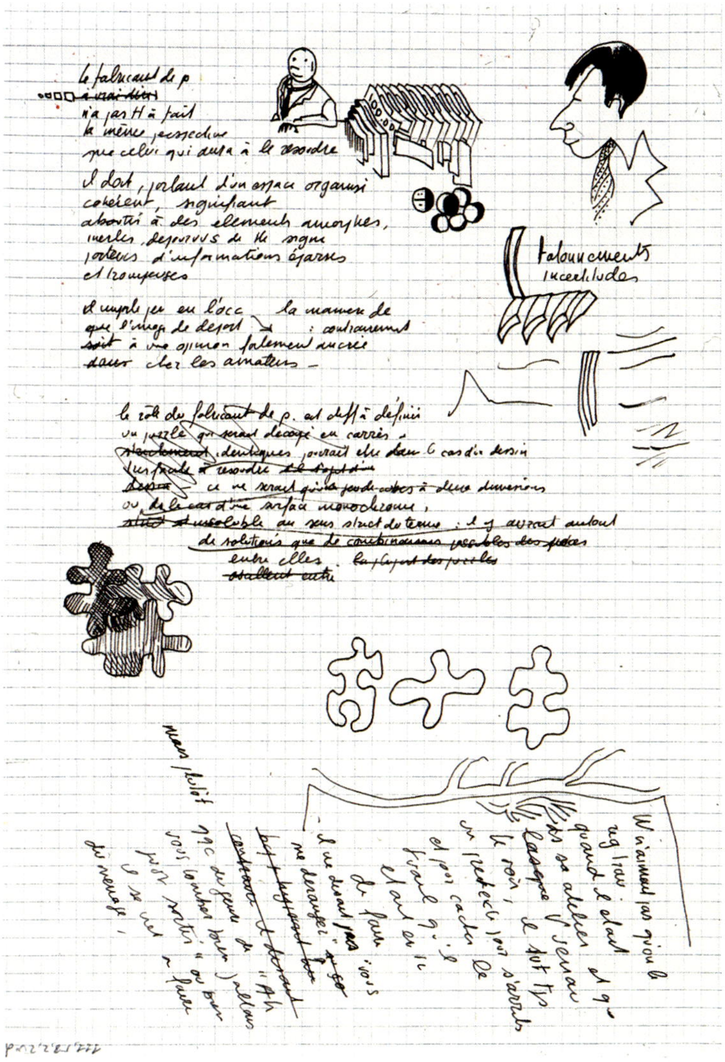

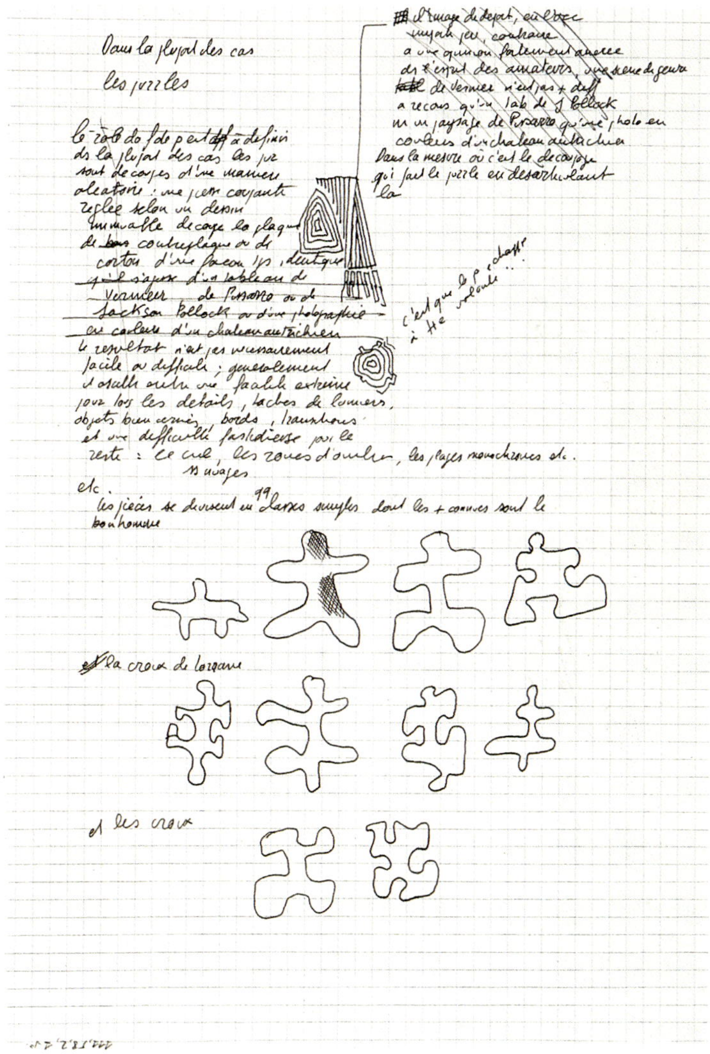

60
Georges Perec, *La Vie mode d'emploi*
Brouillons, chapitre 44
2 f., 30 × 21 cm
BNF, Arsenal, dépôt G. Perec,
111, 58, 2, 1 v° et 111, 58, 2, 2 v° d

Si les visages esquissés sur le brouillon du chapitre 53 n'ont rien à voir avec les personnages présents dans ledit chapitre, ici, en revanche, les pièces de puzzle participent totalement au récit qui décrit l'atelier de Gaspard Winckler, fabricant de puzzles.
D. T.

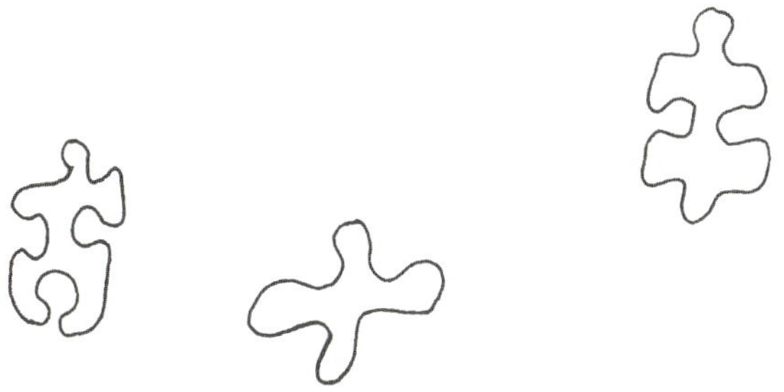

Rien de plus beau qu'un beau brouillon. Dire ceci quand je reparlerai de poésie. [...] Un poëme complet serait le poëme de ce Poëme à partir de l'embryon fécondé — et les états successifs, les interventions inattendues, les approximations. Voilà la vraie Genèse... Épopée du Provisoire.

Valéry

Poètes

Des poètes, la parole se veut autre. Mais leurs manuscrits sont-ils différents, à la fois plus secrets et plus éloquents ? Seraient-ils déjà poèmes dans leur seul acheminement vers la poésie ? Apollinaire, Segalen, Valéry, le surréalisme : autant d'univers, autant de traces écrites qui, même si elles ne dévoilent pas les sources de l'inspiration poétique, donnent à voir, au gré des feuillets éclatés ou raturés, le travail des images, des rythmes et des formes. Une écriture qui joue avec l'espace de la page et, plus que celle des textes narratifs, se découvre en s'écrivant, à travers le défaut et le pouvoir des mots.

« Ô ma tête inquiète ». À propos d'Apollinaire

Étienne-Alain Hubert

Indescriptibles brouillons : cahiers d'écoliers aux pages parfois manquantes, feuilles à en-têtes de brasseries ou de banques, versos des dépêches multicopiées de l'Agence Radio pendant la guerre, bulletins de bibliothèques, fragments de papier froissés ou déchirés, griffonnages à l'encre, phrases ou mots semés au crayon dans des marges sans souci excessif d'organisation.
La manière d'écrire d'Apollinaire — tout autant que la diversité des supports sur lesquels elle trouve à s'exercer — se ressent de la hâte qu'impose une existence partagée entre des travaux mercenaires parfois accablants, les exigences des amitiés et des amours et le goût irrésistible de la flânerie parmi les rues ou à travers les livres. Apollinaire a-t-il jamais partagé l'exigence esthétique et éthique qui conduit un Saint-John Perse ou un René Char à couvrir d'une écriture maîtrisée des feuilles de belle matière, afin que le poème offert à un ami ou transmis par d'autres voies à la postérité en détienne un apparat supplémentaire ?

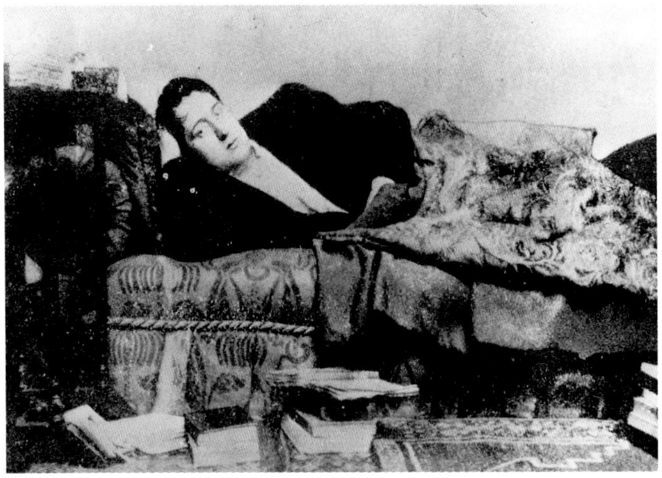

Guillaume Apollinaire. Photographie anonyme. BNF, Estampes

« Une arme ô ma tête inquiète », s'écrie le mystérieux locuteur, le héros astral et sacrifié, du poème d'*Alcools* « Lul de Faltenin ». « Tête inquiète » : l'expression caractérise bien Apollinaire, pour peu qu'on conserve à l'adjectif sa valeur étymologique incluant l'instabilité voyageuse. Si des poètes ont laissé des documents suggérant le travail méthodique et concentré — songer aux manuscrits de travail de Breton, méticuleusement raturés et corrigés jusqu'à la mise au point du texte définitif —, ceux d'Apollinaire révèlent combien le génie créateur sait faire son profit des éléments de nature très disparate que sa main a inscrits sur le support à des dates parfois éloignées. Tel agenda a été utilisé pendant plus de dix ans, constituant un réservoir d'ébauches, d'anecdotes, de vers, de notes érudites ou simplement de vocables. Ainsi sur l'« Agenda russe » conservé au département des Manuscrits de la Bibliothèque nationale de France, des passages entiers du poème « L'ermite » voisinent-ils avec des cotes de bibliothèques et des listes de coefficients d'absorption de la lumière par différents matériaux ou des phrases piochées dans *Lancelot du Lac*.
On devine que ce désordre est révélateur et met en question la nature même du littéraire. Car qu'est-ce que l'élément littéraire pour l'écrivain qui sait capter partout l'insolite ? Poèmes et contes font voir que, importé dans le texte, tel détail érudit ou prosaïque est promu à d'infinis retentissements. Autre singularité : les brouillons montrent comment, puisés à des années de distance et appartenant à des ensembles ébauchés,

61
Guillaume Apollinaire, « Cahier de Stavelot »
Manuscrit autographe
80 f., 22,5 × 17,5 cm
BNF, Manuscrits, N. a. fr. 25604, f. 46 v°-47

Le « Cahier de Stavelot [2] » – appellation consacrée mais inexacte, puisque l'utilisation de ce cahier d'écolier précède et déborde les trois mois de 1899 passés dans la petite ville des Ardennes belges – donne un tableau foisonnant des curiosités désordonnées, des opinions anarchisantes et surtout des essais d'écriture du jeune Apollinaire. Possédé par le besoin de se créer un savoir à l'écart des normes, il y aligne aussi bien des listes de mots wallons captés dans le quotidien que des citations des *Carmina burana*, découverts à la bibliothèque Mazarine dans une édition savante allemande. Parmi les ébauches poétiques, certaines font voir un adolescent encore immergé dans la littérature fin de siècle. Mais le lecteur d'*Alcools* aura la surprise de découvrir aussi des formulations avant-coureuses, comme dans un poème du feuillet 35, dont plus tard des vers se détacheront pour aller rejoindre « L'émigrant de Landor Road » et l'admirable « Brasier ».
É.-A. H.

des éléments brefs ou consistants vont entrer dans ce jeu de procédures que Michel Décaudin a judicieusement qualifiées de « découpages et collages [1] ». Des prélèvements dans un poème de jeunesse délaissé par son auteur, « La clef », œuvre encore tout imprégnée de la veine populaire du symbolisme, vont apporter en 1913 leur contrepoint nostalgique à « Rotsoge », ce grand poème de la modernité suscité par la révélation du dernier Chagall. D'un autre poème de jeunesse vaguement symboliste révélé par les brouillons conservés à la Bibliothèque nationale de France et intitulé « Les soupirs des vierges », deux vers surgiront pour alimenter le poème d'*Alcools* « Crépuscule ». L'enjeu de ces pratiques dépasse, on le voit, les habituelles alchimies littéraires et débouche sur l'esthétique de celui qui affirmait dans une lettre à propos d'*Alcools* qu'« il ne peut y avoir aujourd'hui de lyrisme authentique sans la liberté complète du poète ». C'est l'exercice de cette liberté que les singuliers, les captivants brouillons d'Apollinaire nous donnent à découvrir.

1 Dans sa contribution « L'Écrivain en son temps » à *Apollinaire en somme*, Champion, 1998. **2** Voir la précieuse étude de Michel Décaudin dans le bulletin *Que vlo-ve ?*, janvier-mars 1996, p. 3-25.

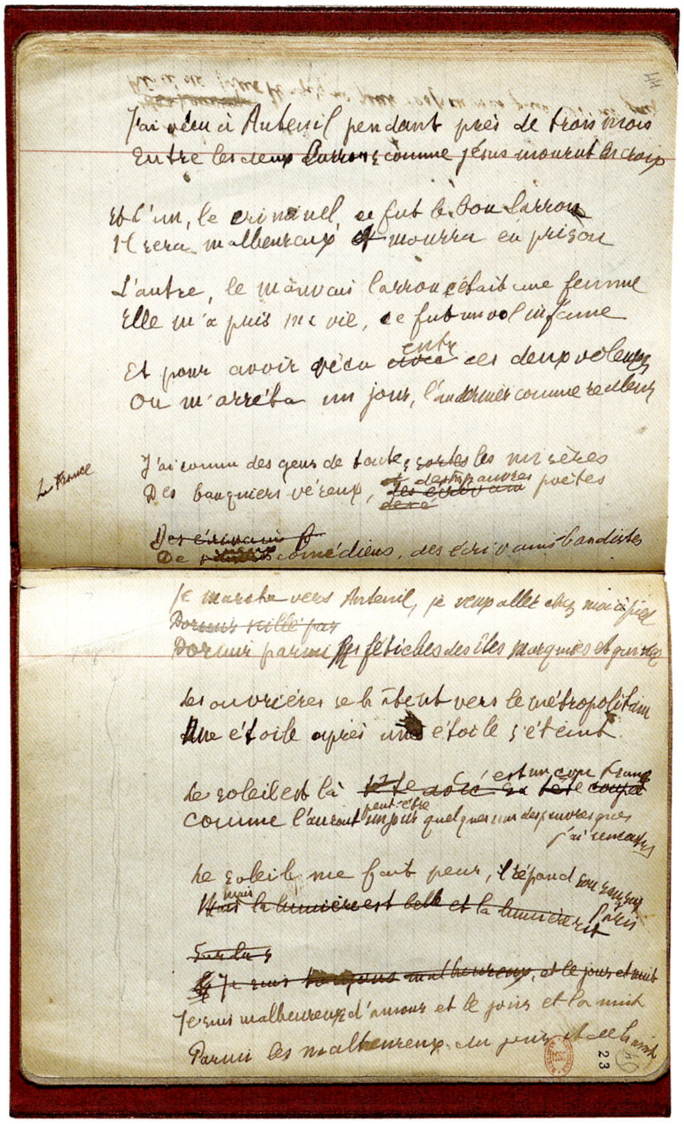

J'ai vécu à Auteuil pendant près de trois mois

L'un, le criminel, se fut le bon larron
Il sera malheureux et mourra en prison

L'autre, le mauvais larron c'était une femme
Elle m'a pris ma vie, ce fut une infâme

Et pour avoir vécu entre ces deux voleurs
On m'arrêta un jour, l'on m'accusa comme receleur

62
Guillaume Apollinaire, *L'Année républicaine*, « Zone »
Manuscrit autographe
Carnet, 13 f., 19 × 15 cm
BNF, Manuscrits, N. a. fr. 25631, f. 22 v°-23

S'étant rapproché en 1909 et 1910 de l'unanimisme de Jules Romains et de son horizon démocratique, Apollinaire conçoit le projet de *L'Année républicaine*, recueil de douze poèmes pour lequel il ouvre ce cahier qui reçoit un premier jet de « Vendémiaire » et une ébauche de « Brumaire » (« Cortège » dans *Alcools*).
En 1912, il revient au cahier pour y inscrire le brouillon de « Zone ». Cette première version, s'affichant délibérément en distiques et plus proche de la confidence, montre comment, avant de boucler son poème sur la magistrale et tragique image « Soleil cou coupé », Apollinaire avait laissé « Zone » en suspens dans la plainte.
É.-A. H.

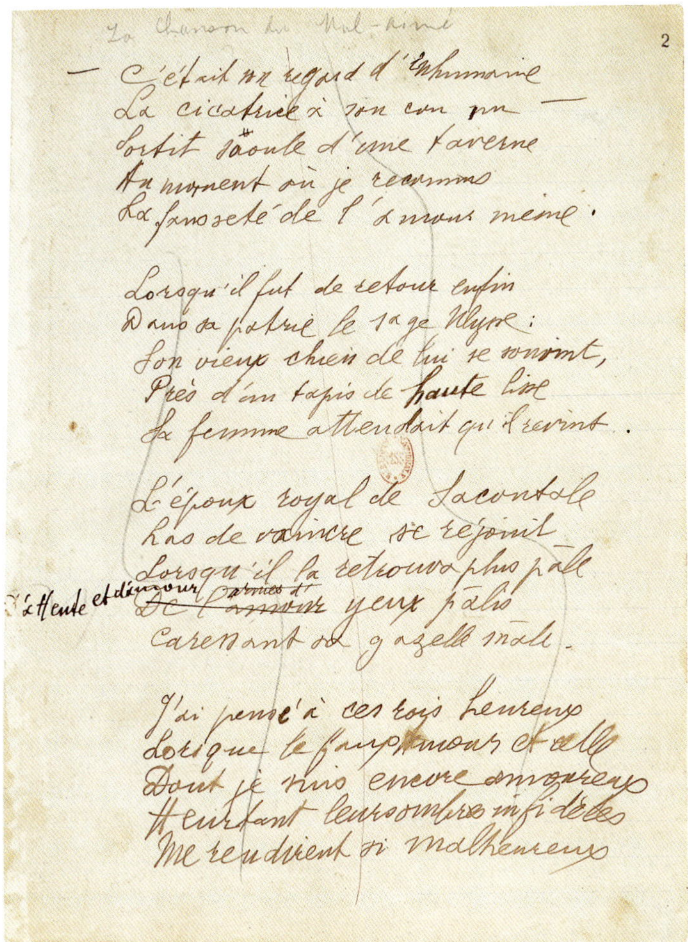

2

C'était un regard d'inhumaine
La cicatrice à son cou nu
Sortit saoule d'une taverne
Au moment où je reconnus
La fausseté de l'amour même.

Lorsqu'il fut de retour enfin
Dans sa patrie le sage Ulysse
Son vieux chien de lui se souvint,
Près d'un tapis de haute lisse
Sa femme attendait qu'il revint.

L'époux royal de Sacontale
Las de vaincre se réjouit
Lorsqu'il la retrouva plus pâle
yeux pâlis
Caressant sa gazelle mâle.

J'ai pensé à ces rois heureux
Lorsque le faux amour et celle
Dont je suis encore amoureux
Heurtant leurs ombres infidèles
Me rendirent si malheureux

63
Guillaume Apollinaire, *Alcools*, « La chanson du mal-aimé »
Manuscrit autographe
23 f. de formats divers
BNF, Manuscrits, N. a. fr. 25608, f. 2

Sous un titre archaïsant et au prix de nombreux remplois et remaniements, Apollinaire convoque ici des lectures, des mythes, des modes d'expression d'une intrigante diversité. L'œuvre s'ordonne « sans tenir compte de la chronologie ni de la vérité historique, mais en fonction d'une autre vérité, celle de son expérience de mal-aimé et celle de la poésie » (Michel Décaudin).
Ces brouillons correspondant à un stade avancé de la genèse apportent plus d'un enseignement. Ainsi l'octosyllabe « Vos cœurs bougent comme des portes » (f. 4) disparaîtra-t-il de la version définitive pour être intégré dans le finale d'un autre poème d'*Alcools*, « Marizibill » : transfert caractéristique de la création chez Apollinaire.
É.-A. H.

Victor Segalen. Du voyage au poème

Mauricette Berne

Né en Bretagne en 1878, Victor Segalen, ne pouvant se présenter au concours de l'École navale à cause de sa myopie, choisit de devenir médecin de marine pour parcourir le monde. Sa courte vie est en effet une succession de voyages et de séjours prolongés en des contrées lointaines ; toujours en quête d'expériences nouvelles, guidé également par la recherche de son moi profond, il résume ses aspirations dans une formule devenue célèbre : « On fit, comme toujours, un voyage au loin de ce qui n'était qu'un voyage au fond de soi. »

La Polynésie d'abord lui offre une nouvelle philosophie de la vie, et la découverte des toiles tahitiennes de Gauguin l'aide à comprendre un pays, une langue, une culture dont l'existence est en péril et qui le séduisent.
Imprégné du message que lui a transmis cette peinture, il écrit alors une œuvre singulière à la gloire du peuple maori, *Les Immémoriaux*, dans laquelle à la dimension romanesque il ajoute une réflexion d'ethnologue.
Tout en n'oubliant jamais qu'il est médecin, Segalen repartira exercer ses talents de créateur et de poète au cœur de la Chine impériale — dont il maîtrise la langue en peu de temps — qui, tout autant que Tahiti, est pour lui révélation.
C'est en parcourant la campagne chinoise parsemée de « livres de pierre », les stèles, que s'est imposée à Segalen l'idée de dire ses pensées les plus intimes dans un recueil de poésies qui eût une forme originale : « Je ne cherche délibérément en Chine non pas des idées, non pas des sujets, mais des formes qui sont peu connues, variées et hautaines. La forme *Stèles* m'a paru susceptible de devenir un genre littéraire nouveau dont j'ai tenté de fixer quelques exemples », écrit en 1912 Victor Segalen à son maître à penser Jules de Gaultier, en lui présentant son recueil de poésies *Stèles*, publié pour la première fois chez les lazaristes à Pékin, dans l'édition de 1912 somptueuse et confidentielle inspirée de la bibliophilie chinoise (quatre-vingt-un exemplaires « non commis à la vente »).
Les premières ébauches de ses poèmes, qu'il appelle ses « premières lectures », sont souvent des passages écrits sur le vif, engrangés dans son journal de voyage au titre évocateur, *Briques et tuiles*, « un amalgame de fragments, de proses, d'inventions, dont je t'envoie parfois des copies », explique Segalen à sa femme.
Une promenade dans les environs de Pékin et une visite aux treize tombeaux des Ming, lors de son premier grand voyage au centre de la Chine en juillet 1909 en compagnie de Gilbert de Voisins, lui inspirent la stèle « Aux dix mille années ». Deux passages en témoignent, écrits à l'étape dans le journal et dans une lettre à Yvonne : « Quel mépris à rebours du Temps lui-même. Il dévore ? Qu'on lui donne à dévorer… »
En septembre, toujours dans *Briques et tuiles*, il compose un texte plus élaboré, qu'il intitule « Aux années. Au temps dévorateur », et à la même date la deuxième version du poème. Il reprendra ce texte à la faveur des conseils que sa femme lui prodigue, elle qu'il reconnaît « précieuse dans le travail de style, peut-être parfois dans celui de la création ». Puis viendront trois versions nouvelles. Pour certaines stèles on en dénombre huit.
Ainsi peut-on suivre les étapes de l'écriture d'un poème depuis la naissance du « germe » jusqu'à l'achèvement, la « mise hors la loi du temps du texte littéraire, à laquelle doit concourir le texte typographique ».
Quelques feuillets rassemblés sous le titre « Livre » exposent sa profession de foi d'écrivain attaché à la fabrication d'un livre depuis les balbutiements

Victor Segalen dans son bureau à Pékin en 1910. Photographie anonyme. Collection particulière

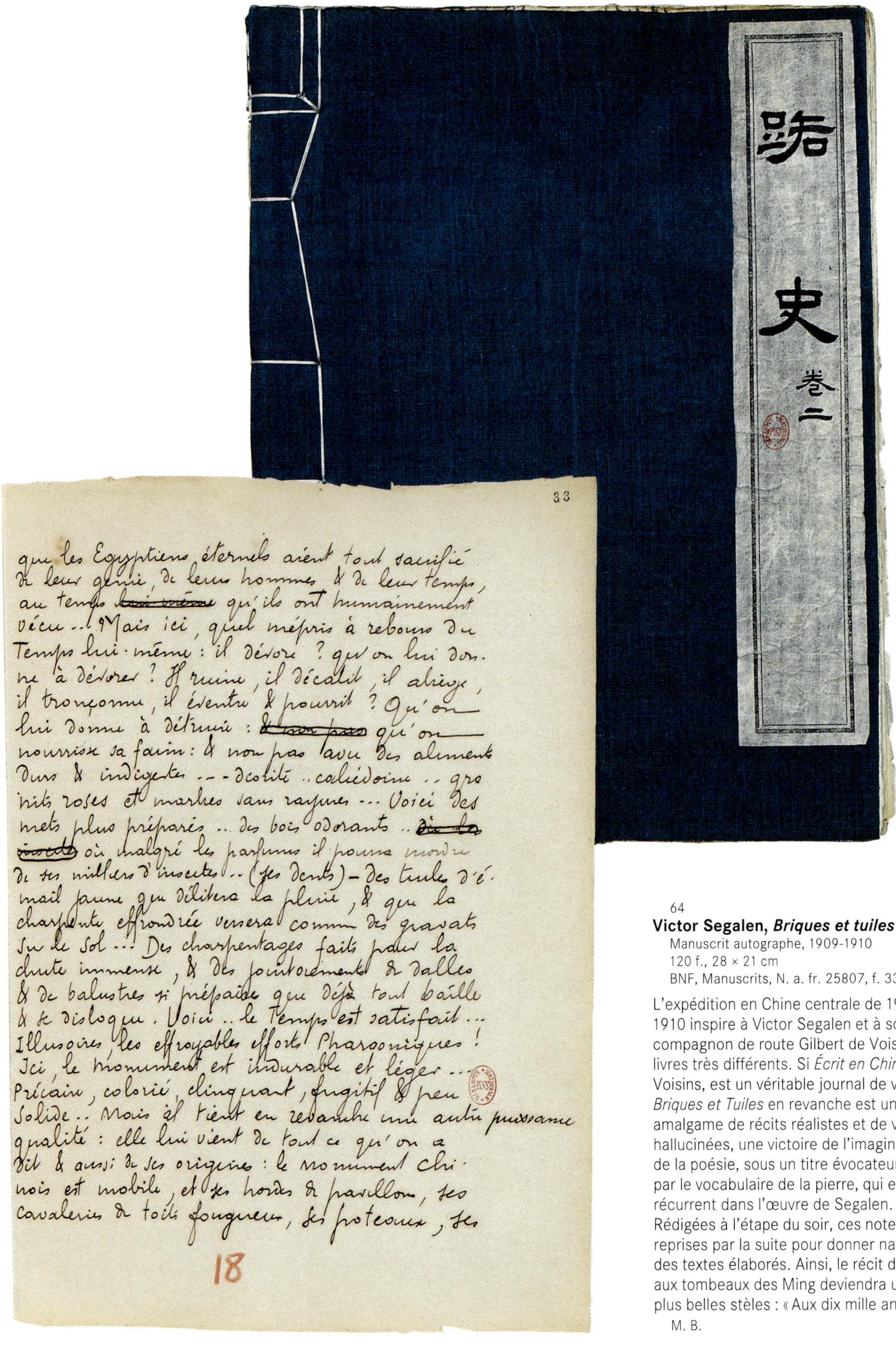

33

qu'les Egyptiens éternels aient tout sacrifié de leur génie, de leurs hommes & de leur temps, au temps ~~lui-même~~ qu'ils ont humainement vécu... Mais ici, quel mépris à rebours du Temps lui-même : il dévore ? qu'on lui donne à dévorer ? Il ruine, il décalit, il abrège, il tronçonne, il éventre & pourrit ? Qu'on lui donne à détruire : ~~[illegible]~~ qu'on nourrisse sa faim : & non pas avec des aliments durs & indigestes... dolérite... calcédoine... granits roses et marbres sans rayures... Voici des mets plus préparés... des bois odorants... ~~[illegible]~~ où malgré les parfums il pourra mordre de ses milliers d'insectes... (ses dents) – des tuiles d'émail jaune que délitera la pluie, & que la charpente effondrée versera comme des gravats sur le sol... Des charpentages faits pour la chute immense, & des jointoiements de dalles & de balustres si préparés que déjà tout bâille & se disloque. Voici... le Temps est satisfait... Illusoires, les effroyables efforts Pharaoniques ! Ici, le monument est indurable et léger... Précaire, colorié, clinquant, fugitif & peu solide... Mais il tient en revanche une autre puissance qualité : elle lui vient de tout ce qu'on a dit & aussi de ses origines : le monument chinois est mobile, et ses hordes de pavillons, ses cavaleries de toits fougueux, ses poteaux, ses

18

64

Victor Segalen, *Briques et tuiles*
Manuscrit autographe, 1909-1910
120 f., 28 × 21 cm
BNF, Manuscrits, N. a. fr. 25807, f. 33

L'expédition en Chine centrale de 1909 à 1910 inspire à Victor Segalen et à son compagnon de route Gilbert de Voisins deux livres très différents. Si *Écrit en Chine,* de Voisins, est un véritable journal de voyage, *Briques et Tuiles* en revanche est un amalgame de récits réalistes et de visions hallucinées, une victoire de l'imaginaire et de la poésie, sous un titre évocateur inspiré par le vocabulaire de la pierre, qui est récurrent dans l'œuvre de Segalen. Rédigées à l'étape du soir, ces notes seront reprises par la suite pour donner naissance à des textes élaborés. Ainsi, le récit de la visite aux tombeaux des Ming deviendra une des plus belles stèles : « Aux dix mille années ».

M. B.

de l'inspiration jusqu'au finale, profession de foi résumée en quelques formules incisives : « Empoigner, rassembler, dompter, en un seul geste : Style, phrase, mots, lettres, blancs, papier, sceau, couverture. » Ce programme se vérifie dans l'étude des notes et brouillons écrits sur de grandes feuilles d'architecte coupées toujours au même format, rehaussés de crayon de couleur et soigneusement annotés, dans l'examen des manuscrits définitifs, qui sur le même papier sont presque des manuscrits d'apparat, sobrement reliés en parchemin ivoire ou cousus à la chinoise en soie bleue, et pour finir dans la contemplation des éditions « coréennes ».

Chaque moment de l'écriture de Segalen est poésie, chaque instant de sa vie fut une quête, celle à la fois d'un graal inaccessible et de son moi véritable. Cette quête devait s'achever tragiquement, à quarante et un ans, dans des circonstances mystérieuses, au cœur de la forêt bretonne peuplée d'enchanteurs de légendes.

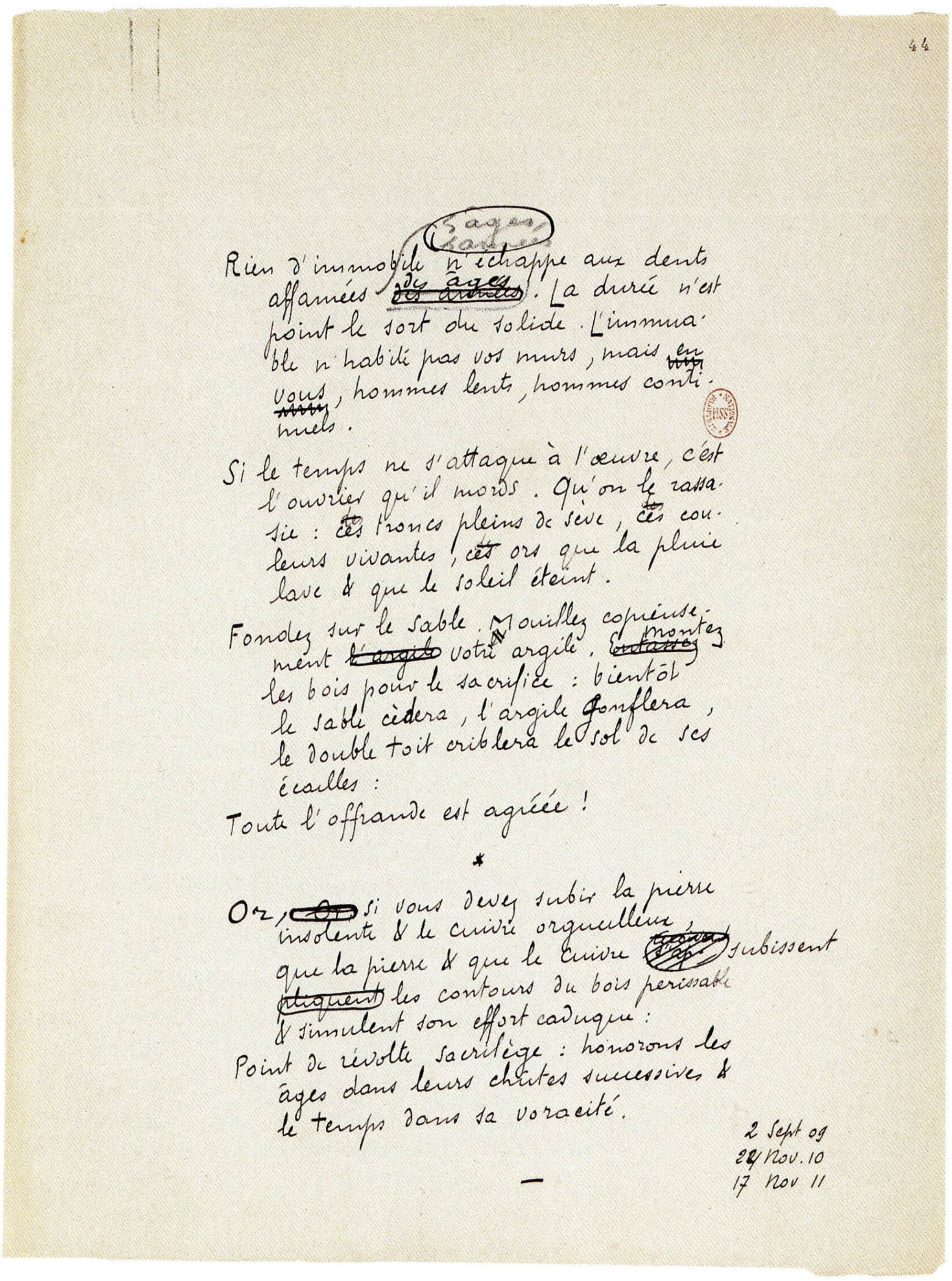

44

Rien d'immobile n'échappe aux dents affamées des âges. La durée n'est point le sort du solide. L'immuable n'habite pas vos murs, mais en vous, hommes lents, hommes continuels.

Si le temps ne s'attaque à l'œuvre, c'est l'ouvrier qu'il mord. Qu'on le rassasie : ces troncs pleins de sève, ces couleurs vivantes, ces ors que la pluie lave & que le soleil éteint.

Fondez sur le sable. Mouillez copieusement votre argile. Montez les bois pour le sacrifice : bientôt le sable cèdera, l'argile gonflera, le double toit criblera le sol de ses écailles :
Toute l'offrande est agréée !

*

Or, si vous devez subir la pierre insolente & le cuivre orgueilleux, que la pierre & que le cuivre subissent les contours du bois périssable & simulent son effort caduque :
Point de révolte sacrilège : honorons les âges dans leurs chutes successives & le temps dans sa voracité.

2 Sept 09
22 Nov. 10
17 Nov 11

—

65
Victor Segalen, *Stèles*
Manuscrit autographe, 1910-1912
73 f., 32 × 28,5 cm
BNF, Manuscrits, N. a. fr. 25816, f. 44

En septembre 1910, Victor Segalen conçoit le projet d'un recueil de poèmes présenté sous une forme originale, différente de celle des modèles occidentaux et traditionnels. Séduit par l'allure des stèles de pierre dont la campagne chinoise est parsemée, il choisit de dire dans ce cadre nouveau ses expériences intérieures. Le recueil *Stèles*, « écrit sous la hantise de fixer des moments chinois », était divisé selon un symbolisme rigoureux qui respectait la direction des quatre points cardinaux, « Midi ou Impériales, Nord ou Amoureuses, Orient ou Amicales, Occident ou Guerrières ». À ces quatre directions s'ajoutaient les « Stèles du bord du chemin » et les « Stèles du Milieu ». « Aux dix mille années » est une des stèles les plus célèbres dont le « germe » naquit au cours d'une visite aux tombeaux des Ming en juillet 1909.
M. B.

même jusqu'à la confidence, laissant de la sorte échapper quelque chose de son monologue intérieur :

Beau ciel, vrai ciel, regarde-moi qui change!
Après tant d'orgueil, après tant d'étrange
Oisiveté, mais pleine de pouvoir,
Je m'abandonne à ce brillant espace [...]

Chez ce penseur ivre de sa volonté, un tel acquiescement à soi-même est le signe qu'il abordait le plus profond de soi. Jamais strophe ne résonna d'échos plus directement autobiographiques. Elle porte d'ailleurs la marque d'un secret exhalé. Une rareté dans la versification (une coupe 5/5, alors que le décasyllabe appelle une coupe 4/6) qu'accompagne un enjambement non moins rare, donnent la mesure de cet « abandon ».

Mais Valéry prit soin d'effacer les traces trop nettes d'émotions qu'il tient à conserver secrètes : spasmes d'un cœur « qui vit d'inquiétude », angoisse du néant. Dans cette strophe 8 où trône l'invocation « Ô pour moi seul, à moi seul, en moi-même », la « grandeur » interne a effacé l'effroi du gouffre interne. Et pourtant les échos de cet ébranlement n'en sont pas moins inscrits dans la chair vivante du poème, à l'instar des notes sourdes qui, en musique, forment la « basse continue ». Ce *Cimetière marin* où se joue le duel de la lumière souveraine et du « rire éternel » de la mort est au plus près de la source. Mais il ne suffit pas qu'un poème s'enracine dans la mémoire profonde. Cette méditation conçue « comme soi et plus que soi » appelait une amplification ; elle se chargea de pensée, haussa le ton, devint altière. Le poème gagna en force, en impétuosité. Les thèmes furent « appelés, tramés, opposés ». Une construction s'érigea. Une architecture se dégagea. L'homme méditerranéen apparut, alliant l'ivresse d'une grandeur et la sagesse des Anciens :

Et l'amertume est douce, et l'esprit clair.

68
Paul Valéry, *Charmes*
Cahier portant sur la couverture le titre « P V 1918 », été 1917 – 1922, puis 1944
62 f., 21 × 17 cm
BNF, Manuscrits, N. a. fr. 19010, f. 27 v°

Destiné tout d'abord à des recherches pour un projet d'« opéra » (« Ovide chez les Scythes »), ce cahier devient, à partir de mai 1918, un cahier d'esquisses poétiques, avant de retrouver sa fonction première de bloc-notes. C'est le cahier de *Charmes* le plus riche et le plus secret. Certaines strophes nouvelles du *Cimetière marin* sont « essayées » ici, au printemps 1919, alors qu'éclate une structure qui paraissait entérinée, avant d'être reprises dans les marges et aux versos des feuillets 24 à 26 du cahier de mise au net (voir *supra*). Il est remarquable que Valéry ait mis en doute, à ce moment précis, la validité du type prosodique qui s'était imposé à lui quelque deux ans plus tôt, à savoir le sixain décasyllabique. Il compose une esquisse de strophe qui n'est rien d'autre, dans son esprit, qu'un « test » rythmique, lequel fait varier à chaque vers l'emplacement de la coupe du décasyllabe. Déconcerté par les difficultés qui lui semblent ternir l'éclat de ce mètre, Valéry va jusqu'à tenter de passer à l'alexandrin, annotant pour cela la copie dactylographiée qu'il vient de réaliser des dix strophes du poème, ce qui donne pour la strophe 21 un résultat à la fois étonnant et peu concluant (« Chaste Zénon, cruel Zénon, Zénon d'Élée », ou encore : « Hélas ! Le son m'enfante et la flèche me tue ! »)
F. de L.

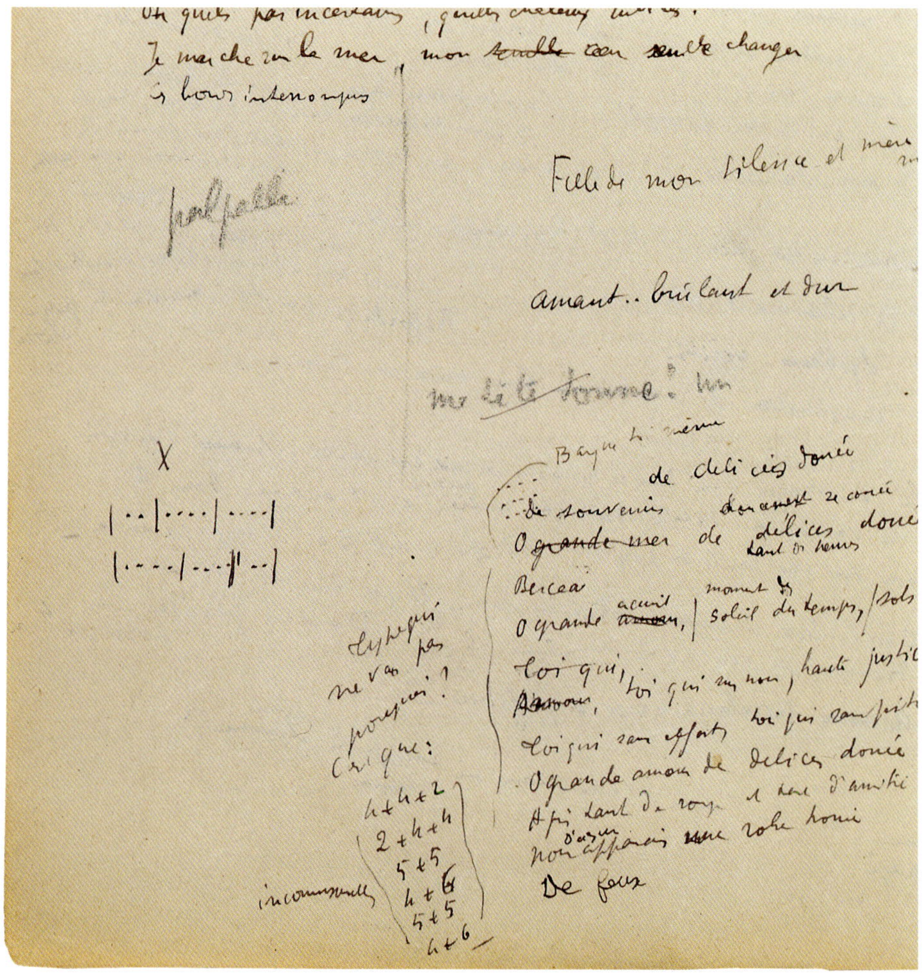

Du côté des surréalistes

Pendant quelques semaines exaltées de 1919, André Breton et Philippe Soupault, autre « pôle » de l'aimant et partenaire irremplaçable du fait de sa qualité exceptionnelle de disponibilité à l'instant, vont produire l'essentiel des *Champs magnétiques*. Expérience d'écriture menée à deux dans l'horizon du freudisme, découvert par Breton en 1916, et non pas dans la mouvance des idées de Janet sur l'automatisme, comme le prétend une légende récente mais déjà tenace : la méthode des associations libres et les analyses menées par Freud et Jung sur des textes littéraires sont à l'origine du projet de cette « écriture sans sujet » et affranchie autant qu'il se peut de la censure psychique, l'abandon à la plume devant garantir les meilleures chances d'extraire le « minerai brut », selon les formules consignées quelque temps après dans un carnet de Breton. Témoignage direct de la naissance de cette prose fiévreuse et glacée au fil des écritures alternées, le manuscrit de travail montre que des déplacements et des corrections sont intervenus après coup. Paraissant aller à l'encontre du parti pris d'enregistrement de la dictée intérieure, ces modifications ont été invoquées pour instruire des procès naïfs. Rappelant que Breton lui-même en faisait état dans le *Manifeste du surréalisme*, Marguerite Bonnet a souligné avec justesse (dans l'édition de la Pléiade des *Œuvres complètes* d'André Breton) que, dès ses premières manifestations, l'écriture automatique a été une expérience ambivalente : « parole pulsionnelle, elle reste en même temps surveillée, cet *irrésistible* contrôle intervenant à des moments et à des degrés divers. C'est dire que l'automatisme est un objectif que le poète se propose sans jamais pouvoir l'atteindre totalement dans la *durée*, et que, contrairement à une autre idée reçue, Breton n'a jamais sacralisé cette technique, tout en appuyant sur elle l'élan de son écriture poétique. »

Étienne-Alain Hubert

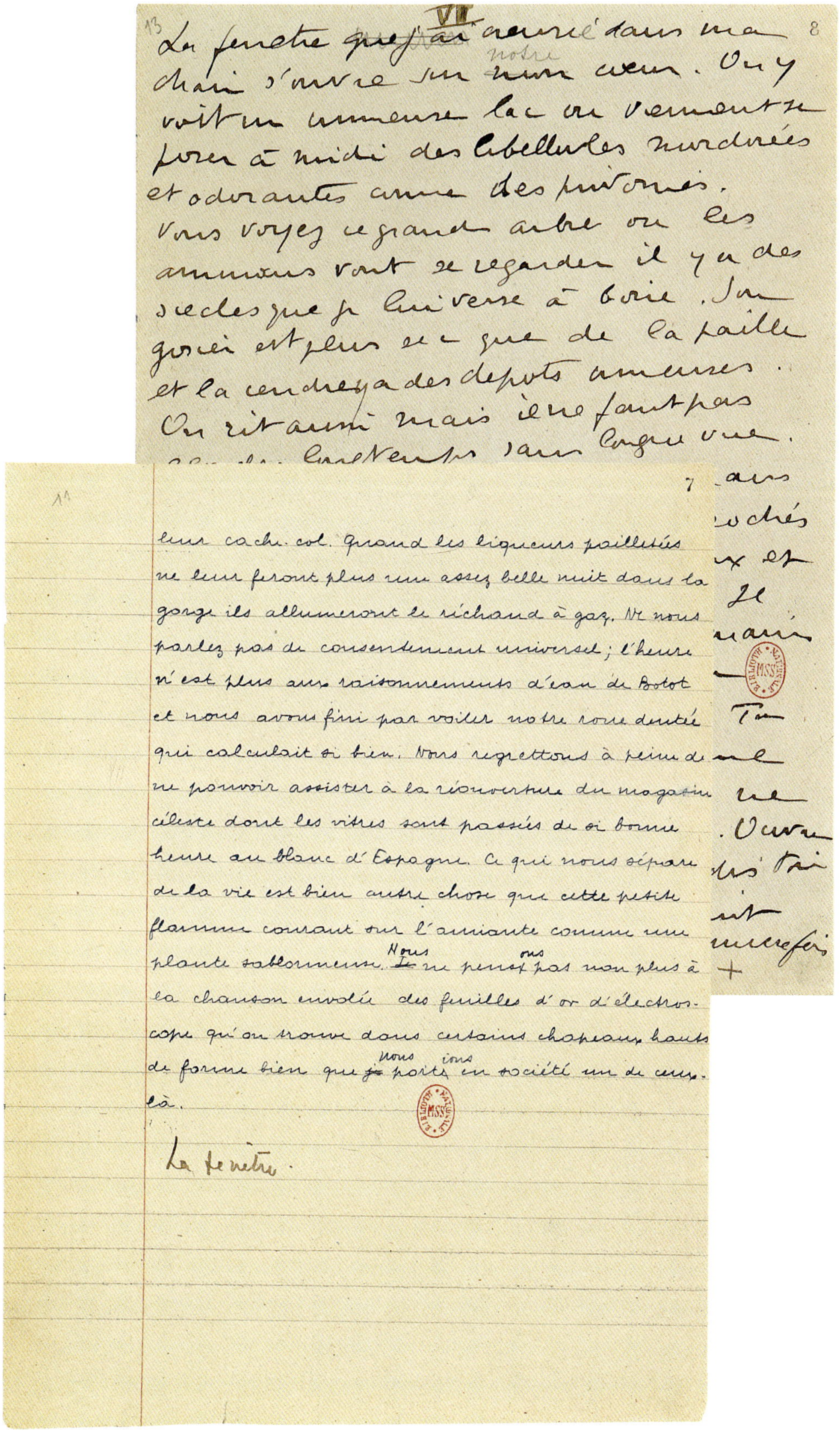

VII

La fenêtre ~~que j'ai~~ creusée dans ma chair s'ouvre sur notre cœur. On y voit un immense lac où viennent se poser à midi des libellules mordorées et odorantes comme des pivoines. Vous voyez ce grand arbre où les animaux vont se regarder il y a des siècles que je lui verse à boire. Sa gorge est plus sèche que de la paille et la cendre y a des dépôts immenses. On rit aussi mais il ne faut pas […] longue vue.

leur cache-col. Quand les liqueurs pailletées ne leur feront plus une assez belle nuit dans la gorge ils allumeront le réchaud à gaz. Ne nous parlez pas de consentement universel ; l'heure n'est plus aux raisonnements d'eau de Botot et nous avons fini par voiler notre roue dentée qui calculait si bien. Nous regrettons à peine de ne pouvoir assister à la réouverture du magasin céleste dont les vitres sont passées de si bonne heure au blanc d'Espagne. Ce qui nous sépare de la vie est bien autre chose que cette petite flamme courant sur l'amiante comme une plante sablonneuse. Nous ne pensons pas non plus à la chanson envolée des feuilles d'or d'électroscope qu'on trouve dans certains chapeaux hauts de forme bien que nous portions en société un de ceux-là.

La fenêtre.

69

André Breton et Philippe Soupault
Les Champs magnétiques

Manuscrit autographe, avril-juin 1919
75 f. de dimensions variables
BNF, Manuscrits, N. a. fr. 18303[1-3], f. 7 et 8

La reproduction intégrale du manuscrit a été éditée par Lachenal et Ritter : *Les Champs magnétiques, le manuscrit original, fac-similé et transcription*, Paris, 1988.

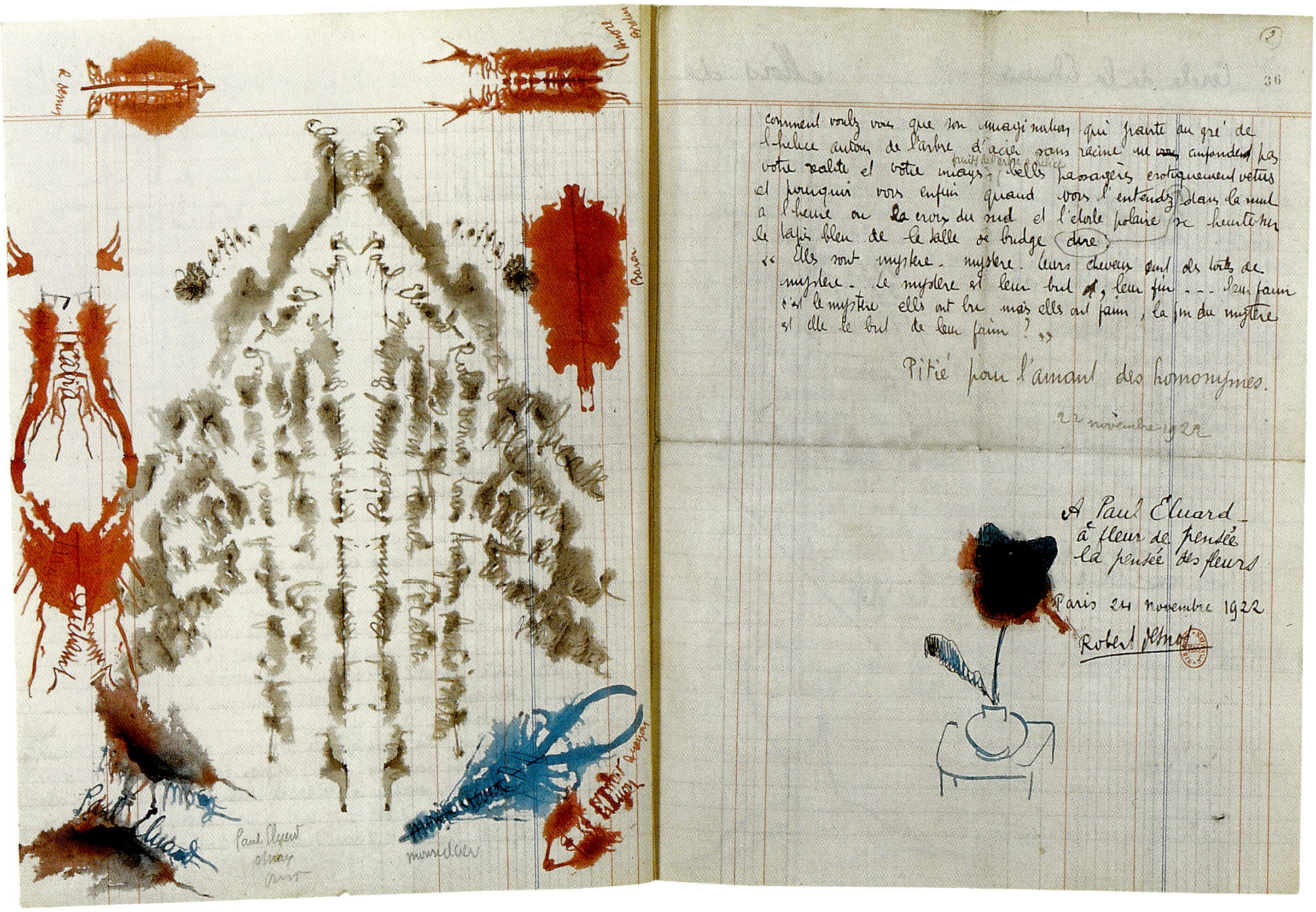

70
Robert Desnos, recueil de poèmes, « Amour des homonymes »
Manuscrit autographe
128 f., 30 × 24 cm
BNF, Manuscrits, N. a. fr. 25096, f. 35 v°-36

Desnos ou « l'homme qui rêve tout haut sans dormir » (André Breton, 1924). Publiée dans la revue *Littérature* avant d'être reprise dans *Corps et biens* (1930), cette coulée verbale insistante et tourmentée porte la date du 22 novembre 1922. Le début est habité par l'obsession de formes circulaires se propageant en « grandes ondes invisibles et concentriques » : roues, seins, cible, sphère. Dans la suite du texte, l'attirance pour la féminité – insaisissable – s'associe inextricablement au déploiement de la productivité du langage. Le sujet risque de se perdre dans un monde vertigineux de reflets, d'échos et d'homonymies. D'où le cri de détresse lancé par « l'amant des homonymes ».
La dédicace manuscrite, accompagnée du dessin d'une pensée, rappelle une comparaison de l'époque entre Eluard et cette fleur. Elle correspond aussi au statut indécis de ces pages, entre automatisme et discursivité : *à fleur de pensée*.
É.-A. H.

Robert Desnos vers 1923. Photographie de Man Ray. BNF, Estampes

La vérité est qu'au-dessus du mot et au-dessus de la phrase il y a quelque chose de beaucoup plus simple qu'une phrase et même qu'un mot : le sens, qui est moins une chose pensée qu'un mouvement de pensée, moins un mouvement qu'une direction.

Bergson

Philosophes

La démarche philosophique n'a pas le même objet que la création littéraire, bien qu'elle comporte sa part de fiction et de poésie. Ne vise-t-elle pas essentiellement à s'interroger sur la vérité ? À ce questionnement, l'écriture offre un lieu autant qu'un moyen : « Le langage est mystère pour soi » (Merleau-Ponty)... Et les manuscrits de travail des philosophes présentent, sous la diversité de leurs apparences (fragments de premier jet, pages raturées, feuillets constellés d'ajouts), tous les registres du processus de l'invention, depuis la fulgurance intuitive jusqu'à la reprise inlassable de la réflexion en passant par la quête obstinée de la formule opératoire.

Simone Weil. Le fragment et l'essai

Florence de Lussy

Simone Weil (1909-1934) fut l'élève du philosophe Alain, dont elle assimila profondément la pensée.
Elle enseigna la philosophie pendant quelques années, mais c'est essentiellement comme militante syndicaliste et historienne qu'elle se manifesta jusqu'à la guerre. Si l'on met à part son premier « grand œuvre » (*Réflexions sur les causes de la liberté et de l'oppression sociale*), sa production nombreuse suit de très près l'actualité. Avec la guerre, qui entraîna son exclusion, en tant que juive, du corps des enseignants, elle aligna cahier sur cahier, en un exercice qui ne prit fin qu'avec sa mort, rédigea quelques articles, conçut plusieurs projets d'essais, dont, le plus souvent, elle interrompait la rédaction, soit qu'un autre sujet accaparât son esprit, soit que le temps la prît de court. Même *L'Enracinement*, écrit à Londres (pour qui ?), ne fut pas mené à terme : la mort interrompit l'ouvrage. Elle laissa une œuvre immense, pratiquement inconnue de ses contemporains et dont l'essentiel fut écrit sans souci d'un quelconque public.
En 1940, l'histoire accélère une nouvelle fois sa course tragique. Paris se vide de ses habitants contraints à l'exode. La famille Weil échoue, comme bien d'autres, à Marseille et s'y fixe momentanément, dans l'attente d'une possibilité de traverser l'Atlantique. Un monde s'est écroulé, et avec lui les valeurs admises jusque-là.
Simone Weil avait prévu le désastre. Son esprit s'y était préparé. Familière des situations extrêmes, elle n'est pas longue à se reprendre, c'est-à-dire à tout reprendre à zéro. Le tournant d'une vie équivaut ici à un tournant de pensée. Les deux faits sont concomitants.
Dans l'ordre de la pensée, Simone Weil opère, pourrait-on dire, un réancrage dans la grande tradition philosophique.
Durant le printemps quarante, elle s'entretint par lettres avec ce génie mathématique qu'était son frère André, lequel, inculpé d'insoumission, croupissait en prison. Dans cette correspondance prestigieuse, où chacun donne le meilleur de lui-même, les forces de résistance exaltant la puissance de l'intellect, la pensée de Simone réinvestit pleinement le champ philosophique.
En arrivant à Marseille, une fois passés les premiers moments de stupeur, Simone Weil reprend le cours de ses réflexions exactement là où elle les avait laissées. Seuls ont changé le support de sa pensée — de simples cahiers de brouillon et non un papier à lettres — et le destinataire de sa pensée : elle ne s'adresse plus à son frère, mais elle écrit pour soi. Il ne s'agit de rien de moins pour elle que de repenser la science, face au séisme provoqué par la science contemporaine, qui a renversé toutes les certitudes ; et, dans le même temps, de refonder la philosophie. Tout le travail d'écriture de Simone Weil en ces premiers mois marseillais va porter sur ces thèmes conjoints, d'abord sous la forme de réflexions notées pour soi et jetées sur le papier à titre expérimental, puis selon la forme de l'essai.
Cela donnera deux textes rédigés au début de 1941 (d'ailleurs interrompus tous deux dans leur déferlement) qui se complètent et renvoient l'un à

71
Simone Weil
Cahier inédit I, fin 1940 – janvier 1941
100 p., 22 × 16,5 cm
BNF, Manuscrits, fonds S. Weil

Simone Weil avait quitté Paris le 13 juin 1940 sans rien emporter d'autre que le strict nécessaire. En arrivant à Marseille, elle achète de modestes cahiers d'écolier dont elle remplit les pages au jour le jour, accumulant des notes de lectures, mais surtout, entremêlés de calculs et figures géométriques, des aphorismes et réflexions, ainsi que des germes et fragments d'articles et essais à venir, telles ces « Réflexions sur la notion de valeur ». Ces notes assument le rôle d'un refuge pour cet être déraciné. Elles sont aussi le miroir fidèle d'un questionnement de la pensée, mélange de doute et de certitude, qui assaille la philosophe. Au cœur du débat : les positions respectives de la science et de la philosophie.
L'écriture est resserrée à l'extrême. La pensée a l'éclat et la force de qui se retrouve libre après les angoisses de l'exode.
F. de L.

Simone Weil à Barcelone
dans le corps des Républicains
en septembre 1936
Photographie anonyme
BNF, Estampes

l'autre : d'une part le long texte « La science et nous », par lequel Simone Weil frappe un grand coup, faisant allusion à la révolution de la théorie des quanta, intervenue aux alentours de 1900 (« Nous avons perdu la science sans nous en apercevoir... ») ; d'autre part les pages longtemps inédites consacrées à des réflexions sur la notion de valeur...

Une urgence nouvelle est née en Simone Weil dont nous venons d'esquisser la genèse. Mais si forte que soit une impulsion, les mécanismes d'enclenchement de l'écriture doivent aussi beaucoup aux circonstances. C'est ici un hasard de lecture qui est à l'origine du « précipité ». Parmi les lectures qu'elle découvrit dans le grenier des *Cahiers du Sud*, Simone Weil dénicha (dans la revue *Yggdrasill*) le cours inaugural donné par Valéry au Collège de France le 10 décembre 1937. La définition que ce maître ès poésie donna de la philosophie à cette occasion (« un marché général des valeurs ») la mit en état de choc. Son cahier du jour (en janvier 1941) en garde la trace : « Valéry : Cours de poétique. Commence par faire entièrement abstraction de toute considération de valeur (alors qu'il ne s'agit que de valeurs), puis décrit. Procédé très instructif (mais comme procédé) pour déceler la marque en creux de la valeur. »

La décision d'écrire un texte naît ici. Plusieurs modes d'écriture se seront auparavant succédé : notes-repères (et bibliographie) dans un petit agenda de poche, ébauches de raisonnement, éclats de pensée dans un cahier tenu au jour le jour (le premier de la série marseillaise). Ce sont là des modes d'écriture bien recensés, attendus même, jusque dans leur succession. Cependant chez Simone Weil, les modalités, les visées et les effets sont violemment disjoints et relèvent de processus sans rapports entre eux bien que coexistant dans un même esprit. On distinguera essentiellement le mode de l'éclat, qui procède par coups de sonde, c'est-à-dire par confrontations successives et rapides des champs sémantiques les plus divers. C'est un mode essentiellement expérimental où la pensée se permet tous les écarts, toutes les audaces. Ce ne serait qu'une succession de questionnements et d'hypothèses sur le mode interrogatif si, de temps à autre, ne venait s'inscrire sur la page, sonore comme un coup de cymbale, une assertion ou un aphorisme jaillissant comme le ferait un éclair de pensée. Il s'agit là d'une écriture de stimulation, qui peut paraître au premier abord chaotique mais qui possède une réelle cohérence interne : la pensée est en état de guet et multiplie les rapprochements. Elle guette la trouvaille. L'éclat des formules n'est que la transposition de l'éclat d'une pensée qui a trouvé les mots pour se dire.

L'autre écriture, celle de l'essai, qui procède par contiguïté, cherche la clarté, se veut convaincante ; vise peu ou prou un public. La voix est celle de quelqu'un qui a quelque chose à transmettre. Chez Simone Weil, la pensée s'enchaîne, mais c'est trop peu dire. Sa pensée, en effet, avance sous la poussée d'une logique impitoyable (« [...] la valeur est exclusivement un objet de réflexion ; elle ne peut être objet d'expérience [...] toute connaissance humaine est hypothétique [...] la valeur ne peut être matière à hypothèse [...] »). Cependant, chez elle, sous l'effet de la vitesse acquise, l'écriture s'allège progressivement ; tandis que le souffle va s'amplifiant. C'est un flux que rien n'arrête, alignant vague sur vague. La pensée suit la voix. Elle profite du souffle. Avec cet essai sur la notion de valeur, d'autres thèmes que ceux prévus initialement sont abordés. Des idées neuves et fortes voient le jour, en même temps que la langue connaît de constants bonheurs, touchant le détachement philosophique, les contradictions entre les systèmes, le langage « qui n'est pas fait pour exprimer la réflexion philosophique » et qui doit être transposé d'âge en âge, ou la grande tradition philosophique « vraisemblablement aussi ancienne que l'humanité »...

Cette fois, l'exercice de pensée enchaînée a joué à la manière d'une rampe de lancement ; l'écriture — et la pensée — sont portées sur une onde dont le mouvement, parfois, s'interrompt, comme ici, soit que la grâce d'un moment d'écriture ait pris fin, soit, plutôt, que la pensée soit parvenue à ses fins en revenant à ce point de départ qui avait mobilisé la plume, à savoir l'hérésie sortie de la bouche de Valéry touchant la notion de valeur. C'est précisément sur le nom de Valéry que Simone Weil lève la plume. Elle a déchargé son ressentiment. Peu lui chaut dès lors que ce texte soit voué à demeurer dans les cartons.

Maurice Merleau-Ponty, *Le Visible et l'invisible*

Stéphanie Ménasé

Le premier feuillet du manuscrit autographe du *Visible et l'invisible* est daté de mars 1959[1]. Le brouillon tout aussi raturé qui le précède porte la trace des hésitations sur la formulation de la phrase d'ouverture : « Nous voyons les choses mêmes, le monde est cela que nous voyons[2] [...]. » Il fait apparaître, de façon fortuite et *a posteriori*, la nécessité pour l'auteur d'ouvrir le texte par ce « nous » désignant une appartenance commune des hommes au monde, appartenance nécessaire sinon à leur accord, du moins à une possible entente ; par la suite s'affirme la nécessité d'interroger le sens de ce « nous ». Dans la logique de la philosophie de Merleau-Ponty ou dans la « volonté d'expression totale[3] » qui la caractérise, la distinction entre le philosophe et l'« homme naturel » ne peut être maintenue sans aboutir à une impasse.

Ce sont ces impasses que manifestent les si nombreuses reprises et corrections du texte par l'auteur, et leur intégration, qui vient nuancer la suite du raisonnement. Ainsi se dessine le relief de l'expression, se frayant un passage au cœur des apories, contournant ou intégrant des orientations nouvelles, renversant les arguments. Et la pensée s'inscrit dans un rapport ouvert au sens. Les ratures montrent ici la recherche d'un ancrage commun : « la foi perceptive » en un monde, évidence pré-théorétique ou « assise profonde d'"opinions" muettes [...] impliquées dans notre vie ». Mais devant l'énigme de ce monde, le philosophe est « obligé de revoir et de redéfinir les notions les mieux fondées, d'en créer de nouvelles, avec des mots nouveaux pour les désigner ».

Les différents états manuscrits de ce vaste projet philosophique, parfois intitulé « Être et Monde », parfois « L'origine de la vérité », ou encore « Le labyrinthe de l'ontologie » — dont les cent cinquante pages rédigées qui en forment le texte continu — sont accompagnés d'un grand nombre de « notes de travail ». Ces dernières, souvent écrites d'un seul jet et portant peu de marques de corrections, correspondent à des idées jetées sur le papier, des commencements de développements. *Le Visible et l'invisible* nous est parvenu grâce au travail d'édition de l'ancien élève et ami du philosophe, Claude Lefort : édition posthume dans laquelle celui-ci a fait suivre le texte de certaines de ces notes de travail qui en éclairent le propos. L'entreprise de Merleau-Ponty s'y révèle comme une « vraie réforme de l'entendement[4] », philosophie interrogative nous entraînant à notre tour à cette dialectique interrogative.

Ainsi la note « Philosophie et littérature[5] », datable de juin 1959, est caractéristique d'une pensée qui ne trouve ce qu'elle cherche que dans l'épreuve de l'expression, c'est-à-dire dans le passage de la pensée à l'expérience de l'étendue. Elle établit de plus un parallèle entre la philosophie et la littérature. Car, si « le langage est mystère pour soi », son usage littéraire possède une valeur heuristique propre, qui fait apparaître la littérature comme modèle pour une pratique de la philosophie dans son rapport interrogatif au monde. Comme modèle aussi de création de sens, non plus à retrouver, mais à mettre en œuvre : c'est l'assemblage qui permet aux signes de porter une signification, et la fonction conquérante de l'expression littéraire propose à la philosophie l'exemple d'une dialectique incarnée.

Maurice Merleau-Ponty. Photographie de Léon Herschtritt. BNF, Estampes

1 BNF, Manuscrits, fonds Maurice Merleau-Ponty, vol. VII, f. 6 ; d'autres dates sont indiquées au fil du manuscrit : « juin 1959 », « octobre 1960 » pour un brouillon de rédaction du chapitre « Interrogation et intuition », une autre rédaction de ce chapitre étant datée de « novembre 1960 ». 2 *Le Visible et l'invisible*, éd. Claude Lefort, Gallimard, 1964, rééd. coll. « Tel », 1979, p. 17. 3 *La Prose du monde*, éd. posthume Claude Lefort, Gallimard, 1969, rééd. coll. « Tel », 1992, p. 56. 4 *Le Visible et l'invisible*, *op. cit.*, p. 17 ; BNF, Manuscrits, fonds Maurice Merleau-Ponty, vol. VII, f. 6. 5 BNF, Manuscrits, fonds Maurice Merleau-Ponty, vol. VIII, f. 31 ; *Le Visible et l'invisible*, *op. cit.*, p. 250-251. 6 « La langue est toute hasard et toute raison parce qu'il n'est pas de système expressif qui suive un plan et qui n'ait son origine dans quelque donnée accidentelle [...] » (Maurice Merleau-Ponty, *La Prose du monde*, *op. cit.*, p. 50).

À l'examen de l'ensemble du manuscrit et de ses ratures, on constate que les titres des parties et des chapitres, ainsi que la composition de l'ouvrage, sont encore des objets de réflexion quand le philosophe commence à rédiger. Il se lance dans la rédaction alors que le statut de ce texte par rapport à son projet est encore en suspens. Cette façon de procéder corrobore ce qu'il dit du caractère à la fois accidentel et nécessaire de l'écriture[6]. La première phrase est bien une entrée seulement possible dans le monde qu'il envisage de nous apprendre à voir. Et la plupart des corrections suivent l'inscription de sa pensée dans le mouvement même de l'écriture et non dans celui de réécritures ultérieures.
Pour Merleau-Ponty, un livre, même achevé, demeure à déchiffrer ; il est objet culturel parce que son sens interne ne prend corps que sous le sens qu'on lui prête, face aux questions qu'on lui oppose : pas de visée pure, pas de signification totale ou définitive. Il y a institution d'un sens, c'est-à-dire institution d'un écart, parce qu'il y a registre ouvert de l'expression. Dans cette configuration, la parole n'est pas comprise comme disposition d'énoncés et de thèses, mais comme processus de différenciation et d'élaboration, de dissociation et de combinaison. À la parole thétique, descriptive, explicative, s'oppose la recherche de la formulation opérante, provocant la pensée — dimension ouverte de la langue et de l'expérience.

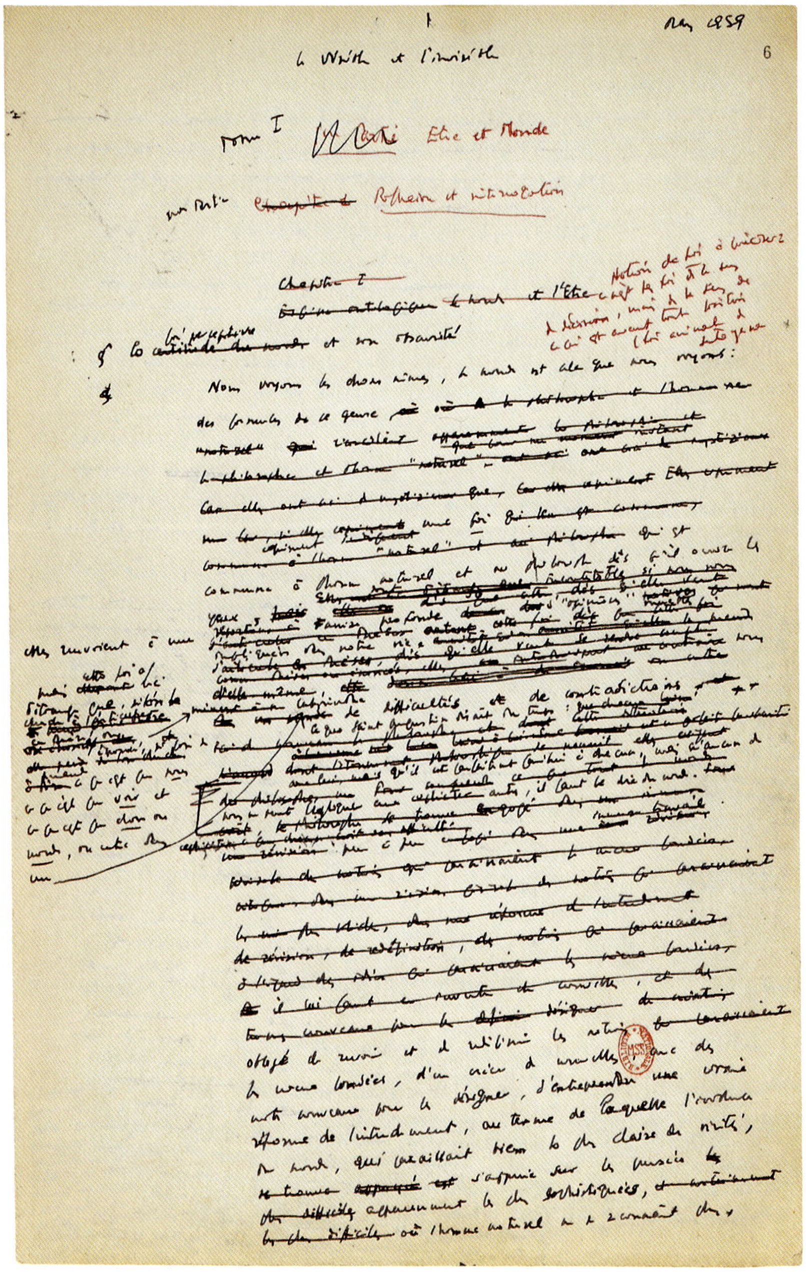

72
Maurice Merleau-Ponty, *Le Visible et l'invisible*
Manuscrit autographe
204 f., 32 × 25 cm.
BNF, Manuscrits, fonds M. Merleau-Ponty, vol. VII, f. 6

Interrompu en 1961 par la mort du philosophe et publié à titre posthume en 1964 par Claude Lefort, *Le Visible et l'invisible* approfondit la réflexion sur le fondement perceptif de tout jugement et dessine les contours d'une nouvelle ontologie, attentive à l'homme incarné. Les innombrables ratures du manuscrit révèlent « non seulement le mouvement de la pensée, mais son tâtonnement », à travers de « multiples hésitations, corrections, reformulations » (Claude Lefort). Ici, le premier feuillet de l'ouvrage et ses incertitudes sur titres et incipit.
M. O. G.

Vladimir Jankélévitch. L'écriture de l'inachevé

Françoise Schwab

Le *Traité des vertus*, publié pour la première fois en 1949, est le fruit d'une dizaine d'années de travail : commencé avant guerre, poursuivi pendant celle-ci, au mépris des traques et des soucis quotidiens, il pourrait être l'œuvre d'une vie ; heureusement suivi de nombreux autres livres, il se situe en fait au milieu de la trajectoire philosophique de Jankélévitch. Dans les années 1968-1974 paraît une seconde édition, en trois volumes, entièrement remaniée, revue et corrigée, qui comporte des textes nouveaux, comme les premières pages présentées ici sous leur forme manuscrite.
Leur étude montre, selon l'expression propre à Jankélévitch, une pensée « se faisant », puisqu'elle rend perceptible le travail du créateur à travers les strates de l'écriture, dans les ajouts, les ratures ou les marges du texte : texte en mouvement où le premier jet rédigé a été repris et enrichi de toutes les notes qui venaient à l'esprit du philosophe pendant son enseignement en Sorbonne. Ses élèves s'en souviennent. Un mot, une fulgurance, une évocation musicale surgissaient au milieu de son cours, lui-même émaillé de longues digressions ; il les notait aussitôt, imprimant à sa pensée un tour nouveau. Et le soir, à sa table, les idées apparues pendant la journée complétaient le travail déjà écrit. Il avait toujours, dans le discours comme dans l'écriture, le souci de parfaire, d'ajouter, de compléter une idée, une trajectoire de pensée, une inspiration.
Et le même souffle infatigable qui, lorsqu'il parlait à ses étudiants, le faisait tellement ressembler à un chanteur déchiffrant sa partition, appuyé à sa chaire comme à un piano, et cependant privé de tout accompagnement.
Jamais cette pensée n'était figée, solidifiée dans une rhétorique implacable ; au contraire la parole lui conférait le jaillissement, la spontanéité, mais aussi l'exigence d'approfondissement et de précision propre à la leçon philosophique. Son talent oratoire envoûtait ses auditeurs, qui suivaient, parfois avec difficulté, les méandres d'un développement agrémenté de mots grecs, latins ou russes… rarement traduits. Comme si la dimension orale était nécessaire à cette pensée en expansion. Jankélévitch n'avouait-il pas volontiers qu'il était un professeur, surtout un professeur, et qu'il en était fier ? Sans doute est-ce de sa fonction enseignante assumée avec passion et respect que naquirent ses œuvres les plus précieuses.
Rythme haletant de ses cours en Sorbonne. Mais aussi retenue, ellipse, distance qui sont l'apanage des poètes. Homme de parole qui écrit des textes imprégnés de silence… Car le philosophe écrit comme il parle. Il nous livre un manuscrit enchevêtré d'analyses pressantes, de répétitions, de reprises. Tantôt impatient, tantôt flâneur, il exprime et imprime, dans le splendide isolement d'une écriture savante et familière, la parole jamais démentie : sa voix qui a tant marqué ceux qui l'ont écouté traverse ses écrits.
Souvent ses premières pages de notes n'étaient composées que de mots biffés. Jankélévitch pensait et travaillait à partir de mots, de notions, de thèmes, et il épuisait tous les possibles d'une idée, toutes les variations d'une pensée, toutes les adjonctions à un thème en les approfondissant jusqu'au tréfonds de leur substance ; il les ornementait également de souvenirs de lectures, de poèmes mis en musique par ses compositeurs favoris et, plus rarement, d'emprunts à des philosophes chers à son cœur, comme d'un kaléidoscope de références culturelles.
Mais cette pensée fut solitaire, conçue loin de toute chapelle et de tout cercle philosophique. Ce que Jankélévitch préférait, c'était de « creuser toujours son sillon », quitte à se répéter, et d'élargir sans cesse une réflexion dont il n'était jamais entièrement satisfait. Sa modestie l'engageait à ne pas se contenter d'une œuvre statufiée, rédigée une fois pour toutes ; il détestait le mot lui-même, pensant qu'une « œuvre » n'est jamais accomplie, mais qu'on doit la remettre sur le métier, comme le fait un bon artisan : d'où les ajouts, les répétitions, les annotations, et les nombreuses rééditions remaniées.
La langue coule alors, d'une limpidité parfaite. Tout à coup, le cœur parle, le rythme est là. Parole tangente au silence, à la frontière de la pensée et de la musique. Car la vérité du philosophe est inassignable : entre les lignes, à demi-mot, elle est partout et nulle part ; elle demande sans cesse à être ressaisie, allant de la lettre à l'esprit, cherchant un je-ne-sais-quoi d'ineffable, qui étant écrit ou énoncé, n'est déjà plus. Au lecteur ou à l'auditeur de recevoir le message dans une complicité telle qu'elle annexe l'au-delà du langage, devine l'écho et la trace que les mots laissent dans leur sillage…
Que reste-t-il d'un homme lorsqu'il n'est plus ?
S'il est philosophe, est-ce seulement une pensée ou l'inspiration indéfinissable qui en anime la trame ?
Et l'écriture peut-elle préserver la marque à jamais inscrite d'une voix évanouie ?

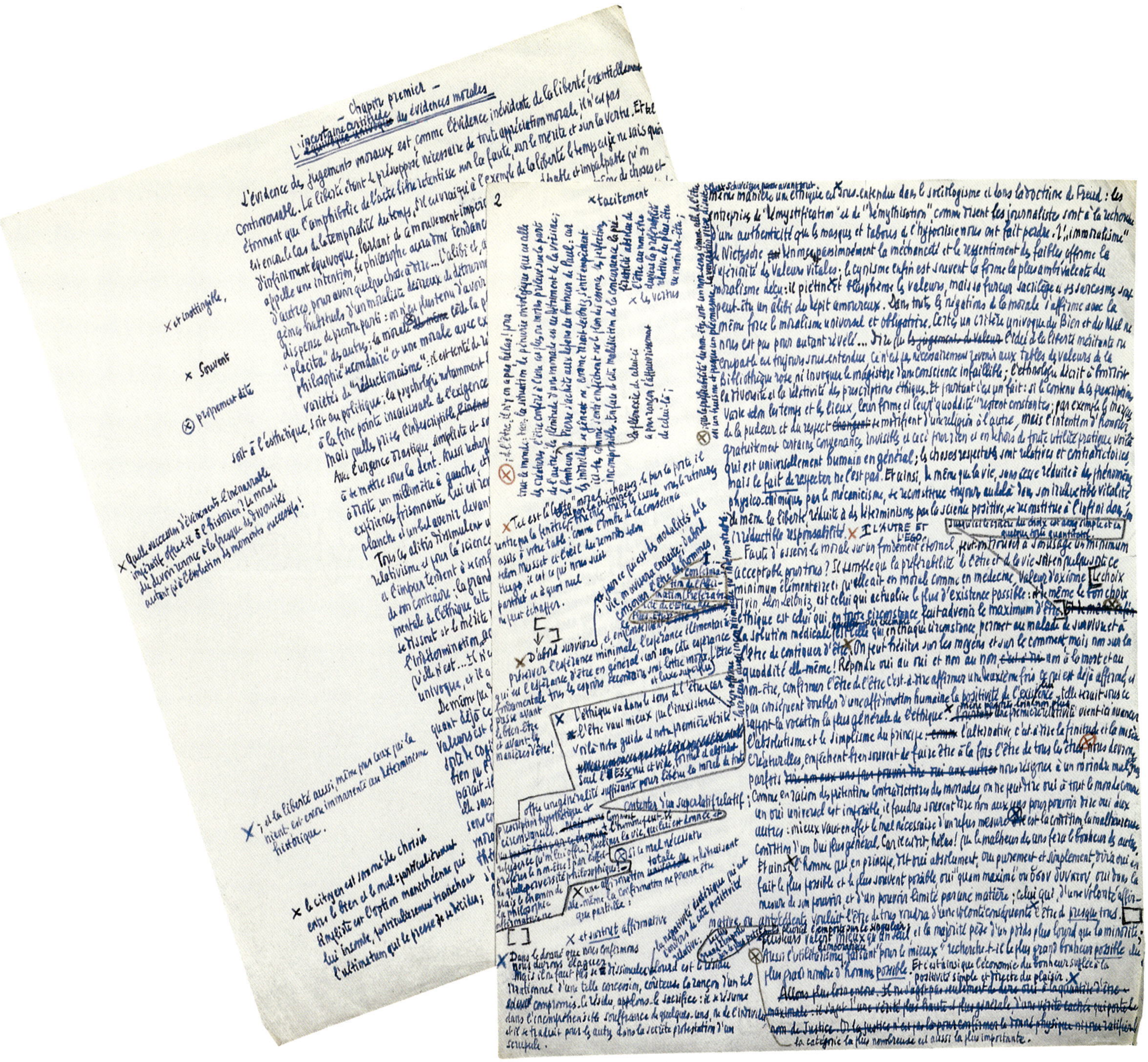

73

Vladimir Jankélévitch, *Traité des vertus*, 1re partie

Manuscrit autographe

371 f., 27 × 21 cm

BNF, Manuscrits, fonds V. Jankélévitch, 3, f. 1 et 2

Philosophe d'une morale en acte, sur fond de tragique mais non de désespoir, Jankélévitch réhabilite avec ce maître livre la notion de vertu : témoignage d'une exigence éternellement insatisfaite, elle n'existe sans doute qu'en nous échappant. Dans ces premiers feuillets constellés d'ajouts et de renvois, appartenant à la préparation de la seconde édition considérablement remaniée et développée du *Traité*, se lit « cet acharnement de poursuivre sans répit une chose continuellement reperdue », qui n'indique « ni progrès, ni répétition » (*Quelque part dans l'inachevé*), propre à la démarche de Jankélévitch.

M. O. G.

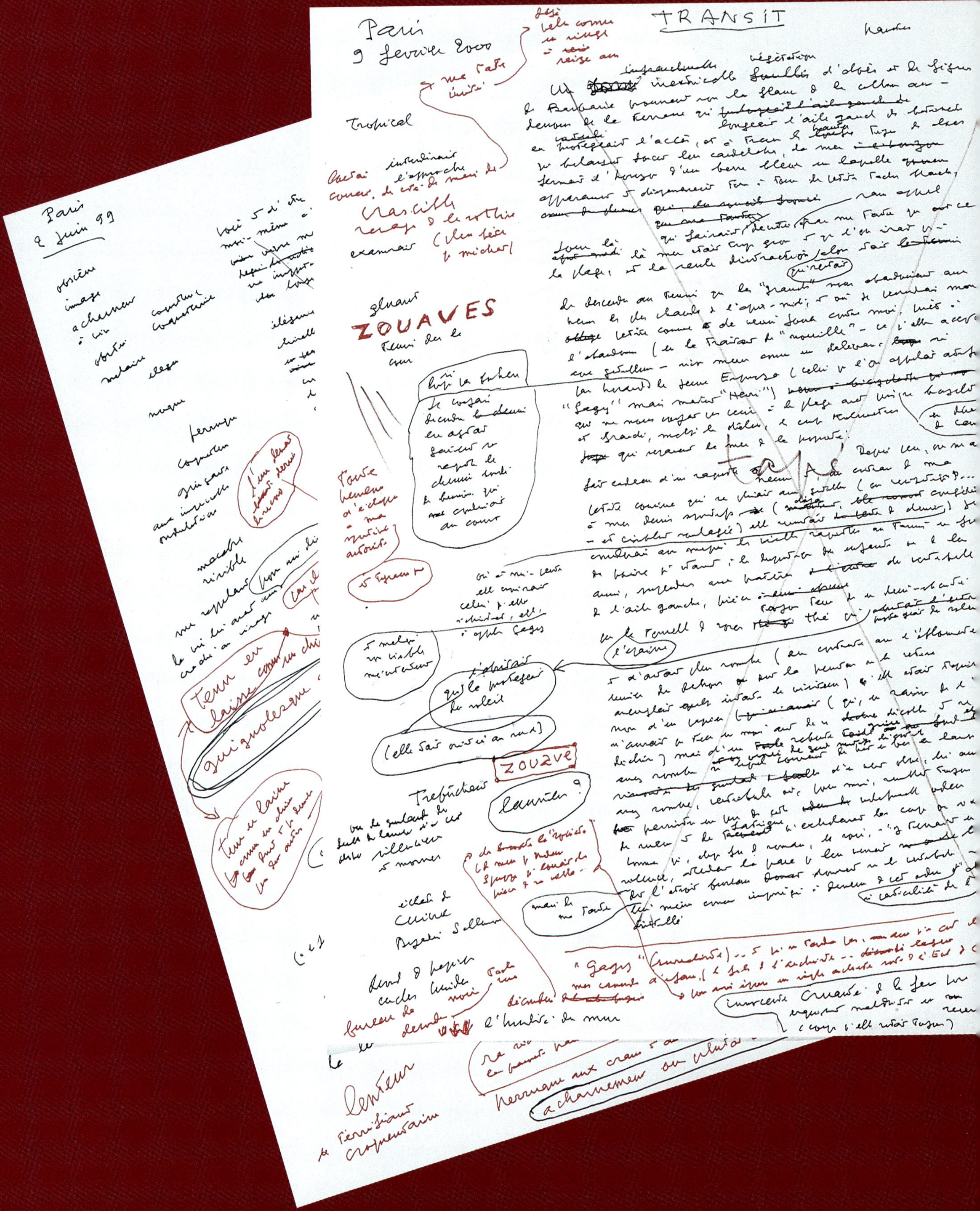

TRANSIT
Paris
9 février 2000
ZOUAVES
Paris
8 juin 99

Les mots sont autant de carrefours où plusieurs routes s'entrecroisent. Et si, plutôt que de vouloir traverser rapidement ces carrefours en ayant déjà décidé du chemin à suivre, on s'arrête et on examine ce qui apparaît dans les perspectives ouvertes, des ensembles insoupçonnés de résonances et d'échos se révèlent.

Claude Simon

La fabrique du texte

Entre les premières idées griffonnées dans un carnet et les ultimes corrections sur épreuves se déploie le temps de la création, variable selon les auteurs et les moments. Les uns se laissent guider par leur inspiration. Les autres accumulent plans et documentation avant d'écrire le premier mot. De l'improvisation à la méthode, le spectre des attitudes est large où voisinent les pratiques d'écriture les plus complexes et les plus diverses.

74
Claude Simon
Deux feuillets autographes datés du 2 juin 1999 et du 9 février 2000
Collection particulière
Manuscrit de travail d'un roman en préparation, au titre encore provisoire, ou l'entrecroisement des chemins de la création.

Brouillon, processus d'écriture et phases génétiques

Pierre-Marc de Biasi

Lorsqu'il est assez complet, le dossier de genèse d'un texte publié contient les documents relatifs aux différentes étapes du travail qui ont conduit l'écrivain de l'idée initiale de son projet à la forme imprimée de l'œuvre. Ces étapes successives correspondent à des phases d'écriture différentes ; celles-ci se décomposent elles-mêmes en plusieurs moments qui correspondent à des fonctions et qui font apparaître des types de manuscrits particuliers. L'ensemble de documents que l'on appelle usuellement les « brouillons » de l'œuvre correspond au travail « rédactionnel » : ce sont les manuscrits, souvent couverts de ratures, qui ont été consacrés au travail de « textualisation », c'est-à-dire à la « mise en phrases » proprement dite de l'œuvre. Ce qui n'était primitivement qu'un « projet », un « plan » ou un « scénario » enregistré par l'écrivain dans un style plus ou moins télégraphique commence alors à acquérir la forme d'un enchaînement séquentiel où les formulations se trouvent structurées par la syntaxe et la concaténation de phrases. Les brouillons peuvent apparaître après des « esquisses » et des « ébauches » qui ont eu pour fonction de développer les contenus primitifs d'un « plan » ou d'un « scénario initial ». À côté de ces documents à valeur scénarique, on peut aussi trouver d'autres types de manuscrits, également distincts des brouillons, les « notes de documentation rédactionnelle », qui entretiennent une relation étroite avec le processus de textualisation puisque bien souvent c'est au moment où il « rédige » que l'écrivain intègre le contenu de ses notes documentaires à la matière de ses phrases. Vers la fin du processus de textualisation, des manuscrits souvent moins chargés de ratures font leur apparition : ce sont les « mises au net », qui peuvent encore devenir le théâtre d'importants remaniements mais qui, en général, ont pour fonction de préparer la confection d'une ultime copie au propre, le « manuscrit définitif », qui servira de référence pour la version imprimée. Le « brouillon » désigne donc au sens strict les documents relatifs à la fonction rédactionnelle de textualisation ; mais cet ensemble d'autographes reste en constante interaction avec d'autres manuscrits de travail dont les fonctions (structuration, documentation) agissent profondément sur la textualisation. L'aspect des brouillons, leur forme et leur nature dépendent de la technique de travail de l'écrivain, du processus d'écriture qu'il a choisi de mettre en œuvre.

L'analyse des manuscrits fait apparaître l'existence de deux grands types d'écritures littéraires. Il y a des écrivains (comme Flaubert ou Zola) qui ne peuvent travailler que s'ils disposent d'un canevas précis et qui rédigent selon le principe d'une « programmation scénarique » : dans ce cas de figure, la textualisation est programmée par un scénario ou un plan que l'écrivain pourra modifier en cours de route, mais qui lui servira de guide pendant toute la rédaction. Tout à l'inverse, d'autres écrivains (comme Stendhal) ont besoin de se jeter dans la rédaction sans se sentir contraints par le moindre plan : ils suivent la méthode d'une « structuration rédactionnelle » qui se construit au fur et à mesure de l'élaboration de l'œuvre. Cette opposition est capitale car il s'agit de deux manières de travailler radicalement différentes, à certains points de vue opposées, qui ont des conséquences décisives sur la forme et la nature des manuscrits.

L'écriture « à structuration rédactionnelle » est réfractaire à toute programmation initiale : elle ne s'appuie sur aucun schéma écrit préalable et va droit devant elle en commençant par une rédaction de « premier jet ». Le travail de rédaction se développe, à chaque session de travail, en commençant souvent par la relecture et la révision de ce qui a été précédemment rédigé, selon une méthode qui, après une première rédaction complète, peut donner lieu à des réécritures globales, qui constituent des « versions » successives de l'œuvre. Au contraire, l'écriture « à programmation scénarique » fait précéder l'écriture par un travail de conception préliminaire, sous la forme de plans, scénarios, notes, ébauches, recherches documentaires, qui ont pour fonction de préparer et d'organiser la rédaction. Le travail rédactionnel pourra ensuite être mis en œuvre partie par partie, chapitre par chapitre, page par page (type Flaubert) selon un système de réécriture répétitive qui vise une forme finale (chaque page est retravaillée jusqu'à acquérir sa forme définitive) mais qui se trouve souvent pondérée par un jeu permanent d'aller et retour entre rédaction locale et scénarisation globale.

Ces deux démarches ne donnent pas le même profil de développement génétique ni le même type de manuscrits. De nombreux écrivains combinent ces deux démarches selon des formules adaptées à leur projet, à leur propre méthode de travail ou

aux nécessités imprévisibles de la rédaction : saisi par une idée de situation narrative, un romancier peut parfaitement commencer à rédiger une fiction sans se doter du moindre plan, et avancer assez loin dans sa rédaction, puis décider qu'il lui faut préparer un scénario précis pour la fin de son récit, au risque d'être conduit, du fait de cette contrainte, à revenir sur sa rédaction antérieure. Inversement, un écrivain qui s'est pourvu d'un plan très précis peut se trouver conduit, sous l'effet des libertés qu'il a prises dans sa rédaction, à abandonner son plan au profit d'une tout autre structuration, qui se construit au fur et à mesure de la textualisation, dans une direction qui n'a plus rien à voir avec son projet initial.
Tous les cas de figure peuvent se présenter et il serait probablement impossible de trouver, y compris chez le même écrivain, deux exemples de démarches rigoureusement identiques. Mais, dans la plupart des cas, lorsqu'il est assez complet, le dossier de genèse d'une œuvre publiée fait apparaître quatre grandes phases de travail qui se succèdent avec des durées et une importance relative variables : la phase prérédactionnelle, consacrée à la confection du plan initial (lorsqu'il s'agit d'une écriture à programmation), la phase rédactionnelle, où l'écrivain procède à la textualisation, la phase prééditoriale, au cours de laquelle se prépare la version imprimée du texte (du manuscrit définitif au « bon à tirer » des épreuves typographiques) et enfin la phase éditoriale (les différentes versions imprimées du texte, de l'édition préoriginale à la dernière édition du vivant de l'auteur).
Chacune de ces quatre phases se définit par les processus et les fonctions opératoires qu'elle met en œuvre pour se réaliser à travers des manuscrits de travail spécifiques.

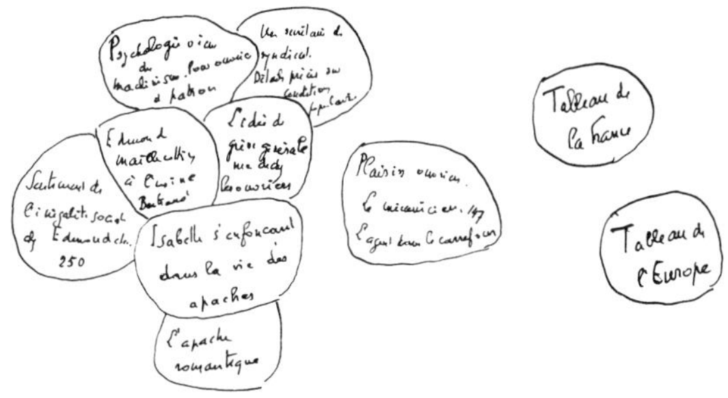

Phase prérédactionnelle (Romains)

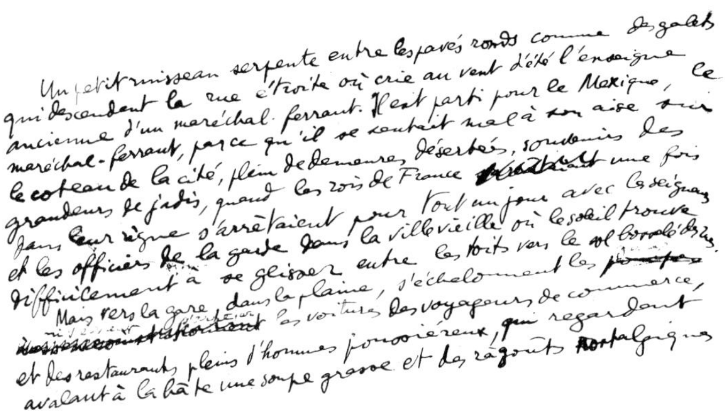

Phase rédactionnelle (Aragon)

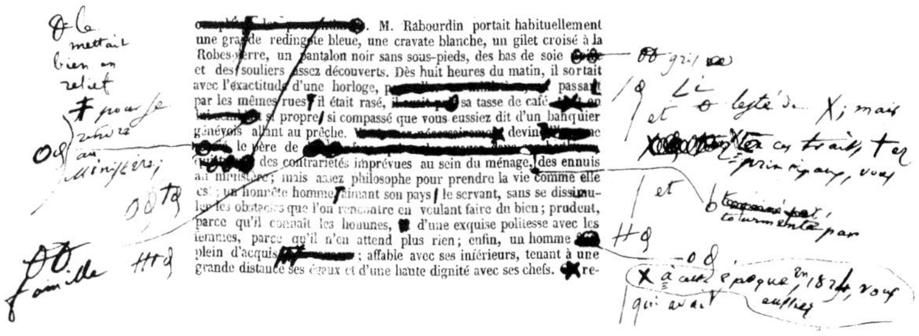

Phase prééditoriale (Balzac)

Entre méthode et improvisation

Notes, plans, programmes…

Les germes d'une œuvre s'éparpillent en bribes de phrases réunies dans des carnets ou jetées sur de petits papiers pris au hasard – matière première de l'écriture qui pourra servir tout au long de la rédaction. La prise de notes est sans doute, pour tous, le premier pas sur une route qui va rapidement se différencier : tandis que certains s'engouffrent dans la textualisation, d'autres empruntent la voie de la préparation. Établir un dossier structuré en notes documentaires, plans, esquisses, scénarios, se fixer un programme auquel on ne dérogera pas, voilà une démarche dont l'écriture de Zola constitue le meilleur exemple.

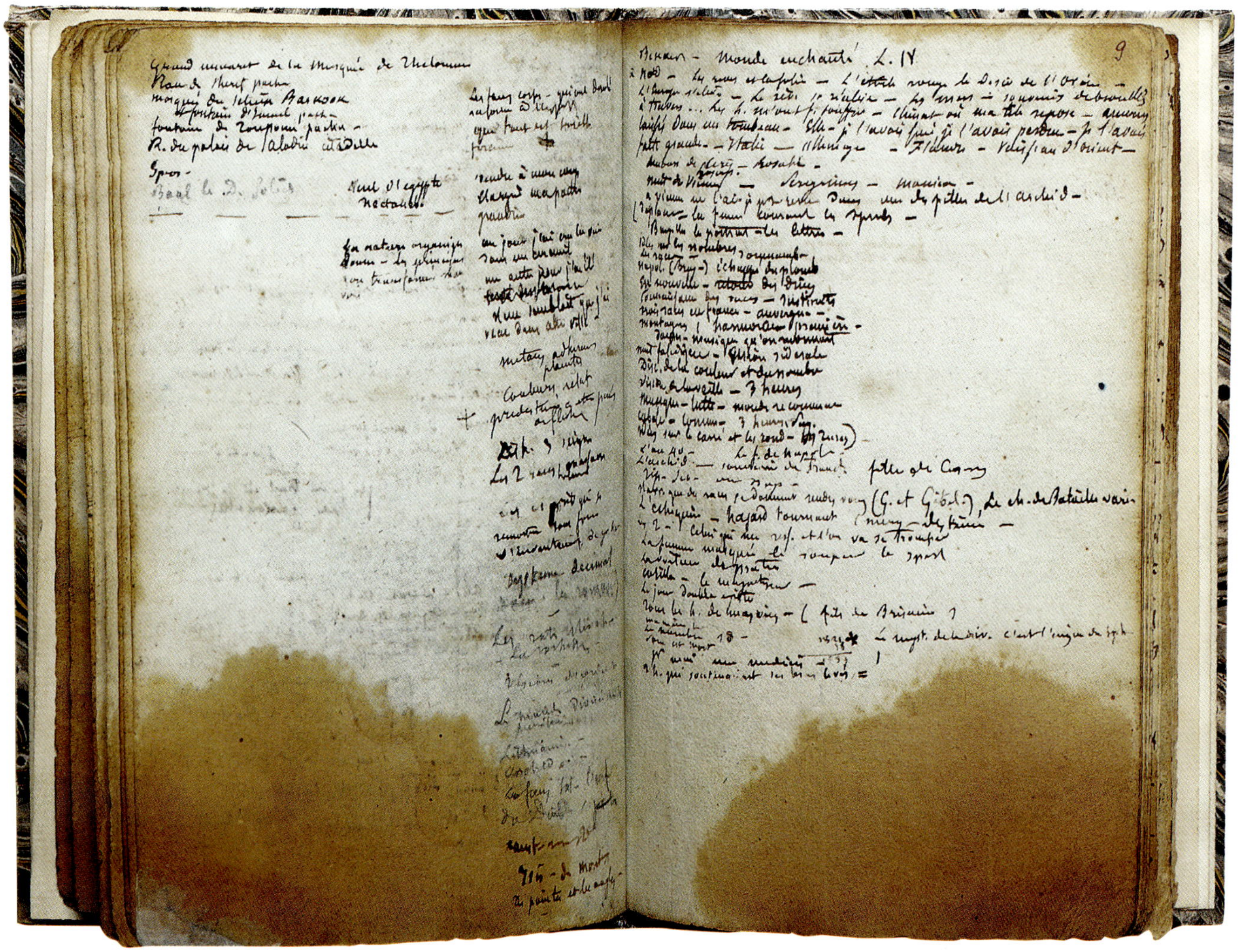

75

Gérard de Nerval, carnet de voyage, 1843

25 f., 15 × 9,5 cm. BNF, Manuscrits, N. a. fr. 14282, f. 8 v°-9

Lorsque Nerval part pour l'Orient en 1843, c'est plus à la poursuite de ses rêves qu'à la découverte de pays réels qu'il s'embarque. Ce mince carnet, couvert de notes à l'encre ou au crayon, hâtives, minuscules et presque illisibles à force d'abréviations, a été utilisé pendant son séjour au Caire : entre l'esquisse d'un croquis et des listes de dépenses journalières, quelques extraits de lectures érudites alternent avec de brèves impressions touristiques et la mention elliptique de visions ou de souvenirs jetés au hasard de la page. Histoires et mythes orientaux se mêlent déjà à sa douloureuse mythologie personnelle; ce sera le sujet du *Voyage en Orient*, mais certaines notes plus intimes annoncent *Aurélia* ou *Pandora*, qu'il n'écrira que dix ans plus tard : « Les rêves et la folie – L'étoile rouge le Désir de l'Orient […] Amours laissés dans un tombeau – Elle – je l'avais fuie, je l'avais perdue ».

M. O. G.

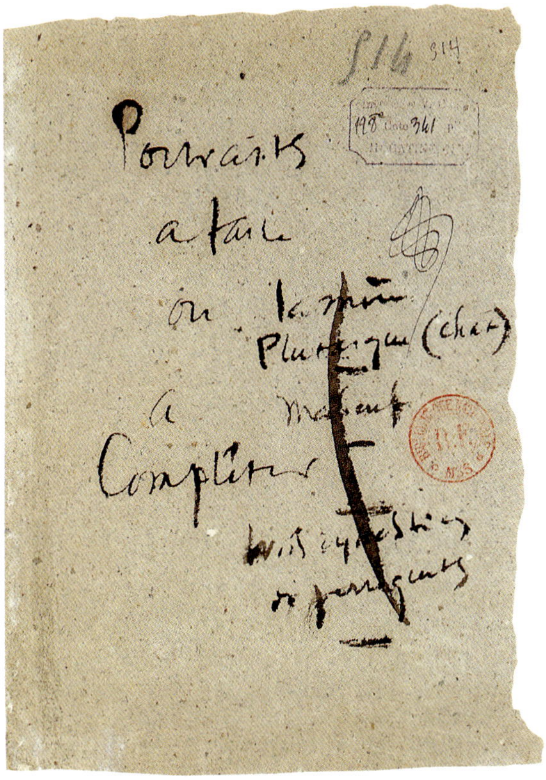

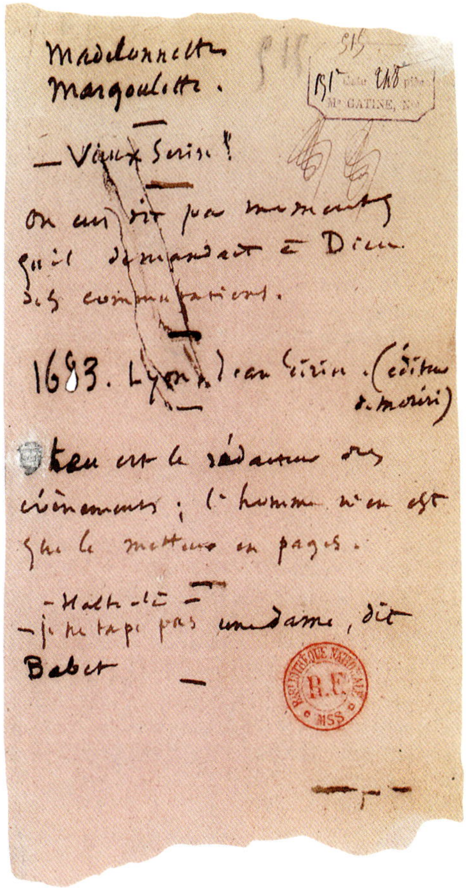

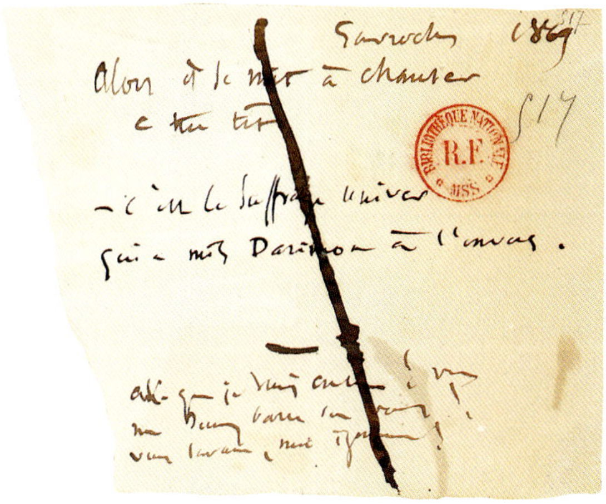

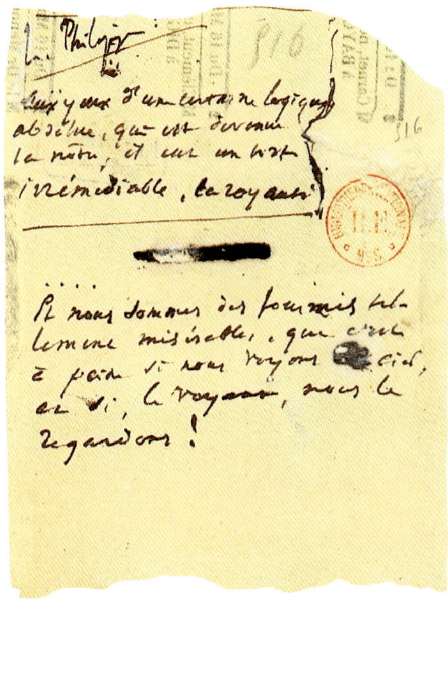

76

Victor Hugo, *Les Misérables*

« Reliquat » : notes et fragments manuscrits
790 f., 39,5 × 31 cm
BNF, Manuscrits, N. a. fr. 24744, f. 514 à 517

Parmi les innombrables volumes manuscrits du fonds Hugo, ceux des « Reliquats » regroupent, œuvre par œuvre, tout ce qui a été conservé – de façon pourtant très lacunaire – des états préparatoires aux somptueuses mises au net, plus ou moins corrigées, auxquelles ne saurait se limiter le travail d'écriture hugolien : brouillons, passages rejetés, documentation diverse, mais aussi notes et esquisses les plus fragmentaires. Car être écrivain, c'est écrire en toutes circonstances, au hasard du premier papier tombé sous la main (dos d'enveloppe ou de prospectus, supports de toutes formes) pour y consigner le fruit du travail ou de l'invention.

M. O. G.

Je ne puis un instant blâmer le travail ordonné, mais si je songe un instant à cet ensemble représentant Les Larmes d'Éros *et le post-scriptum, je doute qu'un ensemble ait été rédigé dans un aussi violent désordre.*
Post-scriptum des *Larmes d'Éros*

Georges Bataille

Lorsque Bataille meurt, le 8 juillet 1962, un an après avoir terminé *Les Larmes d'Éros*, rares sont ceux qui connaissent, dans sa richesse et sa complexité, son œuvre difficile, et difficile d'accès. Toute sa vie, il a écrit la transgression, le secret, le non-savoir. Il a tenté le livre unique, « le voyage au bout des possibles », éclaté, dispersé dans des textes tenant aussi bien de la philosophie, de l'économie, de la politique que de la mystique, de l'érotisme, de la poésie. « Seule la mort se dérobe à l'effort d'un esprit qui s'est proposé de tout embrasser. » De cet inachèvement organique, de ces recoupements fulgurants et fluctuants, témoignent *La Somme athéologique, La Part maudite* ou *La Haine de la poésie*, avec leurs multiples préfaces, comme l'escorte des articles, de *Documents* à *Critique*, dont se nourrissent les livres et jusqu'aux titres des ouvrages annoncés « à paraître ».

L'ouverture de ses papiers aux éditeurs des *Œuvres complètes* (Gallimard, 1972-1986) a révélé plus d'un tiers d'inédits, plans, ébauches, notes, manuscrits abandonnés, exemplaires interfoliés. Conservés dans l'ordre (ou le désordre) que Bataille avait déterminé au gré des mois et des années de remaniements, ce sont plus de trente mille feuillets brassés et ventilés dans des dossiers de vingt à cinq cents feuillets et de volumineuses enveloppes.

« Échéance inévitable où la richesse n'a de sens que dans l'instant », cet extraordinaire matériau préparatoire ne pouvait se présenter autrement : une écriture de l'instant, où seul « le sujet à son point d'ébullition » peut être livré au lecteur, avant que la pensée ne se disloque à nouveau, alors qu'il faut pourtant annoncer, fixer, les suites entrevues, poursuivies ou rejetées. Dans ce maelström génétique inextricable, les quelque trente petits carnets de Georges Bataille ont quelque chose de rassurant. Sans être tous la pierre de touche de l'œuvre, ils permettent du moins un arrêt sur image à un point donné de la grande période créatrice de l'écrivain. Datés ou datables de 1939 à 1960, tous n'ont pas la même portée.

En septembre 1939, lorsque « la guerre est une sorte de délivrance sans issue », Bataille entreprend *Le Coupable*, écrit sur quatre carnets conservés dans une collection particulière.

Il garde par devers lui les pages les plus intimes du journal, celles sur Laure, dont la mort l'a brisé un an plus tôt, celles de l'exode, comme il gardera les feuilles arrachées de deux calepins-journaux couvrant les sept premiers mois de 1944, première version de *Sur Nietzsche*. C'est l'époque où Bataille corrige en « grillage », en un cloisonnement des passages refusés ouvrant sur la fenêtre des mots, des phrases retenues.

Au fil des années, les carnets changent de fonction. Certains contiennent uniquement l'ébauche d'œuvres abandonnées (*Julie*, *Le Prince Pierre*, *Charlotte d'Ingerville*) ou encore la mise au net de *L'Alleluiah*. Comme les carnets-journaux, les carnets-brûlots des années 1942-1947 semblent trancher dans le vif : sur des pages débordantes se pressent les projets ou les préfaces de *L'Expérience intérieure*, du *Coupable* et de *Sur Nietzsche*, les poèmes de *L'Archangélique*, des notes pour *Le Petit* ou *L'Orestie*, des textes érotiques, et toujours des fragments de *La Part maudite*, des plans de l'œuvre recomposée.

Les dix derniers carnets conservés dans le fonds Bataille sont datés de 1952 à 1960. Moins denses, ils mêlent recherches documentaires (pour les articles repris dans *La Littérature et le mal*, pour *Lascaux*, *Gilles de Rais* ou *Les Larmes d'Éros*), fragments d'articles, poèmes et projets nouveaux. C'est là qu'apparaissent les notes destinées au *Pur bonheur*, à *L'Histoire universelle*, ou, en 1953, à un volume intitulé *À perte de vue : de la cosmologie à la littérature à travers la folie religieuse, la politique et l'économie*. L'œuvre se poursuit, mais l'écriture se fait plus lâche, comme distendue par l'épuisement, la maladie. Les notes intimes, rares désormais, témoignent de ces efforts de toute une vie pour arriver à l'impossible : l'ordre dans le désordre, l'unité, la précision dont la clarté occulte la pensée. Le carnet reste le seul recours dans ce combat sans fin, avec cet aveu dans un carnet de 1957 : « Je suis malade [...] c'est pourquoi je demande à ce carnet de ne plus demeurer dans l'indifférence et de répondre sans gêne à celui qui existe, qui médite, dans l'attente de la mort », et, plus loin : « Ce qui nous importe le plus est ce que nous aimons. »

Annie Angremy

Georges Bataille. Photographie d'André Bonin

77
Georges Bataille
Carnets des années 1942 à 1947
BNF, Manuscrits, fonds G. Bataille

Les manuscrits de Zola

Henri Mitterand

Parmi les écrivains français qui, au cours du XIXe et du XXe siècles, ont légué leurs archives littéraires à la Bibliothèque nationale, Zola s'est sans doute montré un des plus généreux. Selon sa volonté, Alexandrine Zola, sa veuve, a placé sous la garde de la nation, en 1904, la quasi-totalité des dossiers manuscrits (notes préparatoires, plans, manuscrits définitifs) et une grande partie des épreuves corrigées des *Rougon-Macquart*, des *Trois Villes* et des *Quatre Évangiles*. *Les Trois Villes* est conservé à la bibliothèque Méjanes d'Aix-en-Provence, le reste au département des Manuscrits de la Bibliothèque nationale de France, rue de Richelieu, à Paris.

C'est un ensemble monumental, inestimable — plusieurs dizaines de milliers de pages [1] — et dont on est loin d'avoir épuisé tous les enseignements, en dépit des éditions semi-critiques et des études de genèse qui ont paru depuis cinquante ans. Zola a tenu à ce qu'il soit mis à la disposition du public, en vertu même de ses convictions morales, philosophiques et esthétiques : pour montrer qu'il n'avait rien à cacher, pour faire apparaître l'ampleur et la densité de ses sources documentaires et de son enquête sur la société contemporaine, et aussi pour exposer les instruments et les voies de son art de la fiction romanesque.

Au-delà du reflet positiviste et techniciste qui émane de cette «montagne magique» de documents et de scénarios, et que Zola assumait parfaitement, le regard de la critique moderne peut y percevoir une part de la création zolienne que le surmoi de l'écrivain, assoiffé de réalité et confiant dans la démarche «naturaliste», a le plus souvent censurée : les dérives, les jeux, les percées, le travail de l'imaginaire. Les brouillons de Zola sont ainsi tout à la fois un discours de la méthode et un récit de rêves.

Émile Zola chez lui à Paris, rue de Bruxelles. Photographie de Dornac. BNF, Estampes

La structure type du dossier de genèse, pour chacun des romans, est en apparence claire. Elle se développe en sections qui s'associent selon une distribution logique (distinguant des classes d'opérations : «Ébauche», appelée «Premiers détails» dans le dossier de *La Curée*, «Personnages», «Plans», «Notes de lectures ou d'enquêtes»), et selon une successivité temporelle. De roman en roman, la méthode de Zola est immuable.

Il écrit d'abord une «Ébauche» (selon son propre terme) : plusieurs dizaines de feuillets où se cherchent et se fixent peu à peu, souvent dans un soliloque à la première personne, les principaux motifs et les principales phases du roman en cours. L'«Ébauche» débute le plus souvent par une phrase-attaque vigoureuse, formulaire, qui établit d'emblée le thème et le ton de l'œuvre. *Au Bonheur des Dames* : «Je veux dans *Au Bonheur des Dames* faire le poème de l'activité moderne.» *Germinal* : «Le roman est le soulèvement des salariés, le coup d'épaule donné à la société, qui craque un instant.» *L'Assommoir* : «Le roman doit être ceci : montrer le milieu peuple et expliquer par ce milieu les mœurs peuple ; comme quoi, à Paris, la soûlerie, la débandade de la famille, les coups, l'acceptation de toutes les hontes et de toutes les misères vient des conditions mêmes de l'existence ouvrière, des travaux durs, des promiscuités, des laisser-aller, etc. [...] Ne pas flatter l'ouvrier et ne pas le noircir. Une réalité absolument exacte [...]. Un effroyable tableau qui portera sa morale en soi.»

Parallèlement, tantôt anticipant sur l'«Ébauche», tantôt accompagnant sa rédaction, tantôt la suivant (jusqu'au stade des premiers plans, et même des seconds), Zola réunit des informations de tous ordres sur la matière de son roman : échos entendus, scènes vues, notes

1 Par exemple, pour *Germinal*, 1788 feuillets.

d'entretiens («Notes Guesde», pour *La Terre*), résumés de lectures (*La Vie souterraine* de l'ingénieur Simonin, pour *Germinal*). C'est la technique de la fiche, des notes d'enquêtes, les unes saisies directement sur le motif, et souvent au crayon, sur de petits feuillets, les autres rédigées après coup et réunies en dossiers séparés : par exemple les «Notes sur le Bon Marché», ou «Mes notes sur Anzin». S'y ajoutent des lettres, parfois d'inconnus (telles, dans le dossier de *La Débâcle*, quelques lettres d'anciens combattants de 1870 ou de la Commune), parfois d'amis consultés, comme Huysmans, Céard ou Thyébaut. Il arrive que ceux-ci lui envoient une véritable petite étude, résultat de leur propre enquête, ou des idées d'épisodes — ou encore des suggestions de décor. Ainsi, l'architecte Frantz Jourdain établit pour lui un long projet, marqué des tendances de l'architecture fin de siècle, pour la construction du grand magasin d'Octave Mouret; et plus tard il dessinera pour Zola les croquis et les plans d'une demeure répondant aux besoins du *Rêve*. Au total, une archive documentaire fantastiquement riche et diverse, où se reflète, à l'état spontané, et distribuée en tous sens, toute la vie matérielle, sociale et mentale de la France fin de siècle; une archéologie romanesque, dont les centaines de pages, les dizaines de rubriques, restent à inventorier et à classer. Beaucoup de ces notes d'enquête, en plus de leur contenu documentaire, débouchent directement sur une idée de personnage ou de péripétie : le document est en prise directe sur la fiction.

Une troisième série de manuscrits est constituée par la section intitulée «Personnages». Celle-ci est postérieure à l'«Ébauche», même si certains personnages ont déjà reçu dans celle-ci leur rôle de manière encore floue et provisoire. C'est le moment où chacun se voit doté d'un nom et d'un prénom. Pour les personnages de *Germinal*, quatre-vingt-quinze feuillets; pour ceux de *La Terre*, cent treize. Le profil de chacun, au physique et au moral, occupe un ou deux feuillets, plus rarement trois ou quatre. C'est l'annuaire des *Rougon-Macquart*, des *Trois Villes* et des *Quatre Évangiles* : là aussi, une vaste matière à peu près inédite, dont le panorama complet et la répartition sociologique, psychologique et comportementale ouvriraient de bien intéressantes pistes de réflexion.

Viennent enfin les «Plans». D'abord (mais pas toujours) quelques tentatives de mise en ordre, de résumés de l'action, plus ou moins organisés en chapitres. Puis un plan général en quelques pages, qui rappelle l'axe général de l'œuvre et énumère les parties et les chapitres, avec quelques mots sur chacun d'eux. Le premier feuillet du plan général de *Germinal* se réduit ainsi à une page de titre, sur laquelle Zola a ajouté : «La lutte du capital et du travail, coup d'épaule donné à la société qui craque, la question la plus importante pour le XXe siècle. La révolution par la faim. Les Maheu». La place chronologique de ce plan général n'est pas toujours évidente (même si l'ordre des volumes conservés à la Bibliothèque nationale de France le place en tête des «Plans») : il me paraît souvent antérieur au second plan détaillé plutôt qu'au premier.

Ensuite un premier plan détaillé, qui dégrossit l'ordre des situations et des péripéties, et commence à régler les relations mutuelles du récit et de la description. Il prend appui sur l'«Ébauche», mais lui impose un découpage numérique en chapitres et éventuellement en parties, et transforme ses idées de types psychologiques et sociaux en personnages individualisés. La structure reste cependant ouverte à des transformations et à des compléments. Au fur et à mesure de son labeur continu d'enquête sur le milieu, Zola inscrit à la fin de chacun des chapitres du premier plan détaillé une série de renvois à ses ouvrages et à ses notes documentaires : ces données nourriront les séquences plus complètes et mieux affinées du second plan et la rédaction des pages définitives.

Enfin, le second plan détaillé. Par rapport au premier, le nombre des chapitres peut varier : de onze chapitres, *La Curée* est passée à sept et les vingt et un chapitres du premier plan de *L'Assommoir* ont été ramenés à treize. Un problème de datation relative se pose également à propos du second plan. Est-il tout entier antérieur à la première page de la rédaction définitive?

On a souvent l'impression que pour certains romans, chaque second plan détaillé d'un chapitre n'a été écrit qu'immédiatement avant la rédaction complète du chapitre correspondant. Aucun indice formel ne permet de trancher. Mais l'essentiel n'est pas là : il tient plutôt à la différence fonctionnelle entre le premier et le second plan. Seul ce dernier mérite à proprement parler le nom de scénario, au sens moderne. Car c'est à ce stade qu'apparaissent les derniers réglages de l'intrigue, dans le détail de ses épisodes, et aussi les dispositifs temporels et spatiaux, les départs de dialogues, les notations d'atmosphère et de ton, les indications d'effets à obtenir.

Parcourons, au hasard des volumes, le dossier préparatoire de *L'Assommoir* (BNF, Manuscrits, N. a. fr. 10271). Il occupe un volume de deux cent

seize feuillets qui sont disposés comme suit[2] :
– f. 1 à 87 : plans (f. 2 et f. 3 : plan général ; f. 4 à 87 : plans détaillés des chapitres) ;
– f. 88 à 91 : éléments d'intrigue divers destinés à être distribués dans les chapitres du roman ;
– f. 93 à 99 : notes de lecture sur l'alcoolisme (traité du Dr Magnan, 1874) ;
– f. 101 à 117 et f. 194 et 195 : croquis et notes descriptives sur le quartier de la Goutte d'or, les rues, les cafés, les cabarets et les bals ;
– f. 118 à 138 : personnages (liste et profils) ;
– f. 140 à 155 : notes de lecture sur le milieu ouvrier et son langage *(Le Sublime ou le Travailleur comme il est en 1870 et ce qu'il peut être*, de Denis Poulot) ;
– f. 157 à 173 : ébauche ;
– f. 176 à 190 : notes sur les métiers de blanchisseuse, couvreur, chaîniste, boulonnier ;
– f. 192 à 205 et f. 209 et 210 : notes de lecture sur l'argot (*Dictionnaire de la langue verte*, d'Alfred Delvau) ;
– f. 211 à 215 : coupures de presse et notes sur des faits divers.

À partir de là, Zola commence à écrire, tous les matins de neuf heures à une heure de l'après-midi, à raison de trois ou quatre pages par jour, toujours sur le même format de papier[3] et toujours au recto. Le manuscrit du dossier cède la place au manuscrit rédactionnel. Les feuillets de ce dernier témoignent d'une écriture régulière et aisée, sans beaucoup de repentirs. On y trouve peu de suppressions, de corrections et d'ajouts. On a donc pu émettre l'hypothèse qu'entre le second plan détaillé et le manuscrit établi pour l'impression aurait figuré, avant d'être détruit par l'auteur, un véritable brouillon, un premier développement du second plan, marqué par un tâtonnement de l'écriture à la recherche de sa forme. Il est vrai que le chercheur est frappé à la fois par l'importance de ce qu'on pourrait appeler le coefficient d'expansion du nombre des phrases ou des notations du plan, et par l'absence, sur le manuscrit définitif, de toute trace visible et significative d'un ajustement du style, dans le choix des mots, la construction de la phrase et le calcul des cadences. La page semble sortir toute nue, écrite spontanément, une fois pour toutes, d'un cerveau pleinement assuré de sa démarche. En haut du verso de certains des feuillets les plus récents du dossier préparatoire apparaissent parfois des phrases isolées, appartenant à des chapitres antérieurs et occupant tantôt deux ou trois lignes, tantôt une demi-page : anciens rectos dont le départ a été jugé insatisfaisant par Zola et qui ont été éliminés, leurs versos, vides, devenant disponibles pour un emploi ultérieur. Il arrive aussi que des portions de pages du manuscrit définitif aient été supprimées et remplacées par un nouveau fragment, rédigé et soigneusement collé. De là à conclure à l'existence de brouillons intermédiaires entre le second plan et le manuscrit, que Zola aurait fait disparaître pour accréditer l'idée d'une rédaction journalière aussi sereine que têtue, il n'y a qu'un pas : surtout si l'on a en tête l'exemple de Flaubert, qui se livre à de multiples essais d'écriture avant de laisser aller sa plume pour la dernière fois.
Mais cette hypothèse me paraît hautement improbable. D'abord parce qu'on ne trouve aucune déclaration de Zola pour l'appuyer, alors qu'il a souvent décrit en détail sa méthode de travail, avec le souci d'en valoriser la rationalité et le scrupule[4]. Ensuite parce que Zola gardait tout, comme en font foi les milliers de lettres qu'il a reçues et conservées[5] : pourquoi détruire, s'il lui avait donné naissance, une part aussi essentielle de son être, et de sa passion de l'écriture ? Enfin parce qu'on n'a pas besoin d'une telle hypothèse pour comprendre et apprécier le mouvement général de la genèse de ses œuvres. Ce silence du brouillon, au sens restreint du terme, est tout simplement une marque possible du génie. Non qu'il ne calcule pas : le calcul des dispositifs et des proportions est attesté dans les plans ; quant au calcul du langage, du phrasé, il reste intérieur au travail cérébral, aux ressources de l'oreille et aux sûretés d'un « gueuloir » muet. On n'a pas davantage trace de brouillons de ses articles. Il sait où il va et il marche, avec les mots et les rythmes dans sa tête. Ne faisons pas d'hypergénétique, en cherchant à tout prix des fantômes de brouillons.

Nous avons bien assez à faire avec l'avant-texte existant. Il conviendrait d'abord, pour chaque roman, de l'éditer : non pas seulement de reproduire, sous une forme universellement consultable (sur papier ou sur écran), les volumes de la Bibliothèque nationale de France tels quels, en mode image (photographie du

2 On trouvera une description plus détaillée, ainsi qu'une reconstitution génétique du dossier, dans *Les Rougon-Macquart*, Gallimard, coll. « Bibliothèque de la Pléiade », t. II. **3** 13,7 cm de largeur sur 18,2 cm de hauteur. **4** Par exemple dans ses confidences au Dr Édouard Toulouse (Dr Toulouse, *Émile Zola*, Flammarion, 1896). **5** Les unes déposées à la Bibliothèque nationale de France, les autres restées dans les archives familiales.

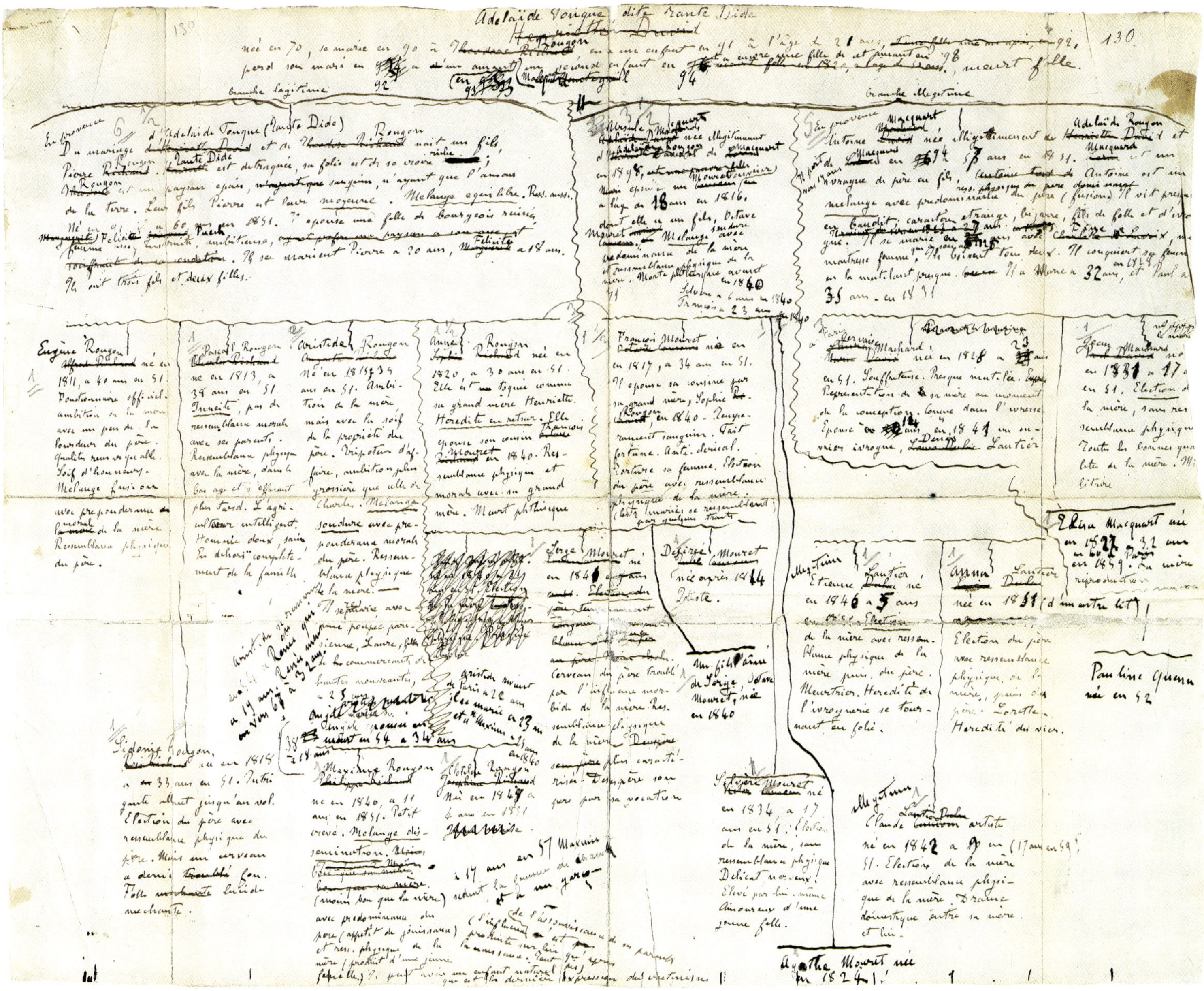

78
Émile Zola, généalogie des Rougon-Macquart
31 × 39 cm
BNF, Manuscrits, N. a. fr. 10345, f. 130

En 1868, Zola s'engage dans un immense projet : raconter « l'histoire naturelle et sociale d'une famille sous le Second Empire » et son « épanouissement dans le monde moderne, dans toutes les classes ». À travers la geste des Rougon-Macquart, il entend peindre un tableau réaliste de la société de son époque en procédant d'une manière qu'il théorisera plus tard dans *Le Roman expérimental* (1880), mais qu'il développe déjà pas à pas pour lui-même dans ses « Notes sur la marche générale de l'œuvre » (f. 2 à 7) et ses « Notes générales sur la nature de l'œuvre » (f. 10 à 15). Basant sa construction dramatique sur des personnages qui subissent la double influence de l'hérédité et de leur milieu, il distingue cinq mondes : « peuple », «commerçant », « bourgeoisie », « grand monde », et « un monde à part », où il rassemble « putain, meurtrier, prêtre, artiste ». Zola publie en 1878, en tête d'*Une page d'amour*, un arbre généalogique qu'il dit avoir dressé tel quel dès 1868, « avant que j'eusse écrit une seule ligne […]. Depuis 1868, je remplis le cadre que je me suis imposé, l'arbre généalogique en marque pour moi les grandes lignes […] les romans publiés par moi depuis bientôt neuf ans dépendent d'un vaste ensemble, dont le plan a été arrêté d'un coup et à l'avance. » Quoi qu'en dise l'écrivain, l'arbre initial – on le voit ici – a été modifié à mesure que le projet avançait : changement des patronymes, ajout de personnages (Silvère Mouret, Lisa Macquart, Agathe Mouret), en même temps que le nombre des romans prévus passait de dix en 1868 à vingt en 1878.

D. T.

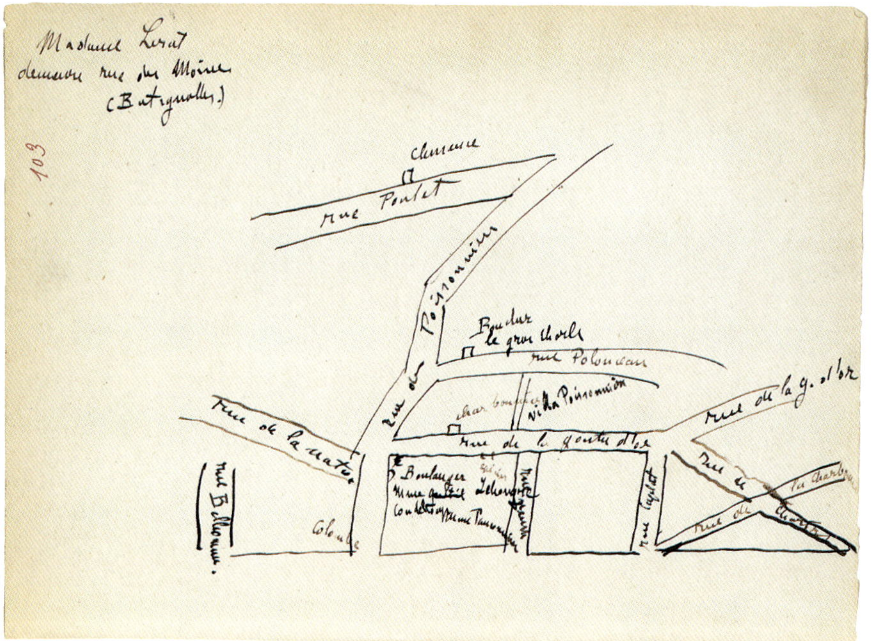

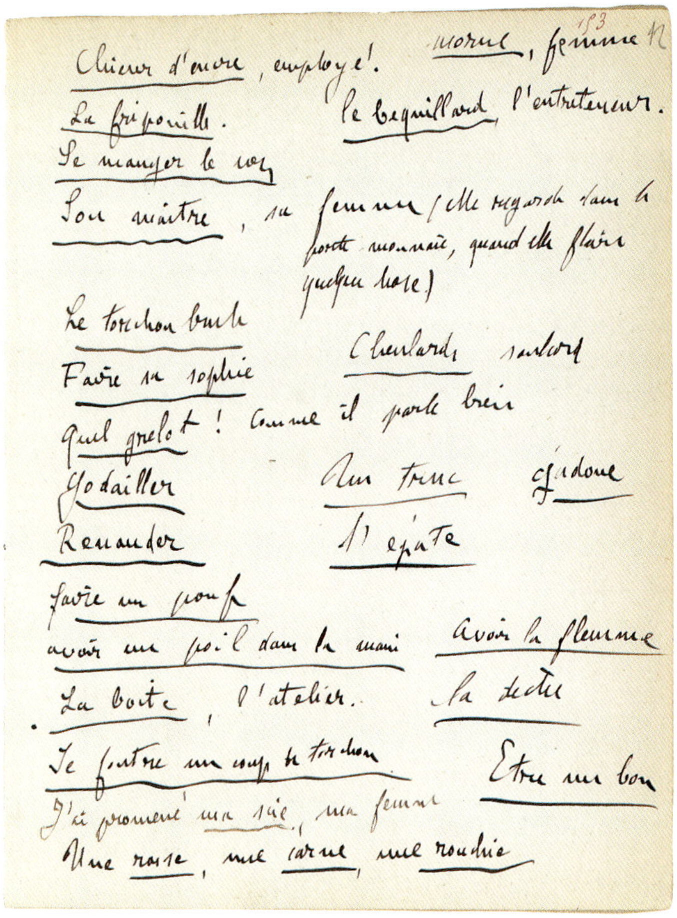

79
Émile Zola, *L'Assommoir*
Dossier préparatoire, 217 f.
La rue de la Goutte d'Or et les alentours, plan dessiné par l'auteur
20 × 16 cm
BNF, Manuscrits, N. a. fr. 10271, f. 103

Après avoir écrit l'« Ébauche », où il se raconte à lui-même le roman en gestation, Zola part « en repérages » tel un réalisateur de films à la recherche de lieux de tournage.
Pour *L'Assommoir*, il choisit le quartier populaire de la Goutte d'Or et s'y rend à plusieurs reprises depuis les Batignolles où il habite alors (et où il avait envisagé un moment de placer son action). Il prend des notes très précises sur les rues, les hôtels, les cabarets, les bals, les boutiques, les maisons d'habitation, décrit les attitudes et les vêtements des gens qu'il croise : « Beaucoup de femmes en cheveux, quelques-unes en bonnet, beaucoup en filets ; des caracos, des tabliers, des jupes molles, tombant droit. Une débandade d'enfants mal mouchés [...]. Des ouvriers en blouse, en bourgeron, en paletot... » (f. 113). Des trois croquis qu'il relève, l'un situe le quartier par rapport aux deux grands axes (boulevard extérieur et rue des Poissonniers – rue du Faubourg Poissonnière), l'autre (présenté ici) délimite exactement l'espace où évoluent ses personnages, quadrilatère formé par le boulevard de la Chapelle, la rue des Poissonniers (actuel boulevard Barbès), la rue Polonceau et la rue de la Charbonnière ; le troisième croquis décrit la grande maison où Zola réunira tous les protagonistes du drame.
D. T.

80
Émile Zola, *L'Assommoir*
Dossier préparatoire, 217 f.
Notes sur *Le Sublime*
20 × 16 cm
BNF, Manuscrits, N. a. fr. 10271, f. 153

Avec son « roman populaire », Zola expérimente une écriture différente : il met dans la bouche de ses personnages leurs propres termes et utilise des tournures familières jusque dans la narration. Il s'est constitué pour cela des listes de mots et d'expressions à partir de son expérience et de ses lectures : un ouvrage sur le milieu ouvrier, *Le Sublime ou le Travailleur comme il est en 1870*... de Denis Poulot et le *Dictionnaire de la langue verte* d'Alfred Delvau. Dès la sortie de *L'Assommoir* en feuilleton, les critiques, à quelques rares exceptions près, éreintent l'auteur autant sur la forme que sur le contenu et l'emploi de l'argot lui est violemment reproché. Il s'en justifie lors de la publication du livre, dans la préface : « Mon crime est d'avoir eu la curiosité littéraire de ramasser et de couler dans un moule très travaillé la langue du peuple [...]. Des dictionnaires de cette langue existent pourtant [...]. Elle est un régal pour les grammairiens fureteurs. » Et il revendique « un travail purement philologique [...] d'un vif intérêt historique et social ».
D. T.

manuscrit) ou en mode texte (transcription imprimée), mais aussi d'en constituer une seconde version respectant autant que faire se peut l'ordre chronologique des textes. C'est à cette condition que l'ensemble des manuscrits laissés par Zola, pour un roman donné, commence à prendre sens.
On a parfois caractérisé l'écriture de Zola comme une écriture « à programme », consécutive à la construction d'un canevas scénarique précis, par opposition à l'écriture « à processus », qui, selon l'analyse de Pierre-Marc de Biasi, « est réfractaire à toute programmation initiale, ne s'appuie sur aucun schéma écrit et va droit devant elle en commençant par une rédaction de premier jet[6] ». Globalement exacte, compte tenu de l'importance des ébauches, des enquêtes préliminaires et des plans, cette caractérisation doit être aussitôt nuancée. Car Zola déconstruit souvent son modèle au fur et à mesure qu'il le construit.
D'un côté, il rationalise de manière quasi obsessionnelle l'ordre de son dossier préparatoire, impose à la fiction la finalité d'une stratégie narrative et multiplie les contrôles contre une éventuelle panne thématique ou technique. C'est la part du « programme ». D'un autre côté, il se ménage à tout moment des libertés d'intervention, de repentirs, de changements de route, de virages brutaux, qui remettent en question le préprogramme, les canevas primitivement imaginés : ceci en fonction des lectures et des enquêtes qu'il effectue pendant toute la durée de la préparation. En fait, c'est le programme scénarique lui-même qui se montre « réfractaire » à toute logique préalable et définitive et qui se transforme en scénarisation « à processus ».
Au reste, les plans ne vont jamais totalement à leur terme. Il y reste toujours une part d'inachevé, des blancs disponibles pour des questionnements et des réponses ultérieurs. Zola ne se cache rien de ces avenues ouvertes provisoirement sur le vide : il sait que le « processus » de la rédaction finale remplira les interstices d'incertitude[7].
Allons encore plus loin, pour briser l'illusion, entretenue par l'auteur du *Roman expérimental*, d'un travail d'élaboration romanesque comparable, dans sa rationalité, à la méthode de la recherche scientifique. Les notes de lecture, plus ou moins exactement référencées, mais puisées dans des ouvrages ou des articles que Zola a réunis pour les besoins bien définis du roman en préparation, ne sont que la partie immédiatement visible de ce que j'ai appelé ailleurs « la bibliothèque virtuelle des *Rougon-Macquart*[8] ». On le sait, et il le dit, il a relu *Phèdre* pour écrire *La Curée* ; il a dépouillé les récits de *La Légende dorée* pour élaborer les fantasmes mystiques d'Angélique, dans *Le Rêve*. *Les Rougon-Macquart* repose sur des centaines de recherches de cette sorte, dont on repère aisément les traces dans les dossiers. Mais ceux-ci restent muets sur quantité d'autres lectures, ou de réminiscences de lectures, certaines remontant très haut dans la jeunesse et même l'enfance du romancier. La mémoire, ici, a travaillé toute seule, sans le secours de la prise de notes. Elle a affleuré d'elle-même derrière un personnage, derrière un épisode, et jusqu'au dernier stade, celui du manuscrit de rédaction. Le « processus » — ne parlons plus de « programme » — ne se laisse alors percevoir que par une étude minutieuse des deux textes — le texte scénarique et le texte publié —, ou parfois, plus simplement, par leur lecture flottante. On retrouve ainsi des souvenirs, des rêveries qui courent depuis longtemps dans la pensée de l'écrivain et qui ont longuement sédimenté, jusqu'à en être même oubliés, dans le système préconstruit de son héritage et de ses acquis culturels. C'est le cas notamment pour les composantes mythiques à l'œuvre dans *Les Rougon-Macquart*, toujours présentes dans l'arrière-texte et à peu près jamais mentionnées dans les dossiers : le personnage de Lantier, dans *Germinal*, descend d'au moins trois archétypes à la fois, celui de Thésée, celui de saint Étienne et celui d'Orphée. À l'exogenèse des lectures méthodiques de dernière heure, du savoir documentaire intentionnellement accumulé et des objectifs délibérés, on pourrait opposer l'endogenèse des représentations modelées par une histoire propre de lecteur et de rêveur. Cette « bibliothèque » enfouie n'inclut d'ailleurs pas seulement les grands récits de la mythologie humaine, fécondant les thématiques modernes, mais aussi les modèles de la composition narrative, digérés et retransmis, de génération en génération, par l'enseignement des lettres à l'école et au collège : Zola ne cite pas non plus ces « sources »-là, mais l'usage qu'il fait de leur terminologie lorsqu'il est à la recherche de ses agencements romanesques (« action », « caractère », « drame », « exposition », « nœud », « scène », « dénouement », etc.) montre qu'il en connaît parfaitement les leçons.

6 Pierre-Marc de Biasi, *La Génétique des textes*, Nathan, coll. « 128 », 2000, p. 33.
7 Voir Colette Becker, « Retour sur les dossiers préparatoires. "Cela s'établira en écrivant" », *Les Cahiers naturalistes*, n° 67, 1993, p. 225-234.
8 Henri Mitterand, *Le Roman à l'œuvre. Genèse et valeurs*, PUF, 1998.

Les dossiers préparatoires de Zola fonctionnent ainsi pour une part en trompe-l'œil. Ils exposent l'ouverture de son œuvre sur le monde contemporain, mais ils laissent dans l'ombre une face essentielle : son caractère de littérature en circuit fermé, ouverte primordialement à l'espace de la librairie, la fiction naissant des fictions antérieures, selon des processus divers, et diversement échelonnés dans les opérations de la genèse.

Reste la part de l'imaginaire. Il ne fait aucun doute que cette part du génie zolien, essentielle à ses créations, travaille en surface et en profondeur ses écrits de genèse. Chacune des ébauches en porte témoignage. L'image, au sens figural du terme, y est partout présente. Et le titre, qui peut apparaître très tôt, condense de manière frappante ce mécanisme métaphorique et symbolique : *La Curée*, *L'Assommoir*, *Pot-Bouille*, *La Bête humaine*… Mais là aussi, les silences du dossier préparatoire, par comparaison

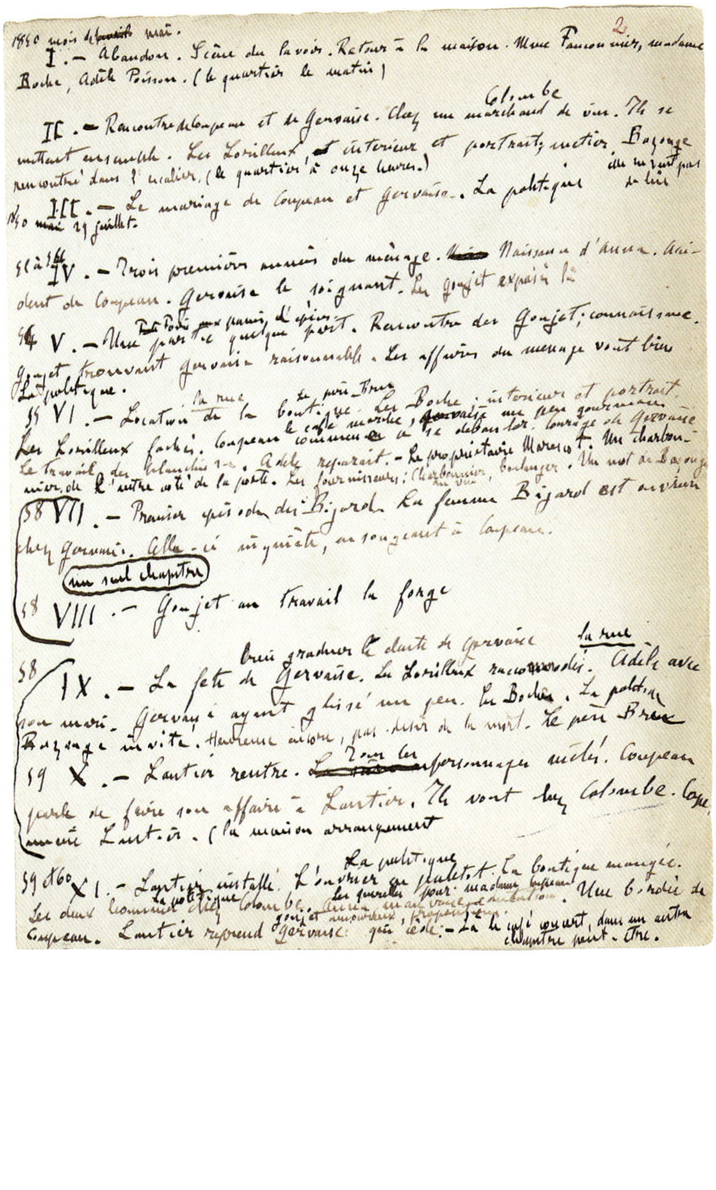

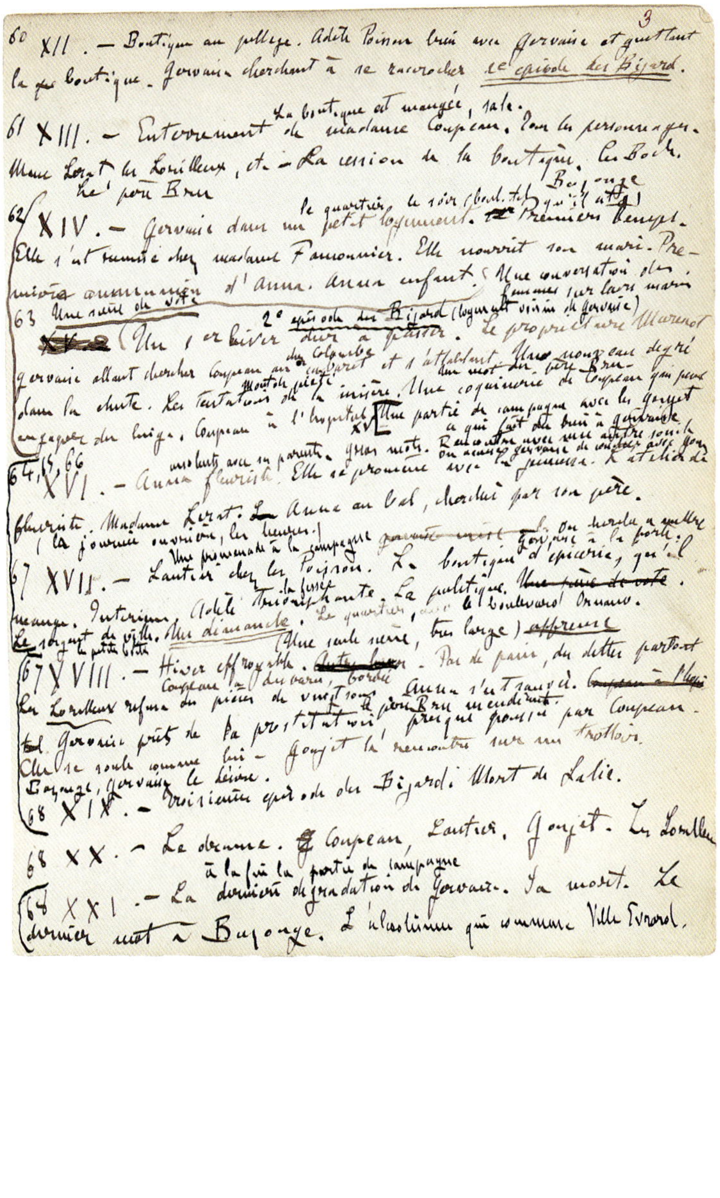

81
Émile Zola, *L'Assommoir*
Dossier préparatoire, 217 f.
Plan général
20 × 16 cm
BNF, Manuscrits, N. a. fr. 10271, f. 2 et 3

Ayant tracé dans l'« Ébauche » les contours de l'intrigue et esquissé les principales séquences du drame, Zola a distribué les scènes dans un plan sommaire en vingt-et-un chapitres et développé chaque chapitre en deux ou trois feuillets indiquant le déroulement des situations. Au fur et à mesure de l'avancement de sa documentation et peut-être même de la rédaction de son texte, il va réduire le nombre des chapitres à treize. Le second plan détaillé montre un resserrement de part et d'autre du chapitre VII (ancien chapitre IX), chapitre central déterminant, celui de la fête de Gervaise et du début de sa chute, marquée par la réapparition de Lantier. Zola opère à ce moment-là une totale restructuration de sa narration, s'appuyant sur un équilibre hiérarchisé entre les tableaux pittoresques (la noce de Gervaise, la visite du Louvre, de la forge de Goujet…) et les scènes aux conséquences fatales (l'accident de Coupeau, le retour de Lantier). Il modifie également le dernier chapitre après avoir lu le traité du Dr Magnan sur l'alcoolisme, transfigurant la fin de Coupeau.
D. T.

avec le texte achevé, peuvent surprendre. D'un côté la rédaction finale orchestre dans des proportions inattendues une image fugitivement posée dans l'ébauche ou les plans. De l'autre, le roman peut faire surgir une vision jamais apparue jusque-là, et généralement des plus insolites. C'est alors que l'écriture semble échapper aux contrôles ménagés par le travail scénarique et verser du côté de l'imprévisible, de la trouvaille étrange : le naturalisme tend à se transformer en surréalisme. « Cela s'établira en écrivant », prévoyait Zola en cours de genèse. En réalité, il arrive que cela « se dérange », dans une écriture libérée de tout programme et de tout processus préétabli, et livrée à ses propres découvertes ou à ses propres dérives.

Deux exemples seulement. Lorsque Renée Saccard, dans *La Curée*, se penche à la fenêtre du premier étage du Café Riche, où Maxime l'a conduite, elle aperçoit par hasard auprès d'un kiosque à journaux une tête de diable ricanant, aux cheveux hérissés : ce n'est que l'annonce publicitaire d'un chapelier ; mais Renée reste un instant hypnotisée par cette vision, qui lui paraît peut-être obscurément prémonitoire. Dans *Son Excellence Eugène Rougon*, tandis que le cortège de baptême du prince impérial arrive sur la place de l'Hôtel-de-Ville, apparaît au loin, peinte à fresque sur la muraille d'une maison à six étages de l'île Saint-Louis, « une redingote grise géante », totalement incongrue dans ce paysage et en cette circonstance : sans doute la réclame d'un tailleur, cette fois, mais aussi, pour les plus lucides, un autre clin d'œil du destin, faisant planer au-dessus de « Napoléon le Petit » le souvenir du grand empereur[9]... Ce sont là de ces « faits-glissades », produits du « hasard objectif » dont André Breton parlera plus tard dans *Nadja*. Zola est sans doute lui-même tombé en arrêt devant de telles images insolites de Paris. Mais on en chercherait en vain la mention dans les dossiers préparatoires. En revanche, ceux-ci

9 Un des personnages s'écrie : « Tiens ! l'oncle, là-bas ! ».

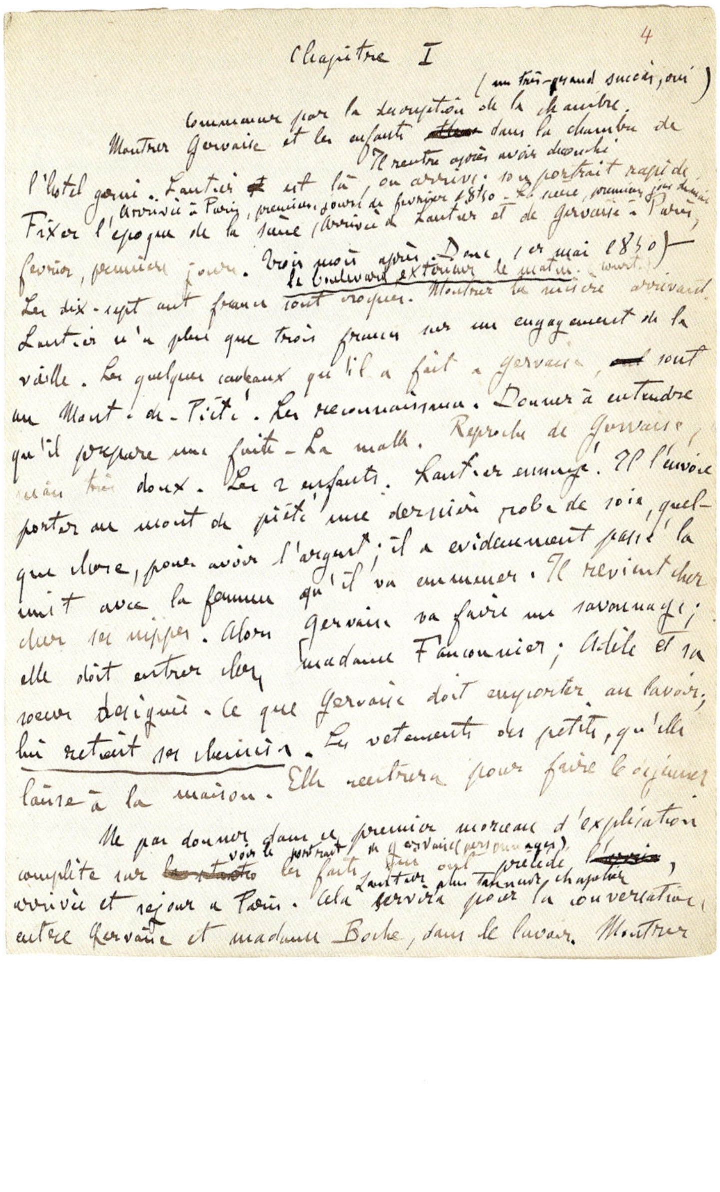

82
Émile Zola, *L'Assommoir*
Dossier préparatoire, 217 f.
Plan détaillé
20 × 16 cm
BNF, Manuscrits, N. a. fr. 10271, f. 4

Il n'existe qu'un seul plan détaillé des chapitres I et II de *L'Assommoir*, alors que les suivants ont chacun une première et une seconde version. C'est en quelque sorte le scénario du chapitre. Zola introduit et place ses personnages, le décor et l'époque (« 1er mai 1850 »), cite les faits les uns à la suite des autres sans faire de phrases et en se donnant des directives : « Commencer par la description de la chambre [...]. Donner à entendre qu'il prépare une fuite [...]. Ne pas donner dans ce premier morceau d'explication complète sur les faits qui ont précédé arrivée et séjour à Paris. Cela servira pour la conversation entre Gervaise et madame Boche, dans le lavoir. »
D. T.

recèlent d'autres « inquiétantes étrangetés », selon le mot de Freud, qui ne passeront pas dans l'œuvre rédigée. Nous devons donc reconnaître le caractère tremblé, fluctuant, par certains côtés aléatoire, des relations entre les manuscrits préparatoires et le manuscrit définitif, et laisser place à un entre-deux, celui des trouvailles imprévisibles, inattendues. Résignons-nous à admettre que les manuscrits ne révèlent pas tous les secrets d'un écrivain.

Tels quels, ils offrent un spectacle fascinant : celui d'un homme aux prises avec la tâche infernale de faire advenir, de maîtriser et de coordonner ensemble, pour le plaisir de son public, ses savoirs, ses intuitions, ses souvenirs, ses rêveries, ses fantasmes, ses inventions, et par-dessus tout sa passion de l'écriture. Non seulement ils mettent en musique les échos et les paroles du monde, selon des mouvements et des mesures de plus en plus subtilement ajustés, mais aussi ils mettent en scène — à la première personne — l'organisateur de ces fantasmagories. D'une certaine manière, leur lecteur se trouve placé en position de voyeur, témoin des questionnements, des inquiétudes et des jouissances de leur créateur. C'est Zola qui l'a voulu. Offrant ses manuscrits à la Bibliothèque nationale, qui est un lieu de lecture publique, et non un tombeau, il entendait montrer sous tous les angles ses propres postures d'écrivain. En somme, de façon très moderne, c'était ajouter une figure supplémentaire à son innombrable galerie de personnages : la sienne même, personnage central d'un roman-fleuve du roman.

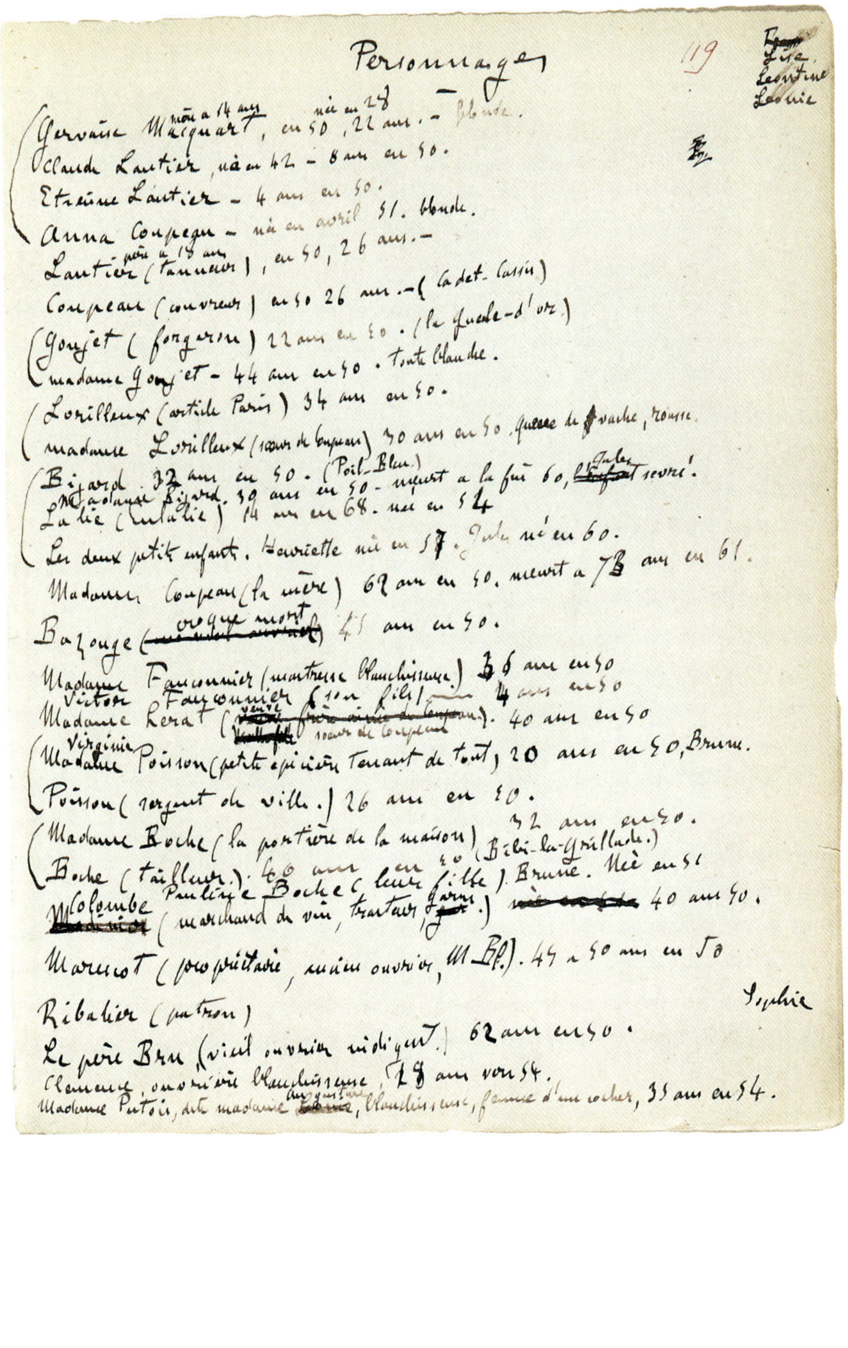
Personnages 119

Gervaise Macquart, née en 28, en 50, 22 ans. – blonde.
Claude Lantier, né en 42 – 8 ans en 50.
Etienne Lantier – 4 ans en 50.
Anna Coupeau – née en avril 51. blonde.
Lantier (tanneur), en 50, 26 ans.–
Coupeau (couvreur) en 50 26 ans.–(Cadet-Cassis)
Goujet (forgeron) 22 ans en 50. (la Gueule-d'or)
madame Goujet – 44 ans en 50. toute blanche.
Lorilleux (article Paris) 34 ans en 50.
madame Lorilleux (sœur de Coupeau) 30 ans en 50. queue de vache, rousse.
Bijard. 32 ans en 50. (Poil-Bleu) meurt à la fin 60
Madame Bijard. 30 ans en 50 –
Lalie (Natalie) 14 ans en 68. née en 54
Les deux petits enfants. Henriette née en 57. Jules né en 60.
Madame Coupeau (la mère) 67 ans en 50. meurt à 78 ans en 61.
Bazouge (croque-mort) 45 ans en 50.
Madame Fauconnier (maîtresse blanchisseuse) 36 ans en 50
Victor Fauconnier (son fils) 4 ans en 50
Madame Lerat (sœur de Coupeau). 40 ans en 50
Virginie Madame Poisson (petite épicière tenant de tout), 20 ans en 50, Brune.
Poisson (sergent de ville.) 26 ans en 50.
Madame Boche (la portière de la maison) 32 ans en 50.
Boche (tailleur). 46 ans en 50 (Bibi-la-Grillade.)
Pauline Boche (leur fille). Brune. Née en 51
Colombe (marchand de vin, traiteur, garni.) 40 ans 50.
Marescot (propriétaire, ancien ouvrier). 45 à 50 ans en 50
Ribalier (patron)
Le père Bru (vieil ouvrier indigent.) 62 ans en 50.
Clemence, ouvrière blanchisseuse, 18 ans vers 54.
Madame Putois, dite madame Augustine, blanchisseuse, femme d'un cocher, 35 ans en 54.

83
Émile Zola, *L'Assommoir*
Dossier préparatoire, 217 f.
Liste des personnages
20 × 16 cm
BNF, Manuscrits, N. a. fr. 10271, f. 119

Fidèle à sa méthode habituelle, tout de suite après l'ébauche Zola établit une liste de personnages, précisant ensuite en un à trois feuillets le caractère et l'histoire de chacun, qu'il enrichit de ses notes de lecture.
D. T.

Roger Martin du Gard

Historien de formation, Roger Martin du Gard avait réussi, en 1913, « à faire, avec de l'histoire, un roman psychologique » en publiant *Jean Barois*. Au retour de la guerre, il décide de commencer un roman, sorte de grande fresque à la manière de Tolstoï, qu'il admirait profondément, en appliquant, cette fois, la méthode érudite au roman d'imagination. Grâce au legs fait, en 1958, par Roger Martin du Gard à la Bibliothèque nationale de l'ensemble de ses manuscrits, de son *Journal* et de sa correspondance, il est aisé de suivre toutes les étapes qui ont jalonné la genèse des *Thibault*. En examinant les nombreux avant-textes, très souvent datés et mentionnés dans le *Journal* ainsi que dans les lettres de l'écrivain, on peut distinguer plusieurs phases qui illustrent le mode de composition qu'il s'est fixé. Tout d'abord une note du 12 janvier 1920, intitulée « Deux frères », peut être considérée comme l'acte de naissance des *Thibault*, ainsi que l'explique l'écrivain dans son *Journal*, le 18 janvier : « Depuis une huitaine de jours, il m'est arrivé cet événement considérable d'avoir une œuvre en train [...]. Chaque jour et plusieurs fois par jour, comme pointent de petits bourgeons sur une branche, une idée se formule, sans effort, bien nette et va d'elle-même prendre sa place autour du noyau en gestation. Je la note et n'y pense plus [...]. Et d'heure en heure, de jour en jour, l'œuvre prend son développement, son ampleur magistrale. » Ce témoignage est capital car il permet de saisir sur le vif la conception et l'implantation du noyau initial du roman suivies, jour après jour, d'une division cellulaire, comparable au processus habituel chez l'embryon humain.

Ce procédé génère aussitôt des notes sur les personnages qui prennent corps (Antoine et Jacques Thibault, Jenny et Daniel de Fontanin), des esquisses de petites scènes et un scénario rapide du début du roman. Au cours des semaines suivantes, l'auteur rédige des biographies de ses personnages avec l'aide de photographies pour leur description physique. Dans l'hiver est bâti un scénario complet ou « fabulation » des *Thibault*, pour la période de 1904 à 1940, sous la forme d'un premier jet, écrit au fil de la plume, où sont consignés les faits principaux survenus dans les années concernées. Il n'y a ni division en volumes, ni titre apparent. En même temps, Martin du Gard rassemble une riche documentation sur les différents aspects du sujet. Tous ces éléments préparatoires s'inscrivent dans la tradition naturaliste, telle qu'on la trouve dans les dossiers d'Émile Zola.

Un événement important dans la genèse se produit en mai 1920 : l'élaboration d'un plan

84
Roger Martin du Gard, *Les Thibault*
« Plan fait au Verger en mai 1920 »
Manuscrit autographe
22 × 86 cm
BNF, Manuscrits, fonds R. Martin du Gard, 13, f. 4 à 7

Entre janvier et mai 1920, Martin du Gard, ayant amassé un nombre important de notes, décide de s'isoler dans sa maison du Verger d'Augy, dans le Cher, pour classer ses papiers et construire un plan raisonné de son roman. Il le divise en treize périodes au cours desquelles se déroule l'histoire d'une famille bourgeoise, les Thibault, de 1904 à 1940. Dans son *Journal*, le 26 mai, il note : « Ça a été le moment unique où tout mon livre, déjà vivant, s'est trouvé tout entier à la fois sous mes yeux : les quarante années déployées devant moi en éventail, une vision d'ensemble magnifique. Pas une ligne n'est encore écrite, mais je puis maintenant, avec une impression de sécurité totale, me donner successivement de toutes mes forces libres à chaque période séparée. » Ce plan, composé de six feuillets montés en dépliant, restera fixé au mur de son bureau durant toute l'écriture des *Thibault*.

F. C.

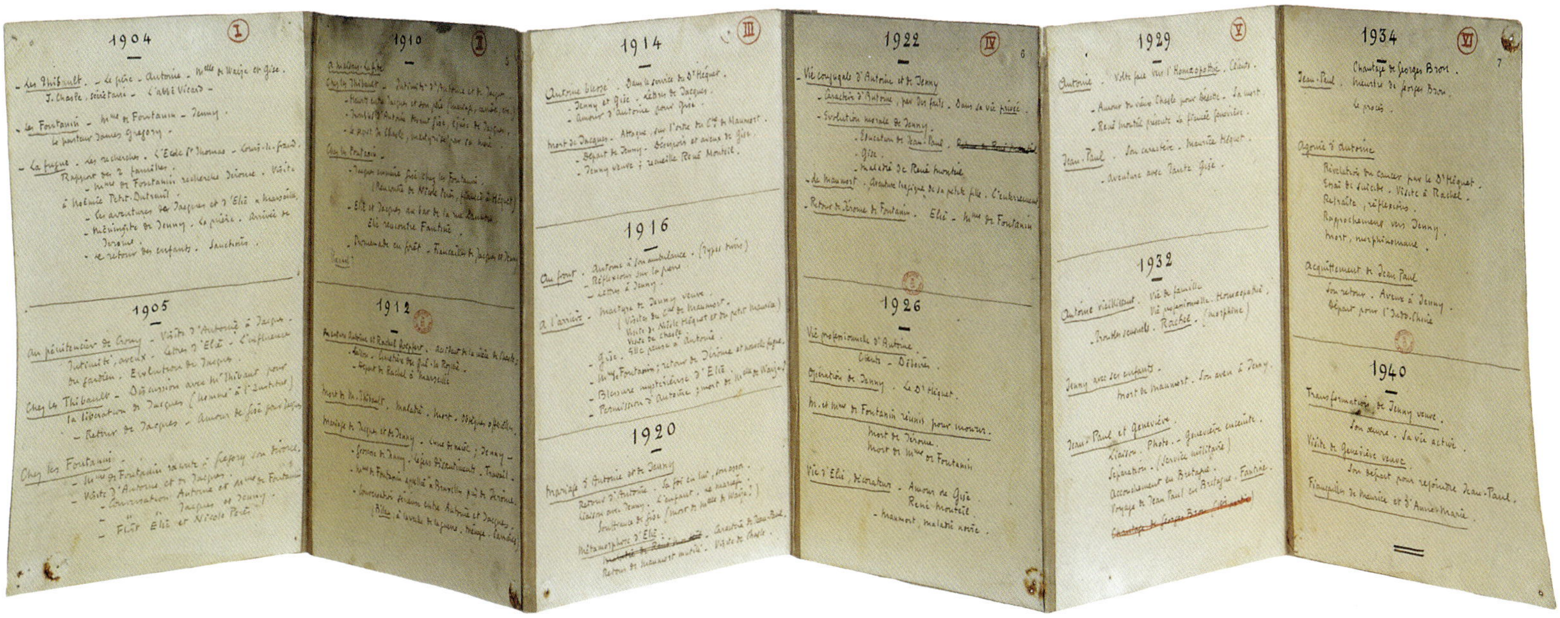

chronologique des *Thibault* par l'écrivain, qui a défini treize périodes à l'intérieur desquelles il a constitué six livres.
Le 18 juillet 1920, d'après le *Journal*, Martin du Gard commence le premier livre. Après avoir établi une chronologie détaillée de l'année 1904 et un scénario, il se met à la rédaction proprement dite, en procédant par étapes : un premier jet très travaillé, une mise au net en cinq chapitres et la version définitive complète qui servira à l'édition du *Cahier gris* à la NRF, en 1922.
Ayant ainsi mis au point son plan et sa méthode de travail, Martin du Gard construira de la même manière chacune des cinq parties suivantes : *Le Pénitencier* (1922), *La Belle Saison* (1923), *La Consultation*, *La Sorellina* (1928) et *La Mort du père* (1929). Mais, en 1931, il se lasse de sa programmation et renonce à écrire la suite de sa « fabulation ». C'est la tension des relations internationales qui l'incitera, en 1933, à revenir au roman historique. Il conçoit alors une fin différente pour *Les Thibault* en publiant *L'Été 14* (1936) et *L'Épilogue* (1940) qui met un point final au roman dont le terme a été ramené à 1918 au lieu de 1940, comme il avait été prévu initialement.

Florence Callu

85, 86 et 87
Roger Martin du Gard,
Les Thibault
Photographies
BNF, Manuscrits, fonds R. Martin du Gard, 13, f. 11, 13 et 16

Pour visualiser ses personnages et les décrire avec précision, Roger Martin du Gard avait besoin du support de l'image. Il a constitué une collection de photographies de personnes réelles et de reproductions de portraits peints par des artistes qui lui ont servi de modèles pour les personnages des *Thibault*.

F. C.

Je n'ai pas le dilettantisme du chaos[1]

Jules Romains

Au faîte de sa carrière de dramaturge, Jules Romains dénonce « la commodité relative du roman », opposée aux contraintes du théâtre et de la poésie. Il en tirera l'œuvre la plus importante de sa vie, *Les Hommes de bonne volonté,* écrite de 1930 à 1944 et publiée de 1932 à 1946. Vingt-sept volumes pour ce « roman aux dimensions inusitées », ce « pullulement non orienté », échappant aux habituelles fictions centrées sur l'individu pour brasser des « myriades d'actes humains projetés en tous sens » et donner, au travers des aventures individuelles et de la grande aventure collective, l'éblouissante démonstration de la vision unanimiste du monde, présente dès les premiers poèmes et romans de l'écrivain.
À une œuvre d'une telle envergure correspond une infrastructure étonnamment réduite, mais riche d'un dynamisme interne révélateur d'une technique romanesque parfaitement maîtrisée[2]. « En apparence, mes plans sont peu détaillés. Ils contiennent un certain nombre de points de repère dont chacun correspond dans mon esprit à une vision détaillée des événements et des personnages », reconnaît-il dans une interview de 1933. Mille cinq cents feuillets préparatoires conservés, dont sept cents de plans et de notes, quatre cents d'ébauches et de brouillons, quatre cents de documentation, c'est en effet suffisant pour qui connaît ce que Jules Romains appelle son « travail en littérature » : longue maturation du projet qu'il porte en lui depuis le début de l'unanimisme et qu'il circonscrit à une période de son vécu. À quoi il faut ajouter un goût des contacts, des expériences, des voyages, une imagination prompte à assimiler les choses de la vie, à faire basculer le récit vers de nouveaux horizons, de nouveaux personnages, et une écriture dans l'isolement le plus complet.
« Je ne fis qu'y rêver d'abord ». C'est en 1923 que Romains a commencé « à chercher les contours, le plan, les ressorts de l'articulation » d'un roman dont « le Paris actuel serait le centre ». C'est en 1925, semble-t-il, que se précise la « vision initiale » : sur un unique feuillet, l'écrivain a jeté pêle-mêle des idées de thèmes à exploiter – parmi lesquelles « les diverses ambitions des individus et des groupes » –, des listes de lieux privilégiés et de noms de personnages réels, amis ou personnalités du monde de la médecine, des lettres ou du crime.
La charpente de l'œuvre apparaît en 1930. Ce sont les « dossiers généraux ». Romains y a réuni tous ses plans et notes antérieures au plan définitif du tome I, *Le 6 octobre*. Tout est dit de l'ambition du roman avec les titres figurant sur les onze dossiers et les six mille numéros qu'il se réserve : « grands thèmes conducteurs », « éléments à incorporer », « morceaux », « ressorts et mouvement de l'action », « technique », « onomastique », « personnages, principaux, secondaires, relations entre les personnages », « personnages collectifs », « plan du tome I ». Tout se cristallise dans les cent quatre-vingt-deux numéros ventilés, vivier dans lequel il puisera longtemps. Ainsi voit-on l'installation du récit dans le premier tiers du siècle, en huit ou neuf volumes, l'instauration de « morceaux principaux faisant livre », établissant déjà la notion de thèmes traités en diptyque et celle de morceaux d'ensemble, grands moments de communion unanimiste, rythmant la structure du roman : « Paris 1908 », « présentation de l'Europe le 2 août 1914, symétrique à la présentation de Paris », « un jour de guerre », « jour final. x. x. 193 [2 ou 3] ». Ainsi saisit-on d'emblée l'emprise des « grands thèmes », aventure unanime concrétisée en un certain nombre d'aventures individuelles. Les milieux représentatifs du monde moderne et les protagonistes qui les incarneront se dégagent progressivement de leur gangue. Des « histoires conductrices » sont réservées à « Jean, le temporel » et « Pierre, le spirituel » – Jerphanion et Jallez, les deux normaliens, hommes de bonne volonté entre tous, qui traverseront l'histoire de part en part –, mais aussi à Landru/Ruland/Quinette, à l'aventurier Loewenstein/Love/Haverkamp, à l'instituteur Clanricard... D'une liste à l'autre, les personnages perdent leur identité pour entrer dans la fiction.
En cette année 1930 se fige la seule conception globale du roman, sans aucune référence qui puisse venir de recherches documentaires. Avec le plan du tome I, la matière engrangée est suffisante pour les quatre premiers volumes. L'ouverture avec « un personnage par grand thème », destinée à familiariser le lecteur avec l'univers unanimiste, est aussi pour l'auteur la passe périlleuse où se joue la composition de l'ensemble. La mise au point du *6 octobre* témoigne de l'intense travail mené pour insérer dans la description organique du Paris de 1908, « sans que jamais cela fasse une poussière impressionniste », les scènes où apparaissent les premiers personnages dont les destins croisés tisseront la trame du roman. C'est alors que s'affirme la technique romanesque, basée sur la rupture du récit, tant par l'insertion de plans successifs très brefs dans le corps d'une description que par l'éclatement tardif d'épisodes rédigés uniment dans plusieurs chapitres. Achevé en 1931, le manuscrit du *6 octobre*

Jules Romains en 1934, devant les fiches préparatoires des *Hommes de bonne volonté*. Autoportrait. Collection particulière

1 Jules Romains, préface aux *Hommes de bonne volonté*.
2 Les dossiers préparatoires des *Hommes de bonne volonté*, éd. par Annie Angremy (t. I et III) et Maurice Rieuneau (t. II), Flammarion, 1982, 1985 et 1987 (Cahiers Jules Romains, t. V à VII).

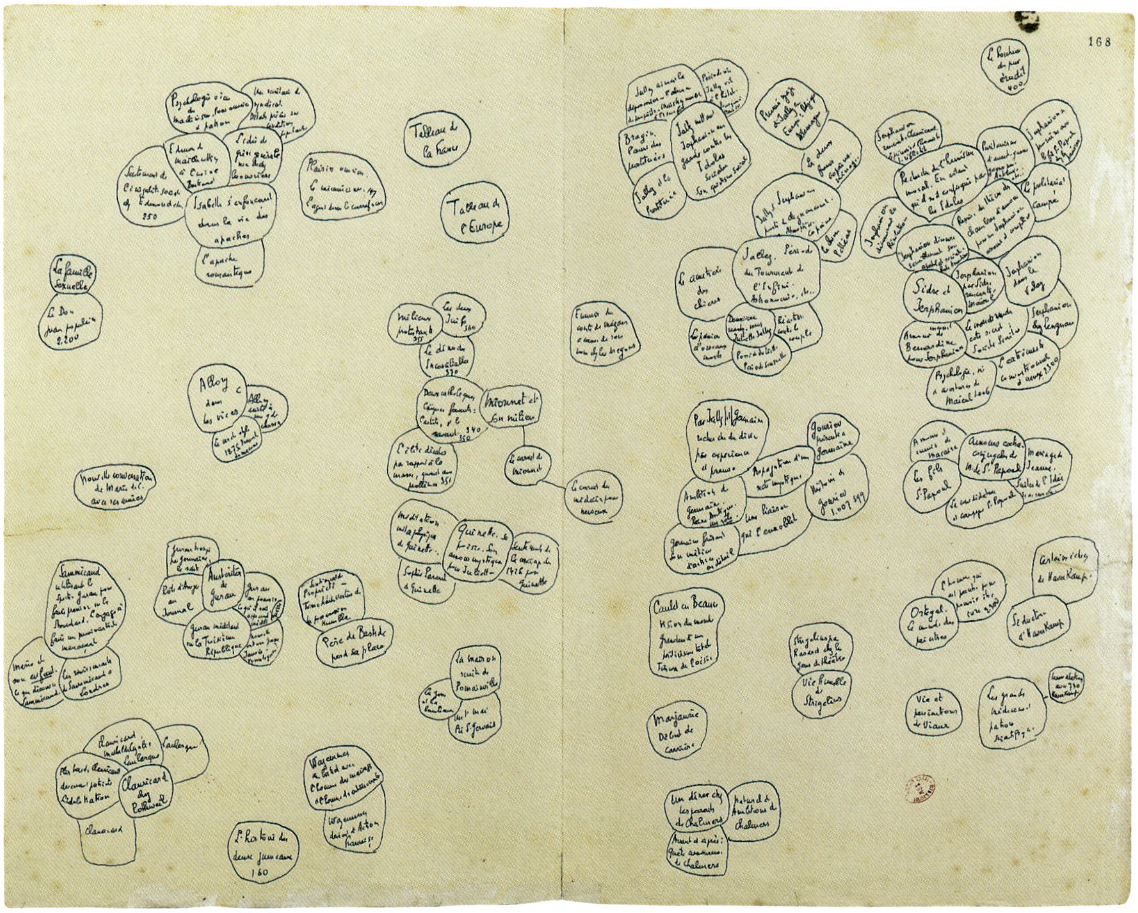

88
Jules Romains
Plan « unanimiste » des tomes V à XIV des *Hommes de bonne volonté*
Manuscrit autographe, été 1932
Double feuille, 31 × 40 cm
BNF, Manuscrits, fonds J. Romains, t. 62, f. 167 v°-168

Alors que la rédaction du tome IV (*Éros de Paris*) est en cours, Romains esquisse le panorama de son œuvre jusqu'à la guerre en un vaste tableau distribuant protagonistes et thèmes par constellation de bulles interférant les unes avec les autres. Ce plan « unanimiste » traduit entre tous la technique romanesque de l'écrivain, son souci de « chercher un mode de composition qui nous parût échapper à nos habituelles visions "centrées sur l'individu" ». Il concentre ici les ressorts de l'action essentiellement en fonction des personnages représentatifs des différents milieux, mais dégage aussi certains thèmes et lieux privilégiés et surtout les grands morceaux qui rythment l'œuvre : « tableau de la France », « tableau de l'Europe ». Pour ce faire, il puise largement dans les plans numérotés des dossiers généraux qu'il n'a pas encore utilisés – et dont certains seront abandonnés –, tout en incorporant les créations des années 1931 et 1932 : l'ouvrier Maillecottin, le politicien Gurau, le pétrolier Sammécaud, le marquis de Saint-Papoul. Les bulles réservées à Jallez et Jerphanion témoignent de leur rôle prépondérant. Parmi les rares bulles isolées : « le bonheur du pur érudit »…

A. A.

offre une profusion de versions et de brouillons. En publiant simultanément, en mars 1932, un tome II moins déconcertant, *Crime de Quinette*, où la focalisation des centres d'intérêt fait contrepoint au foisonnement voulu de l'ouverture, Romains adopte définitivement la présentation en diptyque contrasté des volumes suivants. *Les Amours enfantines* et *Éros de Paris* paraissent à l'automne 1932.

Le roman est sur les rails. Romains le construit désormais par étapes, avec rigueur et pragmatisme, dans l'urgence des deux volumes à publier à l'automne, en une succession de plans très diversifiés, synoptiques, chronologiques, par série de volumes, puis par couple. Les plans par série offrent souvent des plans détaillés pour les volumes de l'automne, allant parfois jusqu'à un résumé par chapitre, pour se terminer par une vue schématique des suivants, qui pourront être déplacés, voire supprimés. Des huit ou neuf volumes prévus, il arrivera à vingt-sept en 1938, dans le dernier plan connu, celui des tomes XVII à XXVII, couvrant la période de l'après-guerre, qui seront écrits de 1939 à 1944.

Pour les volumes où l'Histoire l'emporte sur les histoires, l'écrivain recoupe ses plans de fiches par personnages ou par thèmes et constitue de petits dossiers sur les problèmes de l'Église, de la franc-maçonnerie, du syndicalisme, etc. *Prélude à Verdun* et *Verdun*, les tomes épicentres, bénéficient d'un arsenal ciblé sur les seize premiers mois de la guerre. Pour les seuls volumes « historiques », la documentation précède l'installation du récit. Pour les autres, elle intervient juste avant le passage à la rédaction : recours à des éphémérides tirées de quotidiens et de *L'Illustration*, à des ouvrages contemporains de la période traitée, à des almanachs, des annuaires, des encyclopédies. Romains a le sens *du* document, il sait tirer parti d'articles ou de livres peu connus, de publicités de journaux, et ne les utilise souvent qu'au gré de sa fiction.

Une fois menée à bien cette assimilation du réel à l'imaginaire, une fois fixé le cadrage du volume en cours, l'écrivain passe à la rédaction, une seule version étayée par quelques ébauches ou canevas et de rares brouillons. Les vingt-sept manuscrits du roman ont souvent un aspect surprenant avec une alternance de pages corrigées ligne à ligne et de premier jet limpide. Jusqu'à la dernière minute, Romains remanie son texte, fignole les détails réalistes, chamboule l'identité des personnages, et surtout aère la présentation par un découpage en chapitres plus courts et par l'éclatement des aventures dans plusieurs chapitres, parfois reportées en partie dans le volume suivant. « Tout, sauf des liasses de documents bien étiquetés ». Sans renier l'immense tâche préparatoire, Jules Romains a toujours reconnu : « Pour moi, le vrai travail d'écrivain, c'est quand j'ai devant moi mon papier blanc, tout seul. »

Annie Angremy

Je me jette à l'eau des phrases comme on crie.
Comme on a peur. Ainsi tout commence…
D'une espèce de brasse folle, inventée.
Dont on coule ou survit.
Louis Aragon

Entre méthode et improvisation

Au fil de l'invention

Aragon assurait découvrir son roman au fur et à mesure qu'il l'écrivait : « Jamais je n'ai écrit une histoire dont je connaissais le déroulement. » Pas de projet ni de programme pour ces écrivains qui, comme lui, plongent dans le récit. La plume suit le cours de l'inspiration. « Quand je commence un roman, je n'ai aucun plan ; ça s'arrange tout seul pendant que je griffonne », disait George Sand. Les corrections se font souvent de premier jet, ajouts et réécritures venant éventuellement dans le temps de relecture. Ainsi Giono s'est-il raconté, emporté par les images et les personnages qu'il créait, écrivant dans la hâte de connaître la fin, quitte à revenir sur ses pas pour mettre de l'ordre.

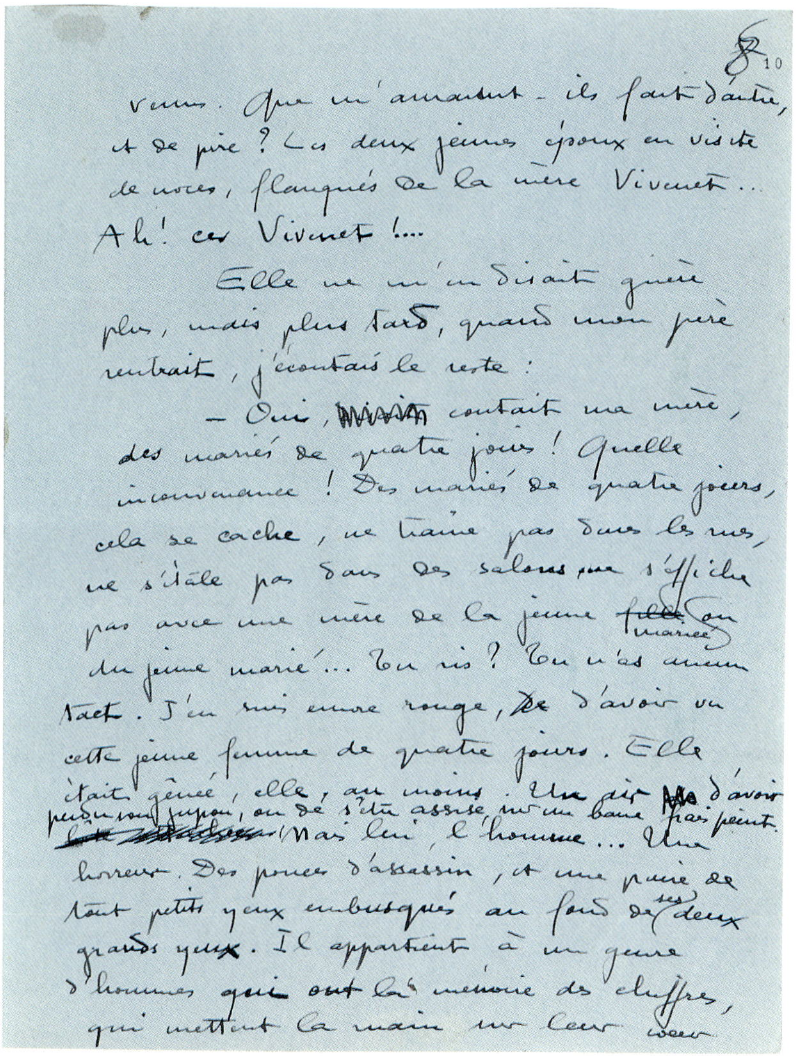

8 10

vous. Que m'amenait-il faut d'autre, et de pire ? Les deux jeunes époux en visite de noces, flanqués de la mère Vivenet… Ah ! ces Vivenet !…

Elle ne m'en disait guère plus, mais plus tard, quand mon père rentrait, j'écoutais le reste :

– Oui, ~~[illegible]~~ contait ma mère, des mariés de quatre jours ! Quelle inconvenance ! Des mariés de quatre jours, cela se cache, ne traîne pas dans les rues, ne s'étale pas dans des salons, ne s'affiche pas avec une mère de la jeune ~~fille~~ mariée ou du jeune marié… Tu ris ? Tu n'as aucun tact. J'en suis encore rouge, ~~de~~ d'avoir vu cette jeune femme de quatre jours. Elle était gênée, elle, au moins. Un air d'avoir perdu son jupon, ou de s'être assise sur un banc pas peint. Mais lui, l'homme… Une horreur. Des pouces d'assassin, et une paire de tout petits yeux embusqués au fond de ses deux grands yeux. Il appartient à un genre d'hommes qui ont la mémoire des chiffres, qui mettent la main sur leur cœur

89
Colette, *Sido*
Manuscrit autographe, 1929
154 f., 29 × 25 cm
BNF, Manuscrits, N. a. fr. 18661, f. 10

« Plus circonspecte chaque jour devant mon travail, et plus incertaine que je le doive continuer, je ne me rassure que par ma crainte même. L'écrivain qui perd le doute de soi, qui sur l'âge se fie à une soudaine euphorie, à l'abondance, que celui-là s'arrête : le temps est venu pour lui de poser la plume. » Ainsi Colette définit-elle, dans son discours de réception à l'Académie royale belge, l'exigence première de l'écrivain, qu'elle appelle sobrement « le scrupule ».
Maurice Goudeket, qui fut pendant quelque trente ans à ses côtés, dit qu'« elle recommençait plus qu'elle ne corrigeait, et, prudente, plutôt par pages que par grands fragments » (*Près de Colette*). Car derrière l'apparente facilité du style se cachent la lutte intransigeante de l'écrivain avec soi-même pour faire sourdre le mot juste, son angoisse de l'impasse, son inquiétude devant un dénouement qu'il ne « voit » pas encore bien. Tant dans son œuvre que dans sa correspondance, les allusions de Colette à son laborieux travail d'« ouvrière des lettres » ne manquent pas : « Ça fait huit fois que je recommence ma scène avec l'homme [dans *La Naissance du jour*]. Il me semble que je franchis un tournant… » ou encore : « La dernière page [du *Blé en herbe*], exactement, m'a coûté toute ma première journée de Castel-Novel, – et je te défie bien, en la lisant, de t'en douter. Quoi, ces vingt lignes où il n'y a ni cabochon ni ciselure… Hélas, c'est comme ça. C'est la *proportion* qui m'a donné du mal. J'ai une telle horreur de la grandiloquence finale. » (*Lettres à Marguerite Moreno.*)
M. L. P.

Colette. Photographie d'Henri Manuel. BNF, Estampes

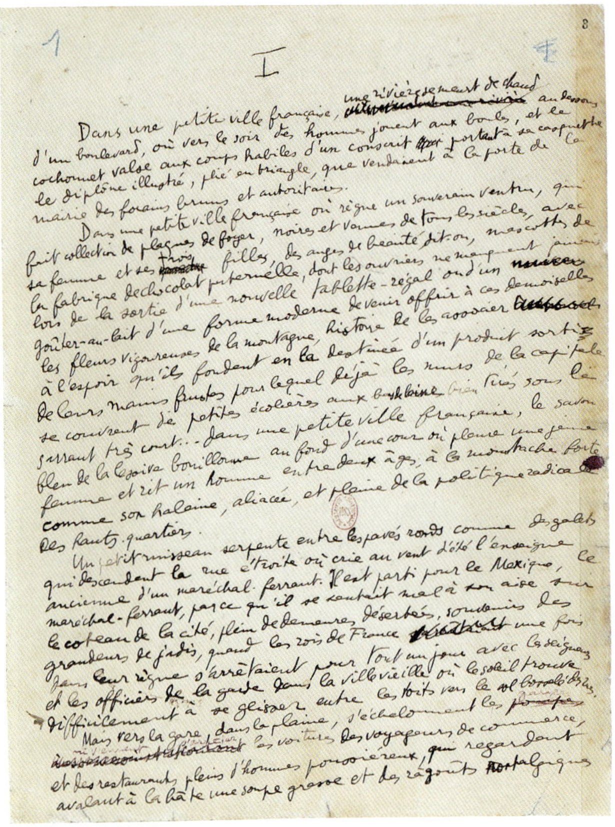

90
Louis Aragon, *Les Beaux Quartiers*
Manuscrit autographe
31 × 24 cm
BNF, Manuscrits, N. a. fr. 18171, f. 3

L'écriture d'Aragon, rapide, très lisible, peu raturée, sans marges, semble d'une impressionnante facilité. L'écrivain s'est souvent exprimé à ce propos*, affirmant qu'il écrivait « en état d'innocence », « comme un lecteur qui fait la connaissance d'un paysage ou de personnages dont il découvre le caractère, la biographie, la destinée », la première phrase entraînant toutes les autres. Il reconnaissait à ses romans un caractère commun « de non-préméditation » – aucune organisation préalable du récit, ni le moindre plan. La seule idée préconçue qu'il avoue est d'avoir écrit *Les Beaux Quartiers* « contre » *Les Cloches de Bâle* et d'avoir décidé d'y montrer l'extension du milieu des affaires en opposant la province à Paris. C'est l'unique roman où il a « fait semblant de construire ce qui n'est construit que d'apparence », pour répondre aux critiques sur *Les Cloches de Bâle* (« cela m'agaçait qu'on me dît encore que c'était *mal construit* »).
Cette apparente aisance n'exclut cependant pas les corrections, ratures de premier jet ou de relecture : « Tout écrivain véritable, s'il se relit [...] est naturellement porté à réécrire ou modifier ce qu'il a sous les yeux**. » Ayant analysé lui-même sa manière d'écrire, Aragon était ouvert aux travaux des chercheurs. Dès 1977, il concrétisait son intérêt pour la génétique des textes en confiant ses manuscrits et ceux d'Elsa Triolet au CNRS, afin qu'ils y soient étudiés.
D. T.

* En particulier dans *Je n'ai jamais appris à écrire ou les Incipit*, Genève, Skira, 1969.
** Louis Aragon, « D'un grand art nouveau : la recherche », dans *Essais de critique génétique*, Flammarion, 1979.

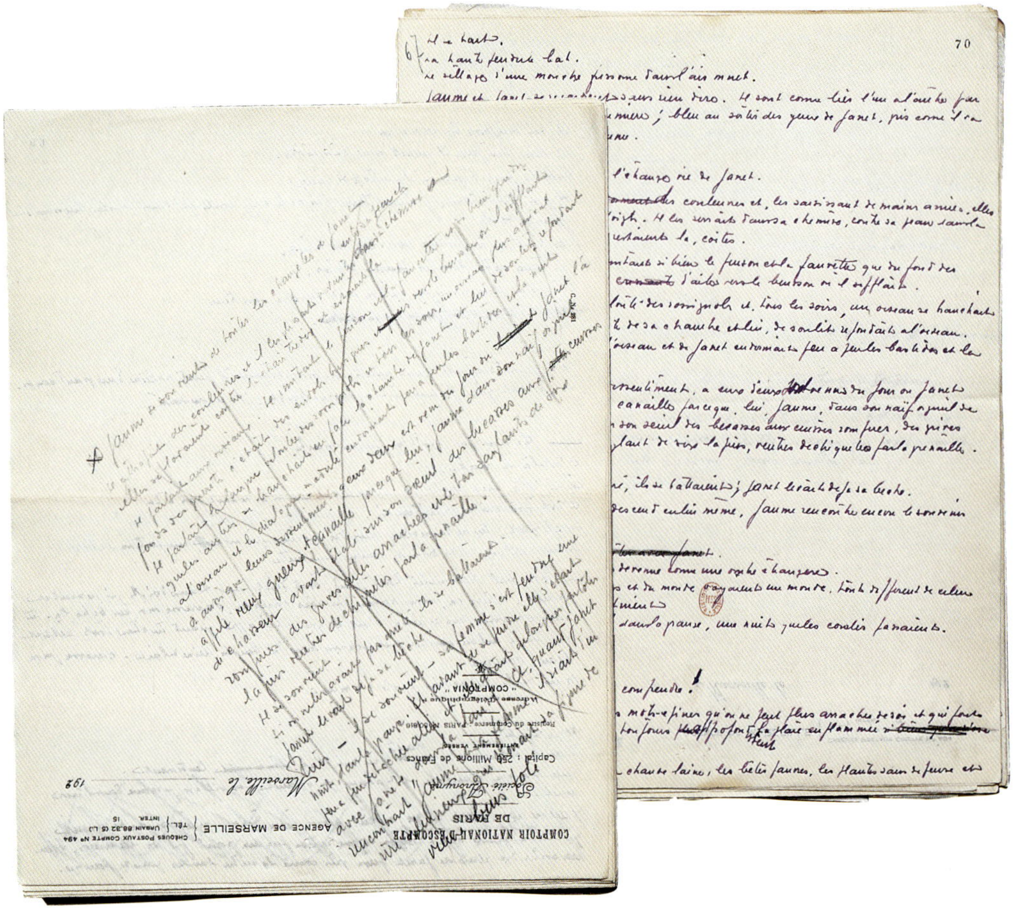

91
Jean Giono, *Colline*
Manuscrit autographe, « 23 mai 1927 – 13 février 1928 »
142 f., 21 × 29,7 cm
BNF, Manuscrits, non coté, f. 69 v°-70

Premier roman publié par Giono, dans la revue *Commerce* en juillet 1928 puis chez Grasset l'année suivante, *Colline* connut un succès immédiat et, dès 1929, l'auteur songea à en faire le premier livre de ce qui deviendrait, avec *Un de Baumugnes* et *Regain*, sa trilogie de Pan. Le titre désigne le personnage principal de ce « poème en prose démesuré », selon Giono lui-même, qui mêle dans un style incantatoire et oppressant le quotidien, le tellurique et le sacré. Giono s'est raconté saisi par l'écriture, comme envoûté par les images, couleurs, formes, personnages qui surgissent au fil de la plume, le poussant à écrire encore, par curiosité, pour savoir où il va, quitte à revenir pour ordonner ensuite. Cet ensemble manuscrit, récemment acquis et inconnu des éditeurs successifs de Giono, a servi pour la parution en revue, sensiblement différente de l'édition définitive. Il est composé à partir d'au moins deux états différents, ainsi qu'en témoignent les foliotations, les ajouts et les reprises.
M. S.

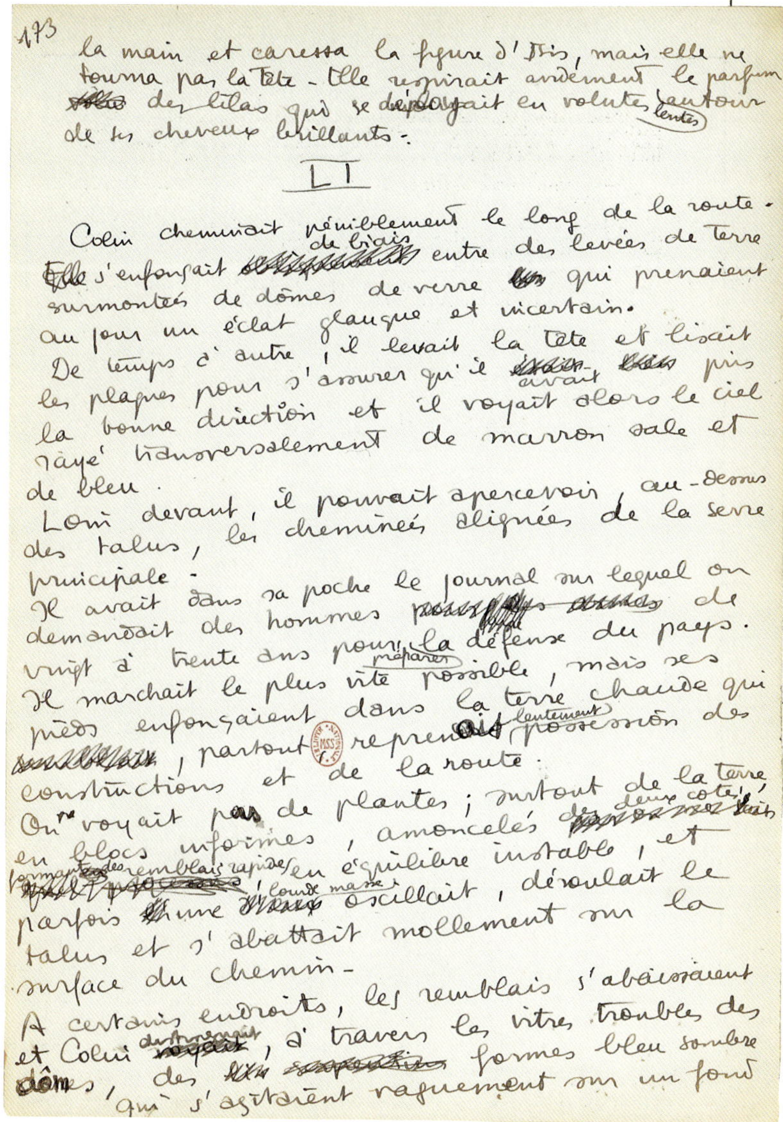

173 la main et caressa la figure d'Isis, mais elle ne tourna pas la tête. Elle respirait ardemment le parfum des lilas qui se déployait en volutes lentes autour de ses cheveux brillants.

LI

Colin cheminait péniblement le long de la route. Elle s'enfonçait de biais entre des levées de terre surmontées de dômes de verre qui prenaient au jour un éclat glauque et incertain.
De temps à autre, il levait la tête et lisait les plaques pour s'assurer qu'il avait pris la bonne direction et il voyait alors le ciel rayé transversalement de marron sale et de bleu.
Loin devant, il pouvait apercevoir, au-dessus des talus, les cheminées alignées de la serre principale.
Il avait dans sa poche le journal sur lequel on demandait des hommes de vingt à trente ans pour préparer la défense du pays.
Il marchait le plus vite possible, mais ses pieds enfonçaient dans la terre chaude qui, partout, reprenait lentement possession des constructions et de la route.
On ne voyait pas de plantes ; surtout de la terre, des deux côtés, amoncelée en blocs informes, en équilibre instable, et parfois une lourde masse oscillait, déroulait le talus et s'abattait mollement sur la surface du chemin.
A certains endroits, les remblais s'abaissaient et Colin distinguait, à travers les vitres troubles des dômes, des formes bleu sombre qui s'agitaient vaguement sur un fond

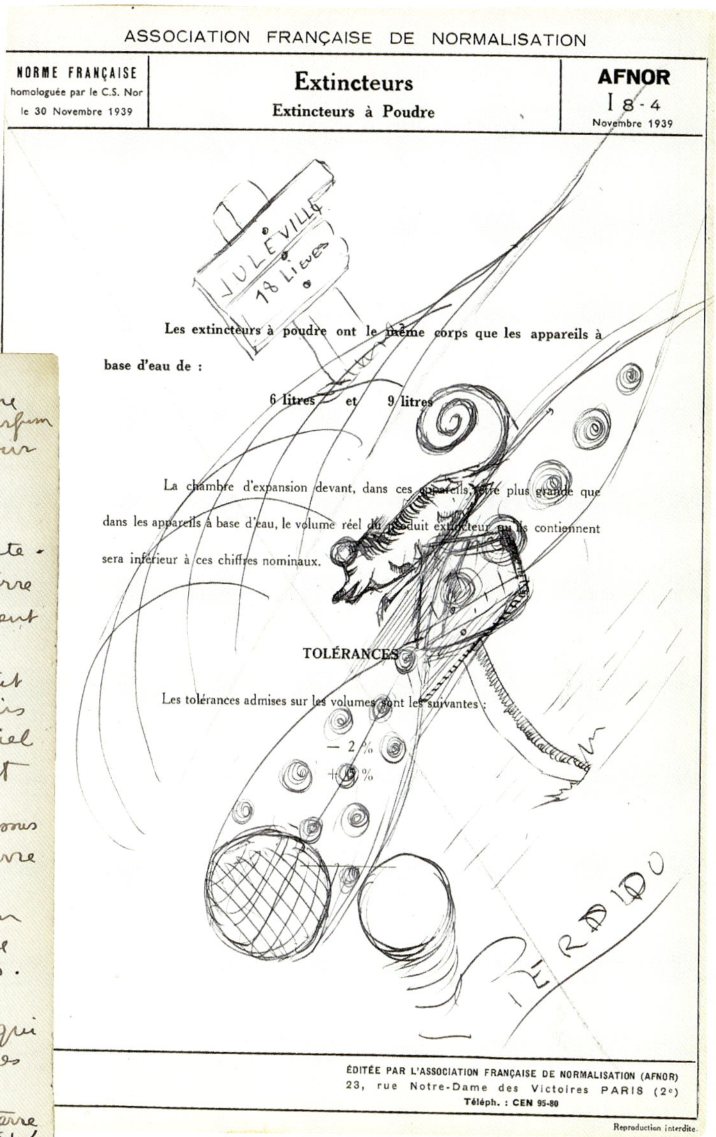

ASSOCIATION FRANÇAISE DE NORMALISATION

NORME FRANÇAISE homologuée par le C.S. Nor le 30 Novembre 1939	Extincteurs Extincteurs à Poudre	AFNOR I 8-4 Novembre 1939

Les extincteurs à poudre ont le même corps que les appareils à base d'eau de :

6 litres et 9 litres

La chambre d'expansion devant, dans ces appareils, être plus grande que dans les appareils à base d'eau, le volume réel du produit extincteur qu'ils contiennent sera inférieur à ces chiffres nominaux.

TOLÉRANCES

Les tolérances admises sur les volumes sont les suivantes :

− 2 %
+ 5 %

ÉDITÉE PAR L'ASSOCIATION FRANÇAISE DE NORMALISATION (AFNOR)
23, rue Notre-Dame des Victoires PARIS (2e)
Téléph. : CEN 95-80

Reproduction interdite.

92
Boris Vian, *L'Écume des jours*
Manuscrit autographe, 1946
223 f., 27 × 21 cm
BNF, Manuscrits, fonds B. Vian, f. 173

Au verso de feuillets de l'AFNOR, où il travaillait, Boris Vian écrivit *L'Écume des jours*, roman dédicacé à sa femme Michelle, « à mon bibi ». Composé régulièrement à raison de vingt pages par jour, sans beaucoup de ratures ni ajouts, sans vraiment de corrections, le seul manuscrit connu du texte offre une version très proche de celle de l'édition originale publiée chez Gallimard en 1947, qui n'eut aucun succès et finit au pilon. Il faut attendre la réédition de 1964 chez Pauvert pour que la célébrité s'empare de *L'Écume des jours*, faisant de Chloé, Colin, la souris et le nénuphar – qu'a tenté de symboliser Sun Evrard en créant une reliure de daim rose – des personnages de légende et des figures du patrimoine universel.
M. B.

« Lis tes ratures »

La phrase toujours recommencée

Quand mon roman sera fini, dans un an, je t'apporterai mon manuscrit complet, par curiosité. Tu verras par quelle mécanique compliquée j'arrive à faire une phrase.

Gustave Flaubert

De tous les gestes de l'écriture, les ratures sont les plus spectaculaires, étroitement liées, et pas seulement dans un jeu de mots, à la littérature : « Lis tes ratures »… Les manuscrits en sont remplis, même si certains écrivains corrigent mentalement avant d'écrire, ou réécrivent pour éviter d'avoir à corriger. Qu'elles accompagnent les bouleversements d'un texte ou les tâtonnements d'une phrase, elles nous rappellent que le repentir est indissociable de la création – mettant en cause ce qui est écrit pour approcher l'image idéale de ce qui doit l'être.

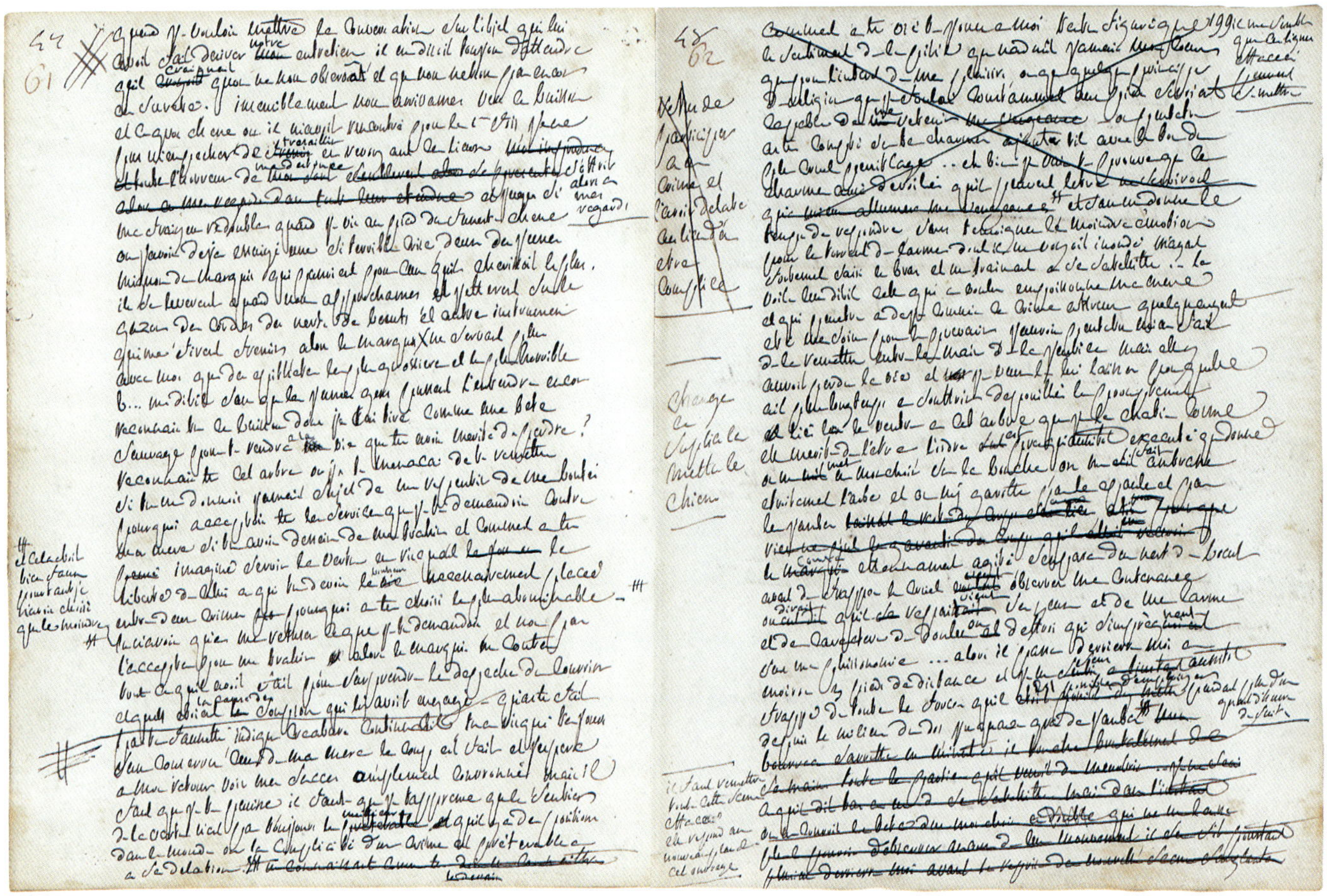

93

Marquis de Sade, « Les infortunes de la vertu »

Manuscrit autographe
21,5 × 16,5 cm
BNF, Manuscrits, N. a. fr. 4010, f. 198 v°-199

Rédigé à la Bastille du 23 juin au 8 juillet 1787, le récit des « Infortunes de la vertu » est le neuvième d'un ensemble de *Contes*. Les dates de rédaction, scrupuleusement notées en marge ou sur les cahiers, permettent de suivre la progression du texte : aux trois premières pages, écrites le 23 juin, succèdent quarante-huit pages rédigées en cinq jours (cahier 10), puis Sade continue à ce rythme d'une dizaine de pages par jour. Prévu tout d'abord « court » et « sombre », sur le modèle d'un conte philosophique, le texte s'allonge et évolue vers le roman. Sade ne cesse d'opérer des ajouts, d'étoffer son récit, de retravailler sa narration. *Justine ou les Malheurs de la vertu* sera publié en 1791 et plus tard (en 1797) un second roman, *La Nouvelle Justine ou les Malheurs de la vertu*, sortira de la même veine.
Le manuscrit porte les traces de ces trois versions et des campagnes d'écriture successives, qu'il s'agisse des modifications apportées au moment de la rédaction du conte ou des augmentations et remaniements pour le transformer en roman. C'est un témoin précieux de la méthode de travail de l'écrivain, d'autant plus que ses propres annotations nous renseignent précisément sur ses nombreuses réécritures ; ainsi, sur le dixième cahier rédigé en cinq jours : « commencé à le mettre au net à mi-travail du 28 juillet et fini le 16 août, 19 jours ».
Au feuillet 199, après avoir supprimé d'une croix le début du feuillet, Sade note en marge à droite : « Il me semble que ces lignes effacées peuvent se mettre », mais, finalement, ce passage ne sera pas retenu dans le roman. En revanche, la note en marge à gauche (« changes ce supplice la mettes les chiens ») a été suivie, puisque Sade a récrit la scène pour *Justine*, en remplaçant la flagellation par des morsures canines.

D. T.

Mille et une ratures

Pierre-Marc de Biasi

Homophonies

Un jour de séminaire, au square Rapp, Barthes, l'éveilleur d'esprit, avait lancé cette formule à la fois énigmatique et d'une clarté déconcertante : « La littérature, c'est la rature. » Barthes faisait confiance au symbolisme fortuit des mots. Or, c'est un fait : la rature est littéralement rivée à la chose littéraire (« litté-rature ») et la langue française ne permet à aucun moment d'oublier qu'en matière de littérature, le grand art ne consiste pas pour l'écrivain à brûler les étapes de la rédaction, à avancer tête baissée vers un achèvement prématuré du texte, mais au contraire à retarder l'irréversible, à saisir chemin faisant toutes les opportunités d'un retour sur soi de l'écriture. L'œuvre à l'état naissant ne prend vraiment connaissance de ce qu'elle cherche à devenir que dans l'espace du doute et de la re-formulation, à travers ses propres repentirs. Replacée dans le champ des curiosités homophoniques, cette relation native entre rature et littérature peut d'ailleurs se lire comme une sorte d'injonction — « Lis tes ratures » — qui constitue en effet l'un des impératifs catégoriques majeurs du métier d'écrivain : une vigilance comptable des métamorphoses infligées aux formes et aux significations par laquelle l'écrivain élucide le sens de son projet pour pouvoir le mener à bien, avant que d'autres — les généticiens du texte — n'aillent y rechercher, après coup, les indices significatifs de son itinéraire créatif.

Origines

La rature, comme outil de la transformation des textes, a probablement une histoire aussi longue que celle de la culture écrite. Les paléographes ont retrouvé, dans un poème amoureux griffonné sur un mur de Pompéi, un exemple de rature de substitution (un mot rayé, remplacé par un autre en interligne) dont la forme, gravée en graffiti, ressemble de très près à notre usage moderne. Pourtant, même si la rature est aussi vieille que les tablettes cunéiformes, même si les papyrus et les parchemins nous donnent les preuves de son usage ininterrompu depuis l'Antiquité, la rature ne prend toute son importance qu'avec le médium de notre modernité : le papier, et particulièrement le papier imprimé, qui donne progressivement au « manuscrit » le statut de document privé et de support de travail individuel pour l'écrivain. Le lettré s'engage de plus en plus volontiers dans un rapport personnel à la rédaction de ses propres œuvres ; il devient son propre scribe. Si le coûteux parchemin avait conduit à la pratique du palimpseste, le papier abondant ouvre l'ère du brouillon et de la rature. Les banquiers et négociants italiens, introducteurs du papier arabe en Occident (1100) puis producteurs du nouveau papier européen (1250), ont aussi été les premiers à faire de la rature un instrument d'écriture comptable. Son usage a vite été détourné à d'autres fins par les littéraires. Les brouillons autographes de Pétrarque (1350) en sont l'un des plus éclatants indices. À partir de cette date, et jusqu'aux bouleversements récemment induits par les traitements de texte, l'histoire discrète mais capitale de la rature se confond avec celle de la création littéraire occidentale : une histoire où, de simple procédé d'amendement graphique des textes, la rature est devenue le symbole même du travail intellectuel et artistique de l'écrivain, tout en se dotant, dans les pratiques concrètes de l'écriture littéraire, d'un véritable arsenal de fonctions et de déterminations. Cinq siècles de traces manuscrites, particulièrement riches depuis la fin du XVIIIe siècle, nous ont légué un formidable terrain de recherche pour comprendre l'évolution de cette pratique, infiniment plus complexe qu'il n'y paraît à première vue.

Identité

Pour donner tout son sens à une rature, la première précaution est de s'interroger sur son identité : est-on en face d'une rature autographe, faite de la main de l'écrivain lui-même, ou s'agit-il d'une rature allographe, réalisée par une autre main ? Si la rature n'est pas autographe, dans quelles circonstances et par qui a-t-elle été pratiquée sur le manuscrit : par un secrétaire sous la dictée de l'écrivain, par l'éditeur, par un ami à qui l'écrivain avait demandé de l'aide, par un correcteur professionnel, par un héritier pudibond ?

Fonction

La rature, qui sert à corriger du texte déjà écrit, répond, sous des formes très variables, à différentes fonctions. Les plus connues sont le remplacement et la suppression : la rature est un tracé opératoire marquant la décision d'annuler un segment précédemment écrit pour y substituer un autre segment (« rature de substitution ») ou pour l'éliminer sans remplacement (« biffure », « rature de suppression »). Mais les manuscrits démontrent qu'il existe trois autres fonctions importantes de la rature. L'écrivain utilise couramment la rature pour enregistrer le fait qu'un segment a fait l'objet d'une exploitation ou d'une réécriture («rature d'utilisation» ou «de gestion») et n'appartient plus aux éléments actifs de la rédaction : Flaubert, par exemple, barre d'une grande croix de Saint-André le feuillet raturé de sa page de brouillon lorsqu'il la recopie au propre sur un nouveau feuillet, où le travail de transformation va se poursuivre. Avec un tracé spécifique, la rature peut également servir à marquer le projet ou l'acte de déplacer un segment écrit en vue de le faire disparaître de son lieu primitif pour le réinsérer dans une autre zone du manuscrit («rature de transfert» ou «de déplacement»). Enfin, l'écrivain utilise une forme particulière de rature pour délimiter l'espace d'une rature à venir, en marquant un segment qui pourra donner lieu à une éventuelle annulation ou correction ultérieure («rature de suspension dilatoire» ou «provisionnelle»). D'un point de vue fonctionnel, la rature peut donc se définir comme l'instrument de cinq mécanismes distincts (substitution, suppression, transfert, gestion, suspension) dans un dispositif technique où les deux premiers modes opératoires (remplacer, éliminer) désignent des gestes d'écriture fondamentaux tandis que les trois autres modalités (transférer, gérer, suspendre) constituent des formes relativement plus rares.

Types de tracés

Avant toute réflexion sur les différentes fonctions de la rature, ce qui frappe le regard du curieux qui observe un manuscrit corrigé, c'est l'extraordinaire diversité des tracés et des procédures graphiques dont les écrivains se servent pour pratiquer la rature et distinguer entre ses différentes valeurs instrumentales. La forme la plus commune, pour les corrections de petite envergure, est le trait de biffure horizontale tracé en travers du segment rayé, assorti d'un ajout substitutif ajouté en interligne, au-dessus ou en dessous du fragment annulé. Mais les brouillons attestent qu'au-delà des singularités personnelles de chaque écriture, il existe des centaines de formes graphiques de la rature. On ne peut en donner qu'un aperçu. La biffure (de «biffe», tissu présentant des rayures) désigne, sans spécification particulière, un ou plusieurs traits (de toute orientation, dimension et nature : horizontaux, verticaux, obliques, droits, en zigzag, sinusoïdaux, etc.) servant à supprimer un segment écrit. Il n'y a parfois pas de différence entre suppression et correction : avec la «surcharge», le segment substitutif est inscrit sur le tracé même du segment primitif, qu'il annule tout en le remplaçant. La rature de suppression peut prendre la forme de barres, de bâtons ou de croix (pour «barrer» ou «bâtonner»), de hachures, de croisillons serrés, d'encadrés assortis d'un réseau plus ou moins dense de rayures, de traits épais, de pavés, de taches ou de pâtés d'encre (pour oblitérer, rendre illisible le segment annulé). Mais, plutôt que d'encombrer la page par d'épaisses biffures, certains écrivains préfèrent en finir avec le fragment d'écriture qu'il s'agit de supprimer ou de corriger : quelques-uns le recouvrent ou le masquent (par collage d'un fragment de papier ou à l'aide de fluide «correcteur»), d'autres l'effacent (grattage, effaçure, gommage), les plus expéditifs le font disparaître avec son support papier (découpage, trou, déchirure, etc.). Quant aux écrivains soucieux de limpidité graphique, pour qui toute biffure rime avec souillure, et qui ont une horreur physique de la rature, ils pratiquent la correction par omission : elle reste non exprimée en terme de tracé, on pourrait la croire inexistante. En fait la modification n'intervient pas sur la page elle-même, qui ne porte donc aucune trace de biffure ni d'ajout, mais, après relecture, sur un nouveau feuillet où la rédaction est reprise dans une version corrigée qui introduit les suppressions, substitutions et

Fénelon

Ponge

Zola

Flaubert

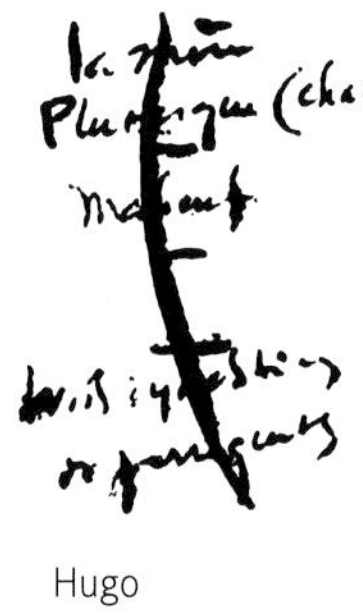
Hugo

déplacements jugés nécessaires par l'écrivain : il s'agit de « ratures blanches » dont le tracé reste invisible mais dont la réalité se mesure aux différences qui séparent les deux états rédactionnels successifs. Il faudrait encore mentionner la « rature typographique », avec ses procédures codées qui servent à préparer la version imprimée du texte, la « rature imprimée » sous forme d'*erratum*, et plusieurs formes graphiques assez particulières de la rature : le tracé qui annule une rature (souvent des pointillés sous le mot biffé, pour le rétablir), les cas de sur-lignage, de soulignage, les crochets ou les encadrés, fréquemment utilisés par l'écrivain pour indiquer un doute sur la formulation d'un fragment et marquer l'espace d'une correction, d'une suppression ou d'un déplacement à venir.

Étendue, support et localisation

Les trois caractéristiques qui viennent d'être évoquées (identité, fonction, type de tracé) en disent long sur la rature. Elles ne suffisent pourtant pas, et de beaucoup, à interpréter le phénomène, et encore moins à esquisser un aperçu typologique, car avec la même identité (par exemple autographe), une fonction équivalente (prenons le cas d'une rature de suppression) et une apparence graphique similaire (un trait de biffure transversal), une rature toute semblable pourra prendre une signification et un statut complètement différents, et même opposés, selon les caractéristiques de son appartenance à une dizaine d'autres critères, tout aussi déterminants. Par exemple son « étendue » : on n'envisagera pas de la même manière la rature d'un

94
Gustave Flaubert
Trois contes. La Légende de saint Julien l'Hospitalier
Manuscrit autographe, 1875-1877
759 f., 41,5 x 26 cm
BNF, Manuscrits, N. a. fr. 23663, f. 429

Saturation de l'espace graphique, accumulation des ratures et des additions marginales, stratifications des corrections interlinéaires, dispersion des signes de renvoi et dislocation des séquences d'écriture, chaos de la mise en page autographe, traitement presque pictural des tracés qui s'étoilent sur le papier et des taches d'encre qui oblitèrent violemment les suppressions... : le feuillet 429 de *La Légende de saint Julien l'Hospitalier* de Flaubert donne une image explicite des intensités qui se jouent sur une même page de brouillon. Ici, Flaubert avait à traiter un moment clé du récit : le carnage de centaines d'animaux et la prophétie d'un grand cerf qui va annoncer au jeune héros qu'en punition de sa cruauté il égorgerait un jour ses parents. Le bas du feuillet contient un *lapsus calami* massivement œdipien (« Maudit, maudit, maudit ! Pour avoir tué des innocents, tu assassineras ton père et ta père. »)
P.-M. de B.

simple caractère, d'un mot, d'un paragraphe, ou d'une page entière. D'une manière tout à fait matérielle et concrète, le sens d'une rature dépend aussi de son « support » : la rature d'un mot dans la note de lecture prise par l'écrivain sur la marge d'un livre qu'il vient de consulter, n'a rien à voir avec une rature réalisée par le même écrivain sur le manuscrit définitif de l'une de ses œuvres, ni avec la rature que l'on trouvera sur la légende d'une carte dessinée dans un de ses carnets de voyage, etc. L'interprétation de la rature dépend également de sa « localisation » physique sur la page : une rature d'ajout en marge ne s'explique pas comme une rature réalisée dans la zone centrale du feuillet, où s'accomplit en général le premier geste de rédaction ; une rature interlinéaire n'a pas le même sens que la rature effectuée dans l'espace de la ligne, etc.

Objet, nombre et fréquence

La signification d'une rature varie avec la nature de son « objet » (un élément lexical, une forme syntaxique,

95
André Gide, *La Porte étroite*
Manuscrit autographe, premières versions, 1905-1909
278 f., 35 × 27 cm
BNF, Manuscrits, N. a. fr. 25 174, f. 50 v°-51

C'est sur un fond largement autobiographique que se déroule l'histoire d'Alissa et de Jérôme. Est-ce la raison pour laquelle Gide a eu tant de mal à l'écrire ? Quatre ans de travail, avec plusieurs faux départs (une dizaine…), qu'attestent les différents manuscrits, des hésitations prolongées sur les modalités du récit (à la première ou à la troisième personne ?) et, selon ses propres mots, « une lenteur incroyable » à progresser : « Je passe des heures sur un groupe de phrases que je rebouleverserai le lendemain. » Les pages figurant dans ce cahier de brouillon se situent au début du livre : les nombreuses ratures au fil de la plume, les réécritures de la page de gauche, toutes ces hésitations, le romancier les résoudra finalement en supprimant le passage, remplacé par des points de suspension et un saut de paragraphe.
M. O. G.

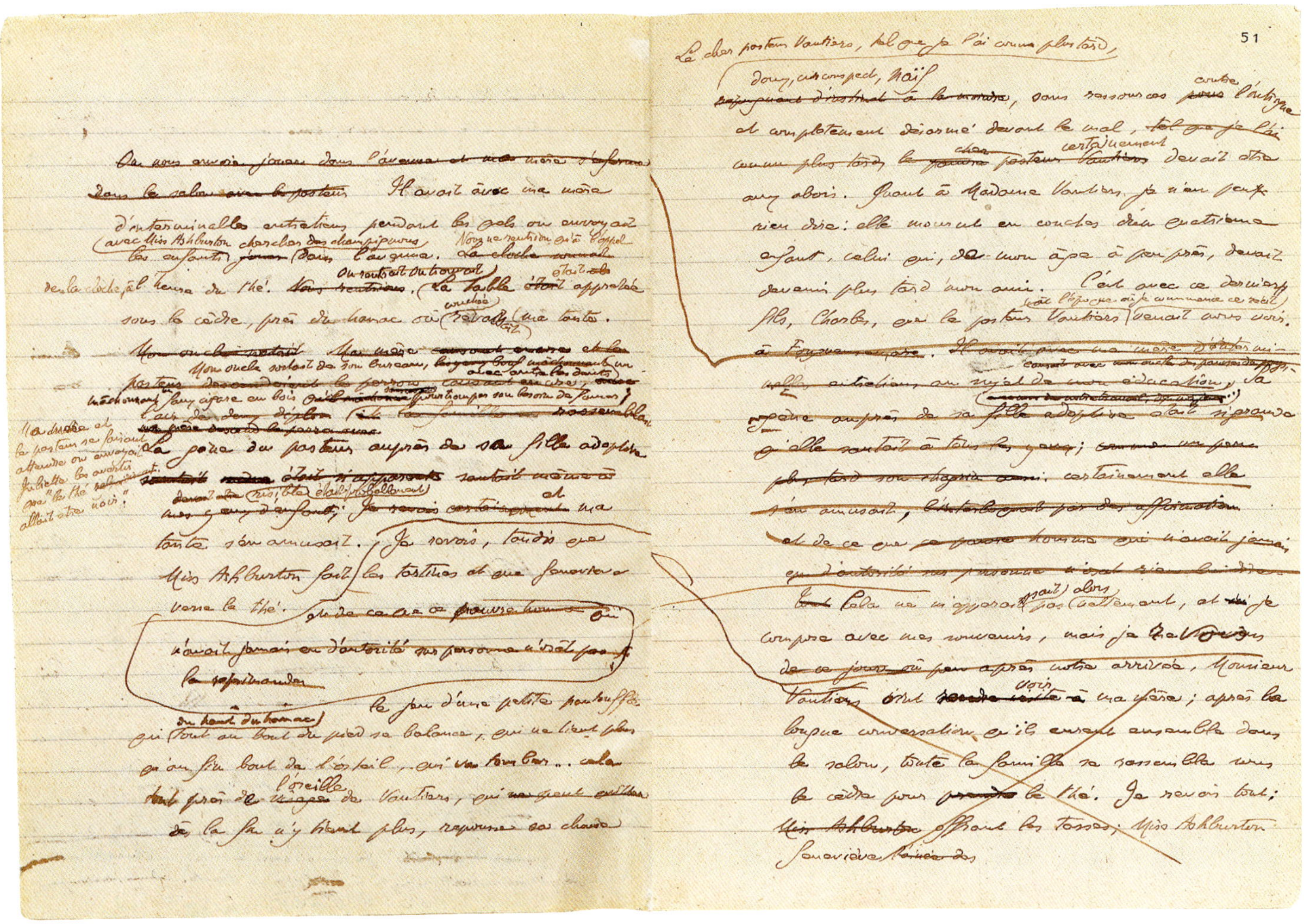

l'ensemble d'une lexie massive, un fragment de croquis, un numéro de page, etc.). Elle dépend aussi très sensiblement de son « nombre » (s'agit-il d'une rature simple ou multiple, ou sérielle, d'une rature qui récidive, d'une rature qui s'annule ? etc.) et de son environnement immédiat qui fait apparaître une « fréquence » plus ou moins massive d'autres ratures : certaines pages de manuscrits contiennent des milliers de corrections au point que c'est le texte non raturé qui devient rare ; d'autres feuillets, presque entièrement limpides, donnent à quelques ratures isolées le statut de véritables exceptions. La rature peut trouver son explication dans son éventuelle « relation » de réciprocité ou de lien à d'autres ratures : si l'écrivain passe du masculin singulier au féminin pluriel pour le sujet d'une phrase, il induit toutes sortes de ratures syntaxiques et morphologiques, « liées » à la nécessité des accords ; si le romancier, au milieu de sa rédaction, change le nom d'un personnage, ou le lieu de l'action, il pourra se trouver contraint à pratiquer, de manière récurrente, de nombreuses « ratures » liées en amont de son récit.

Contexte et amplitude génétiques

Plus encore que par ses caractéristiques matérielles ou quantitatives, une rature peut changer totalement de signification et de valeur selon son « contexte » génétique : la biffure du même mot ne prendra pas le même sens selon qu'on la trouvera dans une lettre, un journal intime, ou dans une note de lecture, dans un calepin d'enquête, ou encore dans le plan d'une œuvre, un brouillon, une copie au net, etc. Mais, au-delà même de ce contexte d'écriture qui les définit, les ratures que l'on observe dans les manuscrits d'une œuvre littéraire, contiennent une sorte d'énergie potentielle extraordinairement variable : pour en comprendre la force, il faut pouvoir les interpréter selon leur « amplitude » génétique, c'est-à-dire selon les conséquences très contrastées qu'elles ont effectivement eues sur le travail de l'écrivain. L'amplitude ou la « portée » virtuelle d'une rature dépend de son appartenance à telle ou telle phase de la genèse. La transformation d'un passage n'a évidemment pas le même impact sur l'écriture et sur la genèse de l'œuvre si cette rature modifie les contenus d'un plan, d'un brouillon ou d'une mise au net finale. Dans le cas des tout premiers éléments génétiques, comme le scénario initial d'un récit ou le plan d'une œuvre dramatique, etc., la moindre rature peut avoir des conséquences colossales : la rature d'un seul mot peut modifier, annuler, transférer ou suspendre le développement virtuel de dizaines de pages à venir. Même la rature d'un seul caractère (la modification d'un numéro de chapitre, par exemple, qui redistribue un plan) peut se trouver dotée d'un impact structurel qui va finalement affecter la totalité de l'œuvre. La portée de la rature sera plus limitée, mais encore d'une amplitude considérable si la modification concerne un segment rédactionnel dans une page de brouillon : la rature d'une expression ou d'une phrase pourra entraîner le naufrage ou la métamorphose de ce qui est destiné à devenir un paragraphe entier ou même plusieurs pages de développement dans les versions ultérieures. La portée de la rature sera en revanche ponctuelle ou même nulle lorsqu'elle n'entraînera elle-même aucun enchaînement d'événements génétiques : c'est le cas, le plus souvent, si la correction porte sur le texte quasi achevé d'une épreuve typographique. En cette phase finale, la rature, même si elle est décisive du point de vue du sens ou du style, n'aura, en général, aucune autre conséquence génétique qu'elle-même, son amplitude sera coextensive à sa réalisation ; sauf, bien entendu si, sous l'effet de cette rature, l'écrivain décide *in extremis* de reprendre toute la rédaction du passage en réinitialisant une phase rédactionnelle locale.

Moment et détermination

La valeur et le sens d'une rature sont largement dépendantes du « moment » où elle a eu lieu : s'agit-il d'une rature immédiate faite au fil de la plume, sur la même ligne, ou au contraire d'une rature différée et, dans ce cas, avec quel décalage entre l'instant de l'écriture initiale et l'instant de sa transformation ? La rature est-elle relative à une relecture proche, qui serait contemporaine par exemple de la fin de rédaction du paragraphe où elle apparaît, ou bien l'écrivain l'a-t-il introduite plus tard, en relisant la page qu'il venait de rédiger, ou plus tardivement encore (des heures, des jours, des semaines ou des mois plus tard) à l'occasion d'une relecture d'ensemble où la rature pourra alors prendre le sens d'une rétroaction plus ou moins globale de la rédaction sur son propre passé ? Enfin, bien entendu, la signification d'une rature est fortement tributaire de sa plus ou moins libre « détermination », dans un scénario toujours complexe où le geste qui modifie le déjà écrit doit être évalué en termes d'autonomie ou de contrainte, avec tous les degrés qui vont de la pure initiative de l'écrivain (le libre arbitre, l'autodétermination de celui qui s'autorise à se démentir) jusqu'aux cas les plus rigoureux et les plus extérieurs de la coercition (la censure infligée à un texte par une autorité légale ou illégale), en passant par toutes les nuances de l'autocensure ou du repentir suggéré.

Mille et une ratures

Les ratures des écrivains ne peuvent être sérieusement interprétées que si l'on tient compte, pour chaque cas étudié, de l'ensemble de ces spécificités. Mais si l'on croise tous les critères qui viennent d'être évoqués en faisant la somme, pour chaque critère, des différentes caractéristiques qui peuvent s'y rapporter, alors il faut admettre que l'univers de la rature compte plus d'un millier de formes distinctes, parmi lesquelles, certes, un grand nombre de cas de figures exceptionnels, mais tout de même aussi, de manière tout à fait courante dans les manuscrits de travail, une bonne centaine de formes dissemblables dont les écrivains font usage, depuis des siècles, de la manière la plus spontanée.

96
Georges Bernanos
Dialogues des carmélites
« Cahiers de travail » et de mise au net, 1947-1948
25 cahiers, 21 × 17 cm
BNF, Manuscrits, fonds G. Bernanos, 236-237

Que l'écriture soit pour Bernanos un long tâtonnement, difficile et hasardeux, à la recherche de ce qui toujours semble échapper, ou, comme il le dit lui-même, un cheminement « de page en page, dans les ténèbres, guidé par une espèce d'instinct analogue à celui de l'orientation des oiseaux », ses manuscrits le font plus que pressentir. Ceux, entre autres, de *Dialogues des carmélites*, cette adaptation pour l'écran d'une nouvelle de Gertrud von Le Fort qui, refusée au cinéma, connaîtra un grand succès au théâtre au point d'être considérée par beaucoup comme le chef-d'œuvre de Bernanos : les « cahiers de travail », d'une écriture microscopique rendue presque illisible par la suite quasi ininterrompue de ratures, de biffures et de reprises, formant une sorte de diptyque contrasté avec les cahiers de mise au net où apparaît enfin le texte.
M. O. G.

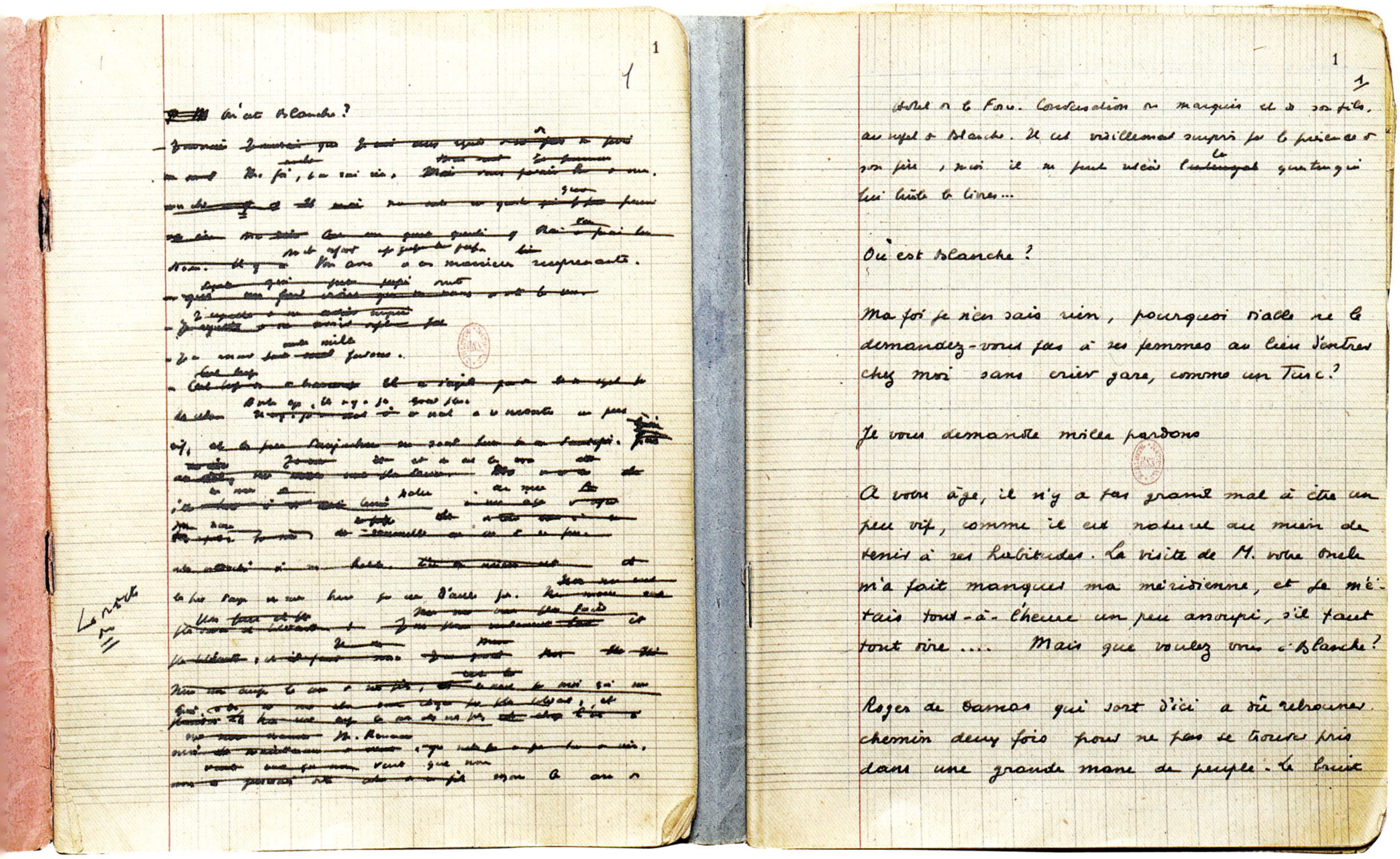
Où est Blanche ?

Ma foi je n'en sais rien, pourquoi n'allez-vous pas le demander à vos femmes au lieu d'entrer chez moi sans crier gare, comme un Turc ?

Je vous demande mille pardons

A votre âge, il n'y a pas grand mal à être un peu vif, comme il est naturel au moins de tenir à ses habitudes. La visite de M. votre Oncle m'a fait manquer ma méridienne, et je m'étais tout-à-l'heure un peu assoupi, s'il faut tout dire.... Mais que voulez vous à Blanche ?

Roger de Damas qui sort d'ici a dû rebrousser chemin deux fois pour ne pas se trouver pris dans une grande masse de peuple. Le bruit

Jean Giraudoux

Est-ce la contemplation d'un tableau du XVIe siècle italien, acquis en 1923 et représentant une troupe de la « Commedia dell'arte », qui inspira à Giraudoux le sujet d'*Intermezzo*, comme il le raconta à des journalistes ? Ou le goût du surnaturel emprunté à sa culture germaniste ? En tout cas, la pièce en trois actes créée à la Comédie des Champs-Élysées, le 1er mars 1933, sous la direction de Louis Jouvet, chante le terroir limousin et la France profonde.
Dès mars 1931, le premier acte avait été donné à lire à Louis Jouvet et la comédie terminée en juillet de l'année suivante. À peine achevée, elle fut considérablement modifiée, jusqu'à devenir une pièce différente. Le 19 décembre 1932, en présence de Giraudoux, eut lieu la première lecture de cette deuxième version, dont seul le premier acte avait trouvé rapidement sa forme définitive. Le deuxième acte fut transformé au cours des répétitions, les feuillets des différentes scènes se chargeant de becquets, coupures, variantes, ajouts, tandis que le troisième acte fut complètement réécrit et connut six ou sept états successifs.
En 1929 Giraudoux expliquait à un journaliste : « On a dit que j'écrivais sans une rature. C'est vrai. Mes manuscrits sont nets comme un lys, comme une vitre, comme une vierge. » La formule, qui se révèle exacte à la comparaison des diverses versions du premier acte d'*Intermezzo*, se trouve en revanche contredite par l'examen des feuillets si travaillés du deuxième acte… Mais si le premier jet prend souvent des « allures de version définitive », c'est qu'il est simplement le résultat de la méthode de travail préférée de Giraudoux : celui-ci aimait à recopier un texte en opérant quelques changements, sans alourdir la page d'encombrants ajouts ou de marges surchargées, tant lui plaisait la feuille lisse. Se rappelant cette méthode, le lecteur averti la reconnaîtra aussi sur les feuillets couverts de l'écriture régulière, élégante et sans accroc du romancier qui a lancé ses héroïnes, Suzanne, Juliette, Bella, Églantine, dans des aventures extraordinaires, et qui ne craignait pourtant pas d'affirmer : « Je ne sais jamais ce que je ferai à la page suivante. »

Mauricette Berne

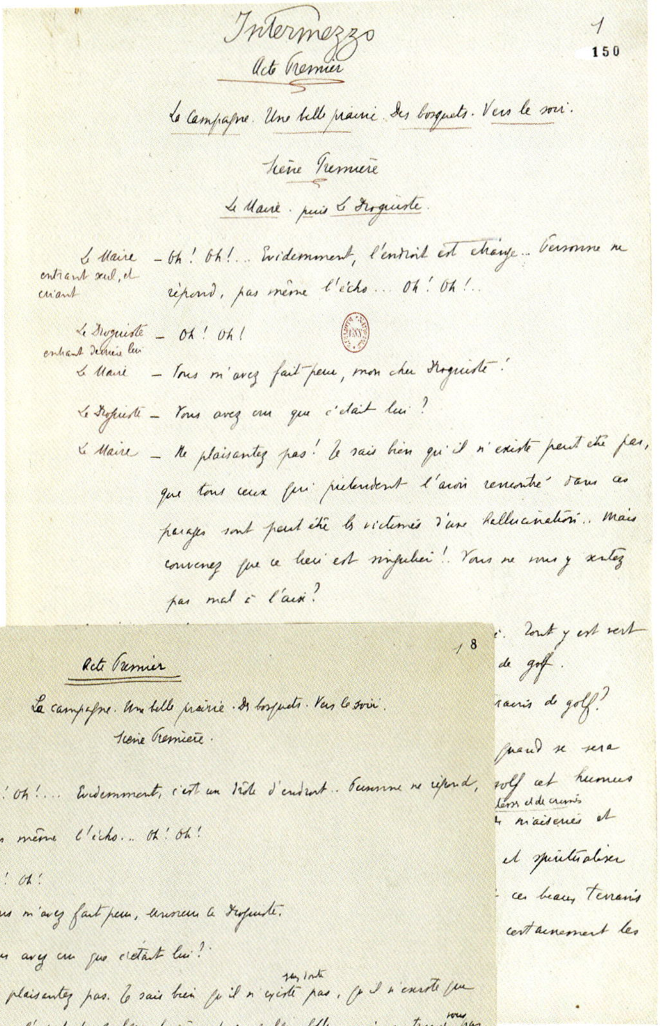
Intermezzo
Acte Premier
La Campagne. Une belle prairie. Des bosquets. Vers le soir.
Scène Première
Le Maire, puis le Droguiste.

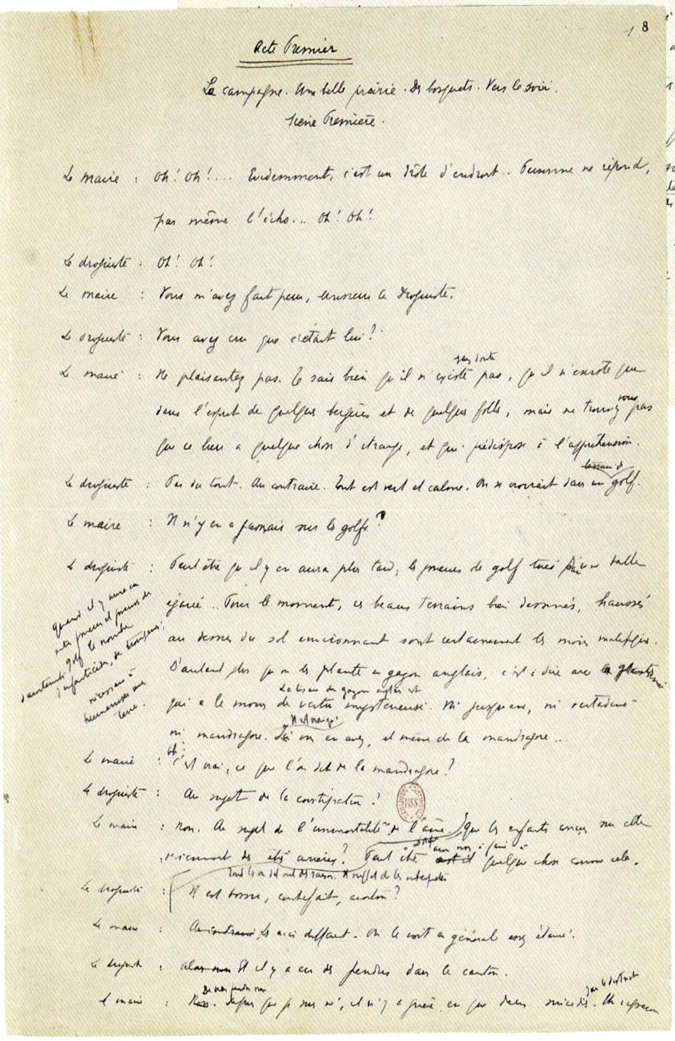
Acte Premier
La campagne. Une belle prairie. Des bosquets. Vers le soir.
Scène Première.

97 et 98
Jean Giraudoux, *Intermezzo*, dit « de Mortemart », acte I
Manuscrit autographe, 1931-1932
237 f., 31 × 24,5 cm
BNF, Manuscrits, N. a. fr. 25358, f. 8 et 150

L'exception Roussel

Annie Angremy

Le bibliophile, le libraire, l'antiquaire, le collectionneur, hantent l'œuvre de Roussel, où s'enchevêtrent les parcours labyrinthiques, jalonnés de « difficultueuses trouvailles », de découvertes de trésors inespérés. Dernier coup de théâtre de l'inventeur d'un manuscrit inconnu de Shakespeare dans *Impressions d'Afrique* : la résurgence de l'ensemble de ses papiers, une belle histoire comme il les aimait.

Donc, un beau jour de l'hiver 1989, la société Bedel, traditionnel garde-meuble de la riche famille Roussel, offrait au département des Manuscrits les manuscrits de Raymond Roussel restés dans ses entrepôts depuis plus de cinquante ans. Le déménageur déménage et la Bibliothèque nationale s'enrichit de neuf cartons (neufs), ouverts avec fébrilité par un conservateur quelque peu abasourdi par leur chaotique contenu. Certes, tranchaient dans le lot les quatre volumes qui avaient décidé du « bon choix » du déménageur. Superbement reliés par Gruel, des exemplaires sur vélin de *Locus solus* et de *L'Étoile au front* et deux modestes éditions du *Mariage de Loti* portaient sur la page de garde la même note, signée de Roussel le 20 mai 1933, les « léguant à la Bibliothèque nationale, rue de Richelieu ». Mais que dire du reste ? Pêle-mêle de feuilles éparses, disséminées dans les neuf cartons, manuscrites, dactylographiées, photographiées, épreuves, enveloppes, portant parfois l'empreinte de semelles sacrilèges, paquets soigneusement ficelés, enfouis sous des montagnes de coupures de presse, de lettres froissées, de programmes et brochures, d'agendas et de cahiers, objets insolites, et partout des photographies, clichés d'amateurs ou portraits signés des grands photographes de l'époque, parsemés d'éclats de verre et de cadres brisés. De ce maelström prometteur et mystérieux sortirait le fonds Roussel, une œuvre enrichie de près de quatre mille pages d'inédits et des innombrables variantes des manuscrits, une vie éclairée par près de mille documents.

Depuis, douze ans se sont écoulés ; après un numéro spécial de la *Revue de la Bibliothèque nationale*[1], des livres ont paru[2], une nouvelle édition des œuvres est en cours chez Fayard-Pauvert, comprenant déjà tous les poèmes publiés et inédits d'avant guerre. L'heure du bilan a-t-elle sonné ? Encore faut-il démêler le fil d'Ariane, suivre le douloureux travail de l'écriture chez Roussel tel qu'il l'a évoqué dans son testament littéraire, *Comment j'ai écrit certains de mes livres*, trouver trace du « procédé très spécial » inhérent à la montée d'une partie de son œuvre, « création imprévue due à des combinaisons phoniques » : création essentiellement poétique, ce carcan sémantique, frein et moteur, que s'imposa sa vie durant celui qui reconnaissait : « Chez moi, l'imagination est tout. » La force des mots contrôle le choc des images, pourrait-on dire.

La force des mots s'impose dans la composition poétique de l'écrivain, telle qu'elle apparaît dans les rares bouts de papier noirci de mots agglutinés les uns aux autres, qui deviendront quelques-unes des rimes du grand poème cyclique inachevé, *Les Noces* ; elle s'impose aussi dans toutes les ébauches conservées des poèmes de l'avant-guerre, qui offrent une grille elliptique, bâtie sur la rime dont le pouvoir générateur entraîne l'achèvement du vers, le remplissage des espaces laissés blancs. Certes, bien des poètes ont pratiqué cette méthode de composition, mais chez Roussel, l'enjeu et le jeu de la rime sont peut-être à l'origine du procédé au même titre que la quête des « mots presque semblables » entre lesquels l'histoire se coule dans les brefs « Textes de grande jeunesse », dits « Textes-genèse ».

Mais ce que disent les manuscrits de Roussel, ce n'est pas tant la recherche de ces mots aux multiples sens, de ces phrases éclatées dans la trame d'*Impressions d'Afrique* ou de *Locus solus*, c'est la facilité (apparente ?) de la cristallisation du projet lors de l'installation du récit : les grilles des poèmes parfaitement lisibles et cohérentes, les premiers jets des romans ramassés, concis, sont écrits d'une écriture cursive. Ils sont abandonnés ou repris et amplifiés dans une mise au net impeccable. La mise au net est en fait un « brouillon », un arrêt sur image dont Roussel a besoin à un point donné de sa prospection. Les quatre mille pages lisses des deux « poèmes de longue haleine », *La Seine* et *Les Noces*, celles du poème descriptif *Sur le boulevard*, conçu dans l'esprit de *La Vue*, seront définitivement écartées, comme les superbes pages inédites de *Locus solus* ou la dactylographie de l'épisode sur « Voltaire et un site plein de lucioles » écrit en 1914. Roussel forge sa plume, sépare le bon grain de l'ivraie, renonce définitivement au mauvais théâtre bourgeois de l'acte I de *La Seine* et aux scènes grand-guignolesques des *Noces*. Troublante osmose en revanche entre ces poèmes en jachère des années 1898-1908 et l'œuvre en devenir, le carnaval, le spectacle, le crime, des naufrages et des îles désertes, des tribus sauvages, la minutie des descriptions, la lorgnette même de *Nouvelles impressions d'Afrique*. Dès lors, le travail de l'écriture peut reprendre. Il s'opère sur la mise au net conservée, raturée, remaniée, amputée ou enrichie, mise au net témoin. C'est ici que basculent les deux parties d'*Impressions d'Afrique*, au risque de déconcerter les lecteurs « non initiés à l'art de Raymond Roussel », les deux parties de chacun des chapitres de *Locus solus*. De ce travail de l'écriture en deux temps, le dossier du dernier chantier de création, *Nouvelles impressions d'Afrique*, offre, dans la durée, le meilleur exemple : mise au net fragmentaire des chants I et II, occultés dans les enveloppes confiées à Eugène Leiris, en 1916 et 1917, dactylographie-témoin en deux exemplaires, l'un sans correction confié également à Leiris, l'autre corrigé sur lequel apparaissent les parenthèses gigognes, avant que ne reprenne l'achèvement de l'œuvre en une avalanche de pages tourmentées, surchargées, puis, de 1927 à 1931, en une kyrielle d'épreuves corrigées, parfois truffées de rajouts autographes. Et, soudain, surgit le procédé là où Roussel l'annonçait : sur une mise au net de dix vers du chant I, suivis chacun de trois ou quatre lignes de mots incohérents, composés en des strophes homophoniques. Ces mots seront repris dans les premiers « Documents pour servir de canevas », le dernier livre inextricable, inachevé, dont Roussel signalait la composition en cours à l'imprimerie Lemerre, quelques mois sans doute avant sa tragique disparition dans un hôtel, à Palerme.

La boucle est bouclée. Roussel est revenu au procédé, qui fit les beaux jours du structuralisme. L'exception Roussel n'est pas là. Elle est dans l'envoûtement, l'admiration ou au contraire l'agacement et l'incompréhension que suscite la lecture des huit volumes publiés chez Lemerre et maintenant celle des inédits — avec leur maladresse et leurs moments fulgurants — de celui que la plupart de ses contemporains ignorèrent et que les jeunes surréalistes saluèrent comme leur grand précurseur.

1 « Découvrir Raymond Roussel », sous la direction d'Annie Angremy, *Revue de la Bibliothèque nationale*, n° 43, printemps 1992. **2** Annie Lebrun, *Raymond Roussel. Vingt mille lieux sous les mots*, Pauvert, 1994 ; François Caradec, *Raymond Roussel*, Fayard, 1997.

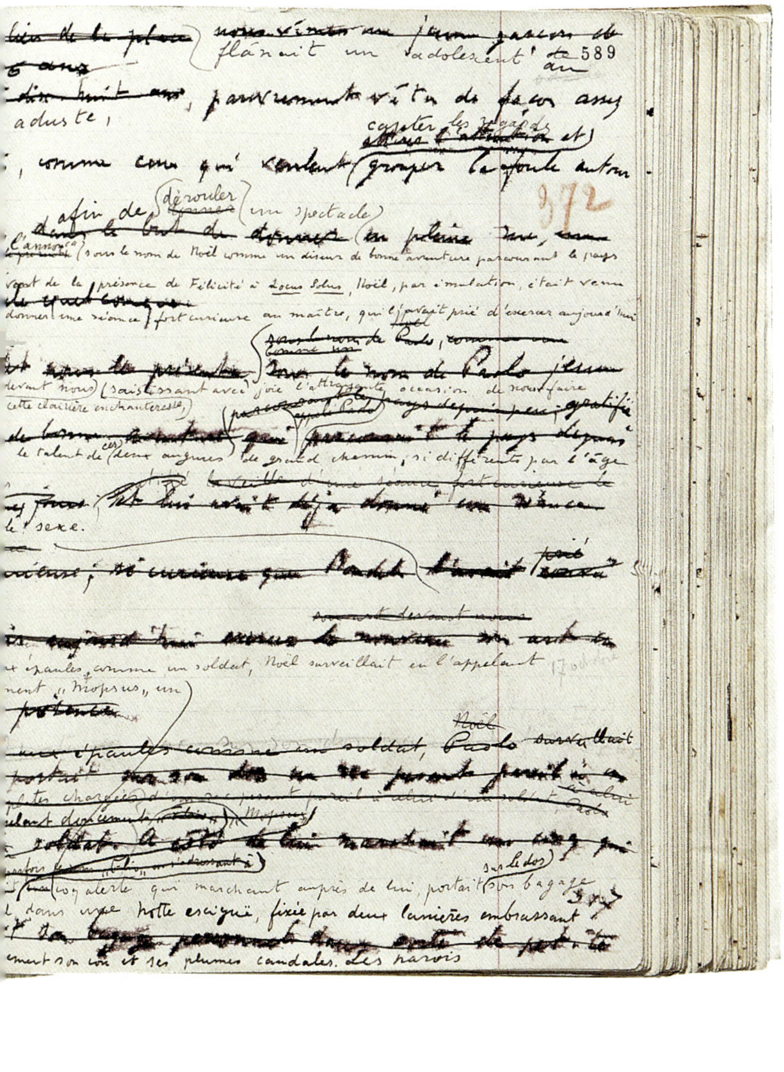

99

Raymond Roussel, *Locus solus*

Manuscrit autographe, 1911-1913
659 f., 22,5 cm × 17,5 cm
BNF, Manuscrits, N. a. fr. 26366, f. 589

Admirateur effréné de Jules Verne, Roussel déploie un génie inventif à la mesure de celui de son idole. En un parcours initiatique, le savant Martial Canterel, retiré dans sa propriété isolée et unique, *Locus solus*, invite ses hôtes à contempler le spectacle hallucinant de ses sept prodigieuses inventions avant de dissiper leur mystère par d'aussi improbables explications. Contes fantastiques et histoires naïves s'enchaînent dans la logique roussellienne d'*Impressions d'Afrique*. Le fonds Roussel conserve les photographies du manuscrit présenté ici, dans son état original, et les longs passages autographes écartés de la version définitive. Roussel a entièrement remodelé l'œuvre par la suppression, l'ajout ou le déplacement de chapitres, l'inversion de leur deux parties, et par un travail ligne à ligne, mot à mot, une valse des noms propres, qui se poursuit sur quatre jeux d'épreuves. Relié par Gruel, le manuscrit a été acquis par la Bibliothèque nationale en 1990.

A. A.

« Lis tes ratures »

À l'épreuve du livre

Dernière étape avant la signature du « bon à tirer », la correction des épreuves représente un moment capital dans la réalisation d'un ouvrage. Un interlocuteur nouveau – l'imprimeur ou le typographe – s'introduit dans le circuit. Le « brouillon » passe en d'autres mains. Il se clarifie et se transforme en « épreuve » ouverte à d'ultimes retouches plus qu'à de véritables transformations. Le cas de Balzac est exceptionnel : les feuillets composés par les typographes ne stoppent pas son processus d'écriture. L'écrivain les noircit et les métamorphose de nouveau en brouillons.

Balzac et le temps des épreuves

Le moment des épreuves constitue la dernière phase de la fabrique du texte, et comme un avant-goût de la publication. Soumise aux corrections de l'auteur, cette première forme de l'impression est le théâtre des ultimes remaniements manuscrits, auxquels s'ajoute toute une série de rectifications liées à l'orthographe, la typographie ou la mise en page. Mais si quelques placards corrigés suffisent à la plupart des écrivains, ce n'est pas le cas du créateur de *La Comédie humaine*. La plus grande partie du travail balzacien semble au contraire s'organiser à partir des épreuves : tandis que ses manuscrits comportent très peu de brouillons, ses dossiers typographiques peuvent présenter jusqu'à quinze versions successives ! Pages imprimées redevenues elles-mêmes brouillons par l'usage si particulier qu'en fait le romancier, tant elles sont surchargées de ratures, d'ajouts, de renvois, dans les marges, autour du texte et débordant parfois jusqu'au verso de la feuille... Elles offrent l'image impressionnante d'une écriture qui ne cesse de se transformer d'un jeu d'épreuves à l'autre, et dont la force d'expansion paraît en même temps provoquée et contenue par le cadre du texte imprimé [1]... Que ses habitudes d'auteur, tenaillé par le souci de perfection et l'urgence des commandes, lui aient valu une « horrible célébrité » chez les imprimeurs et ouvriers typographes, contraints à recomposer tant de fois son texte, n'étonnera guère. Ce qui ne l'empêche pas de tirer fierté de cet acharnement et de faire don à ses amis de ses épreuves dédicacées.

Le texte des *Employés*, court roman appartenant à la série des *Scènes de la vie parisienne*, a l'avantage d'offrir un dossier génétique apparemment complet, depuis le premier jet manuscrit de mai 1837, conçu comme une nouvelle et intitulé *La Femme supérieure*, jusqu'à l'ultime révision de 1844, où l'ouvrage dont c'est la troisième édition trouve enfin forme et titre définitifs. Le noyau essentiel en est constitué par les divers états de la rédaction de *La Femme supérieure*, qui paraît en feuilleton dès juillet 1837 : soit, répartis en trois volumes [2] et correspondant aux trois parties du récit, le manuscrit et les épreuves corrigées (neuf jeux pour la première partie, onze pour la deuxième, quatre pour la troisième, sans compter le bon à tirer qui porte encore des corrections...). Quand Balzac se lance dans la triste histoire du fonctionnaire Rabourdin, auteur d'un ambitieux plan de réorganisation (et de simplification) des structures bureaucratiques..., dont l'épouse, Célestine, est la « femme supérieure » du titre initial, son projet manque pour le moins de précision, même s'il s'inspire de réalités familiales. C'est donc au cours de la rédaction, ou plutôt au cours de la correction des épreuves – un mois d'incessants va-et-vient entre le romancier et les typographes –, qu'on verra peu à peu la nouvelle évoluer vers le roman et l'intrigue se modifier de façon vertigineuse [3], l'héroïne perdant sa singularité devant la masse croissante des employés, et la mécanique romanesque ne se mettant vraiment en place qu'avec la transformation du second personnage féminin en figure diabolique – transformation qui rejaillit sur la structure du roman comme sur la rédaction de pages déjà écrites, alors qu'elle n'intervient qu'au quatrième jeu d'épreuves...

Marie Odile Germain

Honoré de Balzac. Héliogravure de Dujardin d'après un daguerréotype de Nadar
BNF, Estampes

1 Voir l'article de R. Chollet, « À travers les premiers manuscrits de Balzac », *Genesis*, n° 11, 1997, p. 9 *sq.* **2** À la différence de la plupart des manuscrits balzaciens, recueillis par le vicomte de Lovenjoul et légués par lui à l'Institut de France, ces trois volumes sont conservés au département des Manuscrits de la BNF, sous la cote N. a. fr. 6899 à 6901. **3** Voir l'introduction et les notes d'A.-M. Meininger pour l'édition des *Employés* dans Balzac, *La Comédie humaine*, t. VII, Gallimard, coll. « Bibliothèque de la Pléiade », 1977, p. 859-877 et 1544-1551.

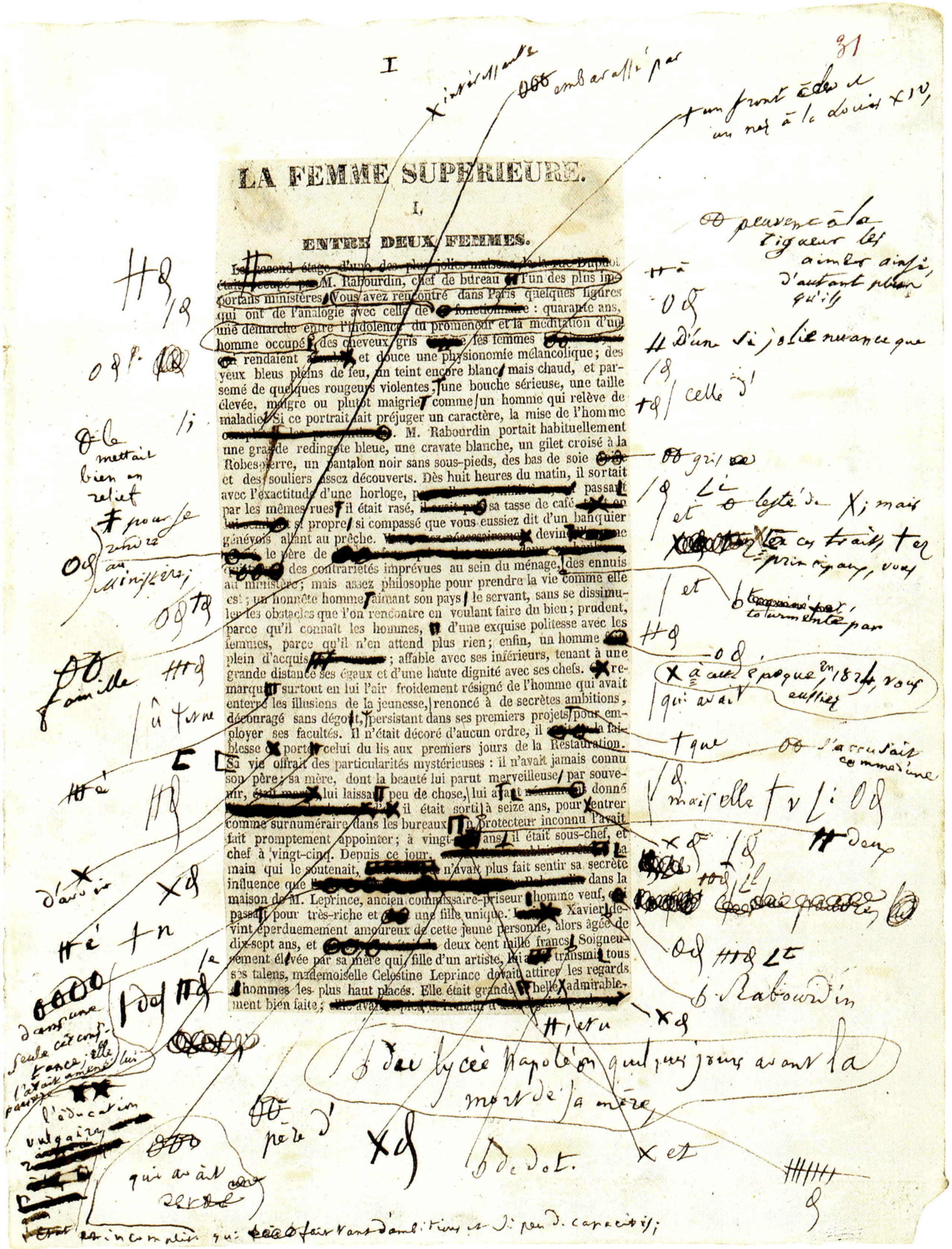

LA FEMME SUPÉRIEURE.

I.

ENTRE DEUX FEMMES.

Le second étage d'une des plus jolies maisons de la rue Duphot était occupé par M. Rabourdin, chef de bureau [redacted] l'un des plus importans ministères. Vous avez rencontré dans Paris quelques figures qui ont de l'analogie avec celle de [redacted] : quarante ans, une démarche entre l'indolence du promeneur et la méditation d'un homme occupé, des cheveux gris [redacted] les femmes [redacted] rendaient [redacted] et douce une physionomie mélancolique ; des yeux bleus pleins de feu, un teint encore blanc mais chaud, et parsemé de quelques rougeurs violentes, une bouche sérieuse, une taille élevée, maigre ou plutôt maigrie comme un homme qui relève de maladie. Si ce portrait fait préjuger un caractère, la mise de l'homme [redacted]. M. Rabourdin portait habituellement une grande redingote bleue, une cravate blanche, un gilet croisé à la Robespierre, un pantalon noir sans sous-pieds, des bas de soie [redacted] et des souliers assez découverts. Dès huit heures du matin, il sortait avec l'exactitude d'une horloge, [redacted] passant par les mêmes rues ; il était rasé, [redacted] sa tasse de café [redacted] [redacted] si propre, si compassé que vous eussiez dit d'un banquier génévois allant au prêche. [redacted] devin[redacted] [redacted] le père de [redacted] des contrariétés imprévues au sein du ménage, des ennuis au ministère ; mais assez philosophe pour prendre la vie comme elle est ; un honnête homme aimant son pays, le servant, sans se dissimuler les obstacles que l'on rencontre en voulant faire du bien ; prudent, parce qu'il connaît les hommes, [redacted] d'une exquise politesse avec les femmes, parce qu'il n'en attend plus rien ; enfin, un homme [redacted] plein d'acquis [redacted] ; affable avec ses inférieurs, tenant à une grande distance ses égaux et d'une haute dignité avec ses chefs. [redacted] remarqu[redacted] surtout en lui l'air froidement résigné de l'homme qui avait enterré les illusions de la jeunesse, renoncé à de secrètes ambitions, découragé sans dégoût, persistant dans ses premiers projets pour employer ses facultés. Il n'était décoré d'aucun ordre, il [redacted] la faiblesse [redacted] porter celui du lis aux premiers jours de la Restauration. Sa vie offrait des particularités mystérieuses : il n'avait jamais connu son père ; sa mère, dont la beauté lui parut merveilleuse par souvenir, [redacted] lui laissa peu de chose, lui ayant [redacted] donné [redacted] il était sorti à seize ans, pour entrer comme surnuméraire dans les bureaux. Un protecteur inconnu l'avait fait promptement appointer ; à vingt-[redacted] ans il était sous-chef, et chef à vingt-cinq. Depuis ce jour, [redacted] la main qui le soutenait, [redacted] n'avait plus fait sentir sa secrète influence que [redacted] dans la maison de M. Leprince, ancien commissaire-priseur, homme veuf, [redacted] passait pour très-riche et [redacted] une fille unique. [redacted] Xavier devint éperduement amoureux de cette jeune personne, alors âgée de dix-sept ans, et [redacted] deux cent mille francs. Soigneusement élevée par sa mère qui, fille d'un artiste, lui a[redacted] transmis tous ses talens, mademoiselle Celestine Leprince devait attirer les regards [redacted] hommes les plus haut placés. Elle était grande [redacted] belle, admirablement bien faite ; [redacted]

100 et 101 (page suivante)

Honoré de Balzac, *La Femme supérieure*, 1re partie

Manuscrit autographe et épreuves corrigées, mai-juin 1837
236 f., 31 × 25,5 cm. BNF, Manuscrits, N. A. fr. 6899, f. 31
et f. 33 v°-34 reproduits sur la double page suivante

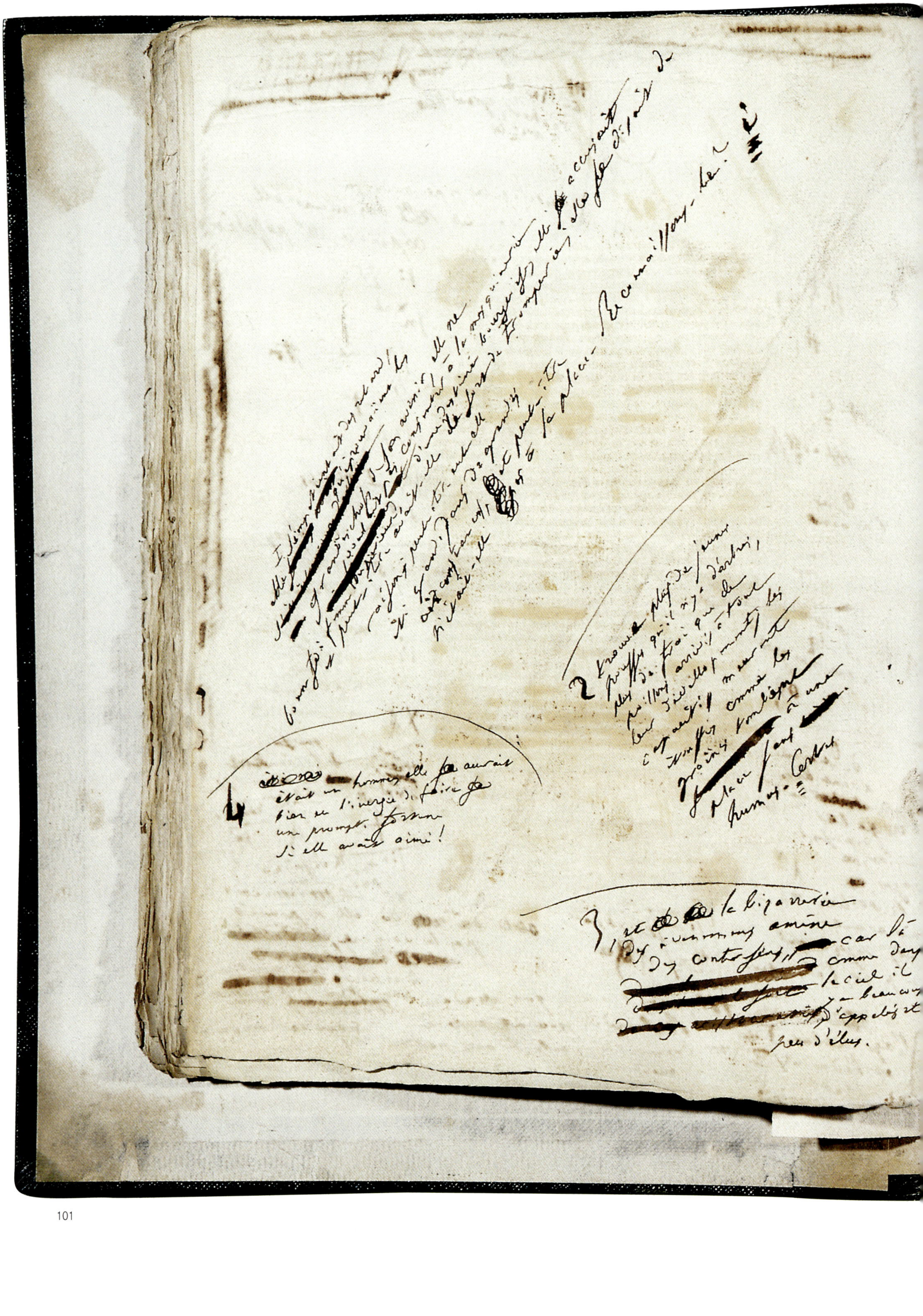
4
hommes elle aurait
était un
un prompt
Si elle avait aimé!
3
le ciel il
y a beaucoup d'appelés et
peu d'élus.

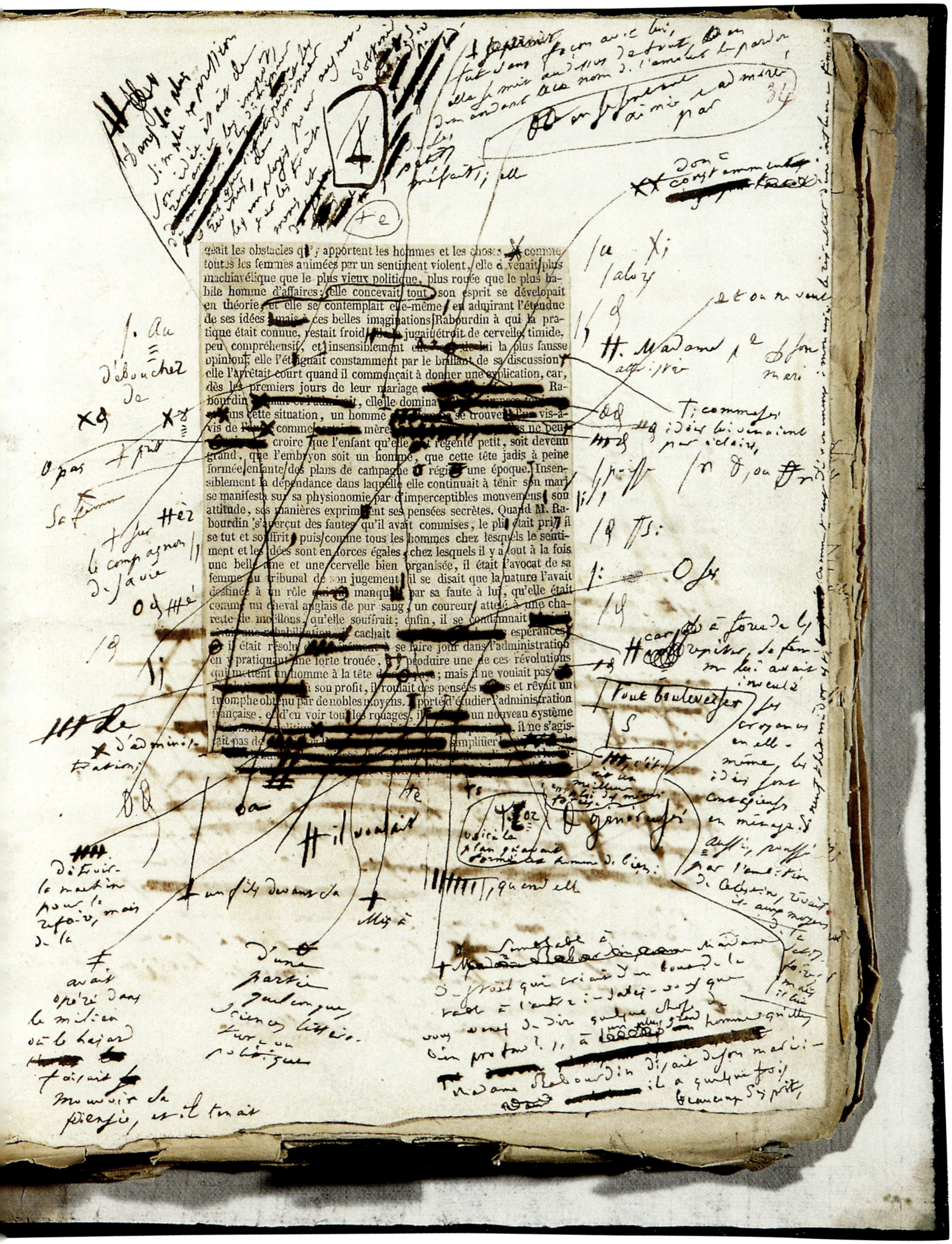

geait les obstacles qu'y apportent les hommes et les choses, comme toutes les femmes animées par un sentiment violent, elle devenait plus machiavélique que le plus vieux politique, plus rouée que le plus habile homme d'affaires; elle concevait tout, son esprit se développait en théorie, et elle se contemplait elle-même en admirant l'étendue de ses idées [redacted] ces belles imaginations. Rabourdin à qui la pratique était connue, restait froid [redacted] jugeait étroit de cervelle, timide, peu compréhensif, et insensiblement [redacted] lui la plus fausse opinion; elle l'éteignait constamment par le brillant de sa discussion, elle l'arrêtait court quand il commençait à donner une explication, car, dès les premiers jours de leur mariage [redacted] Rabourdin [redacted], elle le domina [redacted] dans cette situation, un homme [redacted] se trouve [redacted] vis-à-vis de [redacted] comme [redacted] mère [redacted] ne peu [redacted] croire que l'enfant qu'elle [redacted] régenté petit, soit devenu grand, que l'embryon soit un homme, que cette tête jadis à peine formée enfante des plans de campagne et régit une époque. Insensiblement la dépendance dans laquelle elle continuait à tenir son mari se manifesta sur sa physionomie par d'imperceptibles mouvemens; son attitude, ses manières exprimèrent ses pensées secrètes. Quand M. Rabourdin s'aperçut des fautes qu'il avait commises, le pli était pris; il se tut et souffrit, puis comme tous les hommes chez lesquels le sentiment et les idées sont en forces égales, chez lesquels il y a tout à la fois une belle âme et une cervelle bien organisée, il était l'avocat de sa femme au tribunal de son jugement; il se disait que la nature l'avait destinée à un rôle [redacted] manqu[redacted] par sa faute à lui, qu'elle était comme un cheval anglais de pur sang, un coureur attelé à une charrette de moellons, qu'elle souffrait; enfin, il se condamnait [redacted] cachait [redacted] espérances; il était résolu [redacted] se faire jour dans l'administration en y pratiquant une forte trouée, et y produire une de ces révolutions qui mettent un homme à la tête [redacted]; mais il ne voulait pas [redacted] son profit, il roulait des pensées [redacted]s et rêvait un triomphe obtenu par de nobles moyens. [redacted] porté d'étudier l'administration française, et d'en voir tous les rouages, il [redacted] un nouveau système [redacted], il ne s'agissait pas de [redacted] simplifier [redacted]

102
Charles Baudelaire, *Les Fleurs du mal*
Épreuves mises en pages et corrigées, parfois en deux ou trois jeux, et portant bon à tirer
Alençon, imprimerie de Poulet-Malassis et De Broise, mars-mai 1857
[160] f. in-12, paginés jusqu'à 252, et 4 f. ajoutés
Relié en maroquin noir doublé, par Marius-Michel
BNF, Réserve des livres rares, Rés. p. Ye. 3006

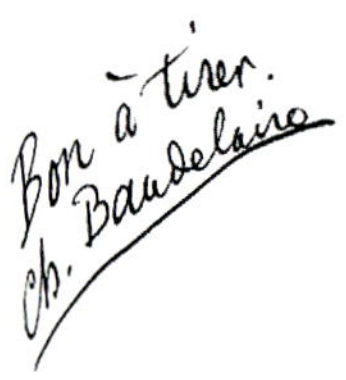

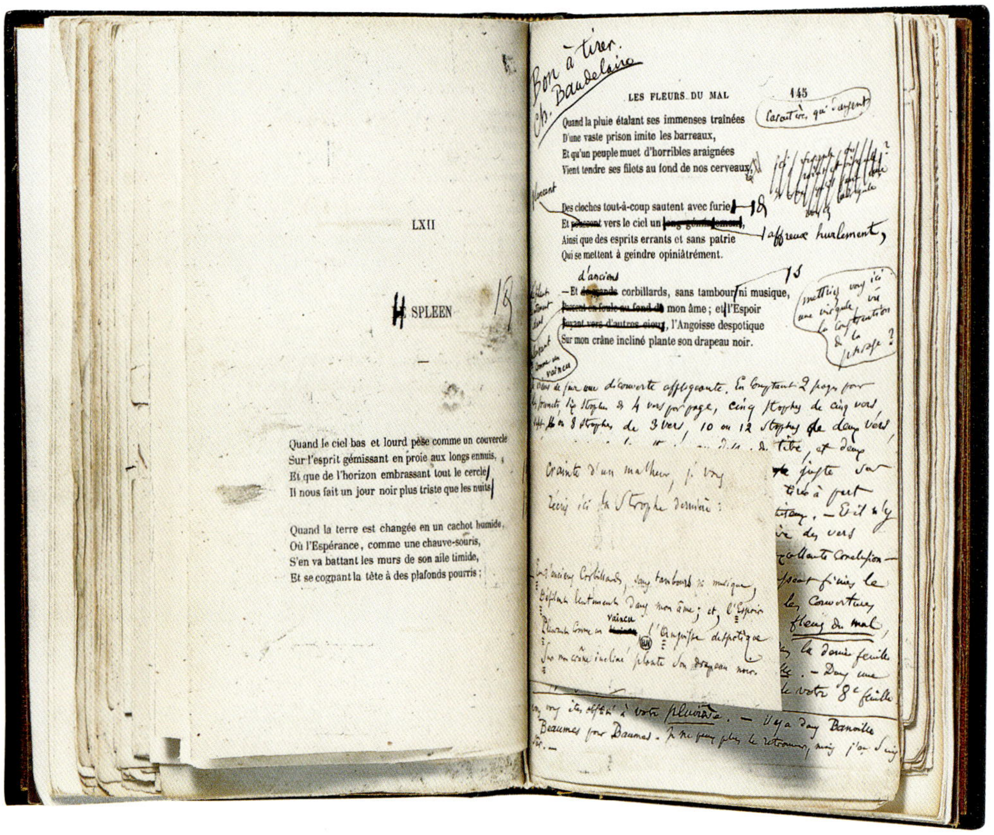

Le manuscrit des *Fleurs du mal* ayant disparu, ainsi que la quasi-totalité des placards, ces épreuves mises en pages demeurent le seul document permettant de restituer dans sa continuité l'aventure du livre, depuis la suppression de la première dédicace, présentée le 8 mars 1857 à Théophile Gautier, jusqu'aux dernières reprises de vers, après la mi-mai. Circulant d'Alençon à Paris et retour, ces feuilles, reliées maintenant, attestent en outre l'extrême attention portée par l'auteur à l'orthographe (modérément traditionnelle), à la ponctuation (pour noter le sens mais aussi la « déclamation »), ainsi qu'à la mise en page. Elles servirent également de support aux questions de Poulet-Malassis, à ses objurgations (rageusement barrées par Baudelaire) à retourner sans tarder les placards corrigés. Elles manifestent enfin, par les notes et les recommandations du poète, une tension des derniers instants, indifférente à l'exaspération de l'éditeur, qu'il avait choisi, comme il se plut à le lui rappeler, parce qu'ils partageaient tous deux l'idée « qu'en toute espèce de production, il n'y avait d'admissible que la perfection ».
A. C.

103
Tristan Tzara, *La Rose et le Chien : poème perpétuel*, Pablo Picasso
Alès, p a b [P. A. Benoit], 1958
Éd. originale illustrée de quatre gravures sur celluloïd par Picasso
Exemplaire n° 3, l'un des 22 du tirage annoncé ; celui-ci comporte un long envoi en spirale de l'auteur à P.-A. Benoit
On a joint, provenant des archives de l'imprimeur-éditeur, le manuscrit autographe du « poème perpétuel », ainsi que les épreuves corrigées de celui-ci
BNF, Réserve des livres rares, Rés. 4° Z. PAB-Éd. 24

L'activité d'imprimeur a souvent correspondu chez Pierre-André Benoit* (P. A. B.) au jeu de balle : lancer, recevoir une idée, la renvoyer vers un partenaire et, par des échanges vifs, généralement épistolaires, clore la partie sur la réalisation du livre, point final, le plus souvent gagnant, car surprenant de rapidité.
Pour *La Rose et le Chien*, l'idée était venue de Tzara d'un poème disposé sur des cercles concentriques, analogues aux volvelles des anciens livres d'astronomie. Tzara pensait, grâce aux fenêtres aménagées, offrir une lecture multiple, presque sans fin. Si le poème fut relativement long à mettre au point, sa réalisation d'après le manuscrit très précis qui fut envoyé à l'imprimeur, ne prit qu'une dizaine de jours. Le 2 février 1958, les épreuves en étaient corrigées, le texte légèrement modifié et un anathème secret ajouté à destination de ceux qui auraient la curiosité de démonter le mécanisme. « L'objet », comme disait Tzara, fut complété par Picasso de quatre planches gravées, dont deux complémentaires : l'une au centre du dispositif, pour en cacher l'attache, l'autre servant de support, comme une main ouverte au creux de laquelle tournerait à l'infini ce microcosme de poésie.
A. C.

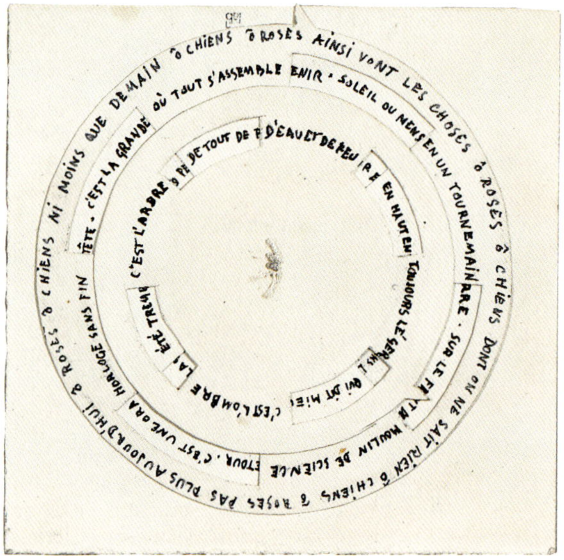

* Catalogue de l'exposition « PICasso & PABenoit, 1956-1967 : livres en jeu », par A. Coron, Alès, 1991, p. 19-23.

Moments d'écriture

Commencer, finir

Le temps de la genèse, dont les étapes s'entremêlent, n'est pas nécessairement celui du texte écrit. Qui sait si la dernière phrase n'a pas été pensée avant tout commencement et si la première ne s'est pas imposée à la relecture des épreuves ? Comme l'entrée en écriture, l'arrivée à son terme est un moment critique : un auteur peut-il jamais être sûr d'en avoir fini avec son ouvrage ? Décision douloureuse, longtemps différée par certains : Hugo ne terminera jamais son grand poème *Dieu*, Claudel ne cesse de remanier ses pièces en vue de nouvelles éditions.

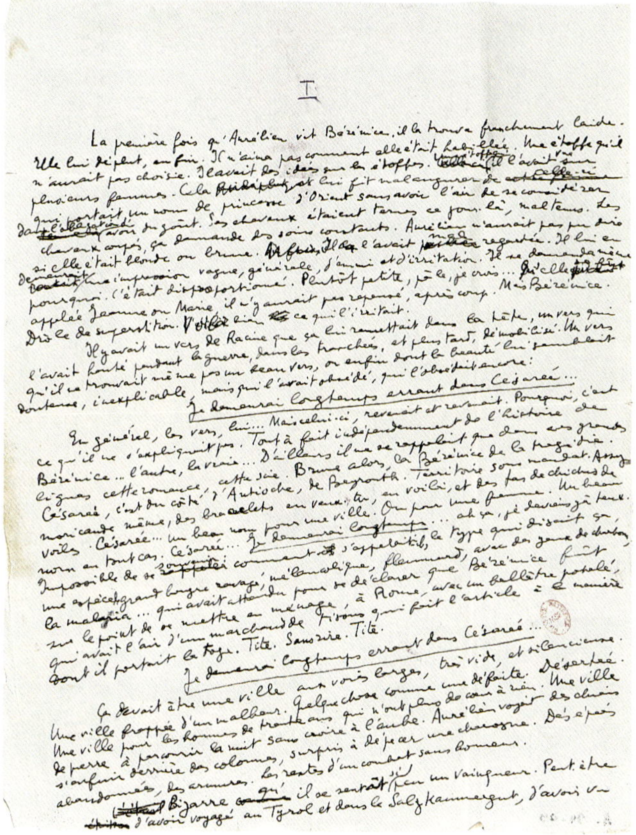

104
Louis Aragon, *Aurélien*
Manuscrit autographe
27 × 21 cm
BNF, Manuscrits, N. a. fr. 25559, f. 1

« Tout *Aurélien* sort d'une phrase [...] imaginée en marchant dans les rues de Nice. » Reconnaissant un rôle déterminant aux incipit dans la genèse de ses principaux romans, Aragon s'est interrogé sur la survenue de ces « phrases initiatrices », « phrases de réveil », leur attribuant une vertu magique, sorte de « Sésame, ouvre-toi ! » Dans *Je n'ai jamais appris à écrire ou les Incipit*, il rapporte les réflexions de Véniamine Kavérine sur les débuts des romans : « La première phrase c'est le pied d'un arc qui se déploie jusqu'à l'autre pied, à la phrase terminale » ; ou encore : « C'est le *la*, auquel l'écrivain prête l'oreille. » Aragon emprunte à l'écrivain soviétique ces images pour les appliquer à *Aurélien*, dont la première phrase « donne le *la* de toute cette longue histoire qui va d'une guerre à l'autre [...] pour se clore, Bérénice une fois morte, sur la phrase : "Maintenant il faut la ramener à la maison..." dont j'imagine assez bien qu'elle est le second pied de l'arc. »

D. T.

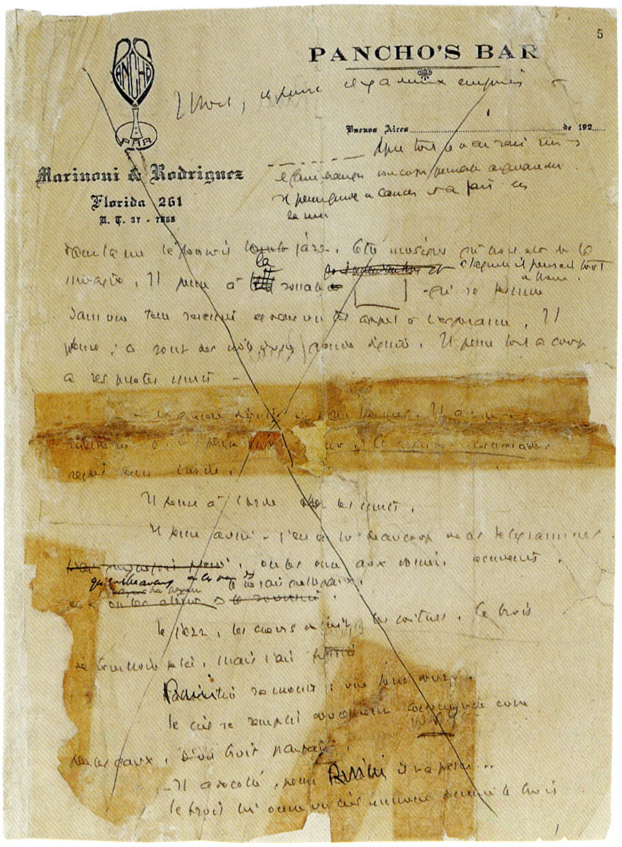

105
Antoine de Saint-Exupéry, *Vol de nuit*
Manuscrit autographe, 1929-1930
159 f., 29,5 × 23,5 cm
BNF, Manuscrits, N. a. fr. 26279, f. 5

C'est au cours de ses multiples voyages et escales en Amérique latine que Saint-Exupéry, alors jeune directeur de l'« Aeropostal argentina », composa *Vol de nuit*, directement tiré de son expérience de pionnier de l'Aéropostale. Rédigé sur des papiers à en-tête d'hôtels et de bars, voire de paquebots, d'Argentine, du Brésil, du Paraguay ou de France, ce manuscrit très corrigé illustre l'étroite correspondance qui lia la vie aventureuse du romancier à son inspiration romanesque. Comme ce dernier l'indique lui-même sur un petit feuillet joint, « la dernière page du livre est la première qui ait été écrite. "Vol de nuit" en est sorti » ; ce n'est encore qu'une ébauche, difficilement lisible, et les noms des personnages ont été ensuite corrigés, mais la phrase ultime est bien restée la même : l'incipit de l'écriture aura été paradoxalement l'explicit du texte.

M. O. G.

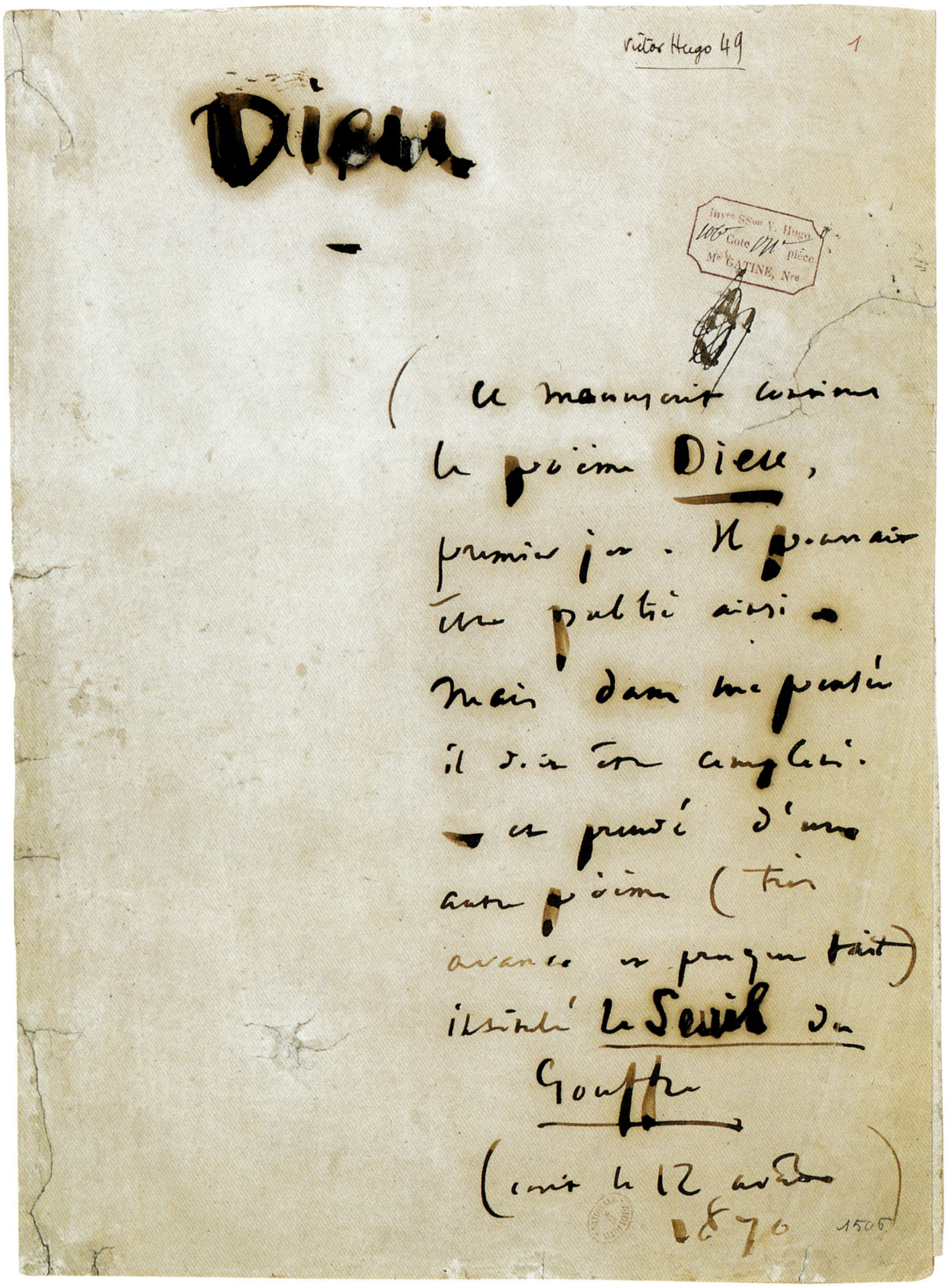

106
Victor Hugo, *Dieu*
Manuscrit autographe, 1 084 f.
42,5 × 31,5 cm
BNF, Manuscrits, N. a. fr. 24763, f. 1

Composés de longs morceaux de texte, de fragments, d'ébauches, de bribes, les manuscrits de *Dieu* sont les témoins d'un gigantesque chantier sur lequel Hugo travailla en exil et qu'il « oublia » dans une malle à son retour en France. L'écrivain avait-il une idée précise de son objectif ? Après un premier jet intitulé *Solitudines cœli*, dont il donne lecture à ses proches en mai 1855, il écrit, un an plus tard à son éditeur, que le titre *Dieu* est « le seul possible ». Dans un essai de préface, il énonce son but : « Méditer devant ce redoutable point d'interrogation est selon nous le devoir de tout esprit. De là ce livre. » Mais le désir d'expliquer Dieu fait affluer une multitude de voix, de points de vue, et les manuscrits laissent voir les difficultés de l'écrivain à organiser son projet, ses recherches de composition poétique d'une logique et d'une histoire, en même temps que le foisonnement des possibles d'une œuvre en devenir – œuvre abandonnée qui portait en elle son inachèvement* : comment peut-on en finir avec Dieu ?

D. T.

* J. Neefs et C. Mouchard, « *Dieu*, manuscrit », dans *Hugo, de l'écrit au livre*, Saint-Denis, PUV, 1987.

Fini, infini

Madeleine Micheau

Fin : un mot, une parole

Serait-il simple ornement, redondance inutile, soupir trop appuyé, le mot « Fin », écrit par Marcel Proust au printemps 1922[1] au bas de l'avant-dernière page du dernier cahier du *Temps retrouvé*, n'en inscrirait pas moins l'impérieux désir de l'écrivain qui, en dépit de la fatigue, malgré la maladie, prenant la mort de vitesse, mène à terme un projet dont le dernier volume était prévu dès 1909[2]. Nul étonnement dès lors que le regard s'y fige et que la pensée s'y arrête. Qu'effectue, en réalité, l'inscription ? Le discours de la critique s'accorde en effet : *À la recherche du temps perdu* est une œuvre achevée. Pour preuve, le mot « Fin », objet d'une mythologie issue en partie de biographies posthumes — *Monsieur Proust*, par exemple — mais à laquelle l'écrivain a sans doute contribué, lui qui avait préparé une dernière phrase de longue date et l'avait fait savoir[3]. Tracé avec vigueur, souligné d'un geste vif, le mot a valeur d'un sceau. Un tel pouvoir de persuasion dans trois lettres ne doit pourtant pas empêcher un examen approfondi. Qu'en est-il, véritablement, de l'achèvement de la *Recherche* ? Les difficultés rencontrées pour chaque édition soulignent l'écart existant entre ce que semble affirmer le mot et l'état du texte. Sans minimiser les péripéties de l'édition des premiers volumes dont Proust remanie jusqu'à l'agencement même au moment des épreuves, le travail éditorial posthume devient herculéen. Et sans fin, à l'image de la tâche des Danaïdes. À partir de *La Prisonnière*, dont la dactylographie n'est pas corrigée par l'écrivain, l'établissement du texte, aussi rigoureuses que soient les règles adoptées, demeure en partie aléatoire, qu'il s'agisse de choix de lecture, de l'insertion d'ajouts, de passages en double, de pages biffées puis paginées… Des ouvrages nombreux relatent cette épopée qui est aussi celle de la création. Dès lors la notion d'achèvement ou d'inachèvement apparaît-elle incertaine, sinon paradoxale.

Plutôt que de recéler des renseignements sur l'état de l'œuvre, le mot « Fin », dans ce cas, prend valeur d'événement. C'est un acte qui nous dit que quelque chose a eu lieu et qu'un mot en inscrit l'irrévocabilité ; qu'il y a en conséquence, à partir de ce moment, un avant et un après. Ainsi le présente Proust à Céleste Albaret. En l'imprimant à la suite du mot « Temps », explicit du *Temps retrouvé* qui, de se composer dans « Longtemps » posé en ouverture de la *Recherche*, boucle un cheminement, installant le temps d'écrire entre deux scansions qui se rejoignent dans le signe de l'infini, l'édition désigne son ambiguïté : appartient-il à la diégèse ou à la genèse ? Est ainsi mis en lumière le point où se fondent l'œuvre et l'écriture de l'œuvre, essence même du *Temps retrouvé*. Mais ce choix en démontre surtout la force impérative : en effet, l'inscription du mot a rendu visible la fonction de la hâte dans la lutte contre le temps. On rêvera encore sur la coïncidence entre la fin du cahier, le bas de la page et le terme de l'entreprise. Ce n'est pas, en vérité, coïncidence mais nécessité du temps logique[4] : le moment de conclure s'impose sous les traits de l'urgence. Dans ces circonstances, commencer un autre cahier, rédiger quelques pages, différer aussi peu que cela fût l'acte de finir aurait mis en péril ce qui advient au moment juste, le terme que cristallise le mot souligné, cadré par la page puis par le cahier, le mot de l'achèvement qui seul valide la totalité de l'entreprise : *Le Temps retrouvé* renvoie en effet le lecteur au commencement. Le Narrateur, au moment où l'auteur va conclure, médite sur l'instant de commencer. Il évoque le travail qui sera : « […] préparer son livre minutieusement, avec de perpétuels regroupements de forces, comme une offensive, le supporter comme une fatigue, l'accepter comme une règle, le construire comme une église […] », autant d'actions où s'entendent toutes les phases de la *Recherche* — comment ne pas penser à *Jean Santeuil* ou au *Contre Sainte-Beuve* à propos de « perpétuels regroupements de forces » ? — et que désignent pour nous des titres. « Et dans ces grands livres-là, il y a des parties qui n'ont eu le temps que d'être esquissées, et qui ne seront sans doute jamais finies, à cause de

1 Proust aurait déclaré à Céleste Albaret au début du printemps 1922 : « Il est arrivé une grande chose cette nuit. C'est une grande nouvelle […]. Cette nuit, j'ai mis le mot « fin » […]. Maintenant je peux mourir […]. Mon œuvre peut paraître. Je n'aurai pas donné ma vie pour rien. » (Céleste Albaret, *Monsieur Proust*, Robert Laffont, 1973, p. 403-404.) **2** En août 1909, Proust écrit à Mme Straus : « Je viens de commencer – et de finir – tout un long livre. » (*Correspondance générale*, texte établi, présenté et annoté par Philip Kolb, Plon, 1982, t. IX, p. 163). En effet, à cette période il avait conçu le projet de conclure son roman sur une évocation de la fuite du temps. **3** « […] la dernière page de mon livre est écrite depuis plusieurs années (la dernière page de tout l'ouvrage, la dernière page du dernier volume) » (lettre du 1er janvier 1920 à Jacques Boulanger, dans *Correspondance générale,op. cit.*, 1977, t. III, p. 202), passage cité dans Marcel Proust, *À la recherche du temps perdu*, éd. publiée sous la direction de Jean-Yves Tadié, Gallimard, coll. « Bibliothèque de la Pléiade », 1987 (abrégé dans la suite des notes en *Recherche*, 1987), vol. IV, p. 1320. **4** Voir Jacques Lacan, *Écrits*, Seuil, coll. « Le Champ freudien », 1966, p. 197-213.

l'ampleur même du plan de l'architecte. Combien de grandes cathédrales restent inachevées[5] ! »
La métaphore a connu une incomparable fortune. Quant à l'inachèvement, se heurtant au mot « Fin », il est devenu le tourment privé et la volupté silencieuse de tous les spécialistes de Marcel Proust chargés d'établir un texte.
Jean Santeuil, en revanche, semble accorder les uns et les autres sur l'inachèvement. Pourtant certains considèrent l'abandon, d'autres, au contraire, l'étape où s'esquisse la *Recherche*. D'autres encore l'estompent du champ de la genèse en faveur du *Contre Sainte-Beuve*[6]. Dans *Jean Santeuil* sont présents bien des traits de l'œuvre accomplie — le rythme de la phrase — quand elle n'est pas suspendue — avec sa respiration saccadée, les thèmes, les personnages — hormis ce qui fait l'œuvre. L'aspect chaotique, le caractère décousu de cet état, s'il reste un trait fondamental de la méthode de travail de Proust qui procède par ajustement de fragments, gonflements, insertions, déplacements, réemplois, permet de saisir, sous-jacent à l'effet littéraire de continuité, à l'illusion créée de la durée, la nature du temps à l'œuvre dans la création quand alternent de longues périodes d'écriture amorphe secouées de départs nouveaux qui propulsent l'œuvre dans son mouvement. À la faveur des découvertes techniques et esthétiques majeures — dispositif narratif, dynamique du temps par surimpression que figurent la métaphore, jeu des substitutions, et la métonymie, jeu des déplacements —, l'œuvre a d'un coup pris cet élan que le mot « Fin » interrompt pour l'emporter sur la mort. Rechercher une maturation, définissable par l'accumulation progressive de traits dont on suivrait le tracé des premiers écrits à l'état dominé de la *Recherche*, semble ainsi aventureux. L'écrivain Marcel Proust, au contraire, commence, s'avance puis s'interrompt. Recommence autrement, s'avance encore, s'arrête à nouveau. Et l'œuvre s'établit par tentatives scandées de suspensions. L'inachèvement de *Jean Santeuil* n'est donc pas un abandon mais un temps d'attente : il y manque quelque chose encore, ce que Proust manifestera en termes de difficultés à le « concevoir d'ensemble[7] ». Rien alors de plus dynamique que ce moment essentiel du chantier dont on ne perçoit la poussée qui en jaillit que rétrospectivement, l'œuvre enfin accomplie. En conséquence, le mot « Fin » qui barre tout accès à une suite met aussi un terme à *Jean Santeuil*.
« Maintenant, je peux mourir », aurait ajouté Marcel Proust annonçant l'écriture du mot « Fin » à Céleste Albaret en ce début de printemps 1922. Ce qui arriva, comme il avait été dit, quelques mois plus tard, le 18 novembre 1922. Tant il est vrai que l'énergie vitale provenait de l'œuvre dont la rédaction l'épuisait en même temps. En réalité, le travail de correction et les modifications se poursuivirent jusqu'à l'automne au gré des forces qui s'éteignaient. Si l'on décèle à l'examen du manuscrit plusieurs états du texte terminal et que le dernier semble avoir été inséré postérieurement à l'inscription du mot « Fin », dans l'interligne qui le précède, aucune bribe de texte ne l'a excédé[8]. Le mot « Fin » a clos à jamais l'espace de l'écriture de l'œuvre, nouant, au terme de la création, les forces de la vie et celles de la mort. « Finitus et completus », lit-on, entre autres formules souvent savoureuses, dans des colophons de manuscrits médiévaux. L'assertion qui signale l'étape ultime du travail du copiste peut paraître d'une insistance naïve. Elle souligne simplement la fragile stabilité d'un texte qu'un souffle suffit à défaire. Comme une vie.

Achève-t-on les œuvres du diable ?

Il serait hâtif, même si cette méditation y invite, de conclure à un effet systématique de l'inachèvement, indispensable à l'achèvement. On ne peut, de fait, examiner et interroger que des singularités. S'ils n'ont pas toujours inscrit le mot « fin », lequel apparaît le plus souvent en manuscrit sans être reporté dans l'édition — on pense à celui qui clôt la mise au net du *Journal d'un curé de campagne* de Bernanos, à celui encore qui scelle la première version de *René Leys* de Victor Segalen, au colophon de la première version de

5 Marcel Proust, *À la recherche du temps perdu*, éd. établie et présentée par Pierre Clarac et André Ferré, Gallimard, coll. « Bibliothèque de la Pléiade », 1954 (abrégé dans la suite des notes en *Recherche*, 1954), vol. III, p. 1032-1033. Et *Recherche*, 1987, vol. IV, p. 609 et 610.
6 Voir *Jean Santeuil*, précédé de *Les Plaisirs et les jours*, éd. établie par Pierre Clarac avec la collaboration d'Yves Sandre, Gallimard, 1971, p. 983 et Jean-Yves Tadié dans *Recherche*, 1987, t. I, p. XL.
7 Marcel Proust, *Jean Santeuil*, *op. cit.*, p. 981.
8 *Le Temps retrouvé*, cahier XX et dernier (BNF, Manuscrits, N. a. fr. 16727).
9 BNF, Manuscrits, N. a. fr. 23664.
10 Lettre à Yves de Colleville, Noël 1940 : « Hé ! Hé ! mon cher, le roman touche à sa fin… Comme le premier chapitre est achevé, je pense en commencer un autre tout différent et probablement aussi court. » De Fressin, le 29 août 1911, au même : « J'ai envoyé *Gouvix* se faire lonlaire. Au fond ce gueusard de roman est à mettre aux cabinets », etc. (dans Georges Bernanos, *Lettres retrouvées, 1904-1948*, correspondance inédite recueillie, choisie, annotée et présentée par Jean-Loup Bernanos, Plon, 1983, p. 47, p. 62). De Palma, janvier 1936 : « Combien j'ai commencé ainsi de romans qui n'ont pas été jusqu'à la vingtième page, parce qu'ils ne menaient nulle part. » (dans Albert Béguin, *Georges Bernanos*, Seuil, coll. « Écrivains de toujours », 1954, p. 176).
11 *Sous le soleil de Satan*, 1926 ; *L'Imposture*, 1927 ; *La Joie*, 1928-1929.

La Tentation de saint Antoine de Flaubert[9] — pour marquer le terme parfois illusoire de la genèse ou soupirer de soulagement, les écrivains ont achevé des œuvres, quelquefois dans l'élan, quelquefois pendant des années. Mais, quand vie et mort s'enlacent au temps de la création pour que naisse ou périsse un livre nouveau, achever est-il un acte innocent ?

Après avoir exécuté en un chapitre un grand nombre de romans dont seule la correspondance de jeunesse garde des traces[10] puis accompli trois romans remarquables[11] qui lui conquièrent une place d'écrivain dans la littérature contemporaine, Georges Bernanos engage, avec la rédaction de *Monsieur Ouine*, début 1931, la mise à mort de la fiction romanesque et du sujet-homme de lettres, l'une et l'autre se recroquevillant comme « une bête malfaisante » à travers la dépouille de monsieur Ouine aux dernières lignes du texte, neuf ans plus tard. L'exécution est capitale. En voici les jalons principaux : « Imaginez-vous que j'ai commencé un autre livre, le premier [il s'agit d'un projet primitif d'*Un mauvais rêve*] me dégoûtait », écrit Bernanos à Vallery-Radot en février 1931, puis, au même, toujours en février : « Mais j'écris dans un noir opaque. » Vont se succéder phases de composition et mises en sommeil au rythme des accidents de la vie et du manuscrit : en avril 1933, Bernanos perd en effet le chapitre VII, placé dans une sacoche, sur la route entre Marseille et Aix-en-Provence, d'où une rédaction parfois désordonnée des chapitres. Que doit la structure lacunaire du roman à cette épopée génétique ? En 1933, alors que s'affrontent sur la scène du manuscrit les pulsions de vie et de mort, le combat d'écriture devient tragique sinon eschatologique : « Si je fais deux pages par jour une semaine, la semaine suivante m'enlève le bénéfice de l'avance et au bout du mois je dois m'estimer bien heureux si je retire d'un ramas de feuillets la substance de trente malheureuses pages, où j'ai le plus grand mal encore à ne rien retrancher dont ma conscience — ou mon scrupule, ou ma manie, ou je ne sais quoi qui me ronge jour et nuit — m'invite à retrancher le tiers, ou la moitié, ou le tout. » Puis en 1934 : « Mon livre me dégoûte » ;

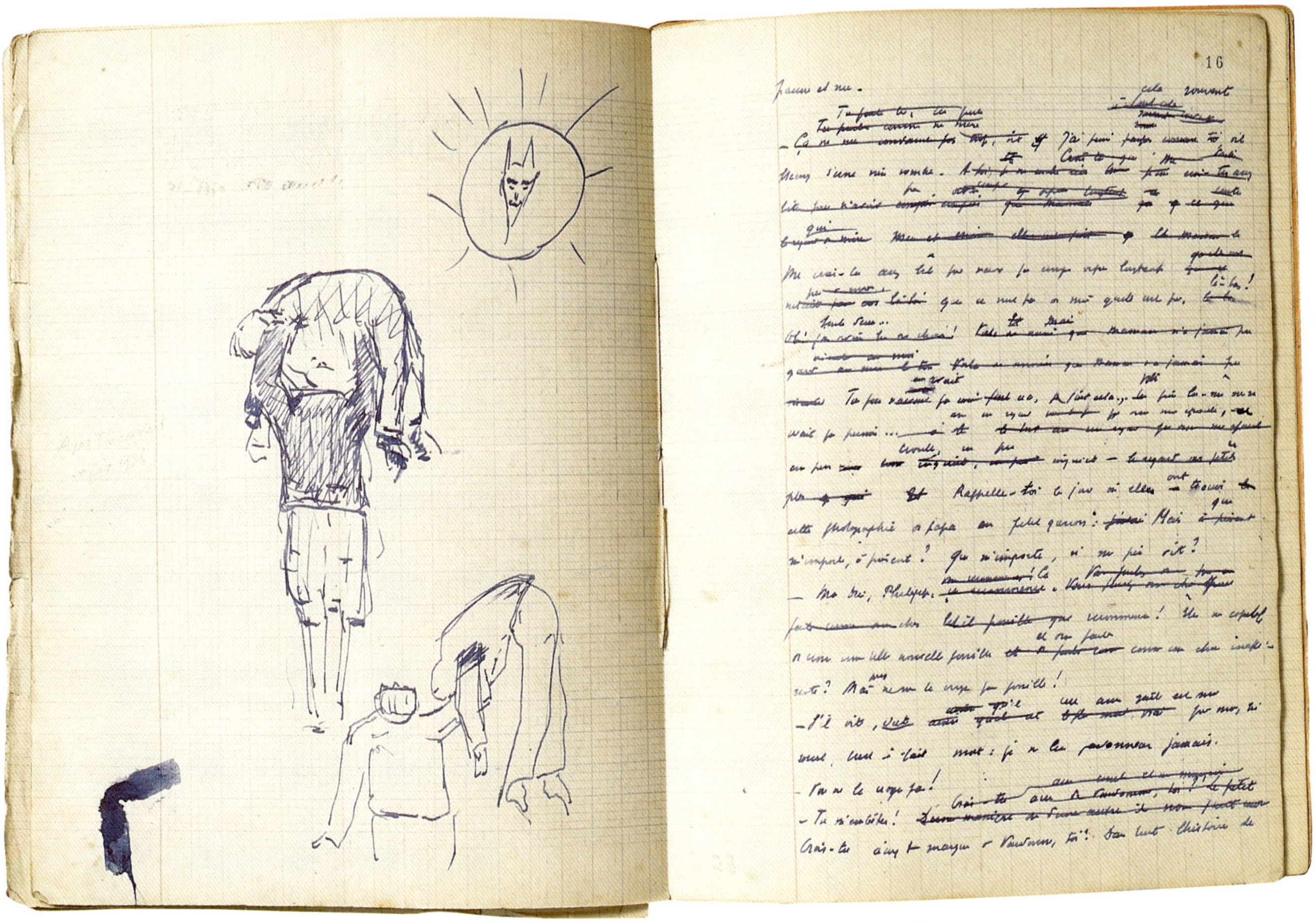

107
Georges Bernanos, *Monsieur Ouine*
Manuscrit autographe. 23 cahiers, 21 × 17 cm
BNF, Manuscrits, fonds G. Bernanos, 62, f. 15 v°-16

le 29 mars : « Mon fameux roman est un lugubre urinoir [...] L'achèverai-je jamais ? » Au cœur de la lutte, peut-on mieux faire entendre dans la question le désir de meurtre ?
Appelé, assigné au devoir de l'œuvre par une nécessité comminatoire qu'explique un choix de Dieu, Bernanos est écrivain à défaut d'être saint. Le métier est pour lui une aventure spirituelle et « toutes les aventures spirituelles sont des calvaires ». Entendue comme une des impostures possibles du langage, la littérature romanesque représente alors le lieu d'un affrontement avec le verbe dénaturé, détourné de la quête de la vérité et de la lumière de la charité. Dès lors, au sein des cahiers zébrés de biffures, se donne à voir la terrible bataille entre le romanesque imposteur, figuré par Monsieur Ouine, créature de Satan, et l'écriture d'une parole juste qui troue le texte d'absence ; et que la force qui retranche empêche d'advenir. « Ce qui crée d'abord le malaise [...], c'est moins ce que Bernanos nous dit que ce qu'il ne nous dit pas[12]... »
Le dernier chapitre de *Monsieur Ouine* est annoncé tous les ans à partir de 1934 : « J'ai encore trente ou quarante pages à écrire, mais je tiens absolument mon dernier chapitre. » 1935 : « Pour l'année prochaine, *Monsieur Ouine* dont vous savez bien qu'il est virtuellement terminé. » 1936 : « Je pourrais terminer rapidement *Monsieur Ouine.* » 1939 : « Ne vous inquiétez pas pour *Monsieur Ouine.* J'en termine ces jours-ci avec ce vieux drôle. » Enfin le 12 mars 1940 : « Je travaille huit heures par jour [...]. J'achève *Monsieur Ouine.* » Le 10 mai : « Vous trouverez, sous ce pli, trente-trois pages manuscrites : c'est le dernier chapitre de mon roman *Monsieur Ouine* [...]. » Dans les intervalles de la rédaction, l'œuvre romanesque s'est enrichie du *Journal d'un curé de campagne*, d'*Un mauvais rêve*, d'*Un crime*, de *La Nouvelle Histoire de Mouchette.* Ce qui est alors en jeu à ce moment-là, dans la fin du roman, c'est l'achèvement de cette part de l'œuvre. L'écriture de combat a déjà remplacé le combat d'écriture. En même temps meurt la part du sujet par qui adviennent les fictions : « J'ai dans le ventre trois romans ou livres de 250 pages [...]. Ça durera cinq ans. Dans cinq ans je serai vidé, souvenez-vous de ça », est-il écrit de Palma à la mi-novembre 1934. Prémonition ou exacte appréciation des forces créatrices et de la fonction de *Monsieur Ouine* ?

En janvier 1936, encore, l'écrivain associe l'achèvement de son roman et sa mort : « Je pense qu'après l'achèvement et la publication de *Monsieur Ouine* — ni fleurs, ni couronnes — et surtout pas de discours. »
Ainsi, le combat contre le mal tapi dans la duplicité du langage, tel que l'œuvre de fiction en procédait et tel qu'il s'écrit dans *Monsieur Ouine*, œuvre du diable peut-être, se termine au moment où meurt le personnage qui incarne la part de l'homme de lettres chez l'écrivain de romans[13], la « bête malfaisante » accrochée aux lignes des cahiers par une écriture minuscule comme des fourmis séchées. La mise au net ne porte pas le mot « fin ». Il était déjà trop tard. Car peut-on mettre un terme aux œuvres du diable ?
Une première édition paraît en 1940 au Brésil, aux presses Atlântica Editoria. Établie à partir d'une dactylographie réalisée d'après une version emportée avec lui par l'écrivain, elle est très fautive. Manque, en outre, une page du sermon du curé de Fenouille et quinze pages dans la version manuscrite de la fin qui est une copie de celle envoyée à Plon. Bernanos répond aux questions de l'éditeur : « Mettez ce que vous voudrez ! » L'édition de 1946, chez Plon, s'appuie sur celle de Rio. Les archives de l'éditeur sont en effet encore bloquées par la guerre. Bernanos regarde à nouveau distraitement les épreuves. Les erreurs sont reproduites. Ce n'est qu'en 1955 qu'est établie une version complète et corrigée grâce au travail d'Albert Béguin. Georges Bernanos est mort depuis sept ans.
Comment expliquer le détachement si radical d'un écrivain pour une œuvre qui l'a exténué pendant neuf ans si ce n'est parce que l'enjeu était autre que le livre à faire, et que l'achèvement l'avait accompli ? C'était le meurtre par le mot de la chose littéraire — diabolique ? — dans le mot ; pour Bernanos, cela avait un nom : Ouine, comme le couinement aigu d'un cochon.
L'esthétique lacunaire du roman onirique — Bernanos s'enchante de l'adjectif — a parfois fait songer à un travail inachevé. En effet, longue est la liste des énigmes minuscules ou terrifiantes qui se dissolvent les unes dans les autres, poussées par une phrase meurtrière d'elle-même que la suivante vient recouvrir d'oubli. Projetés dans des bribes d'histoire comme des météorites animées de mouvements insensés, les personnages de *Monsieur Ouine* continuent à hanter un rêve inhabité, folles trajectoires en quête d'une constellation.

12 Max Milner, *Georges Bernanos*, Desclée de Brouwer, 1968, p. 295. 13 « Et presque tous les personnages qui participent au mal et à l'imposture ont quelque chose de l'écrivain [...] » (dans Bernanos, *Œuvres romanesques. Dialogues des carmélites*, Gallimard, coll. « Bibliothèque de la Pléiade », 1961, préface de Gaëtan Picon, p. XI). 14 *Les Immémoriaux*, 1907 ; *Stèles*, 1914 ; *Peintures*, 1916. 15 Giorgio Vasari, *Les Vies des meilleurs peintres, sculpteurs et architectes*, éd. commentée sous la direction d'André Chastel, Berger-Levrault, 1983, t. V, p. 41. 16 Sigmund Freud, *Un souvenir d'enfance de Léonard de Vinci*, Gallimard, coll. « Folio-bilingue », 1991, p. 91.

La mort ne sait pas écrire

Alors qu'il ne manque pas de reprendre plusieurs fois un texte, roman ou poème, après de longues périodes de décantation, Victor Segalen inscrit pourtant le mot « fin », sans système, au terme parfois d'un premier jet, d'une partie, voire d'un chapitre. Finir, pour celui dont trois ouvrages seulement ont été publiés de son vivant[14], advient ainsi provisoirement, et la date ou le sceau qui accompagne le mot ou, en d'autres occurrences, s'y substitue, scande les étapes de l'écriture. S'agit-il de la trace d'un moment euphorique, d'une illusion qui se répète au rythme des strates de la composition ? Comme il y entre une proportion d'aléatoire, le mot n'empêche ni les projets marginaux, ni les corrections d'interlignes surgis au fil des relectures qui nourrissent la réécriture. Repère visuel et ornemental, plutôt que d'indiquer un état du texte ou un degré présumé d'achèvement pour lequel il n'existe aucune échelle, le mot « fin » fait partie de l'ensemble des soins dont Segalen gratifie ses manuscrits, qui transforme ses brouillons en livre unique et précieux. Page de titre, prière d'insérer, justification de tirage, table des œuvres, escortent une reliure plein parchemin à l'occidentale ou les couvertures de soie de cahiers cousus à la chinoise, matérialisant pour chaque œuvre une chrysalide qui suit Segalen dans ses différentes habitations. Car pour lui, écrire, avec ses rituels et ses cérémonies, remet en jeu, à chaque livre, l'être-écrivain, un temps poète, un temps auteur de roman à gros tirage, un temps critique littéraire ou auteur de théâtre. Sur la scène des manuscrits se modèle alors la série des portraits en écrivain, ces doubles, autres incertains du miroir, auxquels donne forme l'écriture.

On s'interroge sur la quantité des œuvres en chantier. C'est que « À vouloir toujours excellence après excellence, "l'œuvre était retardée par le désir", comme le dit Pétrarque[15] ». Ainsi Vasari explique-t-il l'inachèvement de la plus grande part des ouvrages de Léonard de Vinci ; « en aucun objet, fût-il d'art, le désir ne peut s'accomplir, *s'achever* », souligne J.-B. Pontalis dans la préface au texte de Freud *Un souvenir d'enfance de Léonard de Vinci*[16]. Les deux indications, goût tyrannique de la perfection et désir dont l'objet est toujours au-delà de celui qu'on atteint, éclairent singulièrement le « cas » Segalen. L'inachèvement peut alors être rapporté à l'idéal — l'exigence dont témoignent les manuscrits et le travail d'édition en sont la preuve — et à l'inextinguible du désir qui pousse à courir le monde, à multiplier les activités, à accumuler les ébauches d'ouvrages au point que les vitesses de

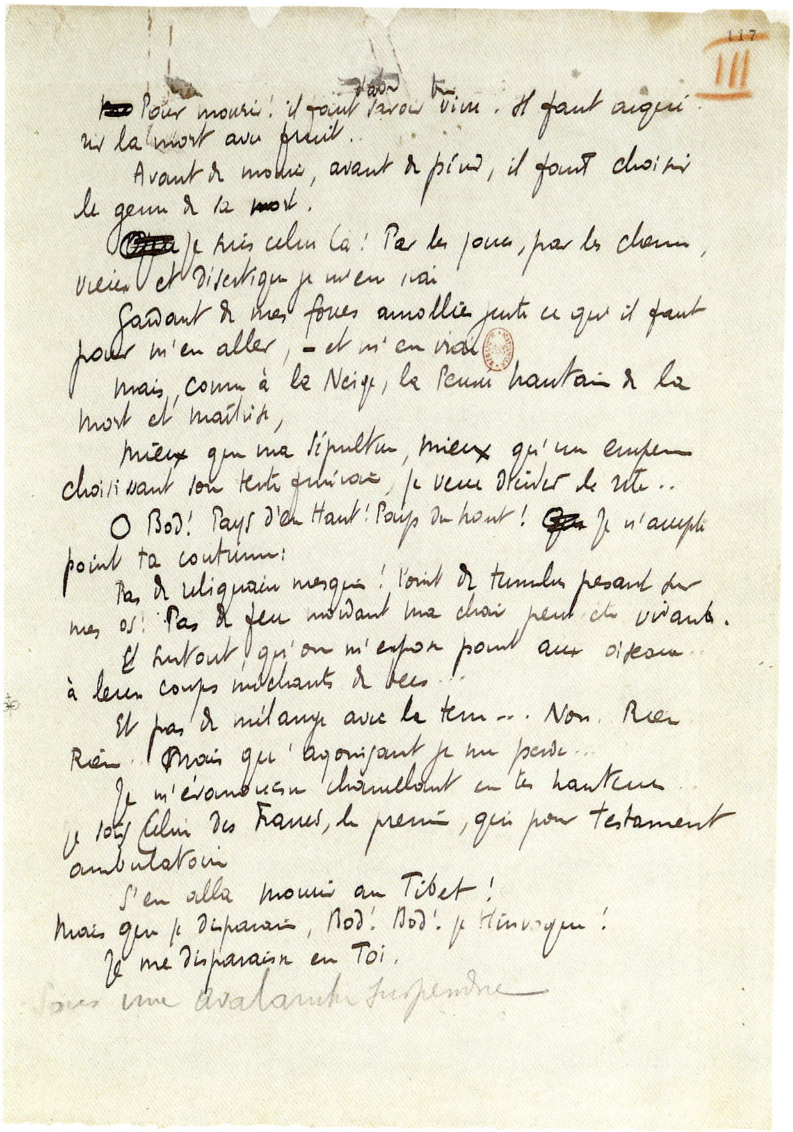

117

Pour mourir ! il faut savoir vivre. Il faut acquérir la mort avec fruit.
Avant de mourir, avant de périr, il faut choisir le genre de la mort.
Je suis celui là : Par les jours, par les chemins, vieux et [illegible] je m'en vais
Gardant de mes forces amollies juste ce qu'il faut pour m'en aller, — et m'en vais
mais, comme à la Neige, le [illegible] hautain de la mort est maudit,
mieux que ma sépulture, mieux qu'un empereur choisissant son texte funéraire, je veux décider le rite..
O Bod ! Pays d'en Haut ! Pays du haut ! Je n'accepte point ta coutume :
Pas de reliquaire morgue ! Point de tumulus pesant sur mes os ! Pas de feu mordant ma chair peut-être vivante.
Et surtout, qu'on m'expose point aux oiseaux à leurs coups méchants de becs..
Et pas de mélange avec la terre... Non. Rien Rien. Mais que agonisant je me perde...
Je m'évanouisse chancelant en tes hauteurs
Et tel celui des Francs, le premier, qui pour testament ambulatoire
S'en alla mourir au Tibet !
Mais que je disparaisse, Bod ! Bod ! je t'invoque !
Je me disparaisse en Toi.
Sous une avalanche suspendue —

108
Victor Segalen, *Thibet*
Manuscrit autographe. 118 f., 33 × 25 cm
BNF, Manuscrits, N. a. fr. 25843, f. 117

conception et de réalisation ne s'accordent pas. De plus, en quelques années, l'écrivain s'est imposé auprès des plus grands sinologues. Les résultats des deux missions en Chine, celles de 1914 et celle de 1917, lui ont valu honneur, reconnaissance et ont donné naissance au projet d'une fondation sinologique. Ainsi, un des traits saisis par Freud chez Léonard, une grande avidité de savoir, se retrouve chez l'écrivain de qui l'on peut dire aussi : « L'artiste avait pris autrefois à son service le chercheur en tant qu'auxiliaire, à présent le serviteur était devenu le plus fort et réprimait son maître. » Si les dernières années de sa vie sont consacrées en grande partie aux recherches sinologiques et qu'il est permis de constater la domination de la pulsion d'investigation, laquelle avait d'abord servi l'auteur des *Immémoriaux*, le dernier texte cependant est un poème. Le 21 mai 1919 — Segalen avait quarante et un ans — la mort a mis un terme à l'ensemble des travaux. Le manuscrit de *Thibet*[17], chant des cimes commencé en 1917, porte les traces de la vie qui se fige. Pour certaines séquences, les versions se sont multipliées ; pour les dernières, les phrases sont restées suspendues, parfois trouées de blancs qui les font vaciller. Le long poème s'abîme dans le silence, mais nul mot « fin » : la mort ne sait pas écrire.

Battement dynamique du temps dans la construction d'*À la recherche du temps perdu*, reflet diabolique d'un leurre esthétique dans *Monsieur Ouine*, tracé exponentiel de ce qui n'en finit pas de ne pas s'écrire pour Victor Segalen, l'inachèvement ne se scelle, en réalité, que de la mort, d'être sans doute l'essence de l'œuvre qui est la vie même.

17 BNF, Manuscrits, N. a. fr. 25842-43-44.

Paul Claudel

La genèse de certaines pièces de théâtre de Paul Claudel a été en évolution constante, leur auteur n'ayant pas hésité à les remanier à diverses reprises pour leur conférer la forme la plus appropriée à la représentation scénique. *La Jeune Fille Violaine* illustre particulièrement cette démarche, car elle ne compte pas moins de cinq versions successives. Datée de 1892, la première reste en attente et n'est reprise que sept ans plus tard, comme en témoigne la mention portée à la fin du manuscrit : « Foutcheou 10 octobre 1899. » Si le lieu – le Tardenois de l'enfance du poète – et l'époque – la fin du Moyen Âge – n'ont pas changé, de nombreuses modifications stylistiques sont intervenues dans les dialogues pour atténuer le lyrisme du premier état. Par ailleurs, apparaît le personnage de Pierre de Craon dont l'importance dans l'intrigue ira croissant. La demande de Marie Kalff de monter la pièce au Théâtre d'art, en 1909, est rejetée par Claudel, qui écrit alors une troisième version, précédée d'un prologue et intitulée *L'Annonce faite à Marie*, dont le manuscrit est daté : « Explicit. 2 mars 1911. Fête de S. Benoît. » Mise en scène pour la première fois par Lugné-Poe au Théâtre de l'œuvre en 1912, l'*Annonce* connaît un succès éclatant et va devenir pour Claudel « l'œuvre capitale de sa vie ». Elle subira encore des changements avant d'être jouée à la Comédie-Française en 1938, puis au Théâtre Hébertot en 1948.

Florence Callu

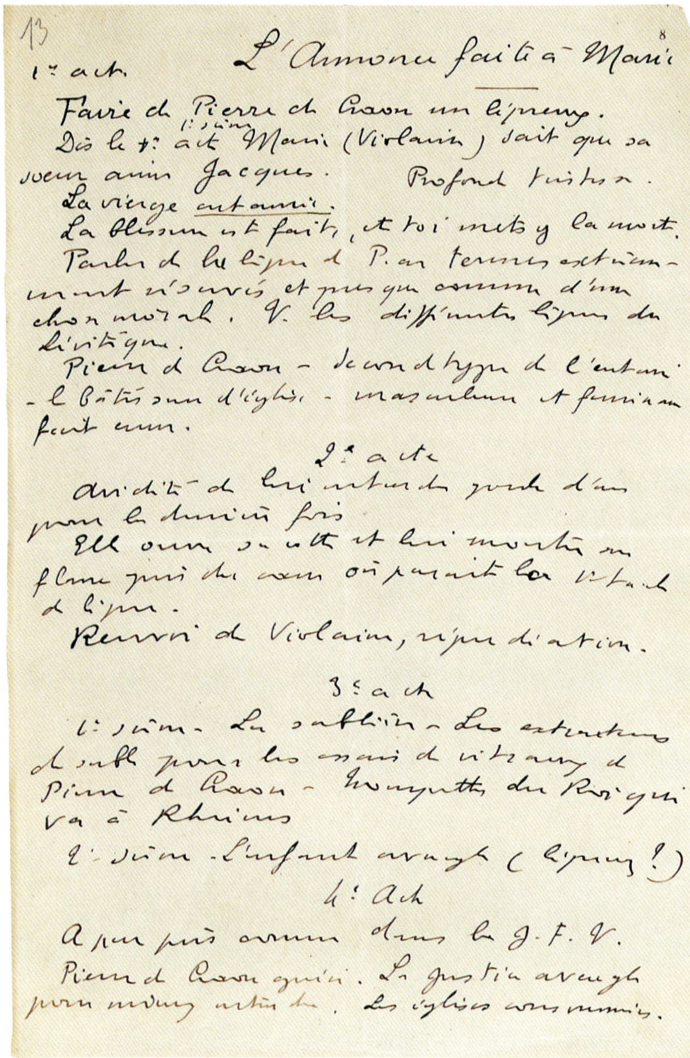

109
Paul Claudel, *L'Annonce faite à Marie*
Manuscrit autographe, 1911
69 f., 37 × 26 cm
BNF, Manuscrits, N. a. fr. 25662, f. 8

Moments d'écriture

Suspendre

Parfois, l'écriture s'interrompt et la plume trahit le trouble ou la rêverie de celui qui la tient : une note intime, un dessin… moments d'absence et de suspens où s'engouffre l'émotion.

110

Louis de Rouvroy, duc de Saint-Simon, *Mémoires*

Manuscrit autographe, 1739-1749
36,5 × 24,5 cm
BNF, Manuscrits, N. a. fr. 23100, p. 1153

Durant les dix années consacrées à la rédaction secrète de ses *Mémoires*, Saint-Simon n'a lâché la plume qu'une seule fois, de janvier à juillet 1743, au moment de la mort de sa femme. Il a fixé cet épisode douloureux dans son manuscrit par des dessins de croix et de larmes, qui s'alignent en hiéroglyphes chaotiques rompant le rythme régulier de l'écriture.

D. T.

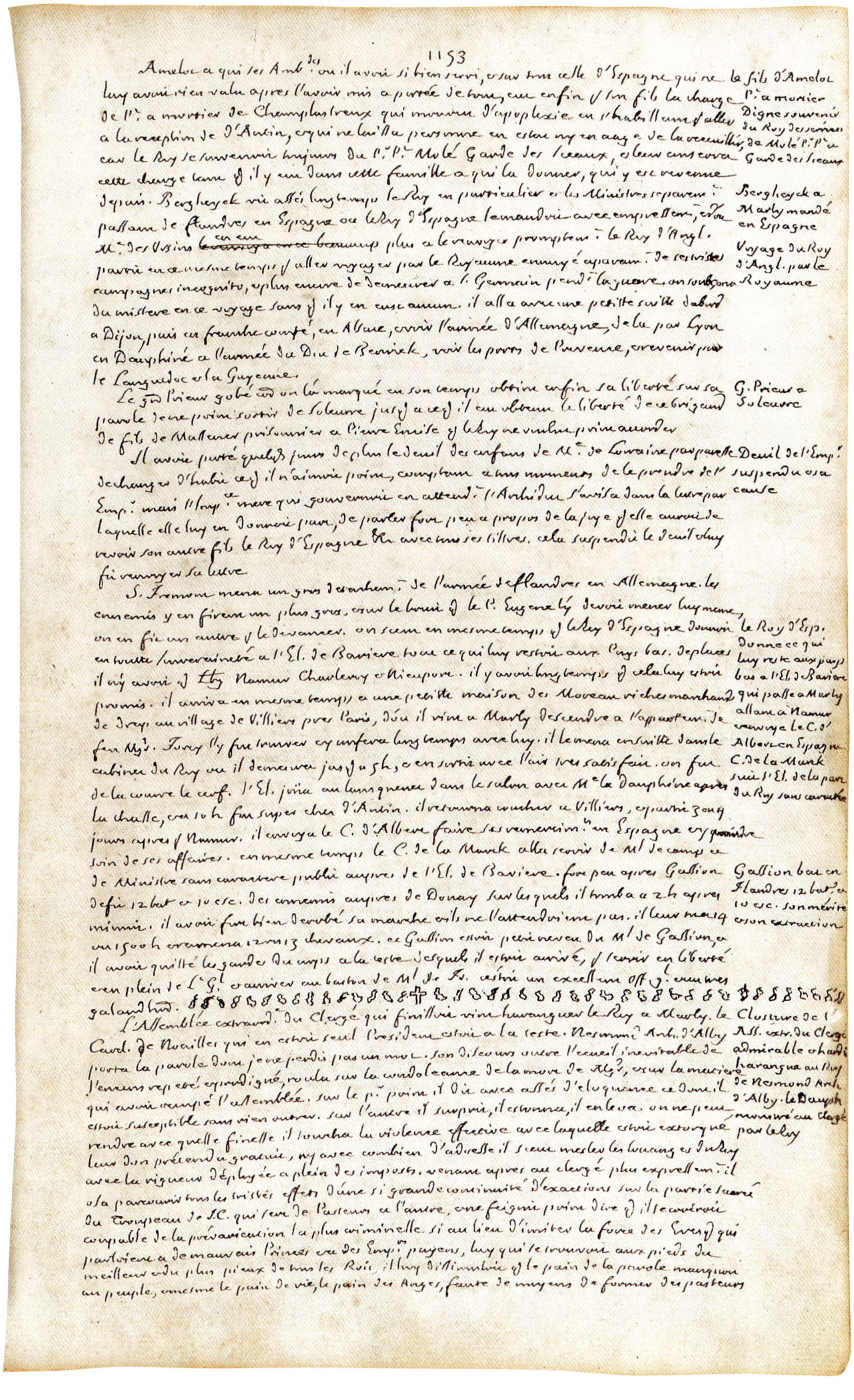

..................h..........h..........h..........h...8...u..........u..........u..........u..........v{
..4...v..........v... ....v...x...i..........wG.. ....wg..........w}..*...w..........h..................

....

¶¶¶¶¶¶¶¶¶¶¶●●●●Chapitre six ¶¶¶●●●●●H…tel Lutetia ¶¶¶¶¶¶¶¶¶¶¶¶¶¶¶¶
¶¶¶¶¶¶¶¶¶¶¶¶¶¶¶¶¶¶¶¶¶¶¶¶¶¶¶●●… 42 - … 238 - ●¶¶●●@ 1 ¶¶¶¶¶¶¶●@ … 42 … 50 ¶●@ laissac¶●@ lib…ration lyon¶●@ rue d'assas paris¶●@ disputes? ¶●@ antoinette ¶●@ luxembourg ¶●@ henri quatre¶●@ h…tel lutetia. ¶¶¶¶¶¶¶¶¶¶¶¶¶ carnet de gd p et ma lettre 18 septembre 44 ¶¶●(page 1) cher papa, ch…re maman, je suis arriv… … Lyon depuis trois ... d…ja - apr…s un voyage extr…mement mouvement…. Nous sommes partis le jeudi matin … six heures de Montpellier; La veille je ne m'…tais couch… qu'… onze heures et demie ayant din… … la pr…fecture chez le pr…fet. Nous sommes donc partis dans (avec barr…) un brouillard intense sur la route d'Al…s. Nous …tions sept. une ancienne version du fichier. Enregistrement interrompu.

.........."......./........___......i......n......q......y..................C......L..........................h
..........●..................¶.......¶.......¶.......¶.......¶.......¶.......¶.......]......|......}..........................
..............................o......|..
..............................F......f......q......u......w......{..
....p......................... ....N......+
....../.....Y.....Z......`......t......x......}......Y......[......]..
....
....@..................................Y
....●..............................1......2
......3......4......5......6......7......8......9......:......;......<......=......>......?......@......A......B
......C......D......E......F......G......H......I......J......K......L......M......N......O......P......Q......R
......S......T......U......V......W......X......k......l......s......t......u......v......w......x......y..........
....●................................¶....................
..............................A......B....●.......¶.......¶..
....
..............!.....¶.............................. ..!....R...................!.........................!..........X
....Monsieur Bellon, grand-papa, grand-maman, deux d…mes qui aprtaient retrouver leur famille dans la r…gion de Besan…on, le chauffeur, et moi. Nous n'avons pas suivi la vall…e du Rhone parceque n'…tant pas certains de pourvoir traverser le fleuve nous avons pr…f…r monter par le Puy et St Etienne

Nous …tions surs de pouvoir arriver car m. Bellon avait vu quelqu'un qui arrivait de Lyon par cette voie. Cela ne nous a pas empech… d'avoir beaucoup d'aventures pendant le chemin.¶●(page 2) Nous sommes arriv…s … Al…s vers 9 heures. Nous avons d…jeun… et nous sommes repartis. Auparavant on nous a averti que nous allons avoir affaire … deux s…rieuses difficult…s. le sponts coup…s sont nombreux et nous allons avoir … faire des d…tours. Enfin, nous partons nullement refroidis. Le voyage commence vraiment bien

Le soleil danse sur la route et nous discutons fermement. De temps … autre un v…hicule d…truit git sur le bord de la route. a chaque village que nous rencontrons je bondis … la portieres et je salues tout ce que je voies, hommes, femmes enfants, chevaux, poules, canards, etc. J'obtiens souvent des jeux de physionomie ebouriffant. pour l'isntant tout s'est pass… sans aucune anicroche. C'est vraiment trop beau voici un croisement.M. bellon cons

Je travaillerai avec des ordinateurs,
j'achèterai de nouveaux programmes ! [...]
La littérature ne fait que commencer !

Michel Butor

Écrire aujourd'hui

Ce que l'avenir réserve non seulement au manuscrit, mais au livre et à l'écrivain, qui peut le dire ? Si beaucoup d'auteurs continuent à écrire « la plume à la main », ne serait-ce que pour un premier jet ou pour se corriger, d'autres, ayant choisi le traitement de texte, ont renoncé au brouillon : des logiciels leur permettront-ils d'enregistrer les étapes de leur travail, et celui-ci est-il déjà transformé par l'utilisation de la machine ? Mais à l'heure de la révolution électronique, c'est le livre lui-même qui connaît et connaîtra de nouvelles métamorphoses : diffusion directe de textes sur l'internet, réalisations multimédias... Faut-il craindre l'utopie informatique qui ferait se dissoudre la singularité des œuvres et de leurs auteurs ? ou imaginer qu'on verra longtemps encore coexister les pratiques les plus diverses – et subsister, sous une forme ou une autre, les brouillons d'écrivains...

Extrait du texte de Jacques Roubaud perdu puis récupéré dans sa « machine » grâce à l'application d'un « logiciel thérapeutique » (voir p. 189 à 191).

… de main en main jusqu'à un maintenant éphémère*

Hélène Cixous**

Le 6 de mars, je fus voir la librerie du Vatican qui est en cinq ou six salles de suite, notait Montaigne, c'était le 6 mars 1581 en une belle matinée romaine. Il y a un grand nombre de livres attachés sur plusieurs rangs de pupitres, il y en a aussi dans des coffres qui me furent tous ouverts notait-il, force livres écrits à la main, cependant que mes propres coffres avaient été visités à l'entrée de la ville par la douane et fouillés jusqu'aux plus petites pièces, on m'avait pris tous mes livres, en outre confisqué les Essais, ce qui ne m'empêchait pas de jouir de voir ce Sénèque écrit à la main que je désirais infiniment. J'étais dans la Librerie désirée, je la vis, sans nulle difficulté. Je voyais et me souvenais. Je me voyais me souvenir. Je me souvins de Sénèque, Virgile, saint Thomas d'Aquin, Plutarque et je les vis devant moi. Je vis. Je vis. Je vis. Je ne l'oublierai jamais. Pensais-je. Ces vis à vis outre les temps des temps. Je vis un Virgile écrit à la main d'une lettre infiniment grosse. Ce Virgile me confirma que les premiers vers qu'on met en Aeneide sont empruntés : ce livre ne les a pas. Notait Montaigne. Ce Virgile lui donnait la main. Une main. C'est comme pour le bréviaire de saint Grégoire également écrit à la main. Il ne porte nul témoignage de l'année. Mais ils tiennent que de main en main il est venu de lui. Jusqu'entre les mains de Montaigne.
Et maintenant pensais-je si je mettais la main sur le bréviaire de saint Grégoire j'y toucherais à mon tour le souvenir de la main de Montaigne.

* L'éditeur a choisi de respecter la liberté typographique propre à l'écriture d'Hélène Cixous.
** Hélène Cixous vient de remettre par don à la Bibliothèque nationale de France tous les manuscrits de ses œuvres écrites à ce jour.

Hélène Cixous. Photographie anonyme
Collection particulière

Le 15 novembre 1999 j'allai à la Bibliothèque nationale de Paris. On ne dit pas Librerie dommage. Mais la Librerie de Montaigne a conservé liberté dans son nom jusqu'à présent. Le 26 mars 2000 je fus à nouveau et encore une fois dans la Librerie de Montaigne. J'y suis encore. J'y vais toujours. Elle est tout ce que j'aime. De ce tout là je n'ai pas ici le temps de parler.
Je retourne à la Bibliothèque nationale le 15 novembre. Qu'y vis-je ? Qui vive. J'y vis. J'y vécus aussi, de ces

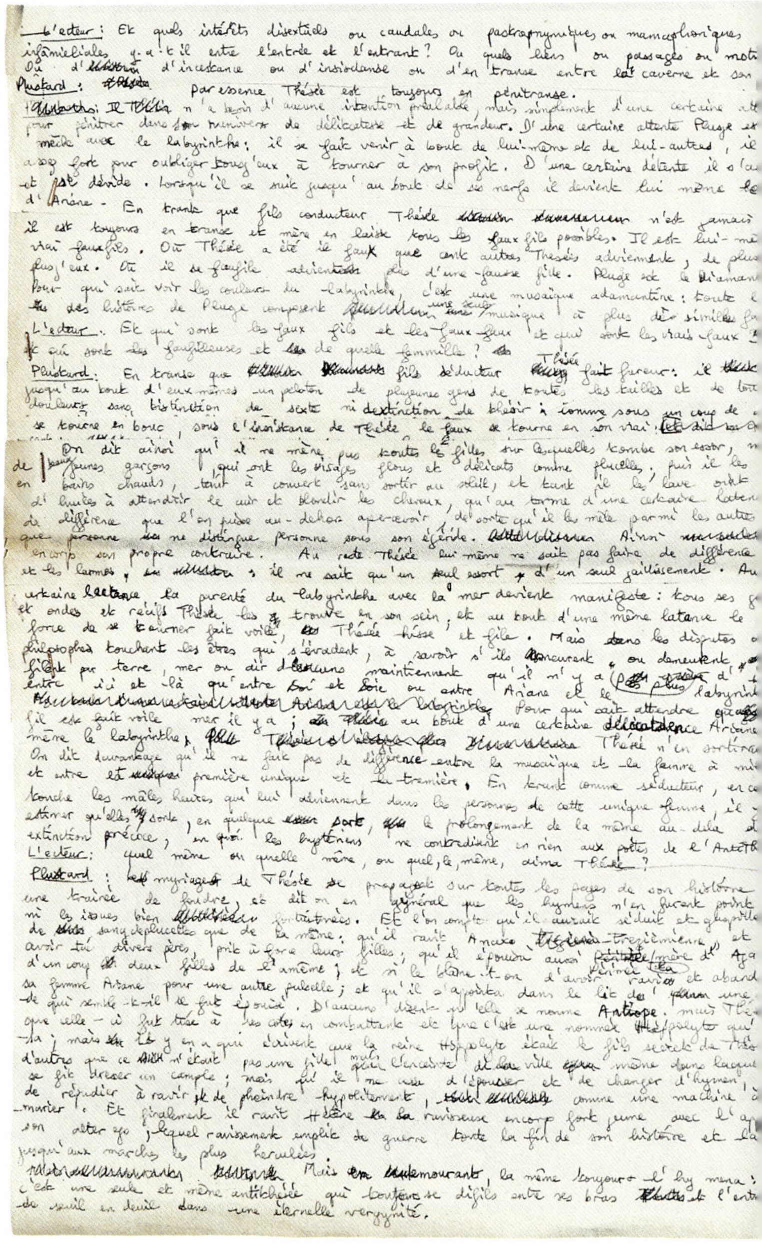

vies mêlées et confondues de mort qui nous arrivent et nous échappent depuis les coffres des Libreries. Que faisais-je ? Je caressais. Je ne lisais pas. Plus exactement je lisais seulement la peau du livre. Je touchais. Je remontai. J'allai m'approchant du biblique des livres, qui sont d'abord des objets magiques, des pâtes composées de peaux, de membranes d'arbre, de pellicules de roseaux d'Égypte, de peaux d'agneau de Pergame, de la peau des doigts humains. Les livres qui sont toujours encore finement tremblants de ces mémoires espérantes. Non, rien à voir avec ces lectures de textes extraits de leur couche matérielle, ces détachements de textes auxquels souvent je me livre pour me délecter de délectures savantes. Ici, dans la Librerie je palpais.

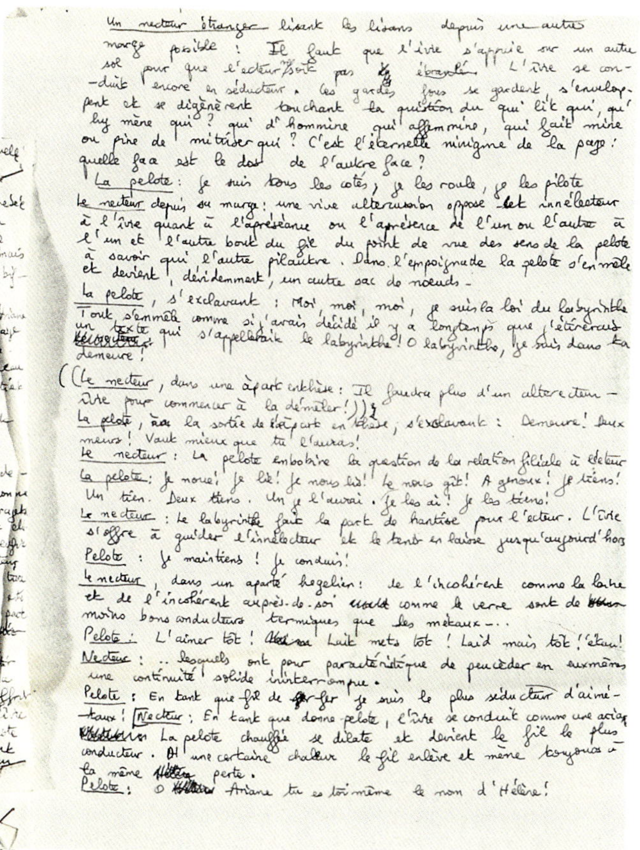

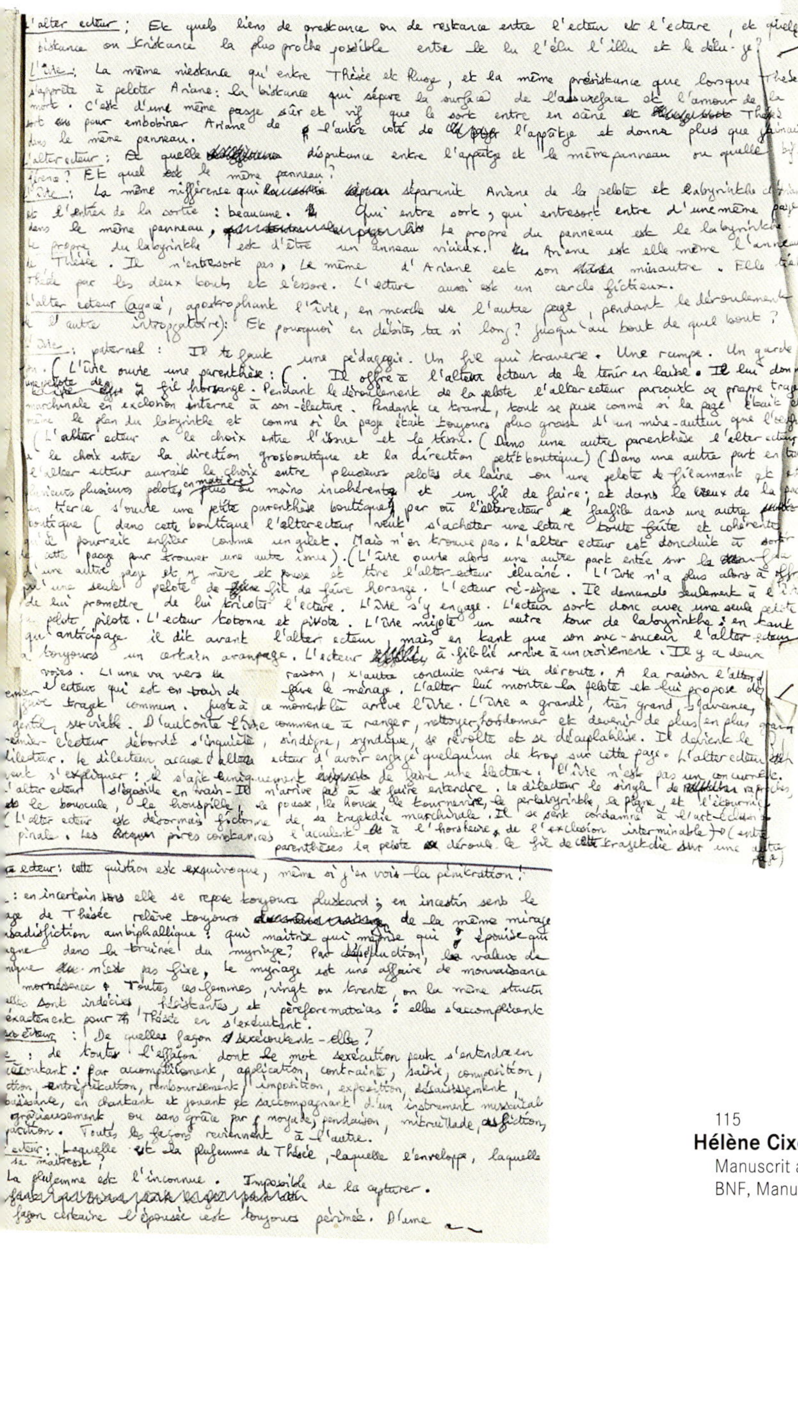

115
Hélène Cixous, *Partie*, 1976
Manuscrit autographe
BNF, Manuscrits, fonds H. Cixous

Je touchai Pascal, sa forme, son autoportrait d'âme, ouvrage, fureurs, halètements. Qu'est-ce qu'une Pensée ? *Was heisst denken* ? Ce ça là, ce sang craché, ce papier possédé, cette dilacération ces hurlements mais saisis au seuil du néant par les délicats doigts bibliques. C'est miracle n'est-ce pas que mourant l'on veuille garder trace de cette s'en-allance, de cette mourance écumante. Souffrance de la Pensée. Souffrance comme Pensée. Pensée comme joie ou souffrance de joie. Cela fut écrit. Cela fut lu. Des centaines de milliers de fois. Cela ne suffit pas. Il faut l'avoir vécu un peu, avant tout récit. Voir — toucher avec la timidité due l'*Écriture-Même* : le grattement, l'écorchure, l'agonie de la Pensée.
Dire que l'on a inventé la peau à scarifier. Comme si l'on avait su avoir besoin de mimer le tourment qu'est l'âme humaine.
Je m'aperçus que je ne lisais pas la tête froide, j'étais au chevet. Ça naît ça lutte ça meurt. Quoi d'autre vis-je ? Il y a des Actes des Apôtres aussi écrits en très belle lettre d'or grecque, aussi vive et récente que si c'était aujourd'hui. Tous ces « Comme-si-c'était-aujourd'hui », ces corps encore vifs et pourtant… Cette lettre est massive et a un corps solide et élevé sur le papier, si vous passez la main dessus, vous y sentez de l'épaisseur. Si vous passez la main sur la peau du psautier de saint Louis vous sentez la douceur d'une joue de jouvencelle, comme si le moine avait voulu souffler un supplément de tendresse absolument ineffaçable dans le corps raide du roi.
De main en main, inextinguible, la mémoire veille. À son contact les larmes me montent aux yeux. Ineffaçable ? Inextinguible ? Je rêve.
L'effacement est là. À l'œuvre. Met à l'épreuve les matières, les feuilles, certaines, comme celles du livre de China, beaucoup plus tendres et pellucides que notre papier, d'autres plus coriaces. Proust restauré. Déjà. Ses paperoles doublées de mousseline de soie. L'encre tient, le subjectile s'en va.
Chimies de mort. Le manuscrit de Hugo : l'encre attaque le papier et le troue.
La moisissure a chancré dans quelque logis négligent les manuscrits de Diderot.
Rimbaud, la lettre du Voyant ne se voit déjà presque plus. Certes cette lettre ne me fit pas pleurer : elle était déjà l'éloignement de la main de Rimbaud. Le masquement, copie de copie, l'écolier travesti de lui-même en bon élève. Je ne suis pas en train de plaider pour l'« original ». Je remarque seulement les pas entre l'encore vif et le bientôt mort.
Car les livres manuscrits, s'ils nous touchent au cœur, c'est parce qu'ayant été vivants ou bien étant encore vivants, à la lettre aussi récente que si c'était aujourd'hui, ils passent, ils peignent leur propre passage, ils s'en vont, encore présents, encore — comme datés de cet « aujourd'hui » errant, ils vont, s'effaçant. C'est saisissant ce mourir lentement. Longue cérémonie. Décomposition de la décomposition. Message secret de chaque manuscrit : je suis fini. Aujourd'hui 15 novembre 1999 je suis fini, comme je finis cet aujourd'hui 15 novembre. J'écris cela le 2 septembre 2000. À la main.
Il y a près d'un an j'ai touché — « Pascal ». — Ai-je touché Pascal, ou « Pascal » ? Ou la mémoire de la main, de la fièvre, des gouttes de sueur, des larmes, de Pascal ? Est-ce que je veux (le) toucher ? Aurais-je voulu toucher sa main ? La main de corps ? Le corps de sa main ? Les mêmes mots pour la chair et pour le papier. Pour le concret et pour l'abstrait. Ça ne se sépare pas. Non : je voulais, je veux, toucher la main de l'âme, la main de la pensée, la main mue par la parole déferlante dont je viens effleurer les traces.
La fleur, l'éphémère. La vie même, son mystère, donc son extrémité, sa Fin la mort. La trace, dit Derrida. Mine de la mort. Trace, preuve et visage qu'il y a vie, qu'il y a eu vie, trace toujours finie d'un être fini. Appelons, rappelons ce que nous raconte le mot d'écriture, ce que Montaigne appelle la lettre, ce qui se dit *hand* en anglais, *Handschrift* en allemand etc. ce mélange de main et de griffe *scribo*, *schreiben*, *write*, graver, gratter, *graben*, entailler le bois, gratter la terre, *graben*, enterrer, la tombe. Écrire : sauver, garder, enterrer. Enterrer en sauvant. Écrire dit la tombe en disant la belle lettre vive d'aujourd'hui.
Voilà pourquoi moi, ce que j'aime, c'est les voir, les livres, les scribes, en train de creuser *leurs tomberceaux*. Peindre et perdre à la fois. J'aime le moment de la lutte pour sortir du chaos du cerveau et se laisser visqueux fumant sur le radeau de roseaux. Où sont les manuscrits raturés barbouillés mêlés indéchiffrables dont nous parle Rousseau dans les *Confessions* et qui attestent, dit-il, la peine qu'ils m'ont coûtée ? Où sont les pages d'avant « le propre » ? La période tournée et retournée cinq ou six fois de suite dans le cerveau ? Je n'ai vu à Paris et à Genève que la cinquième transcription après le désordre et le tumulte.
Je préfère les extrémités, qui se ressemblent, les deux bouts de la vie, son naître et son n'être, l'un faisant penser à l'autre.
Y a-t-il représentation plus poignante de notre destin

qu'un manuscrit à chaque instant de tout son temps ?
J'étais debout dans la petite salle de la Rotonde le 15 novembre 1999, et je tenais dans mes mains le manuscrit de Stendhal.
J'avais les mains où ses mains avaient passé à toute allure comme d'habitude. Les mains sur les empreintes de ses mains.
On touche à l'intouchable et on le sent.
Le papier garde. Cela doit pouvoir s'analyser. J'ai déjà eu cette sensation ravissante, c'était au Louvre il y a quelques années, j'avais dans les mains une gravure de la main de Rembrandt, je touchai à Rembrandt, je vis le paysage comme jamais.
C'est une sorte de prière à plusieurs mains et qui est dans l'instant exaucée.

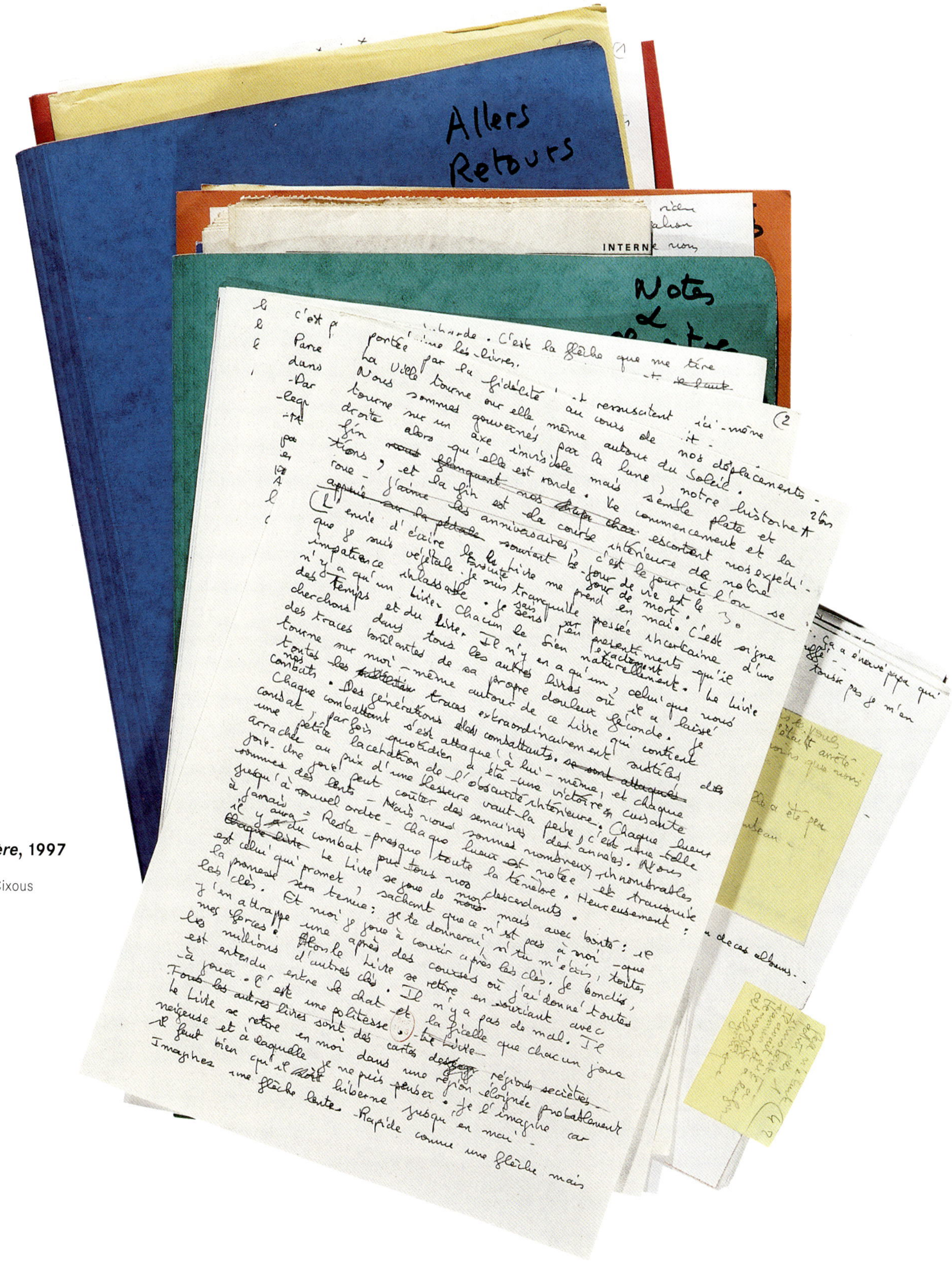

116
Hélène Cixous
***OR, les lettres de mon père*, 1997**
Manuscrit autographe
BNF, Manuscrits, fonds H. Cixous

Il reste dans le papier, dans l'entremêlement peint des caractères, du caressé, du touché, de l'odeur. On sent la mort — chanceler — la vie — continuer — longtemps après.
Ces sensations d'au-delà ne peuvent avoir lieu qu'à la suite de moi, plus loin, après la peau, après la pensée, dans cet espace où il nous arrive d'arriver sans arriver lorsque nous faisons l'amour. C'est trop fort.
Ensuite, passé cet « aujourd'hui » impensable, on va prendre un café. On a besoin de se restaurer. On doit passer d'un bond asyndétique de la tombe à la table — car il n'y a pas de transition entre les mondes étrangers. Montaigne appelait le passage de trépas à vie : *l'Expérience* : la mort se mêle et se confond partout à notre vie, notait-il. Assis dans le fauteuil de la Librerie. Sous les pieds se déroulent les volumes du ciel. Par la fenêtre on voit la terre entière se passer.
Le déclin préoccupe son heure, pensait-il, et s'ingère au cours de notre avancement même (Il écrivait cela sur du papier blanc, loin de toute lueur éclatante). J'ai des portraits de ma forme de vingt et cinq et de trente cinq ans ; je les compare à celui d'asteure : combien de fois ce n'est plus moi ! combien est mon image présente plus éloignée de celles-là que de celle de mon trépas ! C'est trop abusé de nature de la tracasser si loin qu'elle soit contrainte de nous quitter, pensait-il. Sur ce, las d'effleurer la fin, d'un coup de main le voilà remonter aux occupations plaisantes.
À table ! pense-t-il, — l'autre table, la table à manger. Et de passer *sur le champ au melon.*
« Je ne suis désireux excessivement ni de salades ni de fruits sauf les melons… »
Moi-même j'écris ceci sur du papier ordinaire recyclé format 210 × 297 mm, blanc cassé, rugueux, grossier, je ne prends pas le papier qui gratifierait mon sens du confort un certain papier tout blanc et lourd, encore moins un vélin, le vélin que l'on m'a offert finalement n'est jamais arrivé sous ma plume il est resté sur l'étagère, et cela depuis des années, j'évite, je le vois maintenant, je me garde d'une certaine épaisseur, d'un poids, d'une élégance.
Comme si ma main, pas ma conscience, comme si mon corps demandait la terre, l'humilité, l'humus. Et c'est cela le sacré, le secret, pour écrire, à écrire, l'écrire sur terre.
Alors que mes peaux d'apparence, d'apparat, mes vêtements posés par-dessus moi se veulent visibles, luxueux, artistes, mes peaux secrètes sont brutes, impréparées. Et de même je n'écris pas en costume, mais sans apprêt, seulement vêtue, toujours le vieux pantalon, le vieux pull, les mêmes effacés toujours les mêmes tous les jours chaque année, mes peaux de bête qui souffrent bien les chaos, les ratures, les égratignures.
J'écris tout sur des blocs Leader Price achetés par ma mère, avais-je écrit le 14 octobre 1999, les blocs deux fois moins chers, les trophées de ma mère. Peu à peu, d'année en année, de la main de ma mère à ma main je ne peux plus me passer des blocs Leader Price, les plus-moins-chers d'Europe. À force d'être achetés par ma mère à bas prix chaque année, ils ont pris une plus-value. Peu à peu les blocs Leader Price que moi-même je n'achèterais jamais acquièrent un pouvoir bénéfique presque imperceptible, alors que jamais, inspirée par mon bongoût, je n'achèterais des blocs tapageusement vulgaires, peu à peu je ne peux plus écrire mes hypotaxes ailleurs, ma main droite et surtout mon petit doigt et mon annulaire ont besoin de se frotter sur ce précis papier le plus moins cher, effleurement névrotique désormais qui s'effectue assez loin de mes organes géniaux. Peu à peu l'emprise insinuante des blocs Leader Price s'affirme frêle. C'est ainsi qu'il m'est arrivé de trouver le premier jour dans La Maison un bloc LP que j'avais dû laisser « en attente » sur mes étagères, vestige d'une pensée fugitive et funèbre que je cherchai aussitôt à effacer mais — avais-je écrit — j'avais ouvert la porte de mon bureau et la mauvaise pensée était déjà là avant moi dans la pièce. C'est même elle pensais-je qui m'a fait ouvrir la porte. Et cette pensée qui m'attendait depuis un ou deux ans elle devait m'avoir murmuré à l'oreille : avant de partir tu ferais bien de laisser un ou deux blocs LP en attente de ton retour. On ne sait jamais ce qui peut arriver. Au cas où la Chose que tu crains par-dessus tout serait arrivée, en ce cas chuchotait la mauvaise pensée non seulement tu aurais perdu une grande partie de toi-même mais en plus tu ne pourrais même pas en revenant ruinée et beaucoup morte dans La Maison rétablir le contact vital avec le papier donc l'écriture, tu ne pourrais même pas poser le bout des doigts sur la peau du bloc de ta mère tu serais coupée de la pauvre façon qui te resterait d'essayer de limiter le déferlement des sangs vers la mort. Pensée sacrilège fidèle sage folle prudente épouvantable. Penser — craindre la mort c'est un petit peu tuer. Tuer se tuer me suicider ma mère. Et j'avais laissé sur l'étagère ce bloc funéraire. Témoignage de mes hantises et de la spéculation silencieuse de ma mère : elle achète de plus en plus de blocs Leader Price. Je la vois : elle m'approvisionne *pour son voyage.* Avais-je écrit

Julien Gracq, *Le Rivage des Syrtes* à la Bibliothèque nationale de France

Lors d'un entretien intitulé « L'écrivain au travail », en 1981, à la remarque de Jean Roudaut : « On ignore tout de vos manuscrits », Julien Gracq répondit : « Je ne suis pas partisan, c'est vrai, de faire visiter à l'invité les cuisines [...] je n'aime guère montrer mes manuscrits. En partie parce qu'ils sont une fausse cuisine, farcie d'ajouts et de ratures parfois trompeuses en ce que j'ai tendance, après avoir écrit un mot, à le rayer aussitôt pour bien souvent le rétablir, comme si j'avais besoin de beaucoup de *noir* sur ma page, pour des raisons plus plastiques que littéraires. Ce sont là des tics d'écrivain, qui ne méritent pas qu'on en ait la coquetterie. »

Et voici que, pour la première fois, la Bibliothèque nationale de France présente le seul manuscrit existant du plus célèbre de ses romans, *Le Rivage des Syrtes,* publié en 1951, récompensé par le prix Goncourt que l'auteur refusa. Il s'agit d'un manuscrit de travail très corrigé, sans indications de chapitres, de deux cent soixante et onze feuillets écrits au recto de petites feuilles de papier, d'une écriture régulière, avec, dans la marge de gauche, des esquisses et des indications de mise en scène « en suivant l'ordre du récit », comme Julien Gracq l'a expliqué à Jean Roudaut dans ce même entretien.

Julien Gracq (1951?). Photographie de Paul Almasy

Du brouillon et de la machine

Entretien avec Michel Butor

Parmi les quelques manuscrits conservés de vous à la Bibliothèque nationale de France*, le premier est le manuscrit de votre premier roman, *Passage de Milan*. Il semble écrit de manière rapide, cursive, mais j'imagine qu'à l'image de tous vos textes romanesques il suit une structure programmée à l'avance.

Tout à fait. Comme l'action se déroule dans un immeuble parisien, j'ai été amené à faire le plan de cet immeuble pour m'y retrouver. Et le livre étant organisé en douze chapitres qui sont les douze heures de la nuit, il a fallu que je fasse des tableaux synoptiques pour contrôler ce qui se passait à tel endroit, pendant qu'il y avait telle autre chose qui se passait dans un autre endroit. Ceci dit, à l'intérieur de ces cadres, je me suis lancé dans l'écriture en recommençant un grand nombre de fois. Mais le texte est-il manuscrit ou tapuscrit ?

Entièrement manuscrit.

Il est entièrement manuscrit ! C'est rare, parce qu'à partir d'un certain moment, j'ai surtout écrit mes romans à la machine, et je ne pense pas qu'il soit possible de trouver un manuscrit complet de *L'Emploi du temps*, de *La Modification* ou de *Degrés*. Tandis qu'il existe pour *Passage de Milan*… et, si je me souviens bien maintenant, il est écrit sur du papier jaune, du papier pelure. Car à l'époque je voyageais et j'avais envie de transporter mon travail au moindre poids possible. Les doubles que l'on faisait alors à la machine à écrire étaient en général jaunes, pour les distinguer au premier coup d'œil de la page propre, la page de surface. J'avais du papier pelure jaune pour taper les doubles, et je devais m'en servir pour écrire les originaux, les brouillons en particulier.

Le second « manuscrit » est justement un tapuscrit, ou plutôt une série de tapuscrits de *La Modification*, avec quelques rares corrections manuscrites. Vous avez donc très vite utilisé

* En dehors du fonds de correspondance donné par Michel Butor au département des Manuscrits et de plusieurs « livres d'artiste » manuscrits, conservés soit aux Manuscrits soit à la Réserve des livres rares, deux manuscrits de travail figurent dans le fonds Jean Grenier du département des Manuscrits : *Passage de Milan* et *La Modification* ; ils avaient été confiés par Michel Butor à Jean Grenier, lorsque ce dernier projetait une étude sur les processus de la création.

Michel Butor. Photographie de Maxime Godard

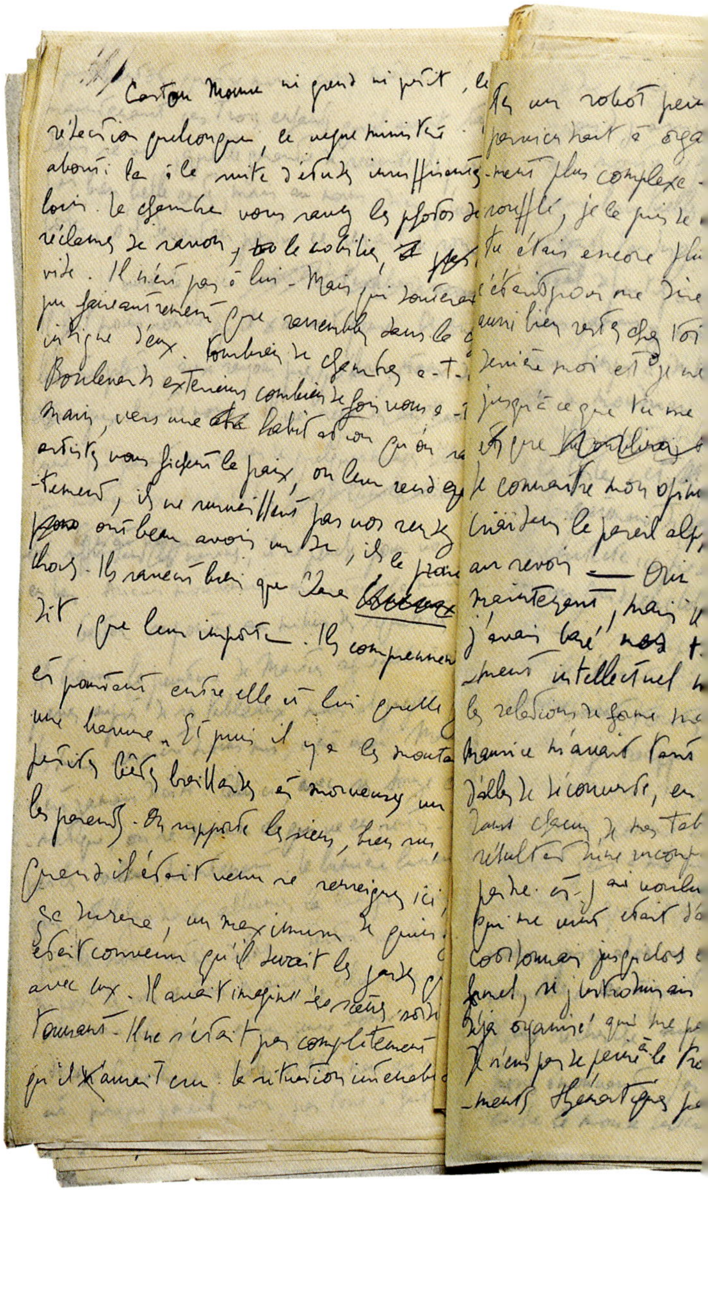

la machine à écrire, pour rédiger comme pour corriger, sans cette réticence qu'éprouvent certains écrivains devant le clavier.

J'ai toujours écrit à la machine, sauf naturellement lorsque j'étais enfant. Pour les poèmes que j'écrivais, quand j'étais lycéen puis étudiant, il y avait des premiers jets à la main, mais ensuite je les travaillais à la machine. Je me souviens qu'à l'époque j'avais une petite machine, une Hermès Baby, très portable et commode. Et peu à peu, j'ai gravi les échelons des machines à écrire. J'ai eu une Hermès plus grosse, qui marchait beaucoup mieux, puis une machine électrique, puis une machine électronique, qui attendait jusqu'à la fin de la ligne avant d'imprimer. C'était formidable, parce que l'on pouvait s'y reprendre à plusieurs fois. Et aujourd'hui, j'ai accédé à la machine à traitement de texte, qui est d'une souplesse extraordinaire. Toute ma vie, j'ai travaillé à la fois à la machine et à la main, parce que j'ai besoin de me corriger, de recommencer, c'est une espèce de pétrissage du texte. Mais quand j'étais jeune, j'étais obligé de retaper certaines pages vingt fois. Ce n'est pas

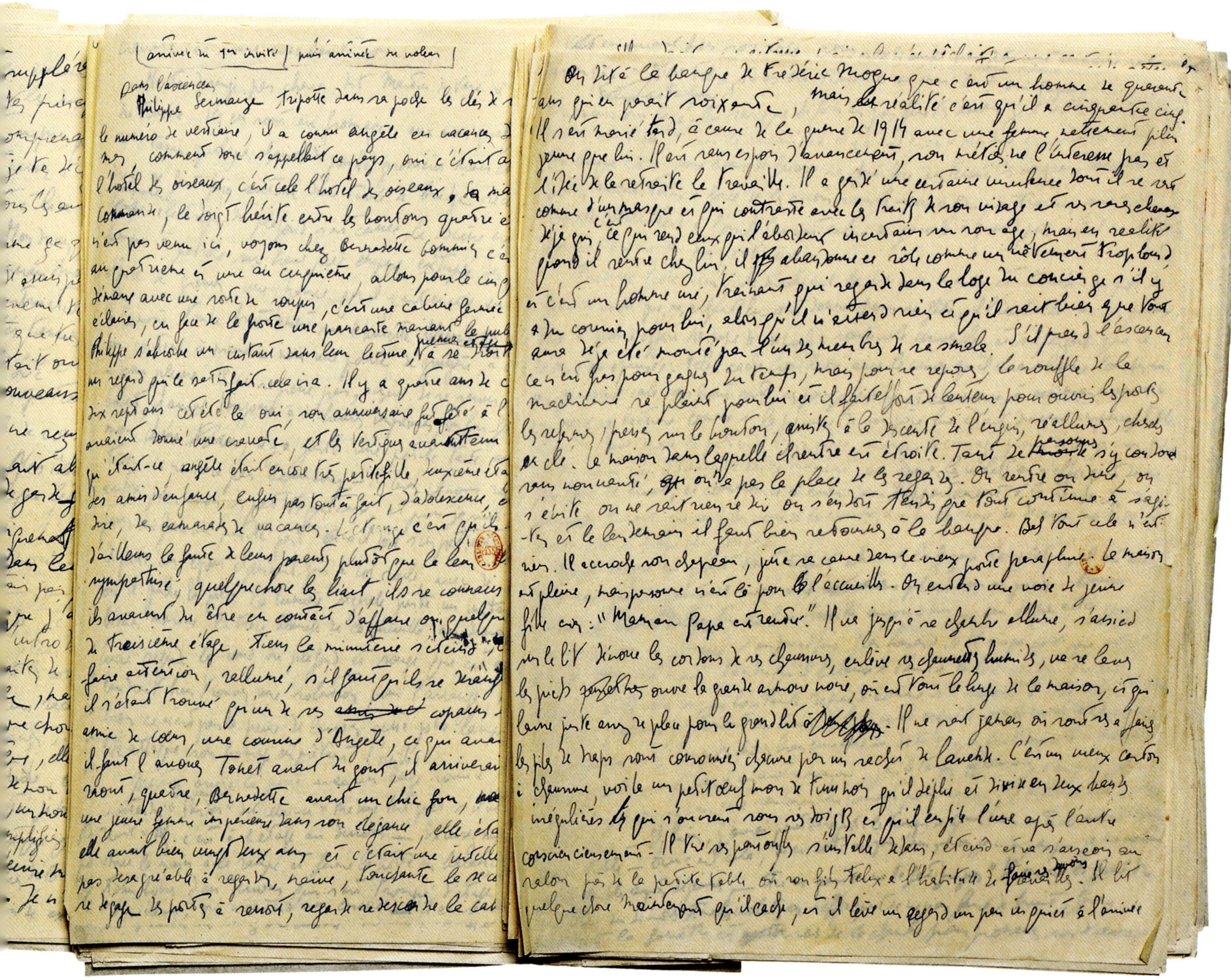

117
Michel Butor, *Passage de Milan*, 1954
Manuscrit autographe. BNF, Manuscrits, fonds J. Grenier

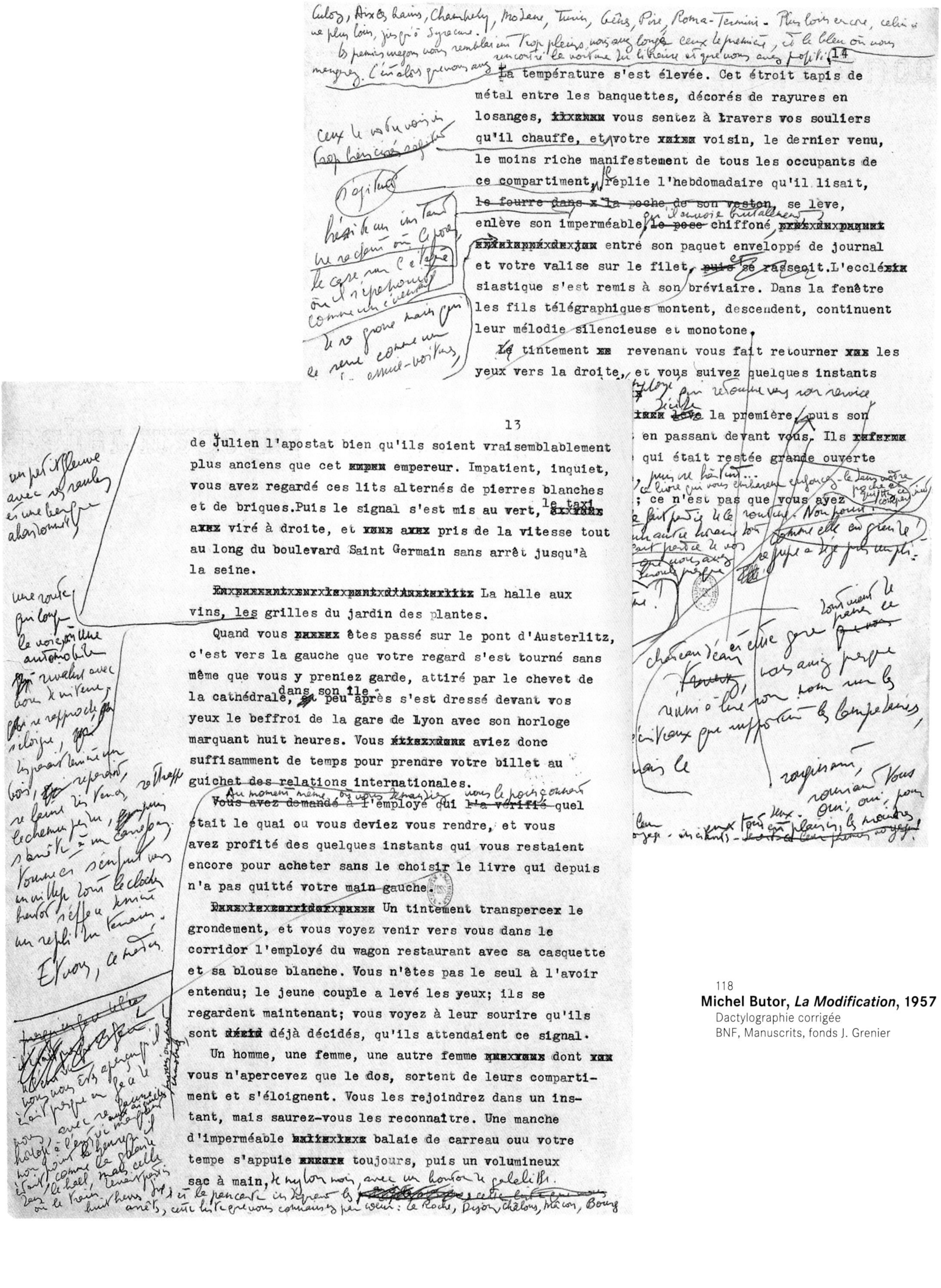

13

de Julien l'apostat bien qu'ils soient vraisemblablement plus anciens que cet empereur. Impatient, inquiet, vous avez regardé ces lits alternés de pierres blanches et de briques.Puis le signal s'est mis au vert, le taxi a viré à droite, et pris de la vitesse tout au long du boulevard Saint Germain sans arrêt jusqu'à la seine.

La halle aux vins, les grilles du jardin des plantes.

Quand vous êtes passé sur le pont d'Austerlitz, c'est vers la gauche que votre regard s'est tourné sans même que vous y preniez garde, attiré par le chevet de la cathédrale dans son île, peu après s'est dressé devant vos yeux le beffroi de la gare de Lyon avec son horloge marquant huit heures. Vous aviez donc suffisamment de temps pour prendre votre billet au guichet des relations internationales.

~~Vous avez demandé à~~ l'employé qui ~~l'a vérifié~~ quel était le quai ou vous deviez vous rendre, et vous avez profité des quelques instants qui vous restaient encore pour acheter sans le choisir le livre qui depuis n'a pas quitté votre main gauche.

Un tintement transpercex le grondement, et vous voyez venir vers vous dans le corridor l'employé du wagon restaurant avec sa casquette et sa blouse blanche. Vous n'êtes pas le seul à l'avoir entendu; le jeune couple a levé les yeux; ils se regardent maintenant; vous voyez à leur sourire qu'ils sont déjà décidés, qu'ils attendaient ce signal.

Un homme, une femme, une autre femme dont vous n'apercevez que le dos, sortent de leurs comparti-ment et s'éloignent. Vous les rejoindrez dans un ins-tant, mais saurez-vous les reconnaître. Une manche d'imperméable balaie de carreau ouu votre tempe s'appuie toujours, puis un volumineux sac à main,

Culoz, Aix-les-Bains, Chambéry, Modane, Turin, Gênes, Pise, Roma-Termini - Plus loin encore, celui-ci ne plus loin, jusqu'à Syracuse.

14

La température s'est élevée. Cet étroit tapis de métal entre les banquettes, décorés de rayures en losanges, vous sentez à travers vos souliers qu'il chauffe, et votre voisin, le dernier venu, le moins riche manifestement de tous les occupants de ce compartiment, replie l'hebdomadaire qu'il lisait, ~~le fourre dans la poche de son veston~~, se lève, enlève son imperméable ~~le poce~~ chiffoné entre son paquet enveloppé de journal et votre valise sur le filet, ~~puis~~ se rasseoit. L'ecclé-siastique s'est remis à son bréviaire. Dans la fenêtre les fils télégraphiques montent, descendent, continuent leur mélodie silencieuse et monotone.

Le tintement revenant vous fait retourner les yeux vers la droite, et vous suivez quelques instants [...] la première, puis son [...] en passant devant vous. Ils [...] qui était restée grande ouverte [...] ; ce n'est pas que vous ayez [...]

Michel Butor, *La Modification*, 1957
Dactylographie corrigée
BNF, Manuscrits, fonds J. Grenier

une hyperbole ! Et le manuscrit en entier, trois, quatre fois ! Avec le traitement de texte, même si je corrige beaucoup, la machine remet tout en ordre, c'est un serviteur merveilleux.

Mais il y a des états, des variantes, qui disparaissent avec le traitement de texte.

Il y a des variantes qui disparaissent, mais pas plus que dans les manuscrits d'autrefois. Car je n'ai pas forcément conservé alors toutes mes versions tapées et corrigées : j'ai souvent utilisé le verso de brouillons antérieurs pour faire de nouveaux brouillons ; et j'en ai donné et j'en ai perdu… Mais aujourd'hui, à partir du moment où on se dit que ça va à peu près, et où on se décide à avoir une version sur papier, on voit tout de suite apparaître les erreurs, on se remet à travailler dessus ; si bien que, même dans les textes récents, je peux avoir quatre ou cinq versions successives. Et comme j'édite plusieurs fois les textes que j'écris, en les reprenant dans de petits recueils qui sont réunis dans des recueils un peu plus grands et ainsi de suite, cela donne des révisions, des versions un peu différentes. Alors, en ce qui me concerne…

Le traitement de texte ne marque pas la fin des différentes étapes de la genèse !

Pas du tout. Il reste des étapes, certaines sont cachées, mais cela en fait beaucoup plus qu'avant. Et si les chercheurs s'y intéressent, ils disposeront de tout le matériau nécessaire, puisque l'essentiel de cette énorme masse de pages est déposé à la bibliothèque municipale de Nice. J'ai donc la conscience tranquille à cet égard…

Je voudrais vous poser une autre question, à propos de ces livres manuscrits que vous élaborez avec des artistes : est-ce une réaction à la menace que pourrait faire peser le traitement de texte sur l'existence du brouillon, ou le livre électronique sur l'existence du livre de papier ?

Chez moi, le traitement de texte ne menace absolument pas l'existence du brouillon, parce que, surtout quand j'écris des poèmes, j'ai toujours des premiers jets manuscrits à l'intérieur de mes petits carnets. Mon écriture ressemble à une sorte de feuilleté : une tranche de machine, une tranche de manuscrit, une tranche de machine ; elle offre donc, sous une autre forme, tous les phénomènes de brouillons. Quant à l'existence du livre… il est évident qu'une grande partie des livres que nous connaissons aujourd'hui sera remplacée par l'information électronique. Mais il y aura encore des livres sur papier, parce que le papier est une matière magnifique, avec laquelle on peut faire des choses magnifiques, et bien autre chose que ce que l'on a déjà fait. On y accordera plus d'attention : le livre redeviendra un objet précieux, comme les anciens manuscrits. Et le fait de réaliser des livres manuscrits ne m'empêche pas de travailler aussi sur des livres imprimés. Car les livres d'artiste en général sont une réponse à la nouvelle situation de l'information et de l'édition : il y a des livres de consommation rapide, des livres que l'on écrit vite, que l'on publie vite, que l'on achète vite, que l'on lit vite et que l'on oublie vite ; c'est l'idéal d'un certain type de commerce, dont nous avons absolument besoin de nous protéger. Le livre d'artiste est un moyen subtil de faire réfléchir à cela, parce qu'il ne se présente pas au premier abord comme un objet théorique ; mais c'est un catalyseur qui peut amener des réactions en chaîne, à l'intérieur de notre esprit et de notre langage. Il est donc très utile de travailler sur l'objet livre tel qu'il nous a été légué, et très important aussi de travailler sur les nouveaux supports de l'information, du langage… Si j'étais plus jeune, je me lancerais certainement dans des recherches sur les cédéroms, les DVD, etc. Mais ma spécialité est le livre, tel qu'on peut encore le transformer en s'aidant, pourquoi pas, de ces nouvelles techniques. Dans les années à venir, nous verrons un développement considérable de ce que nous pouvons appeler des « après-livres », si le mot livre est pris dans son acception restreinte de codex sur papier ; mais le codex n'a pas toujours été sur papier et le livre n'a pas toujours été un codex…

Propos recueillis par Marie Odile Germain

Écrire : oublier la voix…

Édouard Glissant

Edouard Glissant, 1993
Photographie de J. Sassier

Écrire : oublier la voix, mais pour la surprendre aussitôt dans les trames de cette chose posée en page.

La mesure rythmée de la main aide à profiter des richesses de l'oralité : l'éclat circulaire des tons, l'accumulation des rythmes, la répétition lancinante, les ruptures. Et les bienheureuses ratures, qui ouvrent sur tant de trouvailles.

Ne pas taper sur les doigts, ni du doigt sur la machine. Engager la main à fréquenter la profération d'une éclatante louange.

Écrire : mener la langue vers où elle nous mène, un langage qui la confirme et bientôt outrepasse ses lois.

édouard glissant

Édouard Glissant,
***Tout-Monde : roman*, 1993**
Manuscrit autographe
Collection particulière

Arrête avec la philosophie
multiplié
le poisson de chair
qui pose question. Faut-il pas lier la descendance à la qualité d'air que vous respirez, à l'ombrage de pié-bois que vous avez plantés ?
de bonne éducation
Cinq années ont passé là.

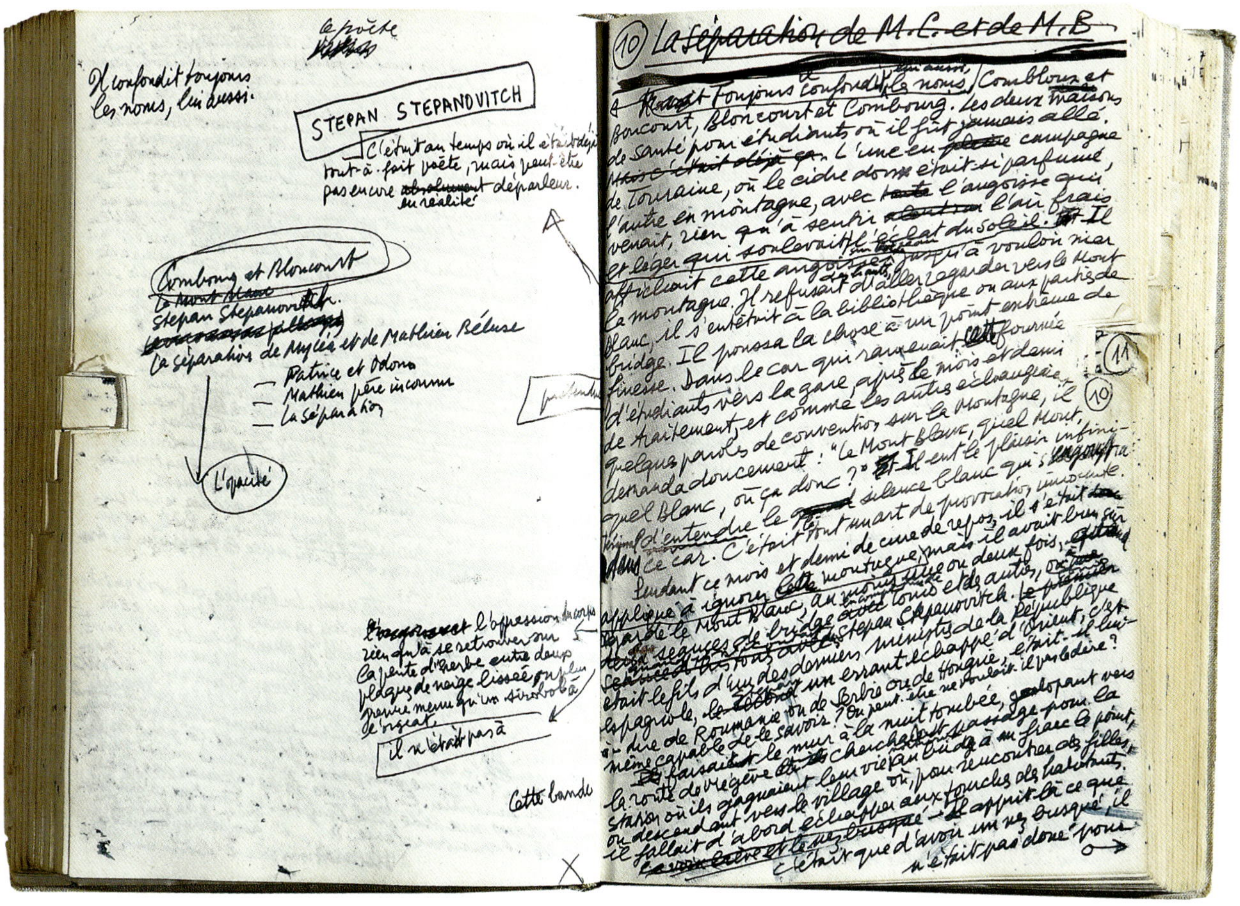
le poète
Il confondit toujours les noms, lui aussi.
STEPAN STEPANOVITCH
Combourg et Blomcourt
Stepan Stepanovitch
La séparation de Mycéa et de Mathieu Béluse
Patrice et Odono
Mathieu père inconnu
La séparation
L'opacité
il n'était pas à
Cette bande
La séparation de M.C. et de M.B

Des marcottes

Jean-Paul Goux

À chaque fois que la question vous est posée, on éprouve la même sorte de gêne à convenir que l'on garde ses propres manuscrits. On se sent d'emblée tenu d'expliquer que ce n'est pas par immodestie — un souci de la postérité et des usages qu'elle pourrait faire de vos divers brouillons —, mais le seul emploi de la dénégation fait naître un doute sur l'authenticité de la réponse. Et puis on ne se contente pas de garder, on montre à l'occasion ses manuscrits et parfois même on les commente, maintenant que cette nouvelle discipline qu'est la critique génétique a créé une demande sociale d'explications et d'analyses : voilà qu'un geste qu'on croyait être tout intime, garder ses papiers, réclame des justifications — et peut-être qu'au fond ce n'est pas inutile pour l'écrivain lui-même. Je ne m'attarde pas sur le commentaire que vient solliciter le généticien : dans cet exercice de commande auquel on peut se livrer se mêlent assez curieusement une réflexion sur les processus de fabrication d'un livre, par quoi l'on peut prendre conscience de certains des ressorts qui ont agi en cours de travail, en cherchant à les mettre au jour et à les nommer — et une sorte de fiction engendrée presque immanquablement par la mise en récit des divers événements qui ont formé le temps de l'écriture, mais qui n'ont peut-être en réalité pas d'autre existence que celle que leur confère après coup un regard rétrospectif. Je ne m'attarde pas davantage sur le désir qu'on peut éprouver de montrer ses manuscrits : vient jouer ici, me semble-t-il, le sentiment qu'une page manuscrite est aussi une image qu'il n'est pas nécessaire de déchiffrer pour accéder au sens qu'elle recèle, une image qui possède des qualités esthétiques, qui dit ainsi, par sa seule allure, quelque chose de ce qui est au cœur du désir d'écrire, de ce quelque chose qu'on cherche à atteindre en écrivant — une image qui peut éventuellement faire peur, qui peut éventuellement séduire. Je reprendrai plutôt cette question que je m'étais pour la première fois posée, il y a dix ans, lorsque Bernhid Boie et Daniel Ferrer m'avaient demandé de montrer et de commenter pour un séminaire de l'Institut des textes et manuscrits modernes les brouillons des *Jardins de Morgante* : à quelle fin conserve-t-on ses manuscrits ?

Dans les matériaux d'un livre, il y a diverses notes de travail qui précèdent et puis accompagnent le texte lui-même. Parmi ces notes se trouvent quantité de choses qui seront des laissées-pour-compte du livre actuel, des choses qui ont été mises au jour dans la fouille que constituent la préparation et l'écriture du livre, mais qui finalement n'auront pas été retenues parce qu'elles n'appartenaient pas aux couches où s'est établi le livre : des désirs de forme, des morceaux de phrase, des amorces de sujet, des lieux, des thèmes, des noms, etc. Il a fallu trier tout ce matériel qu'a fourni en vrac une fouille d'abord peu scrupuleuse pour dégager l'espace où devrait s'installer le livre à faire, mais à mesure que celui-ci avance, et plus il s'achemine vers sa fin, parfaitement distincts du territoire du livre en cours et en voie d'achèvement, apparaissent ou réapparaissent ces matériaux qui semblent déjà appartenir au terrain du prochain livre. Alors, l'une des premières tâches à accomplir dans les commencements de ce nouveau livre consiste à relire les notes du précédent ou même des précédents, et à en prélever et recopier les fragments qui semblent appartenir au même gisement à haute teneur. Une liaison continue s'établit ainsi de livre à livre, à la manière de ces marcottes qui poussent leurs branches souterraines loin de la plante mère avant de sortir au jour et de former une plante autonome.

Jean-Paul Goux. Photograhie de John Foley

120
Jean-Paul Goux, *Lamentations des ténèbres*, 1984
Manuscrit autographe
Collection particulière
Voir détail en page 186

[illegible]

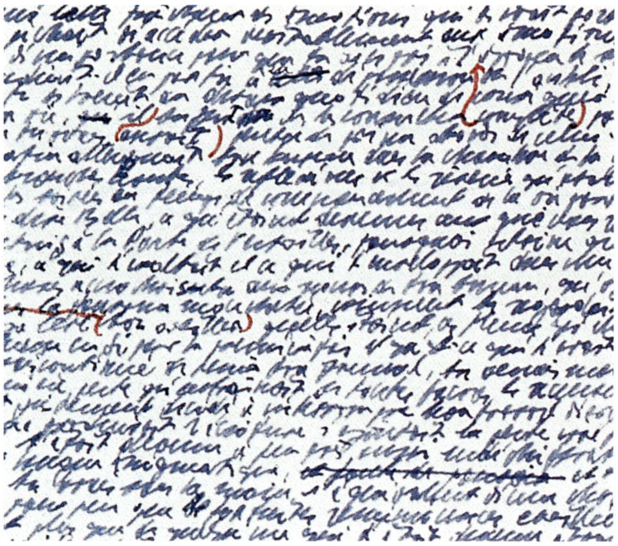

Détail de la page précédente

Quant à la conservation des feuillets du texte lui-même, elle répond à une tout autre fonction, psychologique, elle, vaguement superstitieuse. Le manuscrit porte la date du travail quotidien ; il y a parfois une suite de dates que n'accompagne aucune ligne écrite ; un saut de plusieurs jours, plusieurs semaines, ou davantage, sépare parfois deux lignes pourtant contiguës : on oublie vite, une fois le livre achevé, ces piétinements, ces moments plus ou moins longs où l'on restait vainement à sa table, on se figure vite qu'on avait écrit à peu près comme on se relit, dans un mouvement quasi continu et sans à-coups. Il est un peu rassurant, alors, de retrouver dans les feuillets des manuscrits antérieurs les traces matérielles de ces incompréhensibles moments de blocage, rassurant de pouvoir se dire qu'avant aussi on a pu croire comme maintenant qu'on n'y arriverait jamais ; et même si l'on est bien convaincu que cette fois on n'y arrivera vraiment jamais, on trouve une sorte de réconfort à repérer les marques de périodes vides, encore bien plus longues que celle où l'on est présentement. Parfois, en revanche, cela va très vite, et dans la satisfaction qu'on éprouve, peut prendre sa part cette preuve tangible qu'apporte l'empreinte des *giornate* antérieures, tellement moins amples que celle qu'on vient d'achever !

Tout cela peut justifier que l'on conserve les manuscrits des deux ou trois derniers livres, mais non pas tous ceux qui précèdent et qui sont bien épuisés, où il n'y a plus rien à tirer, ni matériaux ni aide d'aucune sorte : fossiles, au sens où plus rien ne semble pouvoir leur prêter vie. Fossiles auxquels on s'attache par complaisance comme à toutes ces concrétions du temps qui gardent un morceau de soi, mais qui ont pourtant une particularité qui les distingue des photos ou des lettres anciennes, des livres autrefois annotés : les morceaux de soi qui s'y enfouissent et qu'ils enclosent ne sont pas ceux d'un instant. Tantôt ils rendent visibles, ces fossiles-là, les dépôts d'une longue attention, sédimentés sur une unique page, celle qu'on a eue sous les yeux pendant deux, trois, quatre ans, à gauche du manuscrit, et où s'accumulaient petit à petit les étapes successivement projetées du travail en cours — une unique page un peu salie, écornée, avec des graphies hétérogènes, des taches, des brûlures, où l'on peut croire saisir simultanément, d'un seul coup d'œil, toute la durée du temps de l'écriture, comme sur une coupe stratigraphique. Tantôt, d'un autre point de vue, ce qu'ils rendent visible ce n'est pas un bloc de durée, c'est le processus lui-même, son étalement dans le temps, avec ses marques et ses scansions diverses : ce paquet des quarante ou cinquante feuillets manuscrits en quoi consiste le livre achevé et où la densité de remplissage de l'espace s'accroît à mesure qu'on approche des dernières feuilles, où l'encre bleue varie ses nuances, où l'inscription de la date des séances de travail évoque les séquences d'un journal personnel. Ce qui peut attacher à ce manuscrit ainsi considéré comme coupe stratigraphique ou comme processus immobilisé, c'est qu'il offre une réalisation concrète de ce que poursuit le livre dans son ordre propre : il montre du temps enfermé dans l'espace. Le livre imprimé efface évidemment toutes les traces d'une activité manuelle qui a très matériellement consisté à inscrire du temps dans l'espace : cette relation toute physique et manuelle avec son manuscrit est sans doute ce qui attache durablement à lui et interdit d'en faire un objet affectivement indifférent dont on se débarrasserait après usage, sans doute aussi ce qui lui confère la dimension esthétique d'un objet plastique.

Fait à la main

Pierre Michon

Quand dans sa vie on commence à écrire (plus ou moins jeune), on n'a pas tout à fait conscience qu'on est en train de bricoler cet artéfact que certains appelleront un « manuscrit », si on a de la chance.
On n'a en vue — et on n'a pas tort — que l'inaccessible livre fini qui justement a pour fonction de recouvrir, d'invalider et de mettre à la poubelle le paquet de feuilles contingentes qu'est le manuscrit. Dès que par miracle ce premier livre fini est proprement tapé, normé, dépersonnalisé et mis dans des enveloppes pour les éditeurs, un esprit non averti ne peut voir dans l'amas des brouillons qui lui restent sur les bras qu'encombrement et emmerdements. C'est donc dare-dare à la poubelle qu'est allé le manuscrit des *Vies minuscules,* et de là directement dans la gueule des grandes bennes qui ont pour fonction de faire disparaître nos restes.
Et puis on s'avise qu'on n'a pas eu tout à fait raison. Cette prise de conscience pour moi a coïncidé exactement avec l'instant où un collectionneur m'a proposé d'acheter ce manuscrit avalé par les grandes bennes.
Il m'est, comme disait Barthes, de plus en plus indifférent d'être moderne : les processus m'intéressent peu, j'aime mieux le résultat, l'aboutissement, l'objet fini (« mort », comme on disait dans les années soixante-dix), l'œuvre. Les manuscrits des autres m'ennuient profondément, les miens m'agacent. C'est que je sais maintenant qu'ils n'iront pas immédiatement à la poubelle : il faut donc bien les fétichiser, les rendre jolis (ou si joliment sales), lisibles (ou si délicatement illisibles), les mettre en représentation — car ils seront vus, ils seront preuves : non pas de ce que l'auteur a mis au jour, mais de ce qu'il voulait croire mettre au jour, et faire croire.
J'exagère.
J'écris à la main (Picasso un jour demande à Jean Hugo : « Vous peignez toujours à la main ? »), avec un crayon noir, sur des feuilles volantes. Ceci pour les premiers jets d'un texte, d'une page, tôt le matin. C'est que j'ai appris à écrire ainsi et que les connexions entre la main qui tient la plume (le crayon) et l'esprit sont parfaitement rodées, organiques, totalement sophistiquées et nécessaires, *naturelles* comme toutes les techniques que notre corps a acquises alors qu'il devenait lui-même, s'acquérait comme corps pensant et agissant. Dans un second temps je « mets au propre », comme on disait naguère, c'est-à-dire que je rends abstrait, je détache de moi et de ma gestuelle spécifique, je ne garde de ma gestuelle que ce qui apparaît dans les sons et les rythmes : je mets donc au propre sur ces machines à fabriquer du neutre, ou de l'universel, que sont la machine à écrire, jadis, et aujourd'hui l'ordinateur. Ce ne sont pas seulement des machines à fabriquer du neutre : l'ordinateur donne toujours des idées et des rythmes de dernière minute, combat ou seconde la pulsion organique du bras, conseille d'étonnantes corrections. Tout cela fait système de façon confuse mais efficace.
Je ne crois pas le moins du monde à l'écriture au crayon : si j'avais appris à quatre ans à me servir à dix doigts d'un clavier, la connexion organique se serait faite entre cet éventail horizontal et mon esprit, et non pas entre la crispation oblique de la main sur un objet et mon esprit. J'ai tendance à croire que j'aurais écrit la même chose, directement sur ordinateur. Le média n'est pas le message, c'est un serviteur.
Je vais exagérer dans un autre sens.
Il m'arrive de penser — je m'efforce de penser pour écrire — que l'acte de l'écrivain est une activité liturgique, complètement séparée de la vie — dans le sens où elle est la vie de la vie, où elle en est une acmé foudroyante, comme l'alcool pur en regard de l'eau.
Et alors la plume, le papier, la gestuelle qui s'y écrit, le petit drame et le grand enjeu qui s'y jouent, tout cela est objets et danse rituels qui doivent impérativement être justes et justement disposés pour qu'en naisse le texte juste. Regardant mes manuscrits, il m'arrive d'y

Pierre Michon. Photographie de Michel Vanden Eeckhoudt

voir un paragraphe, une ligne, dansés. Si cela est visible à tous, alors oui, il est peut-être bon de conserver les manuscrits.

La vitesse d'inscription : c'est à cela qu'on voit une phrase dansée. Elle est peu lisible, elle tend vers la ligne droite, les *m* et le *n* sont des barres, les mots sont réduits à leurs italiques, elle attaque, elle fuit pour mieux régner. C'est que la graphie pour un instant va plus vite que la pensée, elle s'en libère, elle est la plus forte. Et la pensée qui court après est tout étonnée de se retrouver plus vraie au bout de la ligne.

Les moments de vitesse, dans l'autographe, sont triomphe : triomphe du rythme, de l'empirisme sûr, de la magie.

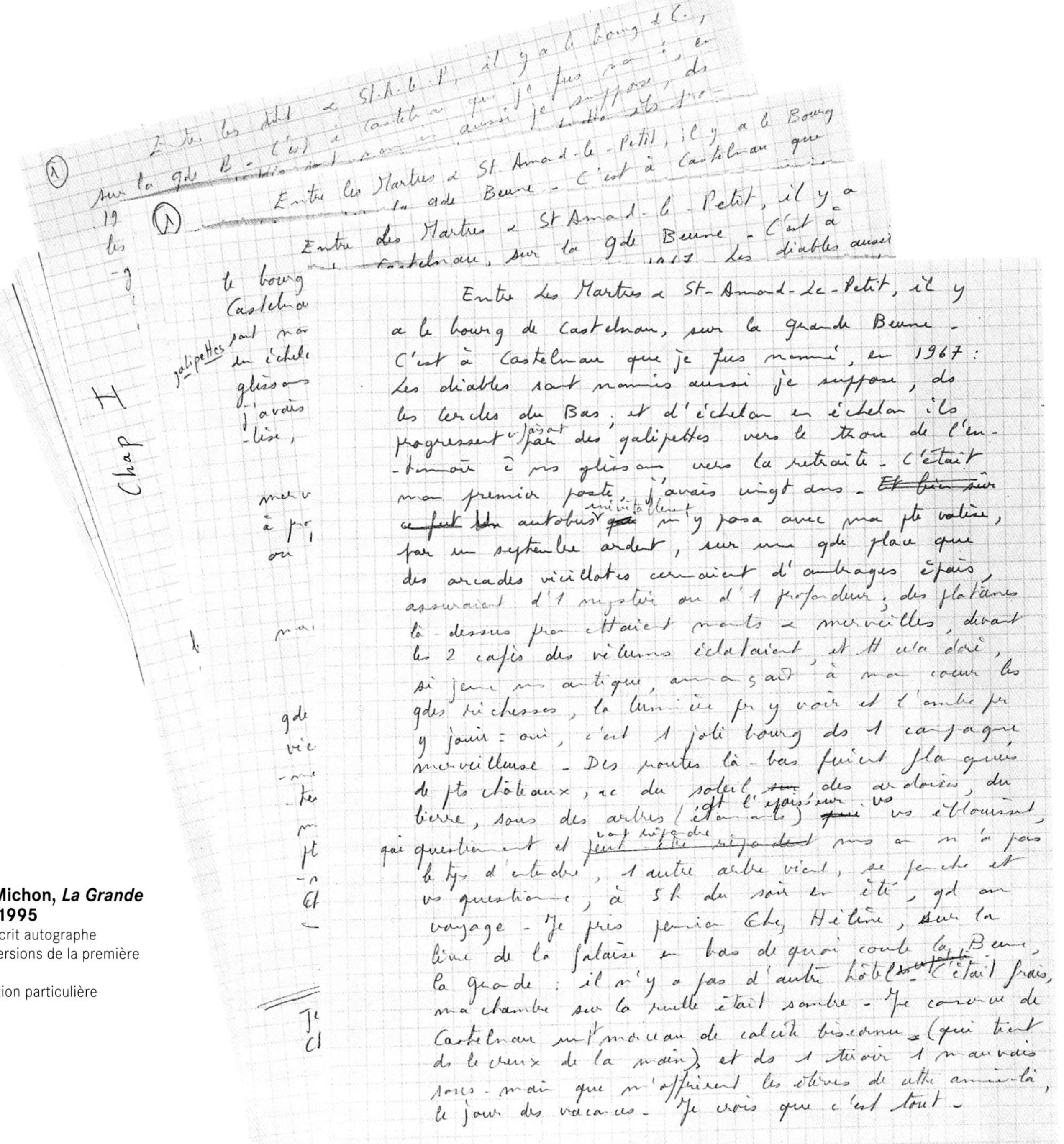
Entre les Martres et St-Amand-le-Petit, il y
a le bourg de Castelnau, sur la Grande Beune.
C'est à Castelnau que je fus nommé, en 1967 :
les diables sont nommés aussi je suppose, dans
les cercles du Bas, et d'échelon en échelon ils
progressent faisant des galipettes vers le trou de l'en-
-fonçure et ses glissades vers la retraite. C'était

121
Pierre Michon, *La Grande Beune*, 1995
Manuscrit autographe
Sept versions de la première page
Collection particulière

Brouillons 2000

Jacques Roubaud

À soixante-sept ans, un compositeur de poésie (de poésie principalement et de deux ou trois espèces de prose) a été confronté, au cours de son existence, à plusieurs variations technologiques dans les pratiques d'écriture :

– À cinq ans, tremper une plume métallique dans l'encre violette d'un encrier de faïence engoncé devant soi dans un trou du pupitre. Le brouillon, alors, est peu différent de l'écriture « au propre », tant l'encre a une propension fatale à tomber de la plume à grosses gouttes sur le cahier, trompant la vigilance de l'écrivant et peu encline à disparaître dans le buvard.

– À dix ou douze ans vient le stylo, le stylo à encre, avec son réservoir, débordant et dégouttant lui aussi sur les doigts, les papiers, dans les poches des pantalons ou des vestes. Le brouillon est fait de ratures, il se fait sur papier brouillon ; et il peut utiliser le crayon, les crayons à mine noire ou de couleur, affublés de leurs coups de gomme (gomme à crayon ; il y a bien la gomme à encre, moitié bleue de l'ensemble « gomme », mais si peu efficace).

– À seize ans (ou un peu plus, je ne sais), apparaît le Bic, invention baronniale et proprement divine, quoique encore de maniement incertain, et de propension certaine à la fuite d'encre (ce n'est qu'avec les merveilleuses « pointes fines » japonaises que le confort parfait a fini par être assuré).

– Toutes ces écritures sont faites à la main ; la main et la poésie vont ensemble. La poésie va de la tête à la main sur le carnet, le cahier, la feuille de beau papier propre. Du brouillon au poème dans son état considéré comme final, la différence tient principalement au soin apporté au dessin des lettres, à la disposition des mots, des vers sur la page.

– Quelques années passent, et c'est la rencontre (traumatique) avec la « machine à écrire » ; il s'agit d'un instrument de torture que le compositeur dont je parle (moi) n'a jamais réussi à maîtriser, à utiliser agréablement. Le brouillon de tapuscrit est une chose assez horrible, jonchée d'innombrables signes recouverts de *x* masquant (mal) d'innombrables erreurs. On tape à deux doigts, lentement, désagréablement. Viennent les machines électriques, d'abord lourdes, rudes, qui cassent doigts et bras, qui vont trop vite et multiplient les erreurs : les brouillons se couvrent de taches blanches, d'origine chimique.

– Enfin vient la machine électronique, l'ordinateur utilisé comme machine à écrire améliorée. On va du « 512 » au « Classique », du « Classique » au « LC », du « LC » au « Performa 5200 » ; enfin au « iBook mandarine » (juin 2000). On s'habitue à « Word 3 », « Word 4 », « Word 5 ». On refuse « Word 6 » pour finir par être forcé d'adopter « Word 98 », hélas. Le brouillon alors, semble-t-il, a disparu. Mais peut-être pas tout à fait. Je m'explique.

Un jour (il y a de cela quelques années déjà), travaillant comme chaque matin très tôt à une entreprise de prose qui m'occupe depuis pas mal de temps, je fus brusquement confronté à un problème d'une espèce inhabituelle et assez traumatisante : voulant « ouvrir » un « document » et reprendre la composition au point où je l'avais laissée la veille, je constatai, à ma surprise horrifiée, que ma « machine », d'habitude si docile, si fidèle, refusait obstinément de m'obéir. J'eus beau tenter toutes sortes de manœuvres, il me fallut me rendre à l'évidence : je n'y parviendrais pas. Je me résignai donc et repris mon récit comme si les pages qui constituaient le « document » perdu n'avaient jamais été composées. Un peu plus tard, un de mes amis, plus compétent que moi en affaires ordinateuriques, ayant écouté la relation de ma mésaventure, me confia un de ces logiciels thérapeutiques dont il faisait collection et me conseilla de lui soumettre mon écrit perdu.

Ce que je fis. J'ai imprimé et conservé le résultat de cette expérience. Ce qui apparaît sur ces pages n'est pas la version finale de mon texte, celle que j'avais fait apparaître, après corrections et ratures évanouies à la vue, sur mon écran ; mais quelque chose de différent, et que j'ai trouvé fort instructif : entrecoupé de signes cabalistiques numériques et autres qui n'ont bien sûr rien à voir avec la prose elle-même, je peux y retrouver ce qui constitue, il me semble, la transcription strictement chronologique de tous les signes que j'ai fait apparaître par mes doigts sur le clavier ; l'histoire, en somme, de sa composition. Tout y est : fautes d'orthographe corrigées, mots changés pour d'autres, bouts de phrase supprimés, etc. Tout cela s'apparente au brouillon traditionnel. Mais ce qui me sembla le plus intéressant dans cette expérience, c'est qu'elle montrait

Jacques Roubaud
Photographie de John Foley

autre chose, de plus fondamental : que la grande liberté de déplacement dans le texte que me donnait la technique du « traitement de texte » me permettait des allers et retours d'avant en arrière, proches et à distance, avec une aisance que je n'aurais jamais pu atteindre avec mes manières antérieures d'écrire, ni avec la main sur le papier, ni avec la machine à écrire. Et j'avais usé avec ardeur de cette liberté.

J'en ai conclu ceci : mieux sans doute que la préservation (possible certes, intéressante certes) de différents états d'un texte sur écran, c'est ce genre de document, résultant de l'extraction forcée des traces laissées dans un « disque dur » par les doigts torturant le clavier soumis d'un Mac, qui permet le mieux de saisir ce qu'est la génétique d'un texte à l'époque de la composition électronique.

Peut-être pourrait-on inviter les écrivains soucieux de l'avenir des études critiques de la littérature à ne pas perdre de précieux documents tels que celui que je viens de décrire et à laisser ainsi des témoignages de leurs manières d'écrire à la postérité. L'avenir du brouillon serait ainsi assuré.

1 Après un long moment, une jeune fille à l'air revêche descendit des hauteurs de la bibliothèque

1 1 1 me jetant un coup d'oeil mécontent et soupçonneux, s'enfonçant ensuite dans un sous-sol ('basement') mystérieux, en émergeant au bout d'un autre long moment, me regardant de nouveau avec mécontentement, comme si j'étais coupable de son dérangement

1 2 tendit sans un mot à la réceptionniste un paquet enveloppé négligemment d'un papier brun, et remonta aussitôt les escaliers, témoignant par le mouvement même de ses hanches et de ses fesses irritées au sein de son jean's étroit le désagrément que lui avait occasionné ce déplacement forcé, qui avait à l'évidence interrompu une matinée des plus studieuses dans ce saint lieu du savoir

1 3 Je sentis que je porterais peut-être la lourde responsabilité d'un ph.d. retardé

1 3 1 retardé dans le meilleur des cas

1 4 Je faillis lui dire de reprendre son paquet

1 4 1 J'ai voulu, une ou deux secondes, interrompre son retrait, lui parler, m'expliquer, effacer de son visage la bouderie d'yeux noirs entre cheveux noirs; une ou deux secondes, tout au plus

1 4 1 1 une incandescence éphémère de mon imagination, mise en éveil érotique par l'irritation provocante de cette montée énervée, et exacerbée à la fois par le double coup d'œil noir des yeux noirs, et par le dérangement inharmonique peut-être mais émouvant

1 4 1 1 1 car, si je ne saurais dire sans mentir, moi, je suis un type dans le genre de Descartes, j'aime les jeunes filles affectées d'un léger strabisme divergent (?),

1 4 1 1 1 1 je le préfèrerais convergent, je crois

1 4 1.1.2 du moins ai-je une propension très nette à l'émotion à la vue de quelque légère imperfection vestimentaire

1 4 1 1 2 1 un bas filé, par exemple, dont la faille ne peut qu'aboutir en une région invisible, mais imaginable avec trouble, d'un corps

1 4 1 2 de sa chevelure qui témoignait d'une concentration studieuse coupée net par la sollicitation

1 4 1 2 1 quasiment un ordre

1 4 1 3 transmise téléphoniquement depuis le bureau d'en bas

1 4 1 3.1 j'y avais 'auralement' assisté

1 4 1 4 d'avoir à descendre dans les profondeurs du noble bâtiment pour se dépêcher d'y pécher un exemplaire du livre que je réclamais

1 5 Mais cela n'aurait servi à rien, puisque le mal était fait

1 6 Avant de me remettre la précieuse offrande en échange de quelques livres sterling

1 6 1 une somme invraisemblablement modique d'ailleurs

1 6 1 1 la brusque, irrésistible et hélas irréversible montée du prix des livres savants était encore à venir

1 7 la dame aimable qui m'avait reçu et avait sans hésiter accepté de ne pas s'offusquer de mon insolite démarche

1 7 1 insolite, semblait-il, si j'en juge par l'expression de surprise retenue qui s'était peinte minimement sur ses traits anglais

1 7 1 1 une anglitude perçue traditionnelle selon la lecture stéréotypique continentale, qu'exprime assez bien cette formule détournée de Spinoza que j'ai retenue de mon passé scolaire: 'lafemme n'a pas besoin de la perfection du cheval'

1 7 .2 discrets et ô combien polis quand elle en avait enfin admis, interprétant de manière correcte mes phrases un peu hésitantes à sortir dans l'atmosphère presque intemporelle d'un lieu si auguste, la nature

1 8 me demanda si je voulais bien lui laisser mon nom et mon adresse car, me dit elle, 'le Professeur Gombrich aime savoir qui achète son livre'

1 8 1 Elle me réclama également, en s'excusant de cette indiscrétion aggravée

1 8 1 1 dont elle laissa implicitement la responsabilité à ce qui, elle s'en rendait bien compte

1 8 1 1 1 son expression se pouvait déchiffrer ainsi

1 8 1 2 était le caprice

1 8 1 2 1 bien inoffensif, convenez-en

1 8 1 2 1 1 l'eût-elle dit que j'en eusse volontiers, quoique sans m'engager réellement, ne le connaissant pas, convenu

1 8 1 3 d'un vieux et respectable savant

1 8 1 3 1 mondialement respecté, vous ne l'ignorez pas, aurait-elle pu dire

1 8 1 3 1 1 et je le lui fais dire ici

1 8 1 3 2 et sans aucun doute, si j'étais là, devant elle, avec mon air interrogateur, je devais avoir une idée, même approximative

1 8 1 3 2 1 très probablement vague, certes, étant donnée mon origine non britannique

1 8 1 3 2 1 1 et elle ne savait pas encore, à cet instant, ou ne pouvait pas être certaine, au cas où elle aurait pensé avoir identifié mon accent, que, circonstance aggravante dans ce contexte, j'arrivais de delà le 'channel'

1 8 1 3 2 1 1 1 dont elle n'envisageait absolument pas (me dis-je aujourd'hui anachroniquement) qu'un jour finalement proche l'intimité maritime protectrice serait violée par un tunnel ouvert aux tgvs

1 8 1 3 2 1 2 d'un pays, donc, particulièrement réfractaire aux concepts, jugés là-bas

1 8 1 3 2 1 1 2 pensait-elle (me disais-je en la regardant)

1 8 1 3 2 1 3 exagérément 'germaniques', des disciples de Warburg en histoire de l'art

1 8 1 3 3 de sa réputation

122

Jacques Roubaud, *Le Grand Incendie de Londres*, 1999

Branche 5 (version longue)
« La bibliothèque de Warburg », livre I, chapitre I
Travail en cours, reproduit avec l'autorisation de l'auteur

Le « g.r.i.l. » – récit divisé en branches, dont quatre ont déjà été publiées (*La Destruction*, *La Boucle*, *Mathématique*, *Poésie*) – raconte le projet d'un roman abandonné. Jacques Roubaud a soumis la composition de son récit à plusieurs contraintes : pas de plan préconçu, écriture sur Macintosh sans retours en arrière ni corrections, « aux premières heures de chaque journée, avant le lever du jour ». La narration est coupée d'« incises » et de « bifurcations » – « chemins alternatifs dans la progression de la prose » – indiquées dans la mise en page par un retrait et un changement de couleur.
D. T.

Liste par cote des manuscrits reproduits

Les numéros renvoient aux notices.

Liste par cote des documents exposés non reproduits

Bibliothèque municipale de Grenoble
Manuscrit R. 301

Bibliothèque nationale de France
Bibliothèque de l'Arsenal
Dépôt Georges Perec
79, 46, 2d
79,43
79,51
79,77,6 et 7
111,45,1
111,45,7
115, 32

Bibliothèque nationale de France
Département des Manuscrits
Français 12768
N. a. fr. 10270
N. a. fr. 12231
N. a. fr. 13483
N. a. fr. 14377
N. a. fr. 15761
N. a. fr. 15810
N. a. fr. 16681
N. a. fr. 16733
N. a. fr. 18321
N. a. fr. 19007
N. a. fr. 19011
N. a. fr. 19219
N. a. fr. 23097
N. a. fr. 23664
N. a. fr. 24736
N. a. fr. 24749
N. a. fr. 25361
N. a. fr. 25574
N. a. fr. 25808
N. a. fr. 25842
N. a. fr. 25844
Fonds Paul Claudel
Fonds Victor Segalen

Bibliothèque nationale de France
Réserve des livres rares
Rés. Y^2. 35858
Rés. p. Ye. 474
Rés. p. Yf. 619
Rés. g. Z. 498

Manuscrits appartenant à des collections particulières :
Julien Gracq, Jacques Roubaud

Liste des auteurs des manuscrits reproduits

Les numéros renvoient aux notices.

Orientations bibliographiques

ANGREMY (Annie), *Les Dossiers préparatoires des Hommes de bonne volonté*, Paris, Flammarion, 1982 et 1985.

BIASI (Pierre-Marc de), *La Génétique des textes*, Paris, Nathan, 2000.

CHARTIER (Roger), *Le Livre en révolutions. Entretiens avec Jean Lebrun*, Paris, Textuel, 1997.

CONTAT (Michel) éd., *L'Auteur et le manuscrit*, Paris, PUF, coll. « Perspectives critiques », 1991.

DUCHESNE (Alain) et LEGUAY (Thierry), *Le Jeu de l'oie de l'écrivain*, Paris, Robert Laffont, 1997.

FRAISSE (Luc) éd., *Le Manuscrit littéraire : son statut, son histoire du Moyen Âge à nos jours, Travaux de littérature publiés par l'ADIREL*, XI, 1998.

GRÉSILLON (Almuth) et WERNER (Michael) éd., *Leçons d'écriture. Ce que disent les manuscrits*, hommage à Louis Hay, Paris, Minard, 1985.

GRÉSILLON (Almuth), *Éléments de critique génétique. Lire les manuscrits modernes*, Paris, PUF, 1994.

HARTJE (Hans), MAGNÉ (Bernard) et NEEFS (Jacques) éd., *Cahier des charges de La Vie mode d'emploi*, Paris/Toulouse, CNRS Éditions/ Zulma, 1993.

HAY (Louis) éd., *Essais de critique génétique*, Paris, Flammarion, coll. « Textes et manuscrits », 1979.

HAY (Louis) éd., *La Naissance du texte*, Paris, José Corti, 1989.

HAY (Louis) éd., *Les Manuscrits des écrivains*, Paris, Hachette/ CNRS Éditions, 1993.

JARRETY (Michel), *La Critique littéraire française du XXe siècle*, Paris, PUF, coll. « Que sais-je ? », 1998.
KRISTEVA (Julia), *Le Temps sensible. Proust et l'expérience littéraire*, Paris, Gallimard, 1994.

LUSSY (Florence de), *Charmes, d'après les manuscrits de Paul Valéry*, Paris, Minard, coll. « Bibliothèque des Lettres modernes », 1990 et 1996.

MITTERAND (Henri), *Émile Zola, Carnets d'enquête. Une ethnographie inédite de la France par Émile Zola*, Paris, Plon, coll. « Terre Humaine », 1986.

NEEFS (Jacques) et DEBRAY-GENETTE (Raymonde) éd., *Romans d'archives*, Lille, Presses universitaires, 1987.

Catalogues d'expositions
L'Aventure des écritures. Naissances, sous la direction d'A. Zali et A. Berthier, Paris, Bibliothèque nationale de France, 1997.

L'Aventure des écritures. Matières et formes, sous la direction de S. Breton-Gravereau et D. Thibault, Paris, Bibliothèque nationale de France, 1998.

L'Aventure des écritures. La Page, sous la direction d'A. Zali, Paris, Bibliothèque nationale de France, 1999.

Des livres rares depuis l'invention de l'imprimerie, sous la direction d'A. Coron, Paris, Bibliothèque nationale de France, 1998.

En français dans le texte. Dix siècles de lumières par le livre, coord. par Mireille Pastoureau, Paris, Bibliothèque nationale, 1990.

Marcel Proust. L'écriture et les arts, sous la direction de J.-Y. Tadié avec la collaboration de F. Callu, Paris, Bibliothèque nationale de France/ Gallimard/Réunion des musées nationaux, 1999.

Nathalie Sarraute. Portrait d'un écrivain, sous la direction d'A. Angremy, Paris, Bibliothèque nationale de France, 1995.

Victor Segalen, voyageur et visionnaire, sous la direction de M. Berne, Paris, Bibliothèque nationale de France, 1999.

Trésors de l'écrit. Dix ans d'enrichissement du patrimoine écrit, Paris, Ministère de la Culture/Réunion des musées nationaux, 1991.

Collections
« Manuscrits Modernes », dir. par B. Didier et J. Neefs, Saint-Denis, Presses universitaires de Vincennes, depuis 1986.

« Textes et Manuscrits », dir. par L. Hay, puis par P.-M. de Biasi et D. Ferrer, Paris, Flammarion, puis CNRS Éditions, depuis 1979.

« Manuscrits », dir. par Y. Leclerc, Paris/Toulouse, CNRS Éditions/ BNF/Zulma, depuis 1993.

« La Mémoire de l'Encre », Paris, Bibliothèque nationale/Robert Laffont, 1991-1996.

Revues
Genesis. Manuscrits, recherche, invention, revue internationale de critique génétique (ITEM), Paris, Jean-Michel Place, depuis 1992.

Revue de la Bibliothèque nationale, Paris, Bibliothèque nationale, 1981-1994, puis *Revue de la Bibliothèque nationale de France*, Paris, Bibliothèque nationale de France, depuis 1999.

Les auteurs du livre-catalogue

La direction de cet ouvrage a été assurée par les commissaires de l'exposition, Marie Odile Germain et Danièle Thibault.

Annie Angremy, conservateur général, est responsable de la section française du département des Manuscrits de la Bibliothèque nationale de France, chargée de manuscrits médiévaux et de fonds littéraires des XVIIIe et XXe siècles. Outre ses publications et ses expositions sur ces périodes, elle a publié les tomes I et II des *Dossiers préparatoires des Hommes de bonne volonté*, de Jules Romains (Flammarion, 1982 et 1986), codirigé les actes des colloques Jean Prévost (Bibliothèque nationale, 1992) et Jean-Richard Bloch (Bibliothèque nationale de France, sous presse) et les quatre premiers volumes des *Œuvres* de Raymond Roussel (Fayard/Pauvert, 1984-1998) et dirigé *Les Plus Beaux Manuscrits des romanciers français* (Bibliothèque nationale de France/Robert Laffont, 1994).

Mauricette Berne, conservateur général au département des Manuscrits de la Bibliothèque nationale de France et membre de l'équipe Sartre de l'ITEM, a notamment publié les *Lettres à l'Étrangère*, de Saint-John Perse (Gallimard, 1987) et les *Lettres à Lilita*, de Jean Giraudoux (Gallimard, 1989), et dirigé, de 1993 à 1995, *Les Plus Belles Pages manuscrites de l'histoire de France* (Bibliothèque nationale/Robert Laffont, 1993) et *Les Plus Beaux Manuscrits et journaux intimes de la langue française* (Bibliothèque nationale de France/Robert Laffont, 1995). Commissaire, récemment, de l'exposition « Victor Segalen, voyageur et visionnaire », elle a assuré la direction du livre-catalogue.

Pierre-Marc de Biasi est directeur de recherche au CNRS (Institut des textes et manuscrits modernes) et artiste plasticien. Spécialiste de critique génétique, on lui doit de nombreuses contributions sur l'analyse des manuscrits et la genèse des œuvres, notamment pour le corpus Flaubert et les archives de la création (architecture, arts plastiques et sciences). Il a publié plusieurs éditions des œuvres de Flaubert (Flammarion, Seuil, Livre de poche), des ensembles manuscrits (*Carnets de travail*, Balland, 1988 ; *Voyage en Égypte*, Grasset, 1991) et donné différents essais dont, récemment, *Le Papier, une aventure au quotidien* (Gallimard, 1999) et *La Génétique des textes* (Nathan, 2000).

François Bon, après une formation d'ingénieur, se consacre à la littérature depuis 1982. Il a mené à partir de 1991 une recherche continue dans le domaine des ateliers d'écriture, en particulier auprès de publics en situation sociale difficile, collaborant régulièrement avec différents théâtres (Centre dramatique national de Nancy, Centre dramatique régional de Tours, théâtre de la Colline et Théâtre ouvert à Paris). Il conduit actuellement des ateliers de pratique d'écriture à l'université de Rennes II et anime un site internet : www.remue.net (littérature, théâtre, ateliers d'écriture). Ses derniers livres publiés sont *Paysage fer* (Verdier, 1999) et *Tous les mots sont adultes* (Fayard, 2000).

Michel Butor est né le 14 septembre 1926 à Mons-en-Barœul dans le Nord de la France. Il est arrivé à Paris, dans le sixième arrondissement, à l'âge de trois ans. C'est là que se sont passés son enfance et ses études.
Flânant intensément rive gauche, il a publié divers romans aux Éditions de Minuit avant de disséminer ses ébauches quasi méthodologiquement dans de nombreuses maisons.
Professeur et conférencier itinérant, il a parcouru les cinq continents et espère continuer encore pendant quelques années.
Grand-père, il a pris sa retraite de l'université de Genève en 1991 et vit à l'écart en s'efforçant de mettre un peu d'ordre dans ses papiers et dans sa tête.

Florence Callu, conservateur général honoraire et directeur honoraire du département des Manuscrits de la Bibliothèque nationale de France, est spécialiste de la littérature française du XXe siècle (Marcel Proust, André Gide, Roger Martin du Gard, Paul Claudel, Georges Bernanos). Elle a publié notamment « Capital, capitalissime, un mode de composition chez Marcel Proust », dans *Mélanges offerts à Louis Hay* (1985) et « Le fonds Marcel Proust à la Bibliothèque nationale », dans l'édition de la Pléiade d'*À la recherche du temps perdu* (1987) ; elle a été commissaire général de l'exposition « Marcel Proust, l'écriture et les arts » (1999).

Roger Chartier, directeur d'études à l'École des hautes études en sciences sociales, est spécialiste d'histoire moderne (XVIe-XVIIIe siècle). Il est l'auteur de *Culture écrite et société. L'ordre des livres (XIVe-XVIIIe siècle)* (Albin Michel, 1996), *Le Livre en révolutions. Entretiens avec Jean Lebrun* (Textuel, 1997), *Au bord de la falaise. L'histoire entre certitude et inquiétude* (Albin Michel, 1998) et *Publishing Drama in Early Modern Europe, The Panizzi Lectures 1998* (The British Library, 1999).

Écrivain et universitaire, Hélène Cixous est l'auteur d'une œuvre importante : « fictions », textes dramatiques et essais critiques. Parmi ses derniers livres : *OR, les lettres de mon père* (Éditions des Femmes, 1997), *Osnabrück* (Éditions des Femmes, 1999), *Les Rêveries de la femme sauvage* (Galilée, 2000), *Le Jour où je n'étais pas là* (Galilée, 2000) et *Tambours sur la digue* (1999), mis en scène par le théâtre du Soleil.

Michel Contat, chercheur en génétique des textes, est directeur de l'équipe de recherche sur les manuscrits de Sartre (Institut des textes et manuscrits modernes du CNRS). Il a publié avec Michel Rybalka l'édition de la Pléiade des *Œuvres romanesques* de Jean-Paul Sartre (1982), et a dirigé, aux PUF, *L'Auteur et le manuscrit* (1991) ainsi que *Pourquoi et comment Sartre a écrit «Les Mots»* (1996) et, aux éditions du CNRS, avec Daniel Ferrer, *Pourquoi la critique génétique? Méthodes, théories* (1998).

Antoine Coron est directeur de la Réserve des livres rares de la Bibliothèque nationale de France. Il a publié notamment *René Char : manuscrits enluminés par des peintres du XXe siècle, Jean Arp, Pierre-André Benoit, Boyon, Georges Braque...* (Bibliothèque nationale, 1980) et *PICasso et PABenoit, 1956-1967 : livres en jeu* (Alès, Musée-bibliothèque Pierre-André Benoit, 1991) ; il a dirigé le catalogue de l'exposition «Des livres rares depuis l'invention de l'imprimerie» (Bibliothèque nationale de France, 1998) et codirigé le second volume des *Trésors de la Bibliothèque nationale de France. Aventures et créations, XIXe-XXe siècles* (Bibliothèque nationale de France, 2000).

Jean Gaudon, professeur émérite à l'université de Paris XII –Val-de Marne, est spécialiste de la littérature du XIXe siècle. Il a publié notamment *Le Temps de la Contemplation. L'œuvre poétique de Victor Hugo des Misères au Seuil du gouffre* (Flammarion, 1969, 2e éd. 1985), Victor Hugo, *Correspondance familiale et écrits intimes* (Robert Laffont, t. I, 1988 et t. II, 1991) et «De la poésie au poème : remarques sur les manuscrits poétiques de Victor Hugo» (*Genesis*, n° 2, 1992).

Marie Odile Germain, conservateur en chef au département des Manuscrits de la Bibliothèque nationale de France, a notamment dirigé *Les Plus Belles Lettres manuscrites de la langue française* (Bibliothèque nationale/Robert Laffont, 1993) et codirigé le second volume des *Trésors de la Bibliothèque nationale de France. Aventures et créations, XIXe-XXe siècles* (Bibliothèque nationale de France, 2000).

Jean-Paul Goux est écrivain et maître de conférences à l'université de Tours. Il a publié notamment «Le temps de commencer», dans *Genèses du roman contemporain*, ouvrage collectif (CNRS Éditions, 1993), *La Maison forte*, roman (Actes Sud, 1999) et *La Fabrique du continu*, essai sur la prose (Champ Vallon, 1999).

Édouard Glissant, poète et romancier, est professeur de littérature française à CUNY (City University of New York). Il a publié notamment, outre des romans, volumes de poésie et pièces de théâtre, des essais parmi lesquels *Le Discours antillais* (Seuil, 1981), *Poétique de la Relation* (Gallimard, 1990), *Traité du Tout-Monde* (Gallimard, 1997) ; les principaux thèmes de ces ouvrages sont l'oral et l'écrit, les communautés transculturelles, la créolisation, les identités.

Anne Herschberg Pierrot est professeur de littérature française à l'université de Paris VIII. Elle a publié notamment des articles de critique génétique sur Balzac, Flaubert et Proust, une édition génétique : Gustave Flaubert, *Le Dictionnaire des idées reçues et le Catalogue des idées chic* (Le Livre de poche, 1997) et le *Répertoire des manuscrits littéraires français XIXe-XXe siècles* (Bibliothèque nationale, 1985).

Étienne-Alain Hubert, ancien maître de conférences à l'université de Paris-Sorbonne, secrétaire du comité Reverdy de la Fondation Maeght, est spécialiste de la poésie du XXe siècle. Il a publié six volumes des *Œuvres complètes* de Pierre Reverdy (Flammarion, 1974-1989) et poursuit l'édition d'André Breton commencée avec Marguerite Bonnet dans la Pléiade. Il vient de faire paraître *Circonstances de la poésie. Reverdy, Apollinaire, surréalisme* (Klincksieck, 2000).

Julia Kristeva est professeur de littérature à l'université de Paris VII, écrivain et psychanalyste. Elle est l'auteur du *Temps sensible. Proust et l'expérience littéraire* (Gallimard, 1994).

Michèle Le Pavec, conservateur en chef à la Bibliothèque nationale de France, s'occupe de fonds littéraires des XIXe et XXe siècles (Chateaubriand, Baudelaire, Colette, Pierre Benoît...) et de fonds politiques. Elle a été commissaire d'expositions sur Léopold Sédar Senghor, Charles de Gaulle, Hippolyte Taine et Arthur Rimbaud.

Florence de Lussy, conservateur général, docteur ès lettres, est responsable de manuscrits modernes à la section française du département des Manuscrits de la Bibliothèque nationale de France. Elle a publié notamment *La Genèse de la Jeune Parque* (Lettres modernes, 1975) et *Charmes, d'après les manuscrits de Paul Valéry* (Lettres modernes, 1990 et 1996) et elle dirige l'édition des *Œuvres* de Simone Weil chez Gallimard.

Bernard Magné est professeur de littérature française à l'université de Toulouse Le Mirail. Il a publié notamment *Perecollages* (Presses universitaires du Mirail, 1989), *Tentative d'inventaire pas trop approximatif des écrits de Georges Perec. Bibliographie* (Presses universitaires du Mirail, 1992), le *Cahier des charges de La Vie mode d'emploi*, de Georges Perec (Zulma/CNRS Éditions, 1993, présentation, transcription et notes en collaboration avec Hans Hartje et Jacques Neefs) et *Georges Perec* (Nathan Université, coll. «128», 1999).

Stéphanie Ménasé, docteur en philosophie, est spécialiste de la philosophie de Maurice Merleau-Ponty et de ses manuscrits ainsi que des pratiques artistiques du XXe siècle. À un travail éditorial au Seuil s'ajoutent ses activités de chercheur. Elle a notamment publié l'édition critique, préfacée par Claude Lefort, des *Notes de cours (1959-1961)* de Maurice Merleau-Ponty (Gallimard, 1996), et a présenté pour la *Revue de métaphysique et de morale* les « Notes de lecture et commentaires de Merleau-Ponty sur *Théorie du champ de la conscience de Gurwitsch* » (1997).

Madeleine Micheau, docteur ès lettres, est spécialiste de l'œuvre de Victor Segalen. À ce titre, elle a contribué au catalogue de l'exposition « Victor Segalen, voyageur et visionnaire » et à diverses revues (*Genesis*, *Travaux de littérature*). Elle a aussi publié des nouvelles.

Pierre Michon est écrivain. Il a reçu en 1984 le prix France-Culture pour *Vies minuscules* (Gallimard, 1984), le prix de la Ville de Paris en 1996 pour l'ensemble de son œuvre et le prix Louis Guilloux en 1997 pour *La Grande Beune*. Il a publié également *Vie de Joseph Roulin* (Verdier, 1988), *Maîtres et serviteurs* (Verdier, 1990), *Rimbaud le fils* (Gallimard, 1991) *Mythologies d'hiver* (Gallimard, 1997).

Henri Mitterand, professeur émérite à la Sorbonne nouvelle et professeur à Columbia University (New York), est président de la Société littéraire des amis d'Émile Zola et membre de la Société royale du Canada. Spécialiste du roman français des XIXe et XXe siècles, de la narratologie romanesque et de Zola, il a édité les cinq volumes de la Pléiade des *Rougon-Macquart* (1959-1967), les *Œuvres complètes* (Cercle du livre précieux, 1966-1970) et les *Carnets d'enquête*, dans la collection « Terre Humaine » (Plon, 1986). Il a publié également *Zola et le naturalisme* (PUF, 1986), *Zola, l'histoire et la fiction* (PUF, 1994), *Zola*, t. I, *Sous le regard d'Olympia* (Fayard, 1999).

Jacques Neefs, professeur de littérature française à l'université de Paris VIII et à John Hopkins University, dirige l'équipe Flaubert de l'Institut des textes et manuscrits modernes du CNRS. Il a publié de nombreuses études de critique et de théorie génétiques, notamment sur Stendhal et Flaubert. Il a édité en particulier, avec Hans Hartje et Bernard Magné, le *Cahier des charges de La Vie mode d'emploi*, de Georges Perec (CNRS Éditions/Zulma, 1993).

Jacques Roubaud, mathématicien et poète, est directeur d'études à l'École des hautes études en sciences sociales. Il a publié récemment *Mathématique* (Seuil, 1997) et *Poésie* (Seuil, 2000).

Michèle Sacquin, docteur ès lettres, est conservateur en chef au département des Manuscrits de la Bibliothèque nationale de France. Commissaire de l'exposition « Le printemps des génies » (catalogue : Bibliothèque nationale/Robert Laffont, 1993), elle a notamment publié *Entre Bossuet et Maurras : l'antiprotestantisme en France de 1814 à 1870* (École des chartes/Droz, 1998).

Françoise Schwab est diplômée d'histoire. Outre ses travaux sur l'histoire byzantine, elle a consacré l'essentiel de son activité à l'édition et à l'établissement du texte des œuvres posthumes de Vladimir Jankélévitch, entre autres : *Sources* (Seuil, 1984), *Premières et dernières pages* (Seuil, 1994), *La Musique et les heures* (Seuil, 1988), *Une vie en toutes lettres* (Liana Levi, 1995), *Philosophie morale* (Flammarion, 1998), *Liszt : rhapsodie et improvisation* (Flammarion, 1998).

Danièle Thibault, chargée de recherche au service de l'action pédagogique de la Bibliothèque nationale de France, a notamment assuré le commissariat de l'exposition « L'Aventure des écritures. Matières et formes » et en a codirigé le catalogue.

Les notices sont signées des initiales de leurs auteurs :
Annie Angremy (A. A.)
Mauricette Berne (M. B.)
Pierre-Marc de Biasi (P.-M. de B.)
Florence Callu (F. C.)
Antoine Coron (A. C.)
Jean Gaudon (J. G.)
Marie Odile Germain (M. O. G.)
Étienne-Alain Hubert (É.-A. H.)
Michèle Le Pavec (M. L. P.)
Florence de Lussy (F. de L.)
Bernard Magné (B. M.)
Jacques Neefs (J. N.)
Michèle Sacquin (M. S.)
Danièle Thibault (D. T.)

Crédits photographiques

Sauf mention contraire, les clichés ont été réalisés par le service reproduction de la Bibliothèque nationale de France.

Les chiffres renvoient aux pages, complétées éventuellement par les numéros de notices entre parenthèses.

© Adagp, Paris 2001 : 51, 169 (n° 113)
© AKG, Paris 2001 : 177/Marion Kalter : 52
© Atelier de photographie du Centre historique des archives nationales : 40
© Éditions de Minuit, 1954 : 178-179 (n° 117)
© Éditions de Minuit, 1957 : 180
© Éditions Denoël : 142 (n° 90)
© Éditions des Femmes Antoinette Fouque, 1976/cliché P. Lorette : 172-173 (n° 115)
© Éditions des Femmes Antoinette Fouque, 1997/cliché P. Lorette : 175
© Éditions du Seuil, 1949 : 150
© Éditions Flammarion, 1972 : 119
© Éditions Flammarion, 1984/cliché P. Lorette : 185-186
© Éditions Gallimard : 45, 51, 52, 53, 77, 87, 88, 89, 90, 92, 103, 104 (n° 62 et n° 63), 108, 109, 110, 111 pour le texte des *Champs magnétiques* selon l'édition de 1920 au Sans Pareil, 112 (n° 70), 114, 117, 137, 159 (n° 104)/cliché P. Lorette, 159 (n° 105), 166, 168, 183/cliché P. Lorette
© Éditions Grasset, 1929 : 142 (n° 91)
© Éditions Hachette, 1961 : 141
© Éditions Verdier, 1996/cliché P. Lorette : 188
© Fondation Jean et Jean-Pierre Giraudoux : 151
© Gallimard/diffusion Opale : 126
© Imapress : 116
© J. Sassier/Gallimard/Diffusion Opale : 182
© J.-P. Stercq/Opale : 50
© John Foley/Opale : 184, 189
© Librairie A. Blaizot : 48, 49
© Librairie Plon, 1946 : 163
© Man Ray Trust/Adagp, Paris 2001 : 112
© Maxime Godard : 178
© Mercure de France, 1909 : 148
© Michel Vanden Eeckhoudt/VU : 187
© Paris Match/Jeannelle : 94
© PMVP/Ph. Joffre : 62
© SNE Pauvert, 1979/© Librairie Arthème Fayard, 2000 : 143, 153/cliché P. Lorette
© Zulma/CNRS éditions/cliché P. Lorette : 97 (n° 55), 97 (n° 56), 98, 99
Cliché P. Lorette : 59, 95, 101, 105, 120, 139, 156-157
D. R. : 45 (G. Krull), 47, 86, 127/cliché P. Lorette, 141

Remerciements :
Ela Bienenfeld, Serge Malausséna, Madame Nantet Claudel, Olivier Rony, Jacques Roubaud, Claude Simon, Christophe Tzara, Cohérie Boris Vian

Couverture
© Éditions Gallimard pour les n°s 1, 7 et 8 du schéma
© Éditions de Minuit pour le n° 4 du schéma
© Éditions Flammarion pour le n° 5 du schéma

Cet ouvrage a été composé
en caractères Corporate et Plantin.
Photogravure : IGS, Angoulême
Achevé d'imprimer en février 2001 sur les presses
de l'imprimerie Snoeck Ducaju & Zoon à Gand,
Belgique, sur papier permanent Allegro Matsat 150 g ISO 9706
Dépôt légal : février 2001